下野近世史研究会◉編

近世下野の生業・文化と領主支配

岩田書院

目次

第三部　領主支配の諸相

新たな下野近世史研究へ向けて

阿部　昭

一　栃木県歴史文化研究会

平成三年(一九九一)八月に発足した栃木県歴史文化研究会(以下、歴文研)が、(同二十八年に)二十五周年を迎えるという。栃木県では昭和四十三年(一九六八)から続いた県史編さん事業が同五十八年に終了、その際に収集整理された記録史料を保存するとともに後世に引き継ぎ、公開利用する施設として県立文書館が設置されまだ間もない頃で、これより前に設置されていた県立博物館とともに、県の文化施設が一段と充実した時期でもあった。

本格的な修史事業は栃木県では初めての画期的なことではあったが、実は特定部門を別とすれば、大半の部門で担当する専門家の多くを県外から招聘、その支援を得て漸く進めたのが実情であった。事業の終了とともに、外来の研究者が去れば、再び県の歴史文化研究が停滞する恐れもあった。

そこで生起してきた新たな課題は、県史の成果を継承しつつ、県民自らの手で行う歴史文化研究を盛んにし、その成果を地域社会づくりや文化教育活動の発展に役立てていくための基盤を整備することであった。若干の試行錯誤はあったが、出した結論は、あらゆる既存の障壁を取り外し、県内を一つにまとめあげながら、県民一人ひとりが協力しあい、主体的に歴史文化研究に取り組むことができる研究組織をつくることであった。

歴文研の発足は、数少ない研究者が孤立分散するのみで、協力しあう場を持てずにいた当時の状況に一石を投じ、大きく変化させた。しかもそれを文献史学の分野だけに終わらせず、考古学や民俗学をはじめ多くの分野にわたる研究者が親しく協力し、切磋琢磨する、これまでには考えられもしなかった新しい研究体制が敷かれた。

しかも当時から課題となっていた様々な種類の歴史文化遺産の保全・活用にも目を向けるべきとの観点から、県はもとより市町村教育委員会の文化財保護担当者とも連携を深め、この方面からも多くの理解ある参加者を得た。こうした活動が注目を集めるなか、発足間もない当会は県内の大学と協同、関係自治体の教育委員会の後援を受けながら、地方史研究協議会全国大会や下野東山道シンポジウムをあいついで開催、当会会員とともに全国から集った参加者と、県内各地の史跡や資料館めぐりの巡見を実施した。

発足当初から、広報用に『歴文だより』を年四回発行、研究成果の発表の場としては、年一回の総会に合わせて研究大会を開催、同時に研究誌『歴史と文化』を刊行、県内外から会員の研究成果が寄せられ、既に多くの蓄積が成されてきた。インターネットの時代を迎えた今では、掲載論文は国立国会図書館の論文検索システムで全国どこからでもその存在を知られるようになっており、当会の研究誌への寄稿で自らの研究成果を全国発信できる。

当会の運営は、会員すべてが人任せにせず、運営に参加協力するとの精神から、あえて会長を置かず、常任委員会によって協同運営の連絡調整をはかることを旨としてきた。こうした精神を体現した活動が、セミナー・小研究会活動で、発足以来、実に様々な特色ある小グループによる自主的な研究活動が立ち上げられ、継続的な活動を展開し多くの成果をあげてきた。既にその成果が出版公開された例もある。

発足当時を思い起こしながら、これまで歴文研がたどってきた歩みについて述べてきたが、最後に二十五周年を機に、今後に期待することについてもふれておきたい。

現在、日本は高度情報化と国際化が急展開する変化の渦中にある。一方、地方社会はどこでも多かれ少なかれ、四分の一世紀以前には予測もしなかった急激な高齢化と人口減少の脅威に曝されている。地域社会も職場も、中堅となるべき経験ある担い手が不足するなかで、産業経済はもとより福利厚生・教育文化の諸分野でも多くの課題が山積している。

しかしながら多くの難題を抱え激しく変化する時代だからこそ、われわれは地域の歴史と文化に学ぶことの必要性がますます高まっている。先人が踏み固め築き上げてきた歴史と文化のなかに、多くの貴重な教訓が残されているように思えてならない。今こそ、地域に遺されながら、忘れ去られたままになっている有形無形の文化遺産の発掘・解明に努め、地域社会に還元していく使命に燃えるべき時であろう。


（原題「二十五周年を機に未来を見据えて」『歴文だより』第九九号、二〇一六年四月）

二　下野近世史研究会

昭和四十年代から数十年つづいた県史・市町村史などの自治体史編纂がほぼ完了し、県内の地域史研究は新しい時代を迎えようとしています。このときにあたり、先ずは近世史（戦国末期、近代前期を含む）分野から、これまでの研究成果を俯瞰・縦覧するとともに、新たな研究課題を発見・発展させてゆくため、歴文研内に分科会として「下野近世史研究会」を組織することに致しました。

「下野近世史研究会」は、この趣旨にご賛同いただける皆さんに登録会員となってご参加いただき、下記の要領（第一回から第四回までの研究会開催予定〔省略〕で研究会を開催し、研究報告と質疑・討論の場を提供します。また、この活動から得られる共通テーマごとに講演会・シンポジウムを開催、論文集や市民向け歴史書等の編纂など、多様なフォーラム活動を企画してまいります。熱意ある皆様の積極的なご参加を期待します。

（「下野近世史研究会へのお誘い」二〇一三年七月）

三　地域史資料の保存と活用

平成二十三年（二〇一一）七月、『西方町史』の通史編が刊行され、昭和四十年代から盛んに行われ続けてきた県内自治体史編さん事業のすべてが完了した。昭和四十三年（一九六八）に明治百年記念事業の一環として開始された『栃木県史』編さんをはじめ、多くの自治体史編さんは、戦後まもなく行われた町村合併にともない成立した市町村の施行周年記念事業として企画・実施されたものが多い。半世紀にもわたる歳月を要し繰り広げられた県下の自治体史編さんは、明治維新このかた本格的な修史事業のなかった栃木県において、真に画期的なことであり、その残した効果はわが県の歴史文化を考えるうえで、はかりしれないものがある。それだけに自治体史編さんの完了を機に、その成果が今後どのように継承され活かされていくかという問題はけっして蔑ろにできない問題であり、当会（栃木県歴史文化研究会）の本旨である地域史研究の、今後のありかたを考える上でも等閑にしえない重要な課題である。ところが、実は今、そのことに端を発する諸課題がわれわれの前に山積しているという事実に気づかない人が意外に多い。

検討すべき課題は数多いが、ここでは先ず、そのうち自治体史編さんの過程で調査収集された記録史料のその後の保存と活用の問題について考えてみることにする。県内で刊行された自治体史には通史のほか史料集を備えるもの、備えざるものとある。しかし、いずれの場合も行政区域の内外にわたり可能な限りの悉皆調査が行われた。編さん事業は短いもので五、六年、長いものでは二十数年に及ぶものもあり、この間、調査収集に投じられた人的・物的資源は多大であり、軽視できない。そうした努力の結果、当時、各編さん事務局には、地域の歴史と文化に関わる官民の様々な文書・書籍・絵地図・民具・考古資料をはじめ、それらを管理・検索するために作成された史料目録、そしてそれらの史資料の保存管理と活用の便をはかるため撮影された写真（フィルム、アルバム）、聞き取り調査の際、録音収録したテープ、さらにはこれらをデジタル化したデータベースなどが所狭しと貯えられていたものである。

したがって自治体史編さん事業の成果を、刊行された書籍だけと考えると大きな誤りを犯すことになる。刊行した通史や史料集に直接使用できたものは調査収集した史資料のうちのわずかな部分だけであることを強調しておきたい。今後の地域史研究と、地域資源活用のためには、編さん事業の源泉となった上記の史資料そのものがきちんと保存・活用され、確実に後世に引き継がれる環境を整える必要がある。だが、現実には多くの自治体で編さん事業の終了とともに編さん担当係は廃止され、担当職員も転勤・退職して、本来ならば経緯を承知しているべき課や係でさえ、当時収集した史資料が今どこに収納され、誰が管理しているかも分からぬ状態にあると聞いている。まことに嘆かわしい状況である。

とくに編さん終了後、自治体間で合併が進み、管轄区域に大きな変動が加わったところでは、なおさらに注意をはらう必要がある。すべてを一箇所に集中保管せよとまでは言わないが、せめて史料目録だけでも一括管理し、各史料の保存管理状態を把握し、必要に応じて出納利用できる環境を整えなければ、文化遺産の保存と活用の途は開かれない。それを等閑にし、収蔵の方法を誤れば、劣化損傷する場合もある。文字通りの「死蔵」とならぬよう注意する必要がある。

さらに大きな問題は、編さん事業の中で、編さん事務局に調査収集された史資料は、全体のうちのわずかな部分であり、民間の史資料の大半は、いまだに行政的保存管理の手の届かぬまま、所蔵者宅で自主的保存に委ねられたままになっていることである。少子化・高齢化の進行は、史料所蔵者の後継者維持をも難しくしている。また、近年頻発する自然災害で記録史料所蔵者が被災したため、史料が浸水する被害を蒙ったにもかかわらず、長きにわたって貴重な史料が放置されたままになっていたということを耳にしている。

地域史の研究が、地域に残る史資料の保存と不即不離の関係にあることは、いまさら改めて説くべきことでもない。地域資料の保存・活用の環境を整えることは、決して行政だけの責任とすべき問題ではない。研究者と市民、そして行政が連携協力してことに当たれば、工夫できる方策はいくらでもある。地域の歴史と文化に関心を持つ研究者と市民、関連する行政担当者が連携協力し、一体となって組織した当歴史文化研究会であるからこそ、今こそ発足の原点に立ち帰り、地域の史資料の保存・活用への関心を高め、真剣に議論を重ね、検討していくべき時と考える。

（原題「あらためて地域史資料の保存活用問題を考える」『歴文だより』第九五号、二〇一五年四月）

下野近世史研究の現在

下野近世史研究会

本論集は、近世の下野国（しもつけのくに）（現在の栃木県）でみられた多様な生業、活発な文化活動、そして領主支配の諸相を、それぞれの執筆者の問題関心に即して分析し、その成果を一書にまとめたものである。以下では、本書に収録された各論の理解を深めるために、近世の下野国の特徴と、下野近世史の研究動向を、概説する。

一　下野の自然環境と近世社会

1　地理的な特徴

栃木県は、北関東の中央部に位置する、海のない内陸県である。(1) 現在の栃木県の県域は明治九年（一八七六）に確定したが、この県域に相当する区域の呼称は、長らく下野国であった。

図1は、下野国の地形概要図に、近世のおもな街道、宿駅・宿場、河岸、城下町などを示したものである。下野国の地形は、北部から南西部にかけて標高二〇〇〇メートル級の高峻な山を有する山岳地帯が広がり、東部には標高一〇二二メートルの八溝山（やみぞさん）を最高峰とする比較的なだらかな山並みが続く。これらの山地にはさまれる形で中央に平地

が広がり、北から南にゆるやかに傾斜し、南部で大きく東西に開けている。下野国は、標高の高い山岳地帯と、関東平野の北端にあたる平野部に大別され、地形や気候の変化に富んでいる。

西部の山岳地帯には、標高二四八六メートルの男体山を主峰とする日光連山がある。山岳信仰とは、高い山に神が住む、あるいは山そのものを神体として、山を崇敬する信仰であるが、男体山も古くから山岳信仰の対象であった[2]。その男体山に初めて足を踏み入れたのが、芳賀(はが)郡出身の僧の勝道であり、神護景雲元年(七六七)に登頂を試み、延暦元年(七八二)に登頂に成功した。この勝道上人が日光山の開祖である。輪王寺(りんのうじ)や二荒山(ふたらさん)神社も創建され[3]、日光山は古来の山岳信仰に加えて、修験道などの宗教的な活動を営む霊場となった。近世になり初代将軍の徳川家康が元和二年(一六一六)に亡くなると、自身の遺言により駿河国(現在の静岡県)久能山に埋葬され神となり、翌三年に日光山に移された。これが東照社の誕生であり、家康は東照大権現として祀られた。正保二年(一六四五)には宮号の宣下を受けて東照宮となり、承応二年(一六五三)には家康の孫である三代将軍家光の廟所(墓所)大猷院も創建され、日光山は近世を通して徳川将軍家の崇敬の対象であり続けた。これらの二荒山神社・東照宮・輪王寺の二社一寺が、平成十一年(一九九九)に「日光の社寺」として世界遺産に登録されたことは記憶に新しい。本書では、竹末論文が日光山で活動した雅楽の楽人について分析し、泉論文が将軍の日光社参をめぐる関係村々と領主の動向を論じている。東照社の創建で新たな信仰の形を生み出した日光山をめぐる歴史は、下野近世史の特徴の一つである[4]。

日本列島の各地では、戦国の世が終わると新田開発が進められ、十七世紀の間に耕地面積は二二〇万町歩から二九六万町歩(一・三倍)、人口は一二〇〇万人から三一〇〇万人(二・六倍)に増加し[5]、日本社会は米生産を基盤とする石高制の社会となった。これに対して、近世下野の山岳地帯には水田が少なく畑がちの村が多い。そのため、かつては米の生産高の低さが下野農村の特質として論じられ、土地の荒廃や村人の窮乏といった側面を中心に分析がなされて

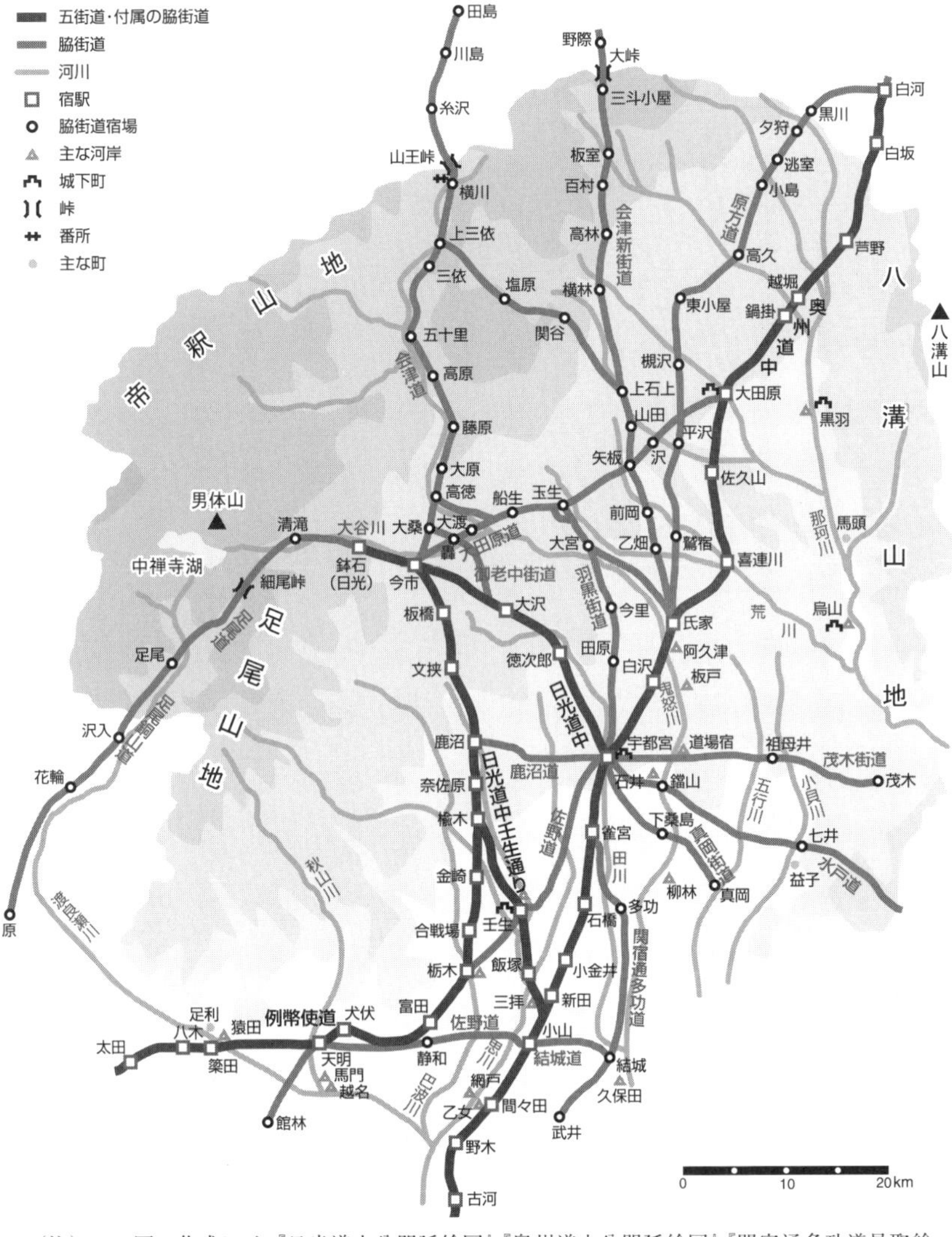

（注）この図の作成には『日光道中分間延絵図』『奥州道中分間延絵図』『関宿通多功道見取絵図』『今市ヨリ大田原通会津道見取絵図』『足尾道見取絵図』『宿村大概帳』『創垂可継』その他、沿道の道標などを参考にした。

図１　下野国概要図

本図は、日光街道ルネッサンス21推進委員会編『栃木の日光街道─荘厳なる聖地への道─』(下野新聞社、2003年)所収の「日光道中を中心とする近世下野の五街道と主な脇街道」に、若干の情報を加筆して作成したものである。

きた。[6] しかし近年は、稲作以外の畑作、さらには林業（薪炭生産）や運輸業（駄賃稼ぎ）など、米の生産以外の多様な生業が営まれたことに改めて注目され、荒廃や窮乏といった消極的な視点とは異なる見方で村社会の研究が進められている。[7] 畑作のなかでも享保期（一七一六〜三六）に八代将軍吉宗の下で国産化がはじまった朝鮮種人参は日光周辺が適作地であったことなど、平地の水田地帯とは異なる様相が、山間地域の村々の特色を示すものとして解明されはじめている。[8] 本書では、仲沢論文が朝鮮種人参の生産地の実態を検討しているが、土地土地の自然環境に適応した多様な生業も、下野近世史の特色の一つである。

中央平地に目を転じると、下野国には、西部の山岳地帯を水源とする河川が、北部では南東方向に、中央部から南部では南に向かって流れている。[9] これらの河川は、那珂川水系、鬼怒川水系、そして思川・巴波（うずま）川・渡良瀬川水系という、大きく三つの水系に分けられる。

那珂川は、下野国の北東部から八溝山地の西側を南流し、芳賀郡茂木（もてぎ）町で東の常陸国（現在の茨城県）へと流れ、太平洋に注いでいる。下流域には水戸が位置しており、水戸とのつながりは深いが、江戸には直結しておらず、江戸へは河口付近の那珂湊あたりで涸沼（ひぬま）川に入り、陸送を介して霞ヶ浦または北浦を進み、それから利根川を遡って江戸川を下るという大廻りをしなければならなかった。

一方の鬼怒川と渡良瀬川（思川・巴波川は渡良瀬川の支流）は利根川の支流である。江戸に向かうには、鬼怒川の場合は利根川と合流すると下総国の関宿（現在の千葉県野田市）まで遡上、渡良瀬川の場合は関宿まで下り、そこから江戸川に入る。江戸川を南に流れ下ると、東西方向に流れる新川に入り、小名木川を経て江戸に至る。

このように下野国を流れる河川は、江戸や水戸ともつながり、国内外の諸地域を結ぶ役割を果たしたが、これらの河川の豊かな水が、農業をはじめとする流域の人びとの生業を支えたことを忘れてはならない。本書では、平野論文が鬼怒川や那珂川で行われた川漁の実態を検討しており、海のない下野国における漁業として注目される。また、堀野論文と岩下論文は河川との関係を直接的に論じるものではないが、川の水に支えられた下野の農業の問題を、堀論文は県政の視点で、岩下論文は農家の経営をもとに論じている。近世下野の農業の特色、さらには近世近代移行期における農業の変容についても理解が深まるであろう。

流通網としての河川に改めて着目すると、下野国にはこれらの河川に沿って、あるいは河川を横切る形で、街道が縦横にめぐらされている。[10] 江戸から、最初の宿駅である千住などを経て、下総国の古河（現在の茨城県古河市）、そして下野国に入り野木などを通り、宇都宮を経由して鉢石（日光）に至るのが日光道中、その日光道中から宇都宮で分岐して北東方向の芦野、そして陸奥国（現在の福島県ほか）の白坂・白河に至るのが奥州道中である。いずれも徳川幕府が定めた五街道であり、近世の主要道である。

これらの五街道以外にも、日光道中の小山宿の北に位置する喜沢村（現在の小山市喜沢）で分岐し、壬生宿や鹿沼宿を経て再び日光道中の今市宿に合流する日光道中壬生通り、五街道の一つである中山道の倉賀野宿（上野国、現在の群馬県高崎市）で分岐し、上野国太田宿、下野国に入り八木宿、そして壬生通りの楡木宿に至る例幣使道などの街道が通っている。日光例幣使とは、東照宮の四月の大祭に（四月十七日は家康の命日）、幣帛（神に奉献する供物）を奉納するために朝廷から派遣された勅使のことで、東照社が東照宮となった翌年の正保三年（一六四六）以降、慶応三年（一八六七）まで毎年派遣された。壬生通りと例幣使道は、五街道の日光道中と奥州道中に付属する幹線道としての役割を果たした。ほかにも、小山宿を起点とする結城道や佐野道、宇都宮宿を起点とする鹿沼道・佐野道・真岡街道・水戸道・茂木街道・羽黒街道、今市宿を起点とする会津道・大田原道・（鉢石宿を介して）足尾道など、多くの脇街道が通っている。

これらの街道には宿駅（宿場）が設置され、一つ前の宿駅から運ばれてきた荷物を、当該宿駅の馬と人足に付け替え、次の宿駅に届けた。本陣・脇本陣や旅籠などの宿泊施設も置かれ、町場としてにぎわう宿駅もみられた。先にみた河川には河岸が設けられ、物資の揚げおろしが行われたが、例えば奥州道中を運ばれてきた物資が、鬼怒川の阿久津河岸や板戸河岸で川船に積み替えられて江戸に届けられる、というように街道と河川は有機的に結びつき、下野国の交通・流通網を形成した。本書には、物資の流通を検討した論考はないが、泉論文が将軍の日光社参時における街道周辺村々の様子を明らかにしている。また、近世初頭における僧の祐俊の活動を検討した久野論文は京都や関東・東北、画家の小泉檀山の分析を行った小林論文は近江（日野）・常陸（水戸）や京都・江戸など、蒲生君平の人脈を明らかにした阿部論文は大和・河内・京都など、日光雅楽に着目した竹末論文は京都や江戸、宇都宮藩の種痘の実態を明らかにした大嶽論文は江戸、というように、多様な文化活動の背景には国内外の人びととの活発な交流があったことが知られる。街道や河川は人や物資を運ぶだけではなく、多様な文化や情報を下野国にもたらしたのである。

2　行政区分と領主支配

現在の栃木県が位置する地には、古くは鬼怒川以西に毛野国（けぬのくに）、以東に那須国（なすのくに）が存在した。毛野国は五世紀頃に渡良瀬川を境に西の上毛野国（かみつけぬのくに）と東の下毛野国（しもつけぬのくに）に分かれ、その下毛野国が七世紀後半に那須国を統合した。八世紀初頭までは「下毛野国」と表記されたが、その後「下野国」と改められた。下毛野国と分立した上毛野国は上野国（こうずけのくに）となり、通称は「上州」、現在の群馬県にあたるが、下野国は「下州」ではなく「野州（やしゅう）」と通称された。古代の律令制の下では、それぞれの国の下に郡が置かれたが、承平年間（九三一～三八）に成立した日本最古の辞書『和名類聚抄』には、足利・梁田・安蘇・都賀・寒川・河内・芳賀・塩屋・那須の名前がみられる。図2には下野国の郡の配置を示した

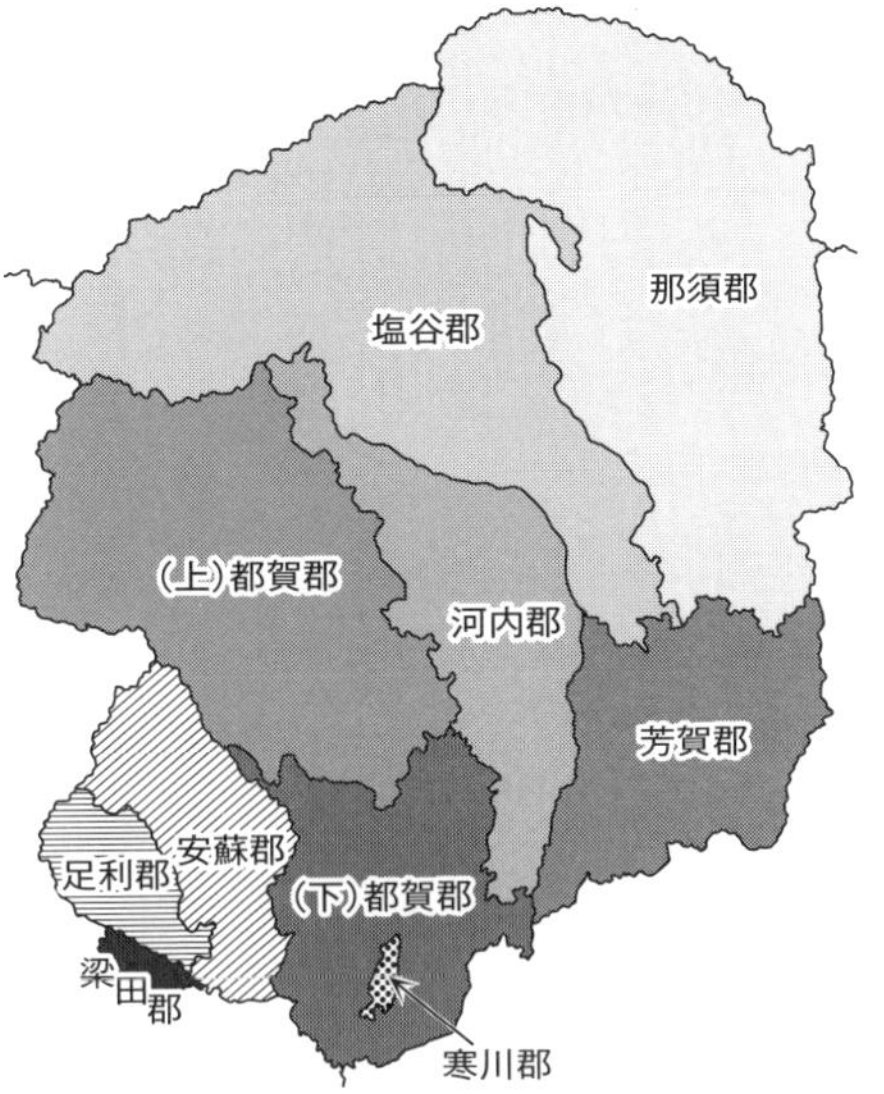

※都賀郡が上・下に分かれるのは明治11年(1878)。

図2　下野国の郡

本図は、「栃木県行政区画変遷要図」(『角川日本地名大辞典九 栃木県』1984年)、「栃木県(旧郡域・現郡市町村域対照図)」(『日本地名歴史大系 第九巻 栃木県の地名』平凡社、1988年)を参照し作成。

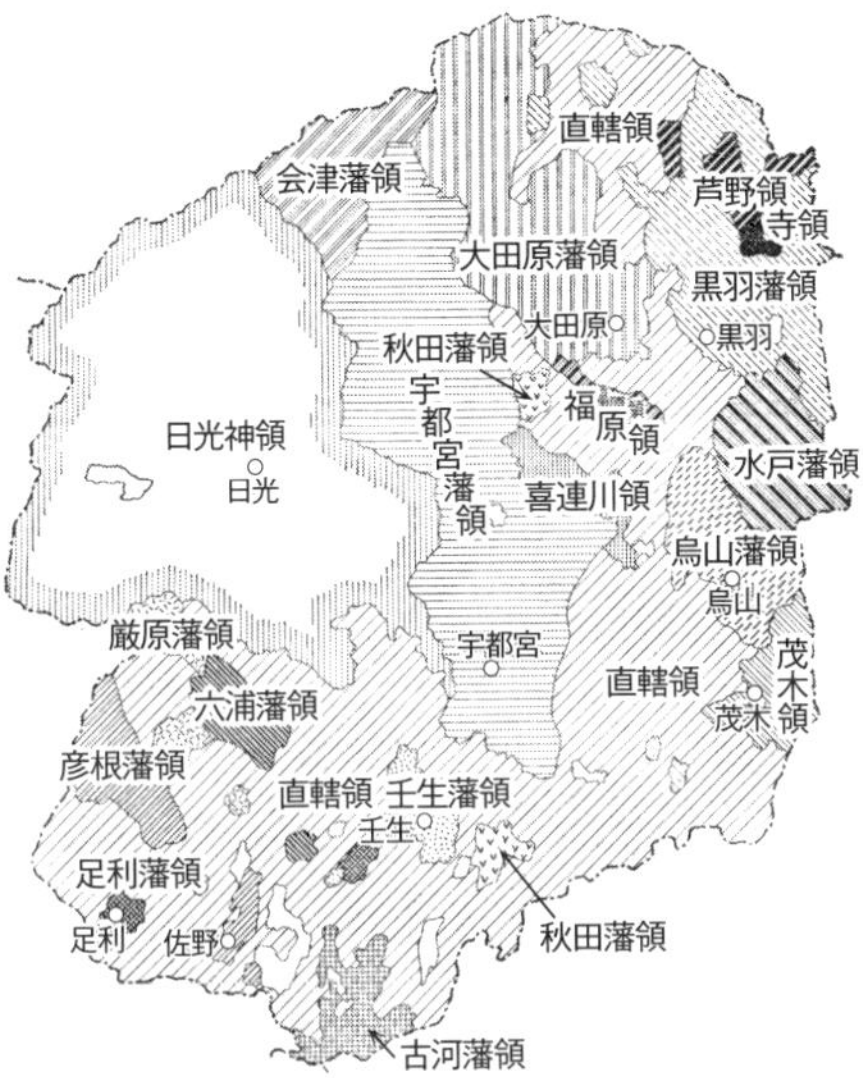

図3　下野国の領主分布図(天保期)

本図は、日本地誌研究所編『日本地誌 第5巻 関東地方総論 茨城県・栃木県』(二宮書店、1968年)所収の図260「下野の幕藩領などの分布(1830～1844)」を転載したものである。

が、これらの郡は十世紀には成立していたことが知られる。

近世の下野国にはこれらの郡下に千数百の村が存在した。(11) 武士が支配層として台頭した近世社会では、将軍を筆頭に大名や旗本が領主として村を支配した。図3は下野国における天保期（一八三〇～四四）の主な領主の分布を示したものである。幕末の下野国は、大名領（藩領）五〇・六％、旗本領三四・六％、幕府直轄領（天領）一一・三％、寺社領三・五％で構成されたが、(12) この図をみると、さまざまな領主が錯綜して存在したことが読み取れる。「藩領」とあるのが大名領で、下野国最大の大名である宇都宮藩（当時は戸田家）は七万七八五〇石を領有した。宇都宮藩は近世を通して譜代大名が統治しており、壬生藩（近世前期は外様大名領、近世中期以降は譜代の鳥居家）や烏山藩（近世中期以降は大久保家）なども譜代大名領であるが、北東部の黒羽藩（大関家）や大田原藩（大田原家）などは外様大名領である。遠方に本拠地がある彦根藩（近江国、現在の滋賀県）や厳原藩（府中藩・対馬藩ともいう、対馬国、現在の長崎県）などの飛び地もあり、大名領といってもその種類はさまざまである。

「直轄領」は幕府直轄領つまり徳川将軍家の領知である。南東部の真岡地方は、近世中期以降の下野国で最大の幕府直轄領であり、真岡陣屋に派遣された幕府代官の支配を受けた。「喜連川領」は鎌倉公方（後に古河公方）足利氏の末裔である喜連川氏の所領である。喜連川家は、五〇〇〇石という知行高からみると旗本であるが、一〇万石級の大名の格式を与えられ、近世を通して命脈を保った。また北東部には、那須与一（文治元年（一一八五）の屋島の戦で弓の名手として活躍したとされる武士）で知られる那須氏を宗家とする那須衆の系譜を引く領主が存在した。外様大名の大関家・大田原家のほか、「芦野領」（三〇一六石）を知行する芦野家、「福原領」（三五〇〇石）を知行する那須家がそれに相当する。この芦野家・那須家のほか、福原家と大田原藩分家の大田原家を合わせた四家は、那須衆四家として旗本でありながら参勤交代を行う交代寄合である[13]。こうした喜連川氏や那須衆といった古くからの旧家・名族が、徳川政権下でも特別待遇を受けながら存続したのである。以上のほか、下野国には多くの小規模な旗本知行地が複雑に入り組んで存在した。

　このように近世の下野国では、将軍（幕府）・大名・旗本と、さまざまな領主が錯綜して存在し、近世以前からの旧家・名族も割拠した。北西部の「日光神領」は二荒山神社・東照宮・輪王寺を擁する日光山の所領で、近世後期には二万五〇〇〇石余という大名並の規模を領有した。寺社勢力が広大な所領を有したことも、下野近世史の特徴といえよう。下野国は、外様大藩の金沢藩前田家（領知高一〇〇万石余）が、加賀国・能登国（現在の石川県）と越中国（現在の富山県）を一手に領有したような支配のあり方とは大きく異なる。下野国では村によって領主が異なり、同じ村を複数の領主が支配する相給（あいきゅう）の村も珍しくなかったのである。

本書では領主支配の諸相について、富田論文が近世初期の喜連川氏を所領に着目して分析し、海老原論文は領主の違いを超えて形成された鷹場（御捉飼場（おとらえかいば））の実態を明らかにしている。中谷論文は旗本、泉論文は壬生藩、髙山論文は宇都宮藩を取り上げているが、中谷論文は旗本本多家の養子取組などをめぐる同族でのやりとり、泉論文は将軍の日光社参をめぐる幕府・譜代大名鳥居家と村々の複合的な関係、髙山論文は譜代大名戸田家と江戸の金主との関係という、領主対領民という単純な図式には収まらない、領主層の新たな一側面に切り込んでいる。また、西村論文が取り上げている文書管理の問題は、村の文化的な力量（識字能力・行政管理能力など）の高まりを示すだけではなく、村が領主支配のみでは成り立ちえず、村側の運営能力にも依拠したことを示す事例として注目される。

明治になると武士が村々を領有する体制は終わりを迎える。明治元年（一八六八）閏四月に明治新政府は政体書を発布し、それまでの幕府直轄領・旗本領・寺社領、および新政府が没収した大名領は、おおむね府・県とされた。真岡地方の幕府直轄領は、日光神領や旗本領とともに、知県事に任命された佐賀藩士の鍋島幹の支配下に置かれ、翌二年に日光役所が本庁とされると、これらの地域は日光県となった(14)。政体書の段階では大名領は藩とされ、府藩県三治制となったが、同四年に廃藩置県が実施されると、下野国でも旧大名領である藩が廃止され、壬生県・吹上県・佐野県・足利県・宇都宮県・烏山県・黒羽県・大田原県・茂木県の九県が成立し、先の日光県と合わせて一〇県となった。その後の統廃合の過程で、西部の日光・壬生・吹上・佐野・足利県と上野国の館林県が栃木県（都賀・寒川・安蘇・足利・梁田郡と、上野国の邑楽郡・新田郡・山田郡）、東部の宇都宮・烏山・黒羽・大田原・茂木県が宇都宮県（河内・塩谷・那須・芳賀郡）となった。同六年には両県が合併して栃木県となり、同九年に上野国の三郡が群馬県に移管されて、現在の栃木県の行政区域が確定した。栃木県庁は、当初は都賀郡栃木に置かれたが、明治十七年に河内郡宇都宮に移転し、現在に至っている。

本書では、堀野論文が明治初期の日光県政を開墾仕法に着目して論じ、大嶽論文が幕末の宇都宮藩と明治の日光県・栃木県の種痘政策を検討している。近世の多様な領主支配が、近代以降の中央集権的な県政にどのように移行していくのか。移行期の問題は、今後の重要な研究課題の一つである。

二　下野近世史研究の成果と課題

下野近世史の研究は、一人の地元の歴史家による調査・研究から、本格的に始動した。栃木県で教員を勤めた田代善吉は、昭和戦前期に『栃木縣史』全一七巻を独力で執筆・頒布したほか、『宇都宮市史』をはじめとする数々の著作を手がけた(15)。下野史談会を主宰し、その会長となるなど、田代は郷土史研究の進展にたしかな足跡を残した。その後も栃木県では、徳田浩淳が『下野歴史物語』や『宇都宮の歴史』などを執筆し、数多くの近世史料を活字化するなど(16)、地元の歴史家が下野近世史の研究に大きく寄与した。

戦後二十年余が過ぎた昭和四十三年(一九六八)、栃木県では県による初めての本格的な修史事業が開始された(17)。史料調査と県史執筆のため、原始部会・古代部会・中世部会・近世部会・近現代部会という専門委員会が設置され、県内外から専門委員が招聘された(18)。個人の熱意と努力にゆだねられたそれ以前の段階とは異なり、このときの県史編纂事業は組織だった大規模なものであった。近世部会の史料調査では、県内外に残る多くの史料が発見・収集され、昭和六十一年に栃木県立文書館が開館したときには、県史編纂の過程で集められた約四万点の古文書が収蔵された(19)。この県史は史料編と通史編に分けて刊行されており、この点も田代による県史とは異なる特徴の一つである(20)。県史の近世部会の活動を支え、その後の自治体史編纂を主導した阿部昭は、史料編の特色を以下のように述べている。

栃木県史近世史料編は、近世中期以降、残存状況の良い豊富な農村史料に支えられ編集・刊行されたといえる。しかしながら、庶民史料のうちでも町方史料、商工業関係史料の調査は十分に尽くされたとは言い難い。領主史料も黒羽藩史料を除けば、はなはだ乏しかった。また、社寺史料、宗教祭祀関係史料の発掘調査も尽くされたとはいえない。さらに、地元文化人の著作・出版活動の発掘調査も手が届かず、欠落するものが少なくなかった。これらは当時気がつきつつ、余裕なく断念した文芸・絵画・美術工芸などの諸分野とともに、史料集に十分に取り込めなかった分野を残すものとなった。

（「栃木県史編さんと下野近世史研究」『関東近世史研究』第七五号、二〇一四年）

栃木県においては、農村史料が豊富で町方史料や領主史料が少ないという特徴があり、県史の編纂は膨大な農村史料に支えられたことが知られる。そして史料編の成果に基づいて執筆された通史編について、阿部はその成果と課題を次のように述べている。

近世一・二を通覧すると、昭和三〇年代までに確立された戦後の近世史研究の方法が野州の地域史にストレートに適用され、地域の社会構造がはじめて科学的な分析対象とされた姿をみることができる。近世一の巻頭を為す北島正元氏の「序章　近世史の構成」は、第一節に「幕藩制社会の歩み」が下野を舞台にいかに展開したかを述べ、それを「近世前期」と「近世後期」に分けたねらいを解説する。また、第二節の「下野近世史の諸問題」は、第一節で解説された諸原則が、下野の歴史的条件下でいかなる特徴ある諸事象を生ぜしめたかを、「支配構造」「村落と百姓身分」「農民的商品経済の興起」「人民闘争」との関連で述べている。

続く各章節も、政治・経済を中心とする地域社会構造の分析を基軸に、小農自立論や近世的領主支配の編成論を展開し、そのなかで地域の歴史的条件の制約を受け、いかなる問題が生起するのかという視点から、体系的に下野近世史の歴史像が描かれた。この意味では栃木県史の近世通史編は、昭和四〇年代から五〇年代における役割をしっかり果たしたといって良い。

しかしながら、当時、他の時代を対象とする研究の多くがそうであったように、近世史研究の分野においても、すでに新しい視点からの研究が芽生えつつあった。新たな研究の切り口や方法は実に多様なものがあり、個別的な興味関心や自由な方法によって進められつつあった。従来、経済を中心に生産生活の側面から注目されてきた民衆生活は、日常生活の信仰・娯楽・教養・女性・子供・老人・家族・習俗など、多様で身近な視点から見直されるようになった。それは民衆についてだけではない。武家の生活も単に支配組織の側面からだけでなく、個別の私生活面の細部にまで光があてられるように変わった。また、村や町の社会組織は、従来からあった支配を下支えする共同体規制の側面からだけではなく、村のアーカイヴズなど、多種多様な自治的管理機能の側面から見直され、武家や農家はもとより、各身分とその周縁身分が、ともに社会的な制約は受けつつも、自分の意思とさまざまなネットワークを通じて、広く文化形成に参画している姿があきらかにされてきた。とくに昭和五〇年代以降顕著になってきた新たな研究動向は、県史の段階においてはまだ緒に着いたばかりで、十分に展開させる余裕を持ち得ず、その課題は、併行して進められつつあった市町村の自治体史編さんやその後の研究に継承されて行かざるをえなかった。（同前）

県史の時代には、日本社会全体に共通する歴史像や理論的な枠組みをもとに、その事例の一つとして下野近世史の事象を検討するという研究方法が主流であったが、昭和五十年代以降は、個別の問題関心に基づき自由な方法で身近な事象を分析するという手法が多くみられるようになったという。県史編纂事業は昭和四十三年度から同五十八年度までの十六年間にわたり行われたが、県内の市町村による自治体史の編纂は、それと同時期あるいはその前後に実施された[21]。研究手法の転換がもたらしたさまざまな課題は、県史から自治体史へ引き継がれることになった。

自治体史の編纂は、県史編纂の関係者が自治体史の編纂にも携わったり、史料情報が共有されたりするなど、県史の編纂と連動して進められることも多かった。その結果、県史の段階では見出されなかった新たな史料が自治体史の調査で発見・収集されたり[22]、県史では深く追求されなかった地域固有の課題が積極的に取り上げられるなど、多くの成果を生み出した。平野哲也は、県史の成果を引き継いで自治体史が分析を深めた主題として、①中近世移行期・近世近代移行期の時代像、②入り組んだ領主支配、③産業・流通経済の諸問題をあげ、自治体史により新たに開拓された分野として、④庶民の日常性への注目、⑤地方文化・庶民文化の発展、⑥村の力量・多面的機能・社会的役割、⑦旧臣の由緒、⑧「農村荒廃」論の見直し、をあげている[23]。

平成二十三年(二〇一一)、栃木県内では西方町が栃木市との合併直前に『西方町史』を刊行し、平成の市町村合併以前に存在したすべての自治体が、それぞれの自治体史をもつことになった。翌二十四年には、折良く関東近世史研究会による企画例会「関東近世史研究と自治体史編纂―第四回栃木県―」が開催され、県史・自治体史の成果と課題が議論された[24]。県史編纂終了後の平成三年に栃木県歴史文化研究会が創設され、一連の自治体史編纂を終えて間もない同二十五年に下野近世史研究会が活動をはじめた経緯は、巻頭の阿部論文が述べる通りである。これらの会員はもとより、下野近世史を研究する者は、県史や自治体史の成果に多大な恩恵を受けてきた。県史・自治体史の編纂に一区切りがついた現在、その成果を継承し、新たな下野近世史研究へ向けて、本書を刊行する。

三　本書の内容

本書は下野近世史研究会の活動の成果であり、各論の執筆者は同会で研究報告を行うなど、研究会活動に参加している。一五本の各論を、便宜上、第一部「地域の生業」、第二部「文化活動の広がりと深まり」、第三部「領主支配の諸相」に分けたが、複数の部に関連する論考もある。各論は平野が提示した①から⑧の主題のいずれかを含む内容であり、本論集が新たな研究動向のなかで生み出されたことを理解できるであろう。特に第二部は、県史では十分に調査・研究を行うことができなかった地元文化人の活動や地域の文化事象に関する論考で構成されているが、ここには本書で最大の六本の各論が収録されている。上記の⑤地方文化・庶民文化の発展という新たな研究の進展を示すものであり、本書の特色の一つである。

第一部から第三部の各論はそれぞれの問題関心や研究手法に従って執筆されているが、本書はそれらを一書にまとめることで、下野近世史としての特色を見出そうとするものである。各論の内容は以下の通りである。

〈第一部　地域の生業〉

平野哲也「江戸時代下野国の川漁―鬼怒川・那珂川水系を中心に―」は、鬼怒川・那珂川流域の百姓が川漁を重要な生業とし、領主や地元住民の消費需要に向けた商品獲得のためにも各種の漁業に励んでいたことを明らかにした。川漁に対する百姓・村の意欲は高く、河川環境の変化に伴って、右岸と左岸、上流と下流の間に、村境とも重なる漁場の争論が頻発したが、流域社会としての内済や領主の裁許を通じて漁業秩序を形成し、共存の道を模索していた点を主張している。

仲沢　隼「近世下野における朝鮮種人参生産の展開と御用作人」は、下野国有数の特産物朝鮮種人参を取り上げ、参作人（人参生産を特別に許可された百姓）の存在形態に迫っている。居村の枠を超えた参作人の連帯とその契機（幕府御用作の復活）、自主的な組織と制度の形成、参作株の特質、複数村を統括する世話人の役割、参作人による参作関連会計の「平等」な負担・運営を解き明かし、「参作社会」の成立という論点を提示している。

堀野周平「直轄県における開墾仕法―日光県を事例に―」は、日光県の開墾仕法の意図・成果と都賀郡板荷村での実践を検討している。幕末の報徳仕法との異同・関係性、戊辰戦争後の復興、米価高騰下での水田開発志向など、仕法の特質を時代状況に即して考察した。朝鮮種人参生産・流通の利益を原資とし、村々の要望に応えて拡大した開墾仕法が、栃木県に引き継がれ、仕法終了後の資金が那須野が原開墾に投じられるという展開過程も明らかにしている。

岩下祥子「近世後期～明治前期下野の篤農―小貫家・田村家・三澤家を例として―」は、西方地方の三澤家が明治二十年代に設立した力農園の経営を分析した。力農園が、在来農法の研究と並行して、諸作物の品種（外国産品種を含む）の試作と詳細な栽培記録から地元に適した品種・肥料の組合せを模索し、東北から九州に及ぶ全国各地に優良品種を通信販売していた姿を描き出した。近世後期～明治前期の下野国の老農と比較し、三澤家の農業者としてのあり方を篤農と評価すべきことを提唱する。

〈第二部　文化活動の広がりと深まり〉

久野俊彦「『神皇正統記』と天正期東国僧の聖教典籍書写―下野国金剛定寺祐俊の活動を中心に―」は、福島県南会津郡只見町に存在する『神皇正統記』只見本を書誌学的に分析し、その伝来を河内郡桑島の金剛定寺門徒である真言僧祐俊の活動から考察する。祐俊は、東国で付法活動を行った醍醐寺光台院亮淳、下野国西方の出身で根来寺等で修学した後に智積院二世となる祐宜と学問的な関わりをもつことから、中近世移行期における祐俊の活動範囲は関東・東北に及び、その中で彼が書写した『神皇正統記』が只見本として伝来したと考察する。

小林聖夫「近世後期の画人小泉檀山門人録考—大田原市常念寺天井画調査のことなど—」は、黒羽藩で重用された小泉檀山の活動を、地域的交流の視点から考察する必要性を論じる。特に、門人録の分析を通して、檀山の行動範囲が水戸・京都等に及ぶこと、また、門人は下野を中心として東北・近畿に及ぶことを明らかにした。中でも、檀山の師島﨑雲圃、その師高田敬輔が日野商人であることから、彼らの文化的影響を広域的な視点で考察していく必要があることを指摘した。

阿部邦男「蒲生君平の西遊における同志の協力」は、『山陵志』撰述の背景に、君平の二度の西遊と彼に協力した同志の存在があることを論じる。特に、君平の執筆に至る過程及び西遊時の行動、同志への訪問等を書簡等から明らかにした。また、君平の撰述への志を三段階に分けて考察し、丹念にその変化を追うことで、君平の見識と同志の協力が『山陵志』を名著にしたと論じている。

竹末広美「日光山と雅楽—京都・日光楽人の奏楽演舞—」は、日光廟楽府の成立過程、そして日光山における京都・日光楽人の活動を考察する。日光山への雅楽伝授は、徳川家光の時代にはじまり、京都楽人がその伝授を担ったこと、そして祭礼時の演奏状況等を史料から詳細に論じた。また、禁裏御用である雅楽の幕府儀礼への採用は将軍権威の誇示のためであり、京都楽人にとっては自らの存在意義を再認識する機会になったことを指摘した。

西村陽子「村方騒動等から見る文書帰属認識—下野における事例から—」は、文書の所持・管理を争点とした村方騒動等の事例から、村における文書帰属認識を論じている。江戸中期以降、村方文書は「家の文書」から「村の文書」へと公共性が高まっていく中で、「家の文書」という認識は根強く残っていくこと、また、両者は混在した認識であり、村秩序の維持に向けてバランスをとっていたことを指摘した。

大嶽浩良「**宇都宮藩の種痘と明治期における継承**」は、江戸から明治期の種痘実施状況を比較し、その特徴を論じる。宇都宮藩の種痘は、藩が費用を賄うという慈恵的施策であったが、明治期には、高額な接種料や種痘をすれば牛になるという浮説により実施が困難となったことを、地方文書等から考察した。一方では、種痘医の啓蒙活動及び種痘投会社の取り組みにより、種痘の安全性についての認識が地域住民の中で深まっていったことを指摘した。

〈第三部　領主支配の諸相〉

富田　壽「**所領から見た成立期の喜連川藩**」は、古河公方足利氏の流れを汲む喜連川氏を徳川幕府の殊遇を受けた大名と位置づけ、中世古河公方足利氏から近世大名喜連川氏への転換を、所領の形成に着目して論じている。秀吉と家康から授与された所領の地理的な位置を解析し、喜連川領の村々から一村のみ南に離れた文挟（ふばさみ）村が、古河の鴻巣御殿を廃止する際の代替地であった可能性を指摘し、名族足利氏に対する秀吉の配慮を読み取っている。

海老原脩治「**利根川左岸の御捉飼場―下野国南部地域における戸田五介組の村々を中心に―**」は、下野国南部地域の御捉飼場の実態を分析したものである。御捉飼場とは、鷹匠が鷹の訓練をしたり、幕府が飼養する鷹の餌を供給する場である。戸田組の御捉飼場が上野・下野・武蔵国に設定されたこと、鷹匠頭の下で御捉飼場を取り締まる野廻役に抜擢された地元の有力農民の家の特徴、御捉飼場の村々における日常生活の一端を明らかにしている。

中谷正克「**旗本本多帯刀家と加賀藩年寄本多安房守家の交際―安永期「本多政房養子一件」の分析を中心に―**」は、下野国都賀郡内七か村に四五〇〇石の一円知行地を有する旗本の本多帯刀家と、加賀藩の年寄である本多安房守家との関係を、養子取組、金銭貸借、日常的な交際から検討している。両家は、初代が親子関係にあることから格別の間柄であり、両家の関係は、当主同士にとどまらず、同族の取次役や、双方の家臣、知行所村々などを巻き込んだ重層的なものであったと論じている。

泉　正人「日光社参と壬生藩・壬生藩領の村々」は、日光道中・壬生通り・例幣使道という三本の日光への道が通る壬生藩領の村々を事例として、天保十四年(一八四三)の将軍の日光社参をめぐる負担の実態を検討した。壬生藩領の村々には、助郷役とは別に、街道の並木伐採・掃除・道橋普請、村道・野道の規制柵の構築、御馬口洗場の整備など多様な負担が課されたが、それらの負担は最終的には藩が担ったことを指摘している。

髙山慶子「宇都宮藩戸田家と江戸の金主―豪商川村伝左衛門と名主の馬込勘解由―」は、譜代大名戸田家の債務の特徴を、江戸の金主に着目して検討している。財政の窮乏化が進んだ十八世紀後半以降、戸田家は大坂での金融の道が閉ざされ、特定の江戸町人に依存を深めた。江戸の豪商川村家と名主の馬込家は戸田家の二大金主となるが、幕末維新期には下野国で新田開発や養蚕製糸業を行うなど、戸田家との間で金銭貸借にとどまらない深い関係を形成したと論じている。

註

(1) 以下の下野国(栃木県)に関する記述は、日本地誌研究所編『日本地誌　第五巻　関東地方総論　茨城県・栃木県』(二宮書店、一九六八年)、栃木県史編さん委員会編『栃木県史』通史編(全八巻、栃木県、一九八〇～八四年)、『角川日本地名大辞典九　栃木県』(角川書店、一九八四年)、『日本歴史地名大系　第九巻　栃木県の地名』(平凡社、一九八八年)、阿部昭・橋本澄朗・千田孝明・大嶽浩良『栃木県の歴史』(山川出版社、一九九八年)、阿部昭編『日光道中と那須野ヶ原』(街道の日本史一五、吉川弘文館、二〇〇二年)などによる。

(2) 日光山の信仰については、日光山史編纂室編『日光山輪王寺史』(日光山輪王寺門跡教化部、一九六六年)、日光市史編さん委員会編『日光市史』上・中・下巻（日光市、一九七九年）参照。近世日光山をめぐる主な研究には、秋本典夫『近世日光山史の研究』（名著出版、一九八二年）、山澤学『日光東照宮の成立―近世日光山の「荘厳」と祭祀・組織―』（思文閣出版、二〇〇九年）、東京都江戸東京博物館編『日光東照宮と将軍社参』（徳川記念財団、二〇一一年）、椿田有希子『近世近代移行期の政治文化―「徳川将軍のページェント」の歴史的位置―』（校倉書房、二〇一四年）などがある。

（3）両社寺の創建について、輪王寺は、勝道上人が天平神護二年（七六六）に男体山の登頂を志して大谷川（だいやがわ）を渡り、四本龍寺を創建したときにはじまるという。輪王寺の名称は、明暦元年（一六五五）に後水尾上皇が院宣をもって東叡山（江戸の寛永寺）に下賜した勅号である。前年から寛永寺住職を兼ねていた日光山門主の守澄法親王は、以後、輪王寺宮または日光御門主と称され、このとき本坊光明院が輪王寺と改められた。前掲註（1）『栃木県の地名』、前掲註（2）『日光山輪王寺史』参照。二荒山神社についてはは不詳であるが、承和三年（八三六）十二月二十三日の『続日本後紀』の記事に、下野国従五位上勲四等の二荒神に正五位下を授けるとある（前掲註（2）『日光市史』上巻）。

（4）日光山に関する下野近世史の研究動向や自治体史編纂については、山澤学「自治体史編纂と世界遺産「日光の社寺」をめぐる諸問題」（『関東近世史研究』第七五号、二〇一四年）を参照されたい。

（5）鬼頭宏『文明としての江戸システム』（日本の歴史第19巻、講談社、二〇〇二年）、水本邦彦『村―百姓たちの近世―』（シリーズ日本近世史②、岩波新書、二〇一五年）、武井弘一『江戸日本の転換点―水田の激増は何をもたらしたか―』（NHK出版、二〇一五年）など。

（6）秋本典夫『北関東下野における封建権力と民衆』（山川出版社、一九八一年）、阿部昭『近世村落の構造と農家経営』（文献出版、一九八八年）、河内八郎『幕末北関東農村の研究』（名著出版、一九九四年）など。

（7）平野哲也『江戸時代村社会の存立構造』（御茶の水書房、二〇〇四年）、同「江戸時代における百姓生業の多様性・柔軟性と村社会」（荒武賢一朗・太田光俊・木下光生編『日本史学のフロンティア2　列島の社会を問い直す』法政大学出版局、二〇一五年）など。

（8）熊田一『野州一国御用作　朝鮮種人参の歴史』（熊田一先生著作頒布会、一九七九年）など。

（9）下野国の河川については、前掲註（1）の諸書のほか、奥田久監修『栃木の水路』（栃木県文化協会、一九七九年）、栃木県立博物館『江戸とつながる川の道―近世下野の水運―』（栃木県立博物館友の会、二〇一四年）などを参照。

（10）下野国の街道については、前掲註（1）の諸書のほか、日光街道ルネッサンス21推進委員会編『栃木の日光街道―荘厳なる聖地への道―』（下野新聞社、二〇〇三年）などを参照。

（11）前掲註（1）『栃木県の地名』（平凡社）。慶安元年（一六四八）の「慶安郷帳」では一一一八ヶ村（他に寺社領二〇八ヶ所と新田）、元禄十四年（一七〇一）の「元禄郷帳」では一三六一ヶ村、天保五年（一八三四）の「天保郷帳」では一三六五ヶ村、幕末の「旧高旧領取調帳」では一四〇四ヶ村である。なお、これらの村高を総計した下野国の石高は、「慶安郷帳」では六一万八五九二石余（村・寺社領・新田の総計）、「元禄郷帳」では六八万一七〇二石余、「天保郷帳」では七六万九九〇五石余、「旧高旧領取調帳」では七六万五九六七石余となっている。

（12）前掲註（1）『栃木県』（角川書店）による。前掲註（1）『栃木県史』（通史編四・近世一）では、「旧高旧領取調帳」に記された村々の石高を集計し、天領一一・〇五八％、藩領四八・一一六％、旗本領三八・七一一％、寺社領三・四二四％と算出しているが、百分率の合計は一〇一・三〇九％となり、一％を超える誤差がある。

（13）交代寄合については、西田真樹「「交代寄合」考」（『宇都宮大学教育学部紀要』第三六号第一部、一九八六年）、竹内誠編『徳川幕府事典』（東京堂出版、二〇〇三年）「交代寄合」（田原昇執筆）などを参照。

（14）鍋島幹はその後、初代の日光知県事、初代の栃木県令となる。

(15)　田代善吉『栃木縣史』第一～十七巻(下野史談会、一九三三～四一年)。以上のほか、おもな郷土史に関する著作は、田代善吉・森本樵作『栃木県郷土誌』(三育社、一九一五年)、田代黒滝編『城山村郷土誌』(下野史談会〈以下すべて同じ〉、一九二五年)、田代善吉『宇都宮誌』(一九二六年)、同『宇都宮市史』(一九二八年)、同『栃木県地理』(一九二九年)、同『下野国史』(一九四九年)をはじめ、多数にのぼる。田代が執筆の過程で集めた史料は、現在「田代善吉氏収集文書」として栃木県立文書館に収蔵されている。田代善吉については、下野史談会編『田代善吉の生涯と下野史談会』(下野史談会、一九八四年)、奥田謙一「収蔵文書紹介47 田代善吉氏収集文書」(『文書館だより』第四八号、二〇一〇年)参照。

(16)　徳田浩淳のおもな著作は『徳田浩淳著作選集』一～五(国書刊行会、一九八三年)にまとめられている。おもな史料には、宇都宮藩戸田家の「御家記」全五巻を改訂・補足して刊行した徳田浩淳編『史料　宇都宮藩史』(柏書房、一九七一年)などがある。

(17)　栃木県教育委員会事務局編『栃木県史編さんの記録―一六年間の編さん事業―』(栃木県教育委員会、一九八四年)。以下の栃木県史編纂についての記述は、阿部昭「栃木県史編さんと下野近世史研究」(『関東近世史研究』第七五号、二〇一四年)による。

(18)　近世部会の専門委員は北島正元・秋本典夫・長倉保・入江宏、調査員は入江宏・新家君子・河内八郎・上杉允彦・深谷克己・長谷川伸三・安藤保・泉雅博、県史編さん室の近世部会担当は日向野徳久・奥田謙一・須永〈阿部〉昭である(途中交代等あり)。阿部前掲註(17)論文参照。

(19)　その後も栃木県立文書館は史料の収集・整理・保存に務め、一般の利用に供している。二〇一八年(三月)現在、三五万五七九四点の古文書を収蔵している(栃木県立文書館『年報』第三二号、二〇一八年)。

（20）前掲註（15）の『栃木縣史』は通史編と史料編には分かれておらず、史料は本文の中で示されている。また、田代の『栃木縣史』は内容ごとに巻が分かれており、これも特色の一つである。巻構成は以下の通り。第一巻（以下巻数のみ）地理編、二交通編、三神社編、四寺院編、五政治編、六教育編、七古城址編、八戦争編、九産業編、十産業経済編、十一史蹟名勝編、十二考古編、十三伝記編、十四文化編、十五市町村編、十六皇室編・系図編、十七墳墓編・総索引。

（21）栃木県内の自治体史編纂に関する記述は、平野哲也「自治体史編纂と下野近世史研究」（『関東近世史研究』第七五号、二〇一四年）による。

（22）例えば芳賀町では、県目録刊行段階では二万四一二三点であった史料が自治体史刊行後は約六万五〇〇〇点に、鹿沼市（粟野町合併以前）では四万七五八五点から八万七一六三点に、氏家町では五二四〇点から七万七〇〇〇点強にというように、史料は大幅に増加した。平野前掲註（21）論文参照。

（23）平野前掲註（21）論文。

（24）山澤前掲註（4）論文、阿部前掲註（17）論文、平野前掲註（21）論文は、このときの報告が文章化されたものである。

（執筆分担　一・二・三（第三部）髙山慶子、三（第一部）平野哲也、三（第二部）西村陽子）

第一部　地域の生業

江戸時代下野国の川漁
―鬼怒川・那珂川水系を中心に―

平野哲也

はじめに

本稿は、下野国を貫流する鬼怒川や那珂川を対象に、江戸時代の内陸農村の川漁のあり方と川漁にまつわる村々の関係を解明する。流域の村々にとって両河川は、百姓の生業と暮らしを支える用水源・水路であったが、漁撈の場としても多大な恩恵をもたらしていた。ただし、川と農業（開発や水田稲作に関わる治水・利水）、川と水運・流通の研究蓄積に比べて、川漁に関する研究は決して多くはない。そこで本稿では、川漁に焦点を絞り、川と百姓・村の関わりを探っていきたい。川漁への注目は、農耕専従という百姓の暮らしのイメージを相対化し、百姓の生業の多様性を具体的に捉える上でも有効な視点となる(1)。

これまでも筆者は、下野国の百姓が川や沼で漁業を営み、農耕や諸稼ぎとともに、それを生業の一部に組み込んでいたことを明らかにしてきた(2)。水田・溜池・用水路といった水田用水系を場とする水田漁撈の展開も確認した(3)。そうした百姓の漁撈意欲は、江戸時代前期以来旺盛であった。たとえば、都賀郡を流れる小倉川では慶安二年（一六四九）、鮎漁の権利をめぐる村々の争論が起こり、幕府が漁業者（村）を限定し、禁漁区間・禁漁期間を設ける裁許を下している。(4) この頃すでに稚鮎の乱獲が深刻化し、水産資源の保護と繁殖が目指されたのである。川漁のあり方と村々の諸関係は、百姓の生業・暮らしに直結する重要な検討課題といえるだろう。

一　下野国に棲息した川魚と川漁の概況

表1は、享保二十一年(一七三六)の産物書上帳から、下野国の三地域の魚種を抜き出したものである。表中の宇都宮南部は田川・姿川流域、宇都宮北東部は鬼怒川中流域の右岸、塩谷郡佐貫村は鬼怒川上流域の左岸となる。同名異種・異名同種の魚があるかもしれないが、河川、用水路や溜池、水田も含めた内水面に多種多様な魚が棲息していたことは明らかである。鮒・鰻・鮎はどの地域にも棲息し、鬼怒川には鮭や鱒の姿も見られた。

これらさまざまな川魚が、下野国に住む人々の食卓を彩った。実際、昭和初めの栃木県内の食生活には川魚がつきもので、各地に、季節ごとの多彩な漁法・調理法があり、漁撈と魚食の地域文化が形成されていた。(5) その起源は江戸時代にまで遡ると考えてよい。

明治十二〜十四年(一八七九〜八一)三か年平均で、栃木県には、鮭一万七〇〇〇尾(漁期：八〜十月、以下括弧内は漁期)、鱒二万五〇〇〇尾(七〜十一月)、鮎五九六万尾(六月中旬〜十月)、鯉四万六〇〇〇尾(四月中旬〜七月中旬)、鰻二万六五〇〇貫目、鯰一万六八〇〇貫目、雑魚四万八〇〇〇尾の漁獲があった。(6) 簗漁は、八月から翌年三月にかけて行われた。鬼怒川・那珂川・思川・小倉川は鮎の産地であり、上都賀郡山間部の清流ではイワナやヤマメが捕れた。

鬼怒川の沿岸村々の漁業についても、具体的な数字を挙げておこう。

明治十五年当時、鬼怒川中流左岸の芳賀郡粕田村・寺分村の周辺では、鮎・鮭・鯉(ニゴイと思われる)・鮒・アイソを獲物として、簗漁と各種の網漁・釣り漁・ヤス突漁が行われていた[7]。粕田村・寺分村の全七三戸の内には、農業五分・漁業五分の「漁民戸口」が一四戸存在した。彼ら「漁民」は、「反り網」（鮭網）四組、サイ網一組、投網三五反、三本ヤス（鮭ヤス）一〇本、四本ヤス（鰓ヤス）五本、漁船六艘の漁具を有していた。とりわけ粕田村の川漁は、約五〇〇〜六〇〇間の漁場で一年当たり平均一万円の「水産収穫」を上げるほど「盛大」であった。

明治十七年四月、鬼怒川左岸の上阿久津村・中阿久津村・宝積寺村（いずれも塩谷郡）が塩谷郡長に報告した「漁事景況[8]」によれば、三か村はいずれも、川漁従事者が住む「漁村」であった。合計三八戸の「漁戸」があり、一年の「捕獲魚類」で金一〇七〇円の代価を得ていた。「漁戸」とは、農耕を行いつつ、川漁も主要な生計手段とした百姓を

表1　享保21年（1736）産物書上帳に見る下野の魚種

種類	宇都宮南部	宇都宮北東部	塩谷郡佐貫村
どぜう（どぢやう）	○	○	○
砂むぐり	○	○	
ざこ（小ざつこ）	○	○	○
ぎぎう（ぎんぎう）	○	○	○
ふな	○	○	○
にがふな		○	
なまず	○	○	
たなご	○	○	○
かぢか（かじか）	○	○	○
うなぎ	○	○	○
川やつめ		○	
かまづか	○	○	○
さい	○	○	
あゆ	○	○	○
さけ（かわさけ）		○	○
川ゑび（小ゑび）	○	○	○
ます		○	○
やまべ		○	
ぼら		○	
いかりたなご		○	
うすぼつこ		○	
はや	○		
ぎんなぎ			○
ゆわな			○
すなはみ			○
ばばこ			○
やぶかぢか			○
やつ			○

宇都宮南部は享保21年３月「河内郡下反町村他12か村産物書上帳」（栃木県立文書館寄託・篠崎昭家文書383）、宇都宮北東部は享保21年３月「下野国宇都宮御領岡本最寄拾壱ケ村産物書上帳」（栃木県立文書館寄託・五月女裕久彦家文書21）、塩谷郡佐貫村は享保21年２月「下野国宇都宮領産物書上帳　大曽筋佐貫村」（栃木県立文書館寄託・植木康男家文書2941）に記載されている魚の名前を資料の通りに表記し、○をつけた。

指す。村に問屋・仲買・小売などの「魚商」はなく、「乾魚」や「塩漬」に加工せず、近隣住民の需要に向けて、「何レモ生魚ニテ魚人(漁)ヨリ直チニ日毎ニ販売」されていた。

二　川運上の上納と川漁の請負

塩谷郡今宮神社(中世の氏家郷の総鎮守)の祭礼について記した『今宮祭祀録』の永禄六年(一五六三)の記事に、「御簗、鬼怒川・荒川・田川留申候得共、洪水故、御供物取レ不申候間、鳥目ニテ参申候」とある。(9) 永禄六年は、七月二十九日(八月二十七日、グレゴリオ暦の月日、以下同じ)から大雨が降り続き、八月一日(八月二十九日)の巳刻に「大水」が発生した。そのため「御供物」が捕れず、今宮神社は代銭を徴収せざるを得なくなった。鮎漁の盛期にあたる時期だから、「御供物」とは鮎だったに違いない。十六世紀半ばには、地域の有力神社が地元河川の特定エリアを神饌用の漁場＝「留」＝禁漁区に設定し、神の名の下に排他的な簗漁を展開していたのである。実際に「御簗」で鮎を捕り、不漁時に鳥目を出したのは、河川縁辺に住む百姓であったろう。彼らには、一定量の鮎の献上が義務づけられる代わりに、鮎漁の特別な権限が保障されたと思われる。「御簗」の運営の前提に、川辺の百姓による川漁の活況と技術の向上を見抜かなければならない。

十七世紀後半、鬼怒川右岸の河内郡下岡本村は領主宇都宮藩に、川魚あるいは運上を納めていた。それは「川筋」の村々に課された諸役の一つであった。寛文八年(一六六八)当時は、「鬼怒川簗之儀ハ、年々御運上ニ而申請」、藩の命令次第で鰻も献上していた。(10) 延宝九年(一六八一)には、下岡本村が対岸の芳賀郡板戸村との「寄合」で代金三分銭二〇〇文と代銭二〇〇文、下岡本村単独で金二分の「鮎御運上」を納入している。(11) 二か村が向き合う鬼怒川の水域で、入会の鮎漁と下岡本村独自の鮎漁が並存していたのである。また、御用品として鮎や鰻の納入も命じられている。ただし、鮎の献納は無償ではなく、「町相場」に基づく「代物」が支給された。さらに、藩が「御川狩」をする時は、下岡本村の百姓に網打ちが命じられた。この場合も「御扶持」を受けている。宇都宮藩に対する運上金の上納、御用魚の献上は、下岡本村にとって、藩から川漁の公認と保護を得ることを意味した。江戸時代前期以来、領主の川魚獲得要請に連動する形で、鬼怒川沿岸村々の鮎・鰻漁が展開していたのである。運上は定額であったから、漁獲量の増加や魚価の上昇があれば百姓に有利に働いた。しかも、名目は献上品であっても実質的に藩の買上品となる場合があり、漁撈という労働にも何らかの給付が伴った。

ただし、百姓の側に川漁の主体性がある川付の村々と異なり、必ずしも川沿いではなく、藩主催の川漁に労働力を徴発される村や百姓にとっては、それが忌避の対象となった[12]。

藩への運上や御用鮎は村に対して賦課されるものであったが、現実には特定の百姓が個別に納入を請け負っていた。江戸時代後期には、そうした請負の実像が見えてくる。

明和二年（一七六五）五月、河内郡下平出村（鬼怒川右岸）の庄屋が、宇都宮藩士松平三郎太郎（当時、御取次役兼御先手物頭）から「御用鮎御請負」の打診を受けた[13]。三郎太郎は「網打上手之人」を求めていた。下平出村の庄屋は、鮎「壱束」あたり、土用前なら銭四〇〇文くらい、秋までは平均六〇〇文くらい、町方相場（鮎の市場価格であろう）が一貫文にもなる土用過ぎなら最低でも七〇〇文ほどで請け負いたいと、時期ごとの希望額を答申した。この願いは聞き入れられたようで、同村の彦右衛門・伊助が二人で金一両、彦内が金二分の「仕度金」（「前金」）を受け取っている。三人が、この年の「御用鮎御請負」人となったのである。実際、五月十七日（七月四日）には彼らが一九〇匹の「干鮎」を藩に納めている。代銭は一〇〇匹あたり銭六〇〇文であった。請負人が十日おきに藩の御台所へ鮎を持参し、

表2　弘化2年(1845)　7～8月　鬼怒川中流域村々の宇都宮藩に対する献上鮎

村		下岡本村1		下岡本村2		中岡本村		上岡本村		柳原新田村		宝積寺村		合計	
														鮎数	代銭
献上日		7/16,23,24 25,29,30 8/4,5,7,8,9 他		8/3,4,5,6,7 8 他		7/16,23,28 29 8/5 他		7/23,24,29 8/2,5		7/24,26,27 28,29 8/1,5,6,7,8		8/5,7.8			
献上百姓		重兵衛 友次郎 房五郎 長太郎 辰蔵 兵吉 藤次郎 長吉		熊吉 幸三郎 次五右衛門 子之吉		定右衛門 峯松 政吉		鉄太郎 清助		豊蔵 文吉 安兵衛 太郎兵衛 七郎次 次郎兵衛 金蔵 儀兵衛		勝蔵			
献上鮎	大きさ	数	代銭（文）	数	代銭（文）	数	代銭（文）	数	代銭（文）	数	代銭（文）	数	代銭（文）	（匹）	（文）
	5寸鮎	5	194	9	354	8	316	0	0	25	986	2	76	49	
	4寸5分鮎	73	2278	61	1906	35	1090	22	684	105	3278	39	1218	335	
	4寸鮎	55	1030	5	90	57	1066	16	294	72	1348	0	0	205	
	合計	133	3502	75	2354	100	2476	38	984	202	5620	41	1294	589	16250

弘化4年8月「御献上鮎御買上代銭村々相払帳」(栃木県立文書館寄託・五月女裕久彦家文書2565)より作成。

鮎1匹当たり代銭：5寸＝38文、4寸5分＝30文、4寸=18文。

史料上、下岡本村分が2つのまとまりで記載され、それぞれ集計されている。献上百姓の名前も重なっていない。そのため、それぞれを仮に1・2として表記した。

献上日の欄の「他」とは、史料の破損により献上日が判読できない部分があることを意味する。実際の献上日は表中の日にちより多くなる。

史料中の銭額は九六銭と丁銭が混用されていると思われる。史料上の数字をそのまま記した。


翌日には飛脚で江戸へ送り届けられることになっていた。藩邸で暮らす藩主やその家族、藩士らに消費されたのであろう。この経緯は、宇都宮藩が毎年、鬼怒川沿岸の村々から「御用鮎御請負」人を募集していたこと、村の側では藩と鮎代価の交渉をしていたことを知らせてくれる。漁の達人である請負人は、大きな鮎需要を持つ領主を顧客・販売相手として、鮎漁とその加工で現金を稼いでいたのである。

弘化二年（一八四五）七月中旬から八月上旬（鮎漁の盛期）にかけて、下岡本村・中岡本村・上岡本村・柳原新田村（以上河内郡、鬼怒川右岸）・宝積寺村の百姓が、鮎を宇都宮藩に献上し、代銭を受け取っている（表2）。鮎一匹当たりの代銭は、大きさを基準に三段階で定められていた。六か村が献上した鮎は合計五八九匹で、代銭は銭一六貫二五〇文に上った。百姓ごとの献上鮎数には差があった。数匹程度を納める者がいる一方で、中岡本村の政吉などは、六日にわたって、五寸鮎七匹、四寸五分鮎一五匹、四寸鮎五六匹を献上し、銭一八〇〇文（丁銭計算）を手にしている。村単位で眺めると、下岡本村と柳原新田村は献上した百姓数、鮎の数ともに多く、代銭収入も突出していた。両村は川漁に励む百姓を多く抱え、強い漁業権を保持していたのである。

三　川漁をめぐる村々の確執と漁業秩序の形成

1　鬼怒川上流域塩谷郡・河内郡の川漁争論

鬼怒川の上流部では十七世紀中期より、川漁をめぐる村々の確執が顕在化してくる。

承応二年（一六五三）八月、鬼怒川ないし大谷川で生じた塩野室村と大渡村（いずれも鬼怒川右岸で河内郡）の「梁（簗）場問答」が決着した(14)。両村は、かつて同様の案件で争い、周辺の村々の仲裁を受けていた。この時も、小林村・大桑村・佐下部村・今市村の重立百姓が間に入って折り合いがついた。「如先規」、「梁（簗）場」が塩野室村の「内」にあることを認めるが、川漁は両村の「入相」とするという和解内容であった。簗掛けの権利が特定の村に与えられる一方で、川全体の漁業は沿岸の村々に開放されたのである。

延宝二年（一六七四）には、鬼怒川の漁業について、河内郡大渡村・町谷村（いずれも日光領）が、今度は対岸（北岸）の塩谷郡舟生村（宇都宮藩領）を相手に争論を起こしている。鬼怒川は、双方の村域・両郡を分けるばかりでなく、日光領と宇都宮藩領の境界ともなっていた。争論の発端は、舟生村が鬼怒川と大谷川の合流地点（鬼怒川南端）までを「舟生村地内」と唱え始めたことにあった(15)。これに対して大渡村・町谷村は、双方の村境は従来「鬼怒川半分ニ相究、互ニやなかけ川殺生仕候」と反論した。両村はさらに、大谷川と鬼怒川の合流点付近に大渡村の「うけ場四ケ所」がある事実を訴えた。川漁の実績を楯に舟生村の訴えを退け、鬼怒川での漁業権と村域の確保を目指したのである。

一方、舟生村は、当該地点の鬼怒川には宇都宮藩の支配が及んでおり、川幅一杯が同藩領の自村の地内に含まれると認識していた。しかし大渡村・町谷村も、領主日光山と鬼怒川の関わりの深さを挙げて反論する。かつて会津藩が鬼怒川を使って材木を筏流し（江戸送り）する際、日光目代へ断りを入れたことを「川半分御神領（日光領、括弧内注記は筆者による、以下同じ）」の根拠に持ち出したのである。鬼怒川は中央を境に日光山と宇都宮藩の領主権が等分される、それゆえ会津藩は日光山の許可を求めたのだ、という論理である。大渡村は、これまで「舟生村内川ニかけ」た簗に手出しすることはなく、「本川通之儀ハ双方より去年迄（簗を）掛来り申」してきたという。複数に分かれた鬼怒川の流れのうち、舟生村寄りの川筋は「舟生村内川」と呼ばれ、鬼怒川本流（「本川通」）と区別されていた。「舟生村内川」に舟生村独自の漁業権が貫徹するのは、大渡村も認めていた。ただし、鬼怒川本流は大渡村と舟生村がともに簗掛けする入会漁場であり、舟生村の独占を許すわけにはいかなかったのである。

大渡村は、さらに舟生村の不法を非難する。大渡村の主張によれば、延宝二年七月十九日（八月二十日）に舟生村の百姓が、翌日行う「川干」に大渡村から人を出さないようにいってきた。しかし大渡村の百姓は「川之儀互ニ入合申所」であるから、「如先規之川干之場へ出合可申」と出かけていった。それを、舟生村の百姓に差し止められた。その上、舟生村の「惣百姓」は、「川干」のため、「大渡村・町谷村之地内を流申候ぬくい川」に「本きぬ川」の水を流し込んだ（前年の洪水で始まっていた鬼怒川本流から「ぬくい川」への通水をいっそう拡大）。大渡村・町谷村が阻止したところ、舟生村の大勢の百姓に打擲された。その結果、七月二十九日から八月三日までの洪水で「ぬくい川」の水があふれ出し、周囲の秣場が押し流されたという。

舟生村は、自村だけが渡船業を担っていることを「川之証拠」（鬼怒川を自村の領域とし、漁業を独占する正当性）に掲げていた。大渡村は、これにも次のように反論した。もともと渡船業は、舟生村と大渡村の両方が行ってきた。ところが、山林の豊富な舟生村が薪に不自由していた大渡村に「舟生山」での採取を許し、代わりに船を譲渡するよう持ちかけてきた。大渡村はこれを呑み、渡船業の権利を舟生村に引き渡した。そこで舟生村による渡船業の独占が定まったというのである。また、舟生村が「冬川」への架橋の功績を主張すると、大渡村は、それも両村が相談の上、一緒に架けてきたのが真実だと反駁した。

舟生村は、鬼怒川が自村の内に含まれることを証明し、漁業権を拡大・独占するために、鬼怒川に対する宇都宮藩の支配権、自村だけが担う鬼怒川の渡船業・架橋の実績を主張した。一方、自村の領域の減少と漁業権の制限・喪失を恐れた大渡村は、鬼怒川の半分には日光山の支配権が及び、自村も古来渡船業・架橋に従事しており、現実に簗や筌を用いて川漁を行っていると訴え、舟生村の侵害を防ごうとした。

延宝二年十一月二十五日（十二月二十二日）、この争論に幕府評定所の裁許が下った[16]。幕府は、大渡村の主張を却下した。大渡村の言い分を裏付ける証文がないこと、舟生村が毎年「往来之渡舟」を出していたこと、冬場に架けた所々の橋の普請を舟生村が担ってきたこと（宇都宮藩がその事実を保証）が判断の理由であった。証拠主義と実績主義に基づき「魚猟等之儀舟生村致支配」ことを命じ、両村の境界を川の南端と定めたのである。これにより、舟生村と大渡村が向かい合う範囲の鬼怒川が事実上舟生村の村域の一部となり、同村の排他的な川漁が確立した。

延宝年間には、鬼怒川のさらに上流部、左岸藤原村と右岸瀧村（いずれも塩谷郡）の間で「はねあみ」漁の争論が起こり、延宝四年（一六七六）七月に和解している[17]。先例に従い、網を張るのは瀧村の権利とされたが、藤原村も毎年鱒一本ずつを瀧村から貰い受けることが決まった。古くから鱒漁を行っていた瀧村に対して、対岸の藤原村が参画を迫ったのであろう。問題となったのはあくまでも「はねあみ」漁だから、藤原村にも他の漁法は許された可能性がある。この争論を和解に導いたのは、藤原村・瀧村の上流・下流に連なる八か村の百姓衆であった。八か村は会津藩・日光山・宇都宮藩と領主が異なっていたが、村々の棲み分けを基調とする鬼怒川上流の川漁のルールづくりに尽力した。ここに、一致結束して資源利用秩序を整備・形成する流域社会の働きを見ることができる。

鬼怒川上流域では、幕末にもいくつかの川漁争論が起こっている。

嘉永七年（一八五四）九月の内済証文から、日光領柄倉村・小佐越村（右岸、塩谷郡）と対岸の宇都宮藩領高徳村（左岸、塩谷郡）の川漁争論の内実を探ってみよう(18)。

まず柄倉村・小佐越村の小前百姓・村役人が高徳村の「不法」を、以下のように訴えた。

両村は、「小村山寄鬼怒川附之村ニて、往古より農間山稼又は鬼怒川ニて魚漁渡世仕来」る村であった。高徳村との村境は前々より川の中央と定められていた。それは領分境ともなるため、大切に守ってきた。両村は、「是迄年々中央限簗掛・釣鮎其外共無異論相稼来」っていた。しかし嘉永六年六月、柄倉村の百姓一一人が同村域の川岸で「釣鮎」をしていたところ、高徳村の百姓二〇数人に乱暴された。このことを柄倉村の村役人が高徳村に問い糺すと、「鬼怒川之義一円高徳村持ニて川運上相納、他村之もの難為立入」という「不法」を申し立てた。争論は、双方の領主、日光山と宇都宮藩が関与する公の場に移り、調査が始まった。しかし高徳村の百姓は、その間も「論所」へ侵入し、川漁を続けた。さらに高徳村は、「農業一ト通ニては難取続往来之諸荷物駄賃附、又は鬼怒川筏川下ケ渡世簗釜懸川稼を以御年貢上納夫食等之足合ニ仕百姓相続罷在」と川漁の権利を主張してきた。

以上の柄倉村・小佐越村の訴えに対する高徳村の反論は、次の通りである。

柄倉村・小佐越村の言い分は間違っている。嘉永七年四月、両村の大勢の百姓が高徳村地内の鬼怒川縁に「出張小屋を掛川瀬を〆切釜を掛鮎漁いたし」た。高徳村の百姓が鮎漁に行くと、「此場所は我等（柄倉村・小佐越村）魚漁之場所ニ付、立寄申間敷」と言いがかりをつけてきた。しかし、そこは高徳村が「御献上鮎并川運上相納鮎漁仕候大切成場所」であり、両村の密漁を見逃すわけにはいかない。そのため、両村の百姓の釣道具を没収した。

この争論は、日光山・宇都宮藩の立会・吟味の末、解決に至る。まず、「鬼怒川境之義は双方共川中央と相心得魚漁之義も互ニ中央限相稼可申」ことが改めて定まった。双方の主張の正否が判然としなかったのだろう。それゆえ、いずれの川漁も成り立たせるべく、従来の慣習が踏襲されたのである。あわせて、高徳村から川下の塩谷郡阿久津村までの一一か村による「献上鮎漁」も保障された。当該区間の鮎漁に際しては、宇都宮藩から出役人が派遣されることになった。川下村々が不漁で献上鮎に差し支えた場合は、出役人が事前に柄倉村・小佐越村の村役人に相談し、了承を取り付けた後、高徳村地先の川筋一円を締め切り、鮎漁をすることも決まった。この点では、日光山側が宇都宮藩に譲歩した。ただし、締め切りの日数は、七月中旬から八月中旬までのうち五日間に限定された。その期間が過ぎれば、漁獲の有無に関わらず、出役人の責任で締め切りを撤去し、流れを復元することとなった。こうして、川漁の現場で発生した村間対立は、それぞれの領主が調整に乗り出すことで合意形成がはかられた。日光山も宇都宮藩も領内村々の生業と村域を保護するため、また宇都宮藩の場合は「献上鮎漁」を維持する狙いもあって、川の中央を村境かつ漁場境としてきた慣行に従い、折り合いをつけたのである。

この争論が示すように、鬼怒川上流左岸に居並ぶ塩谷郡内の村々には、領主の宇都宮藩から御用鮎献上と運上金上納が命じられていた。前述した通り、鬼怒川中流の両岸、河内郡・芳賀郡の村々も御用鮎献上と運上金上納を請け負っていた。それは宇都宮藩領の村々にとって、川漁の権益に対する藩の支援・後ろ楯を得たことと同義であった。

2　簗の共同経営と村の支援

次に、やや下流で起こった川漁争論に目を向けたい。

寛政二年(一七九〇)八月、鬼怒川左岸の塩谷郡押上村が、対岸の河内郡上小倉村の不法を訴えた。[19] その訴状から、①押上村に「簗人数」と称され、簗漁を営む百姓が集団で存在したこと、②簗の付近に「小屋」を建てていたこと、③「簗番」が簗を管理していたこと(「小屋」はそのための施設であったろう)、④押上村の簗が上小倉村の百姓一四〇～一五〇人によって破壊されたこと、⑤上小倉村の破壊行為に対して、「簗人数」だけでなく「村方小前之者共供ニ憤」り、報復として上小倉村の簗を壊そうと息巻いていたこと、などがわかる。押上村の簗漁は組織的に行われ、管理・運営の担当者も設備も整っていた。押上村の内部には、簗漁に従事する百姓とそれ以外の百姓との別があったが、いざ簗漁が他村に侵害された時は、小百姓もともに対抗行動を起こしている。その意味では、「簗人数」の簗は村中の簗であったともいえる。対する上小倉村も、動員された百姓数の大きさからみて、村全体の共同意志に基づいて行動していたことが明らかである。

これまでの事例が示す通り、川漁争論は、実際に漁に携わる百姓同士の個別的な衝突では収まらず、村と村の利害対立・対決に発展している。個々の百姓の所有が及ばず、村の支配権も明確にしがたい川であるが、そこからさまざまな恩恵を受けてきた沿岸の村々は、絶えず川の管理・利用を意識せざるを得なかった。その最たるものが、水産資源と漁場の確保であった。川の縄張りは、村の領域確保と同じ意味をもつ場合が多く、村の存立に関わる一大事だったのである。それは同時に、村に属する百姓の生業を社会組織として守る、村の意志・行動の表れでもあった。

ただし、川漁をめぐる村と村の関係は対立一辺倒だったわけでもない。対岸の村同士が互いの立場を気づかい、協調的に川漁を営む場合もあった。

嘉永四年（一八五一）、鬼怒川左岸の塩谷郡大久保村（押上村の北西）では、河川環境の変化により、前年設置した場所に簗が掛けられなくなった[20]。その付近の川筋が「壱瀬」にまとまり、極端な「深川」となってしまったのである。大久保村の「簗人数」（簗漁をする百姓）は、簗掛けの適所を探し、なんとか簗漁ができそうな場所を見つけた。ただし、そこは対岸の上小倉村との「地境之場所」であった。大久保村と上小倉村の間には鬼怒川の中州が発達しており、中州を利用した簗場が設けられたのだと思われる。大久保村の「簗人数」は、上小倉村の地内に差し掛からないように慎重に測量し、目印も建てた。しかし、当初の見込みが狂い、簗の過半が上小倉村地内に飛び出してしまった。両村は、文政年間から弘化年間にかけて川漁争論を繰り返し、和解の議定書を取り交わしてきた間柄であった。大久保村では「簗惣代」が上小倉村に詫びを入れ、簗の撤去を申し出た。ところが上小倉村は、すでに簗が構築されていたこともあり、そのままの使用を容認した。大久保村の「簗惣代」と「世話人」は上小倉村百姓衆の格別の配慮に感謝し、詫び状を差し入れた。大久保村の村役人も奥書・奥印をして「簗人数之者心得違」を謝罪した。

この一件から、幕末期の大久保村でも押上村同様、複数の百姓（「簗人数」）が漁場を選定し、共同で簗を運営していたことがわかる。「簗人数」の中には、集団を代表・統率する「簗惣代」が存在した。簗の造作・維持には資金力が要る。そのため、簗の持主は有力百姓であることが多い。ただし、大久保村や押上村のように、有志の百姓が集まり、仲間を組んで簗を共同経営する例も少なくなかった。また、簗場争論を続けた両岸村々の間でも、すでにできた簗の運営は許容するという現実的な対応があったことが知られる。それは、川筋の絶えざる変化が、時と場合によって自村の利益にも不利益にも転化するという川付の村々が見せた「お互い様」の精神だったのかもしれない。相手に一定程度譲歩することで、いずれ自村に不利な状況が訪れた際、反対に相手の譲歩を引き出して危機を回避する、流域社会の共存の作法だったのではないだろうか。

鬼怒川からは、江戸時代前期の新田開発に伴って、規模の大きな用水路が何本も開削された。そうした用水路は、村々に用水を供給するだけでなく、新たな漁場も提供し、川漁のすそ野を押し広げていった。たとえば、明暦二年（一六五六）に宇都宮藩の主導で市の堀用水（押上村地内から取水）が完成し、複数の新田村が誕生すると、十年後には、それら新田村の庄屋が宇都宮藩に運上の上納を申し出、市の堀への簗掛けの許可を求めている。[21] 新田村の百姓は、簗掛けが可能な水路を目の前にして、村ぐるみで川漁に臨んだのである。

3　河道の変化に伴う鬼怒川中流域の川漁争論

鬼怒川が平野部を流れる中流域では、川漁と村境の問題が密接に絡み合い、右岸と左岸、上流（北）と下流（南）の村々の間で争論が繰り返された。山間部から平野部に出た鬼怒川は、ゆるやかに蛇行し、いく筋かに分流して南下する。本流と支流の別が生まれるが、それは常に固定していたわけではない。洪水あるいは人為の締め切りなどによって流水量が増減し、流路が変わり、時には本流と支流が入れ替わった。村々の河原の広狭が変化し、田畑の川欠も度重なった。大河川のこうした動きが、川漁・村境争論の火種となった。ここでは、川筋の変化に伴う川漁争論を見ていこう。

鬼怒川右岸の河内郡石井村は明治八年（一八七五）当時、米・大麦・小麦・粟・稗・蕎麦・大豆・小豆・陸稲・菜種・胡麻・干瓢・荏・生綿・藍・大根・里芋・薩摩芋・キュウリなどの農産物、清酒・醤油を生産し、鶏を飼い、鬼怒川の河原の開発（桑畑の造成）に伴って蚕種紙（一部は海外への輸出品）・繭・生糸・屑糸も製造していた。[22] 石井村の物産には、鮎一五〇貫目（代価五〇円）も含まれた。図1には、江戸時代の「石井村大嶋簗」が描かれている（「大嶋」は石井村内の地名）。石井村地内から中州（「河原地」）にかけて設けられた、規模の大きな下り簗である。こうした鮎漁

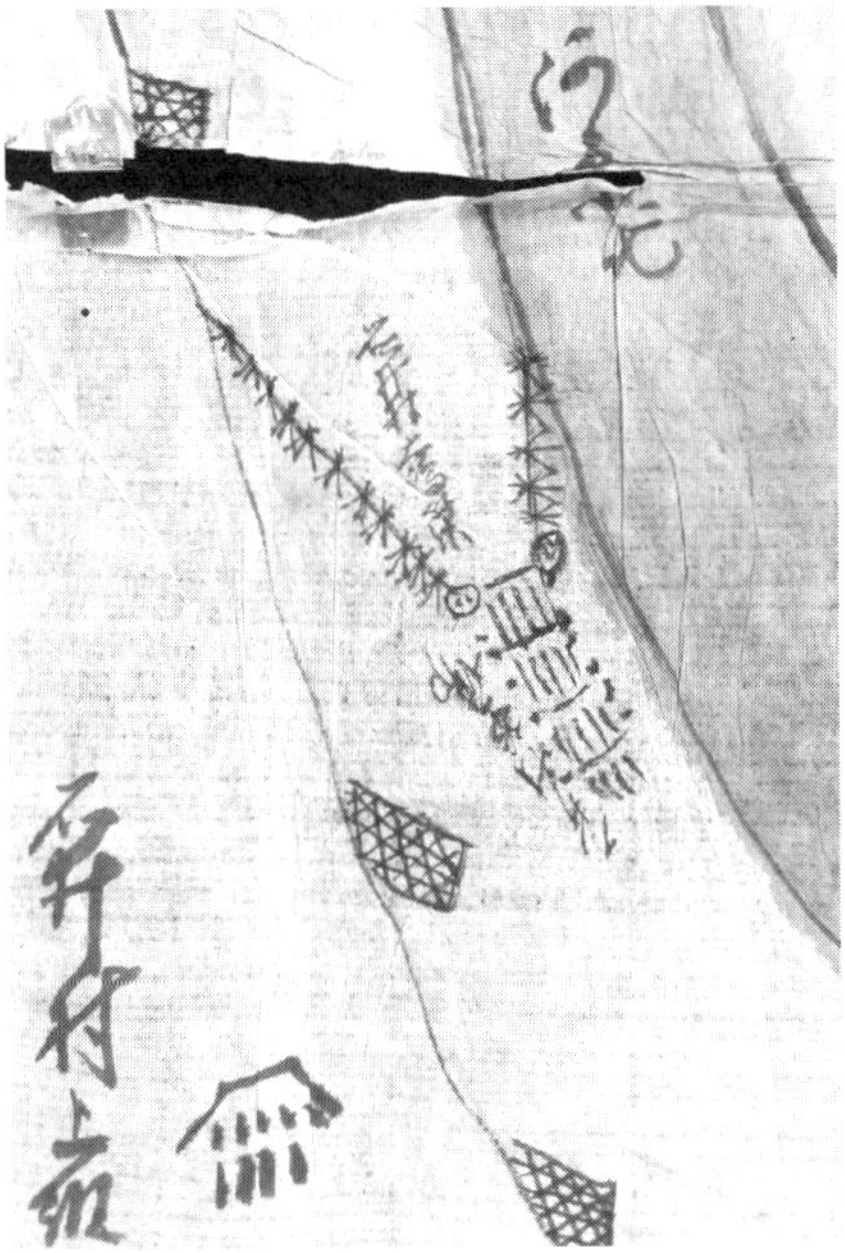

図１　鬼怒川右岸に設営された石井村大嶋坪の簗
年月不詳［推定江戸時代後期］下平出村・石井村鬼怒川沿岸絵図（栃木県立文書館寄託・鈴木敏夫家文書イ87）

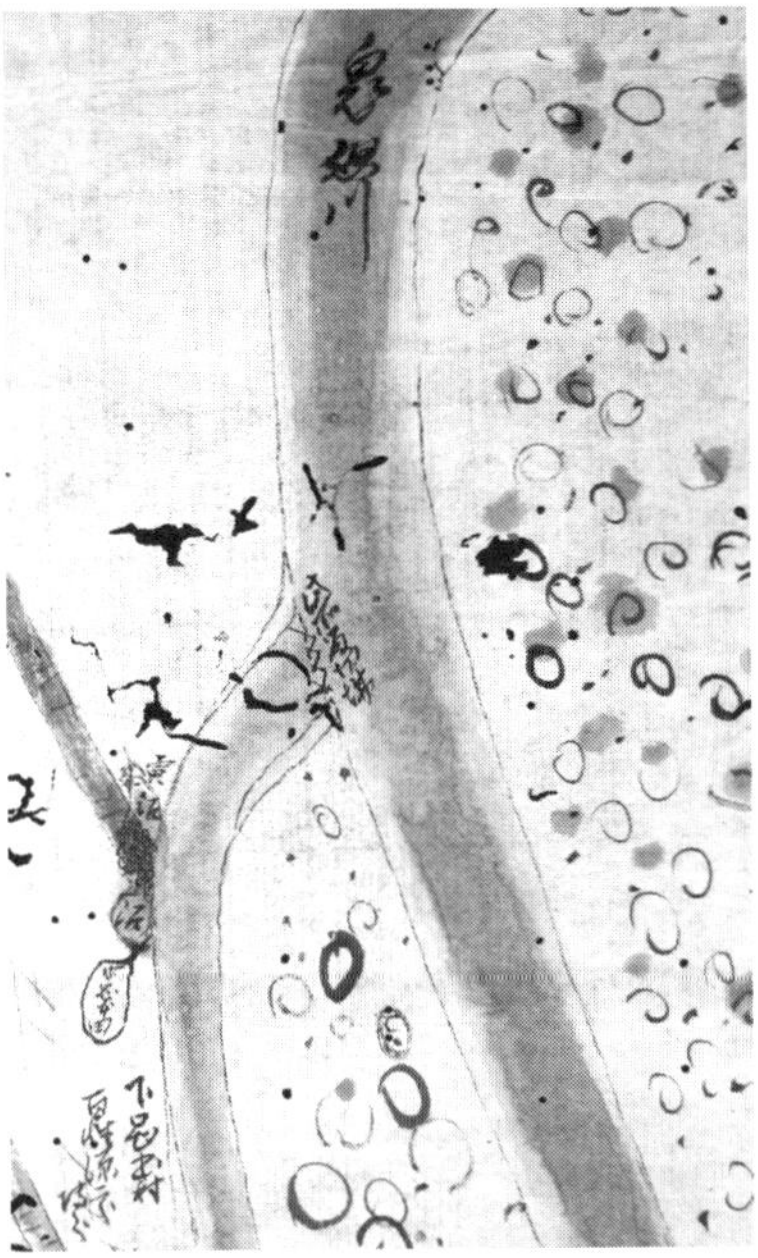

図２　鬼怒川の「本川」と「枝川」の分岐
２本の川筋のうち東方（右）が「本川」、下岡本村に接する西方（左）が「枝川」
年月不詳［推定江戸時代後期］下岡本村絵図（栃木県立文書館寄託・五月女裕久彦家文書イ52）

は、鬼怒川中流域の複合生業の一環をなした。さらに、江戸時代の石井村には河岸があり、百姓は船頭稼業も営んでいた。

　石井村の北に位置する河内郡下岡本村も、同様の生業構造をもっていた。下岡本村の百姓は、水田稲作を生業の柱に据えつつ、川そのものを稼ぎの場として川漁や船頭仕事（下岡本河岸がある）に勤しんだ。加えて、鬼怒川の河原で秣や草木資源を採り、そこに耕地の開発予定地としての価値も見出していた。

　江戸時代中後期の鬼怒川を描いた絵図を見ると、下岡本村と板戸村の間で、大きな流れが二つ存在したことがわかる（図２）。東側（板戸村寄り）の流れが本流、西側（下岡本村寄り）の流れが支流であった[23]。その分岐点には「此所留切場」

の文字が記されている。「留切場」を設けることで支流への流水を阻止・制限し、本流の流れを安定させたのである。

文化五年（一八〇八）九月、下岡本村が、村境と川漁に関する板戸村の「理不尽」に対抗して「公訴」に及んだ。(24)板戸村は、慶長年間創立の由緒を持つ河岸場で、御用荷物も民間商品も取り扱う鬼怒川舟運の拠点であった。以下は、下岡本村村役人らの訴えである。

下岡本村と板戸村は、「先年より鬼怒川魚猟之儀ハ本川中央を境与仕、相互ニ簗等相懸」てきた。しかし文化四年は、板戸村が分水点を締め切らず、下岡本村寄りの「枝川之方江出河岸」した。水量が増した「枝川」は実質的な本流となり、その「流中央を双方共ニ魚猟境与心得」、下岡本村は「枝川」東縁に掛けられた板戸村の簗を認めた。ところが、文化五年になると板戸村は、簗を掛ける前に分水点を締め切り、「枝川」に流れる川水を「本川」に戻し、「先規之河岸」（「本川」左岸の元の河岸）で「出舟」を再開した。前年に簗掛けした川筋（「枝川」）は再び支流に変わった。にもかかわらず、板戸村の百姓が「枝川」に簗を掛けたので、その「理不尽」を問い質した。すると板戸村は、「枝川」の簗掛け地点は自村の地面であると返答してきた。これは、とうてい認められない。「枝川」は下岡本村地内にある。その証拠に、「枝川」の周囲には、承応年間以来たびたび検地を受けてきた下岡本村の本田・新田が合計一三町歩余も存在する。しかも、それぞれの漁場は「鬼怒川本瀬中央迄」であり、河内郡と芳賀郡の郡境に重なる村境も以前より確定している。それらを無視して、河内郡内、下岡本村内にある「枝川」縁辺を板戸村地内と言い張るのは、大きな間違いである。真の村境は、板戸村の百姓が簗掛けした地点より東に位置する。

この争論は文化七年までもつれた。同年四月には、下岡本村を代表して組頭九兵衛・百姓代岡右衛門が板戸村の名主・組頭・百姓代を訴え出ている。(25)九兵衛らは、鬼怒川本流の中央を境として「東縁者板戸村、西縁者当村ニ而魚猟渡世仕来」、毎年「川運上金」を領主宇都宮藩に納めてきたこと、下岡本村と板戸村の村境は「旧来郡境を限り」、

「境木」が存在することを強調した。従来の漁業慣行と「境木」で定まった領域の遵守を求める陳情である。その上で二人は、板戸村の理不尽な主張には、下岡本村の田畑が川欠になったのをよいことに境界を偽り、土地を奪い取ろうとする魂胆が潜んでいると非難した。両村の川漁争論の背後には、洪水による流路・沿岸地形の変化があったのである。

下岡本村の主張は、次の二点にまとめられる。下岡本村と板戸村の簗漁の範域は、鬼怒川の「本川」（「本瀬」）の中央を境としており、年により変化する。しかし、郡境に一致する村境は、鬼怒川の流れの如何に関わらず、境杭・境塚・境木によって古来より固定している。下岡本村から見ると板戸村の言い分・行動は、川の水量・流路や地形の変化にかこつけて自分勝手な解釈を行い、無理やり村域を拡大し、漁場を囲い込む、不当で強引な横領でしかなかった。板戸村の言い分が通ってしまうと、下岡本村は、「枝川」周辺の領域を失い、「枝川」での漁業もできなくなる。それを何より恐れたのである。

天保十二年（一八四一）四月には、下岡本村が、北接する中岡本村と起こした川漁争論が決着している。[26] その済口証文から、争論の原因と双方の主張をたどってみよう。

鬼怒川の縁で村境にあたる土地が洪水によって切り崩され、川の一部になってしまった（「変瀬」）。そこに所持地や小作地をもっていた中岡本村の百姓万五郎ら八人は川水を「干落シ」、耕地を復活させようと考えた。そんななか、天保十一年七月二十一日（八月十八日）に、下岡本村の寅之丞・忠五郎・亀吉が当該場所で「留川仕殺生可仕」ことを持ち掛けてきた。中岡本村の八人は誘いを受け入れ、下岡本村の三人と「寄合留川」し、「殺生」を行った。「留川」に使う「塊株」などは中岡本村の地内から採取した。そこへ下岡本村の房五郎ら六人がやってきて、下岡本村地内での「干川」はしてはならないと咎めた。万五郎らは、下岡本村の寅之丞らの誘いで始めた「干川」であり、支障はないと返答した。時を同じくして、下岡本村の村役人が川欠の実地見分に現れ、「干川之様子」を見て、万五郎らの「魚漁道具」（投網一つ・魚籠一つ・背負籠一つ・鍬一丁・簀一枚・筌一つ）と串魚二五〇本・小魚五合を没収した。万五郎らは、これを相手方の「欲心」と捉え、その後、下岡本村の組頭広右衛門のもとへ出向き、「干川」の正当性（下岡本村の寅之丞らに誘われた行動）を説き、漁具の返還を求めた。しかし広右衛門に突っぱねられたため、領主に下岡本村の「不埒」を訴え出た。

下岡本村の頭百姓・村役人も次のように反論した。

「鬼怒川御運上之場所」（下岡本村が漁業を請け負う、同村の地内）で行われた万五郎らの「干川殺生」は明らかな違法であり、漁具の返還要求には応じられない。しかも、「干川」を誘ったという三人のうち、寅之丞と亀吉は他村の人別で、残る忠五郎も「若年ニ而弁無之者」であった。また、下岡本村の漁場の南北境は明確に定められており、「文化度板戸村与及争論　御公辺ニ相成候節、本瀬枝川之無差別中央を限り可相稼御裁許御証文頂戴」している。下岡本村では、村の百姓が簗を掛ける際には金二分ずつを取り立ててきた。「干川」も、個々の百姓が勝手に行うのではなく、村の判断・指示で実施する習わしであった。中岡本村は「万端世話ニ相成候村方」だから、万五郎らが誠意をもって依頼してくれれば大目に見ることもできた(27)。しかし万五郎らの「干川」と以後の対応は、下岡本村の漁業秩序を打ち破り、「権威を以被相掠魚漁場他村江被奪取候儀」で、村方の「難渋」に直結する。そこで、「以来御運上之魚漁場江他村之者厳敷不立入候様被　仰付度」、訴願に至ったのである。

こうして双方の訴答がなされたが、河内郡簗瀬村の増淵権左衛門が仲裁に入り、内済に導いた。万五郎らに「下岡本村魚漁場」を侵す意図はなかったことが認められ、下岡本村の側も、万五郎らが過誤を詫び、「殺生」した分の「川御運上」を差し出せば「川狩之道具」を返却すると応じた。万五郎らは下岡本村に謝罪し、漁具を取り戻した。

串魚などの捕獲物は仲裁人が貰い受けた。最終的には、「鬼怒川洪水押込」による村境付近の耕地の水没が原因で生じた行き違いであったと双方が納得し、「下岡本村魚猟場ニ而向後干川猥ニ殺生仕間敷候」ことを確認しあったのである。

下岡本村と板戸村、下岡本村と中岡本村の川漁争論は、いずれも河道の大きな変化、具体的には本流と支流の入れ替わり、洪水による川欠に起因していた。川の流れが不定であることは、両岸の村々、あるいは沿岸に並ぶ村々(上流と下流)にとって、漁場や資源採取・開発予定地の河原、ひいては村の領域が定まらず、絶えず変化することを意味した。ただし現実には、村の境や領域は線引きがなされていた。また、河道の変化を契機に村々の争論が起こると、内済や領主の裁許の結果、川縁に杭を打ち、塚を築き、村々の堂舎や樹木を目印として、それらを結ぶ境界が確定された。絵図に境が明示される場合も多かった。実際、下岡本村と板戸村の間(河内郡と芳賀郡の間)には、可視化されたいくつもの目印によって明確な境が設定されていた。それでも、川の流れが変わると、従来の境を無視して現実の河筋に沿った村域を主張する村が現れ、争論に発展するのである。たとえば左岸にある村は、河道が右岸に寄れば、川水までは遠くなるが、自村と地続きの河原が延び、それだけ村域が広がるから、現実の川筋を村境の基準にしようとする。一方、右岸の村にとっては、それまであった河原が川底になり、自村の領域が減少する。河原の広い鬼怒川沿岸では、そうした領域争い、資源利用の確執がいっそう激しさを増す。それゆえ、川の流れに左右されない不動の境界が求められたのである。漁場の争いは、そのような村境・村域争いと連動して発生する。簗の設置場所などの漁場が、村の領域の証になると認識されたからである。しかし、漁場は川水があってこそ成り立つものだから、村境とは次元を異にして、川筋・流れの現状に即して取り決める必要が出てくる。両岸の村々の川漁争論では、仲裁者や領主の調停も受けながら、河道の変化に従って当事者同士が折り合い、川漁の棲み分けを実現する着地点が模索される。鬼怒川の川漁の場合、例外（大渡村・町谷村と舟生村の争論）はあるが、川の中央を漁場境とすることが慣習となっていた。そのため川漁争論の多くは、まず従来の慣習を追認・再確認し、それを基本線として村々が譲歩や配慮をすることで和解している。そうした解決は、時々の流路に影響されず、両岸の村々がともに漁業を維持する、現実的で柔軟な判断だった。

鬼怒川左岸に南北に列する村々の漁場の棲み分けに関して、安永四年（一七七五）に生じた芳賀郡柳林村・上大沼村（一橋領）と大沼村（結城藩領）の川漁争論を見ておこう。(28) 両者は同年八月に「鬼怒川魚猟之儀、已来相互所限仕候筈」、「木草等苅（刈）取候義、已来相互所限ニ仕候筈」という条件で和解した。川の漁場とともに、河原での伐木・採草の範囲を村境の延長で線引きしたのである。川も河原も、沿岸の村々にとって貴重な資源採取・利用の場であった。そんな両者が納得できたのは、村の地先をそれぞれの領域とし、固有の資源利用権を及ぼすことであった。古くからの入会利用も想像されるが、争論を経て、川と河原には村ごとの地先権が確立した。なお、この争論からは、柳林村の百姓が「鮭網」漁を行っていたこともわかる。

4　那珂川水系における漁業権の売買

那珂川水系も川魚の宝庫であった。那珂川沿いに城下を構える黒羽藩は寛政元年（一七八九）七月、領内河川の網漁に関する触書を発布している。(29) その内容は、①投網を打つ者は、前々の通り、藩から鑑札を受け取る、②網を貸す場合は借主の名前を藩役人に届け出る、③鑑札を取得せずに網漁を行った者がいる場合は網を没収する、④運上は毎年八月二十日までに納入する、というものであった。鑑札の配布は従前の仕来りであったが、当時は百姓の川漁がかなり活発化し、無鑑札の網漁や無届の鑑札貸借が横行し、運上金の上納も滞りがちだったのであろう。こうした状況の放任は密漁の温床となる。黒羽藩は、領内の網漁を管理し、それを収入源の一つとしていた。そこで、網漁に対する許認可の強化と漁業秩序の立て直しに乗り出したのである。

那珂川支流の荒川でも漁撈が盛んであった。次に、その様子を如実に物語る史料を提示したい。文久元年（一八六一）六月、川下の那須郡藤田村と川上の塩谷郡葛城村・平三郎村（藤田村と葛城村・平三郎村の間には、直線で五㎞ほどの距離がある）が取り交わした議定書である。(30) 平三郎村は現在、さくら市の大字葛城の東坪に相当するが、江戸時代は葛城村から分かれて一村を構成していた。両村は本村・分村の関係にあり、葛城村は荒川の右岸、平三郎村は左岸に位置し、一体性・協同性を保って川漁にあたっていた。

議定書之事

一荒川流藤田村滝場魚登不宜、川上村々魚猟必至与差支難渋ニ付、魚道附登り宜敷相成候様いたし度、滝場先年畑跡役銭并村方酒代殺生留為趣意金、此度金三拾三両也、示談行届議定左之通

一魚道附方之儀、是迄はね返し殺生致候堀江手入普請いたし候事

一魚道悪く相成、魚登り不宜候節者、御相談之上、魚道附直し候事

但し、二ケ条共普請手入之儀者、葛城村・平三郎村ニ而いたし候事

一滝場魚道之儀、滝流有之内者、永々魚道手入致候事

一滝ニおゐて、はね返し与唱へ候殺生者勿論川上江登り候魚妨ニ相成候様之殺生致間敷事

一魚道之儀ニ付、藤田村一統相談之上者故障之者無之事

一滝場ニおゐて万一心得違ニ而、前書之殺生致し候哉、又者魚道江猥ニ手入妨等いたし候哉、且者魚道之儀ニ付他より故障ケ間敷儀有之、魚登不宜様成行候様之儀有之節者、前書之金子御返済可致事

右之通取極候上者、新川水流候内者永々堅く相守可申候、為後日議定連印仍如件

文久元辛酉年六月

藤田村
組頭　善兵衛㊞
同名主　利兵衛㊞
平三郎村
名主　治三郎㊞
葛城村
名主　善右衛門㊞
鷲宿村
世話人　三左衛門㊞
小白井村
同断　庄司右衛門㊞

当時、藤田村の領域に存在した「滝場」が障害となって、葛城村・平三郎村への魚の遡上が滞り、両村の漁撈が難しくなっていた。「滝場」とは、川の中の段差であろう。なぜこの時期に「滝場」が問題化したのか不明だが、葛城村・平三郎村にとって魚の減少が放っておけない事態に立ち至っていたのである。そこで両村は、魚が登りやすいように、荒川への「魚道」の設置を考案・計画した。その際、藤田村に「趣意金」三三両の納入を申し出た。藤田村も、自村内での「魚道」の造成に合意した。議定書は、「趣意金」が藤田村の「殺生留」に対する代償であったことを明示している。双方は、新たな「魚道」の開削・利用について、以下の事柄を取り決めた。

「魚道」は、藤田村が従来「はね返し殺生」を行っていた堀筋を修復して開削する。「魚道」に不具合が生じ、魚が登りにくくなった時は、双方が相談の上、「魚道」を付け直す。「魚道」の普請は、葛城村・平三郎村の責任で行う。当該場所に「滝流」がある限り、葛城村・平三郎村は「魚道」を使い続ける。藤田村は、「滝場」や「魚道」における「殺生」で魚の遡上を妨げてはならない。葛城村・平三郎村の「魚道」利用を、藤田村の百姓すべてが承認する。藤田村が「滝場」で「殺生」したり、「魚道」に手出ししたり、苦情を言ったり、魚の遡上を妨げた場合は「趣意金」を葛城村・平三郎村に返還する。

この議定で主要な関心事となった漁獲対象は鮎であったろう。藤田村では、もともと「滝場」で鮎の「はね返し殺生」を行っていた。「はね返し殺生」とは、川を遡上する若鮎が滝を跳ね上がって越えていく瞬間を狙った漁法だと推察される。この議定で、藤田村は自村の「はね返し殺生」を放棄し、葛城村・平三郎村の鮎漁を成り立たせるために「魚道」の造成を許した。その見返りに「趣意金」を受け取った。葛城村・平三郎村まで魚を遡上させるという形で、漁業権を販売したに等しい。これを一種の融通と見ることもできる。下流にある藤田村は上流の葛城村・平三郎村に比べて、若鮎の漁に関しては有利な立場にあった。村の立地が漁業権の優劣を生み出すが、そうした立場の違いから漁業権の融通が成立したのである。ただし、藤田村の川漁が皆無となったわけではなく、釣りや網漁は行い得たと思われる。すなわち、藤田村と葛城村・平三郎村が合意に基づき、川漁の棲み分けを実現したのである。双方の利害を調整し、合意を支えたのが金銭の授受であった。限りある水産資源を分配しあう慣行をつくり上げながら、同一河川の川漁を持続させていく、上流・下流の村々の協議と協調の跡が看取される。

四　川漁を牽引する川魚需要

百姓が捕った川魚は、どのように消費されたのであろうか。まずは、貴重な蛋白源として、捕った百姓自身と家族の食用に充てられた。江戸時代には、それにも増して、売り物の性格が濃くなってくる。領主へ献上する魚でも、事実上の販売品になることが多かった（先述）。

天保九年（一八三八）の農間渡世調査によれば、鬼怒川下流域の下総国猿島郡・結城郡・岡田郡五二か村に、「川魚売買」「魚商売」「魚鳥商売」「魚青物商売」「魚天秤商」などを営む百姓が分厚く存在していた(31)。海産物を扱っていた可能性もあるが、川魚が有力な商品であったろう。「居酒川魚渡世」や「蒲焼渡世」など、調理した川魚を提供する百姓もあった。これらの営業は、川魚を買って食べる地元の百姓の需要に支えられていた。

下野国でも町方・在方に川魚の商人があり、川漁を行う百姓の売り先となっていた。江戸時代後期、鬼怒川左岸の芳賀郡刈沼新田では、有力百姓が個別に、あるいは複数の百姓が仲間（「御連中」）を組んで簗漁を行い、捕れた鮎・雑魚を宇都宮大町の「肴屋」に売っていた(32)。ある年七月二十四日には、刈沼新田の「御連中」が、合計一三一六匹の鮎の販売で、銭二〇貫二五二文の収益をあげている。

小百姓にとっては、村の地主も川魚の販売相手であった。江戸時代後期、芳賀郡の五行川・野元川流域の水田地帯では、近隣の小百姓が捕った鰻・鯰・スッポンを地主が買い取り、ある程度まとまった量を転売し、一回あたり十数両から数十両の現金を得ている(33)。遠隔地の市場に売るためか、「塩鰻」へ加工することもあった。小百姓の日々の川漁と資金力のある地主の集荷・販売が結びつき、内水面の水産資源の商品化が進展したのである。

こうして江戸時代後期には、町場はもとより地元の百姓の消費需要（購買力）が高まり、川魚の商品価値を押し上げ、河川沿岸の漁業が勢いを増していった。川漁が百姓の稼ぎの手段としてどれほど重んじられていたか、具体的に示す事例を紹介しておきたい。

宝永五年（一七〇八）、那珂川左岸の那須郡久那瀬村にあった河岸場に水戸藩が御蔵を建てた。その際、付近に屋敷を持っていた弥六に立退きが命じられた[34]。弥六は、田畑を所持しておらず、川辺の屋敷地に住み、船乗り渡世と「川狩」で妻子を養っていた。そこで久那瀬村の庄屋・組頭は、弥六の新たな屋敷地を川辺に与えてくれるよう、水戸藩に願い出た。川沿いの村の中には、農耕に頼らず、川を場とする生業（それで稼いだ金で食料を購入していたのだろう）に全面的に依拠して暮らす百姓が存在したのである。しかもそれは、河岸場の労働力を維持し、地元の川魚需要に応える点で、村の利害に叶っていた。だからこそ村は弥六を支援した。

宝暦四年（一七五四）一月、鬼怒川左岸の塩谷郡河原新田村の村役人が、「川之義茂、鍬鎌之手透之節者夏冬ニ不限殺生仕候而、御年貢又者塩茶等之足目ニ仕、身命を送り申候ニ付、川之儀茂御運上御上納仕、御田地同前ニ大切致罷有候」と述べている[35]。河原新田村の百姓は、農耕の合間、季節を問わず川漁に励み、その収益を年貢上納や生活必需品・嗜好品の購入に充ててきた。彼らにとって、川魚は売り物・現金収入源、川漁は「身命」を繋ぐ生業であり、川（漁場）の価値は田畑に匹敵するものだったのである。

おわりに

本稿は、川漁に関する史料の現存状況に規定されて、川漁争論の事例を羅列するばかりになってしまった。下野国では水田稲作の一環として用水普請を兼ねた川狩（川干）が各地で行われていたが、そのような日常の川漁の実態解明には至っていない[36]。ただし江戸時代、鬼怒川水系・那珂川水系の至る所で、百姓の活発な漁撈、しかも簗漁のごとく大掛かりな漁撈が展開していたことは具体的に明らかとなった。百姓の川漁は自給目的にとどまらず、商品獲得の意味合いも強かった。そうした漁撈意欲の高まり、川漁に対する執着が、右岸と左岸、上流と下流の村々間の確執を生み出し、川のあちこちで争論が繰り返された。しかし、その都度、内済や裁許によって漁業の地域秩序が形成され、大局的に見れば、川漁をめぐる村々の棲み分け・共存がなされてきた。下野国の百姓にとって川漁は、それだけ重要な生業だったのである。

本稿には課題が山積している。川漁は、激しく変化する自然を対象に、魚介類という自然物を捕獲する生業である。それゆえ、佐野静代氏が指摘するように、地域の気候・地形条件や魚種ごとの生態行動の特徴といった自然環境を踏まえた考察が不可欠である[37]。また、川漁の担い手や漁法、川漁をめぐる社会関係にも目を向けなければならない。魚が商品となる以上、流通構造や市場との関係も解明すべきである。さらに、下野国の多くの百姓が専業の漁師ではなく、農業や諸稼ぎと組み合わせて川漁を営んでいたことを考えた時、重要なのは百姓家族の複合生業の全体像（複合生業の中での川漁の位置づけ、労働力配分）の解明であろう。これらの課題については、今後考えていきたい。

なお、渡良瀬川水系・思川水系でも川漁は活発であった。渡良瀬川では江戸時代前期から網代による鮭漁が営まれ、十八世紀初めには舟運との摩擦が大きくなるが、利害調整の末、鮭漁と舟運を両立させる川利用のあり方が確立する。思川下流の都賀郡間々田宿では十九世紀前期、一六人（株）の仲間（有力百姓）が協同で漁場を確保・分配し、漁業設備の建造・運営費用を均等に負担しつつ、組織的な鮭漁に励んでいる。これらもまた、江戸時代下野国の川漁の活気、川漁にかけた百姓の意欲や知恵を具体的に示す事例である。この点は、別稿で明らかにする予定である。

註

（1）安室知『日本民俗生業論』（慶友社、二〇一二年）が、海・山・里・町あるいは水田の複合生業の実態を解明し、その意義を論じている。
（2）平野哲也①『江戸時代村社会の存立構造』（御茶の水書房、二〇〇四年）、同②「江戸時代における川利用の多様性と諸生業の共存―西方郷と小倉川―」（『栃木県立文書館研究紀要』一五、二〇一一年）、同③「沼の生業の多様性と持続性―江戸時代の下野国越名沼を対象に―」（山本隆志編『日本中世政治文化論の射程』思文閣出版、二〇一二年）。
（3）平野哲也「近世村落における百姓の生業選択―社会環境への対応の視点から―」（『新しい歴史学のために』二八九、二〇一六年）。
（4）平野前掲註（2）②。
（5）『日本の食生活全集9　聞き書栃木の食事』（農山漁村文化協会、一九八八年）。
（6）『栃木県史　史料編・近現代四』（一九七四年、一頁）。
（7）木村真理子「資料紹介「芳賀郡粕田村附流鬼怒川水産調査書」について」（『栃木県立博物館研究紀要』三三、二〇一六年）。
（8）『氏家町史　史料編近現代』（二〇〇九年、二八七頁）。
（9）『氏家町史　史料編古代・中世』（二〇〇九年、三四五～三四六頁）。
（10）寛文八年十月「松平下総守様江指出」（栃木県立文書館寄託・五月女裕久彦家文書六、以下の五月女裕久彦家文書は、すべて栃木県立文書館寄託）。

(11) 延宝九年十月「本田下野守様江万書上帳」(五月女裕久彦家文書一二)。
(12) 寛文年間、塩谷郡狭間田村は、宇都宮藩が鬼怒川左岸の氏家村に設営した「御簗場」に五人分の人足役を提供することを義務づけられていた(『氏家町史　史料編近世』二〇〇九年、四九五~四九六頁)。当時、狭間田村の小百姓はその人足役を軽減するため「高役」を求め、大高持の有力百姓に役負担が集中していた。
(13) 享保年中「下野国河内郡宇都宮城主御代記」(栃木県立文書館寄託・鈴木敏夫家文書イ二六)。
(14) 承応二年八月「簗場争論につき内済証文」(栃木県立文書館収集史料・渡辺英郎家文書一一五六―九)。
(15) 延宝二年十月「乍恐以返答書御訴訟申上候」(栃木県立文書館収集史料・渡辺英郎家文書一一五六―九)。
(16) 延宝二年十一月「舟生村・大渡村川境争論裁許状」(栃木県立文書館寄託・大島延次郎家文書六三一)。
(17) 延宝四年七月「相渡シ申手形之事」(栃木県立文書館寄託・赤羽佐介家文書ハ六三七)。
(18) 『藤原町史　資料編』(一九八〇年、四五三~四五六頁)。
(19) 『氏家町史　史料編近世』(二〇〇九年、四九七~四九八頁)。
(20) 『氏家町史　史料編近世』(二〇〇九年、四九八~四九九頁)。
(21) 『氏家町史　史料編近世』(二〇〇九年、四九六~四九七頁)。
(22) 明治八年三月「物産調」(五月女裕久彦家文書五三一三)。
(23) 鬼怒川中流には、下岡本村寄りの「西川筋」と板戸村寄りの「東川筋」という二つの大きな流れがあったことが史料から確認される。
(24) 文化五年九月「乍恐以書付奉申上候」(五月女裕久彦家文書七一七)。
(25) 文化七年四月「乍恐以書付御訴訟奉申上候」(五月女裕久彦家文書八二六)。

(26) 天保十二年四月「差上申済口証文之事」（五月女裕久彦家文書四三七一）。
(27) 鬼怒川右岸に連なる上岡本村・中岡本村・下岡本村は、中世は岡本郷としてまとまっていたが、近世に三つに分村した。そのため三か村の関係性は深く、少なくとも延宝年間までは三か村で入会地をもち、川漁も入会で行っていた。
(28) 安永四年八月「出入内済ニ付為取替証文之事」（栃木県立文書館寄託・大島延次郎家文書一一三三）。
(29) 『栃木県史　史料編・近世四』（一九七五年、一一〇頁）。
(30) 栃木県立文書館寄託・佐野正司家文書一一四。
(31) 『茨城県史料　近世社会経済編Ⅰ』（一九七一年、二〇九〜二一八頁）。
(32) 平野前掲註(2)②。
(33) 平野前掲註(2)①。
(34) 宝永五年十月「口上書を以奉願候事」（栃木県立文書館寄託・大金重晴家文書五二七）。
(35) 『氏家町史　史料編近世』（二〇〇九年、四一〇頁）。
(36) 水田用水系における水田漁撈の存在については前掲註(3)拙稿で明らかにした。
(37) 佐野静代『中近世の生業と里湖の環境史』（吉川弘文館、二〇一七年）。

近世下野における朝鮮種人参生産の展開と御用作人

仲沢　隼

はじめに

日光は幕府の聖地として有名であるが、その一方で日光神領を中心とした地域で朝鮮種人参が栽培されていたことは、一般的にあまり知られていない。朝鮮種人参とは朝鮮人参の種子を蒔き付け、日本国内で栽培した人参のことである。人参は薬種として古来から珍重されていたが、すべて輸入に依存しており、その対価である銀の海外流出の増大が問題となっていた(1)。そうしたなか八代将軍徳川吉宗の治世に、当時高価だった人参を医薬用として庶民が容易に入手できるようにとの趣旨、いわゆる「御救」の理念から国産化が図られた(2)。なかでも下野国、特に日光周辺の地域では自然条件に恵まれ、ここで生産される人参は品質も良好であるとの理由で発展した。宝暦十三年（一七六三）には、下野で生産される人参は幕府の御用御買上となり、このことは後の御用作体制の基盤となった。幕府は以後、御用作政策と勝手作政策とを繰り返し、下野の参作人の生活に少なからず影響を与えた(3)。

また、参作人の側も参作を「百姓経営の助けになる」と述べ、その権利の獲得・保持に尽力する。このことからも朝鮮種人参がいかに有益な商品作物であったかが窺える。他方で、朝鮮種人参は種を蒔いてから収穫までに四年の歳月を要し、栽培に求められる条件も厳しかったため、極めて難易度の高い作物であった。

この朝鮮種人参（あるいは朝鮮人参）に関する研究で下野をフィールドとしたものとしては、まず熊田一氏と佐藤権司氏による研究がある。(4)熊田氏は近世下野における参作の盛衰を七つに時期区分し、御用作体制の成立と展開、衰退を明らかにした。熊田氏の研究は下野の人参に関する研究の嚆矢であり、栃木県内に残る多数の人参関係文書を掘り起こして実態を明らかにしたもので、以後の多くの研究の基礎となっている。佐藤氏は日光領民の生活史を明らかにした著作のなかで人参生産を捉え、参作株とその移動について言及しているほか、参作人の経営規模、領域的な分布等を明らかにした。流通や売買に関しては、安藤保氏が幕府の対応と関連させて考察し、幕府の人参政策の意図が庶民の救済から利益追求に徐々に変質していったことを指摘した。(5)

明治期以降に関しては、熊田氏が御用作の終わる明治四年（一八七一）までを検討し、小口千明氏が御用作終止後の人参生産について、他地域と比較しながら考察している。(6)また、竹末広美氏は、近世に発達した本草学の視点から、採薬使・採薬人として下野を訪れた本草学者に着目し、その学知や活動のなかに下野の人参を位置付けた。(7)

一方、他地域においては、小村弌氏・斎藤洋一氏・岩下哲典氏がそれぞれ、出雲・信濃・尾張の各地域について分析し、人参生産と藩政とを関連させて検討したり、栽培開始時期を考察しているが、在地の生産実態についての分析は乏しい。(8)

以上の先行研究をまとめると、下野における幕府による御用作体制の実態については蓄積があるものの、その御用作体制によって参作人が、どのような同業者集団としての枠組みを形成したかという点が課題として残されていると思われる。そこで本稿では、熊田氏や佐藤氏の成果を継承しつつ、参作における組織・制度・担い手などの検討を通して、幕府直営事業のもとで参作人たちの連帯によって形成された、独自の枠組みや社会の実態を明らかにしていく。その際に従来の村の枠組みとの関連に留意していきたい。

本稿で素材とする地域は日光神領地域である。具体的には小来川村（現日光市宮小来川ほか）と草久村（現鹿沼市草久）をとりあげる。当時の小来川村は日光神領、草久村は日光御霊屋領であり、ともに日光領であった。また、両村とも山に囲まれた山間村であり、近世段階では田地のない皆畑村であった。さらに参作世話人（以下、世話人と略す）がいた村であるという点も共通している。主に使用する史料は中村家文書（小来川）と石原家文書（草久）である。[9] 両家とも世話人を務めた家の史料群であり、参作関係の史料が多数残されている。また、両家とも村役人も務めた形跡が認められる。[10]

一　参作の変遷

1　下野における参作の盛衰

まず、先学の成果に学びながら朝鮮種人参の歴史を下野国を中心に概観しておきたい。[11] 前述したとおり、朝鮮人参は日本に自生せず、享保期（一七一六〜一七三六）以前は専ら朝鮮や中国からの輸入品に限られていた。そのようなか、八代将軍徳川吉宗は人参の国産化に乗り出し、本草学者を多数登用し、各地での試作や見分を繰り返させた。その後、日光目代山口新左衛門の手代である今市宿の大出伝左衛門が試作していたものが栽培に成功し（その年代については諸説ある）、人参の国産化が可能になった。

元文三年（一七三八）には、日光（今市）で参実が多数収穫されたという触書が出され、江戸本石町岡肥後方で販売されることとなった。宝暦十三年（一七六三）には下野産の人参の幕府買い上げが始まり、事実上の御用作が開始された。さらに明和期(一七六四〜一七七二)には、流通機構や幕府の人参に係る諸機構も整備された。

このように御用作体制が整いつつあったなか、寛政二年(一七九〇)勝手作が触れ出され、人参の栽培・販売は自由となった。江戸本石町の薬種屋である近江屋茂兵衛と参作人一一人らは復権のため御用作復活運動を起こし、寛政五年その者たちに御用作が命じられた。このことが影響を与えたと思しく、寛政十一年には下野国内四五ヶ村の一七六人の者が御用作人となり、その内の一四人の者が参作世話人となった(翌年には一八人となる)。こうして下野の御用作体制が復活した。翌年には板荷村(現鹿沼市板荷)に人参中製法所[12]が設立され、下野の参作御用の拠点となった。その後、享和三年(一八〇三)には野州一国御用作令が触れ出され、下野の参作人は全て御用作人とされ、それ以外の者の栽培や自由売買は禁止された。参作の諸制度が整備されたのもこの時期である。

天保十三年(一八四二)には再び勝手作令が出されたが、二年後の天保十五年にまたも野州一国御用作に転換された。この天保勝手作令によって人参栽培を始めた者の多くは弘化二年(一八四五)に御用作に取りこまれ、「新規作人」と呼ばれる年限付き御用作人となった。以後はその体制が維持され明治維新を迎える。

維新後、日光県は御用作体制をそのまま継続したが、明治五年(一八七二)、板荷村の人参中製法所が廃止され小学校校舎に転用されるに至り、御用作体制は幕を下ろした。しかし、板荷村など上都賀郡を中心としてその後も栽培は続けられ、大正十二年(一九二三)にほぼ消滅した。

近世において、朝鮮種人参は下野のほか、陸奥(会津)・出雲(松江)などが主な産地であった。しかし、会津・松江等では藩領域内を対象として、藩の専売制によって運営され、栽培開始も下野より後発であったのに対し、下野では領主支配の枠組みを超えて一国単位で、初発から一貫して幕府の統制下に置かれたという特殊性を持ち、人参の国産化が図られた享保期から明治期に至るまで連綿と生産が続けられた。さらには人参栽培に適した自然条件を備えていたことから、近世段階では人参栽培の先進地域であったと言うことができよう。

2　参作社会の成立

前述のとおり参作は当初、幕府による人参国産化政策として行われ、今市での試作成功を契機として、その後徐々に下野一円に広がっていった。そして、日光神領を中心とした地域で栽培が定着し、宝暦十三年（一七六三）には幕府による全面御買上が開始され、幕府による御用作体制が形成された。

下野における参作は当初から「御料・私領・寺社領」の枠を超えた幕府主導のものであり、これは後の時期まで一貫している。しかし他方で、当初参作はあくまで「村内における一商品作物生産」という位置付けに過ぎなかった。すなわち、この時期の参作は村の枠組みのなかに組み込まれており、掛役人の見分の際などに作成・授受される文書には村役人の奥書がなされ、触書等も村々の村役人宛てに通達されていた[13]。

このような体制や位置付けは後の時期の参作の体制・位置付けと全く異なるものである。後の時期の御用作においては、参作を認可されたという特権を持つ御用作人たちが連帯し、村の枠組みとは異なる独自の制度・組織を形成するに至った。このように御用作人たちは、参作人独自の枠組み、いわば「参作社会」を生み出し、彼ら自身がそれを自主的に運営していくのである。

では、元来、村の枠組みなかに包摂されていた参作が、いかにして「村内における一商品作物生産」を脱却し、独自の「参作社会」を形成するまでの生産活動に変質していったのだろうか。その画期となる出来事が、先に述べた寛政五年（一七九三）前後に行われた近江屋茂兵衛と元御用作人一一名による御用作復活と人参増産を企図する計画・運動である。次の史料は近江屋茂兵衛が朝鮮種人参掛役人の金子からの諮問に返答したものである[14]（傍線部は筆者註）。

（表紙）
「密書之写」

発起願人
本石町弐丁目　近江屋茂兵衛
朝鮮種人参御懸り
金子久左衛門様

朝鮮種人参作り元再応企之儀ニ付、隠密御内評ニおよひ候事

一、右人参一件之儀者、御政事之外格別御世話多并格別之御入用等も年々相増来候処、此節万事御振合も相改り候御時節、仍而人参座ハ勿論、御製法所共ニ先達而御引払ニ相成、以来人参作り立并国々売買共勝手次第ニ取扱可致旨被仰渡候趣等ハ、諸国ニおゐて相心得罷在候事ニ御座候、然処、是迄折角増長いたし候品、年来御世話之替も無之、此段御懸り様御思召被仰出、就右ニ去年中私を被御召呼、隠密御尋之趣ハ、右人参作り元向後御世話を相離レ并御入用金等も不相懸様ニいたし、野州筋ニおゐて是迄之通り作り立、製法共ニ出来、永々相続可致始末可有之哉之趣御尋ニ付、左之通り御返答申上置候

御内意之趣難有奉存候、私儀右人参作り元并売捌方双方願之儀ニ付、御取用被成下、則作り元一件先達而蒙　御下知、右御用方前後五ヶ年首尾能相勤難有奉存候、然処、此節ニ至格別御振合相替り、作り元之者共年来折角作り馴来候趣意も歎舖、私一同残念ニ奉存候処、今般御内意御尋之趣難有奉畏候、仍而向後之仕法左ニ奉申上候

一、人参作り元最寄宜村々ニおゐて作り方人数弐十人、或ハ三十人程も最初頭取候者相究メ置候事

一、右人数世話を以、其外作り人追々相増可申事

一、種参実之儀者、野州中里村五右衛門・大谷村弥惣右衛門・長畑村源右衛門、右三人之者江先達而御預ケ相成候御人参并右参実共ニ頂戴仕、前書作り人共江配分為致、花壇相仕立候様取扱仕度奉存候事

一、人参製法方江相用候品、焙爐火鉢其外品々、先達而大谷村弥惣右衛門江御預ケニ相成候分、私共頂戴仕、向後製法方江相用候様仕度奉存候事

一、人参作り方右人数之外近遠之国々より人参作り立度存附、仍而種参実入用申来候ハヽ、右之者共江相対ニおよひ、国所名前帳面江相記シ置、種参実相応ニ取扱遣度奉存候、尤右代銀至而下直ニ積り、銘々より請取之候様仕度奉存候事

一、人参作立製法出来仕候、最初作り人壱人ニ付人参何斤宛、都合高何百斤、尤上品を撰、右者為冥加奉献度奉存候、右人参上納相済候其年より何ヶ年目ニ至、壱人ニ付何斤宛、都合高何百斤奉献度奉存候、又候其節より何ヶ年目ニ至、壱人ニ付何斤宛、都合高千斤奉献度奉存候、右人参上納相済候後、毎年同様千斤宛右之通人参追々増長ニ相准シ、為冥加永久奉献度奉存候

一、参根并参実共ニ御用之節ハ、御下知次第上納可仕候事

一、人参捌方直段之儀ハ、作り元諸入用を引離り、元直段随分下直ニ積り、国々江売出し候様仕度奉存候事

右之通野州表村々作り人共江相談、弥願上候節、右之者共一統連名を以私一同奉願上度奉存候、尤作り元之者とも別段ニ存附、願之筋も可在御座哉無洩熟談ニおよひ、一決仕候趣意を以乍恐奉願上度奉存候、以上

（寛政三年）亥八月　　名印

寛政改革により御用作政策や人参座などを廃止した幕府であったが、金子―茂兵衛―元御用作人のラインで内々に

模索していたのが、幕府の負担を減らしつつ、以前同様の生産量を確保し、長期にわたって持続可能な体制の構築であった。史料の個々の条項については、後の御用作体制下の制度と若干異なる部分もあるが、御用作人や世話人の設置、種の管理、村が関与しない御用作人集団による会計、上納(＝御買上)など、後の御用作体制や参作社会の諸制度の原型となるものであり、参作社会の形成は茂兵衛らの運動を契機として始まったと言える。そしてこの参作社会は享和三年(一八〇三)の野州一国御用作令によって下野国内全域に展開し、貫徹されることとなる。

二　参作の担い手

1　御用作人

ここでは、参作における担い手とその制度の実態を、参作が幕府直轄の事業であったことに留意して検討を進める。ただし、勝手作の具体相については史料的制約から解明が困難であるため、ここでは御用作体制下における参作社会の特質を明らかにしたい。

人参栽培をしている者を「参作人」と呼び、御用作に従事しているものを「御用作人」、勝手作をしている者を「勝手作人」という。さらに、御用作人のなかには参作社会の村役人的な存在である「参作世話人」と呼ばれる者たちがいた。

御用作人は朝鮮種人参掛役人に認可された者のみに限られ、寛政十一年(一七九九)に一七六名の者が命じられ、容易に定員の増減があってはならないとされた。このような背景により、御用作として人参を栽培する権利は一種の特権となり、「参作株」が成立した。(15)そしてこれは、譲渡の対象や借金の担保になり、参作株の売買が多数見受けられるようになる[16]。売買の際には一〇両前後で取引されることが多かった。

この御用作人の参作株の相続について検討してみよう。御用作人であった草久村の新吾は日光山内で鹿を切り殺し、日光奉行所に処罰された。その一件に関し、親である主水は朝鮮種人参掛役人に次のように願い出ている[17]。

（前略、新吾の一件の要約）
乍恐奉願上候者、元来人参御用作御請奉申上候節、私久々病気ニ候間、倅新吾罷出御請仕候ニ付、矢張倅名前ニ而御用作相勤申候得共、一体百姓方之義者、万事私名前ニ而日光御役所江も差出置候間、其後何卒名前相改申度奉存候得共、一旦　御上様江申上候名前容易ニ御願も相成兼候御義と是迄差控罷在、（中略）元来参作、持石高四石余之畑内江作立所持仕候、（中略）格別之御慈悲を以、此度名前相改倅参作引請被　仰付被　下置候様幾重ニも奉願上候
（後略）

この史料から、参作株は家単位で認可されているのではなく、個人名で登録されていることがわかる。また、親子や親類間の相続であっても、朝鮮種人参掛役人の認可を受けなくてはならないことが示されており、参作株が単なる私的な財産ではなく公的な性格を持ったものであることが窺える。主水が倅の不祥事による参作株の喪失を恐れていることからもそのことは明らかである。なお、前述の株の譲渡に関しても掛役人に願い出る必要があった。

他の親類間相続の史料では、「百姓株」を相続人に譲ったことを根拠として参作株の相続を願い出ている例が多数見受けられる。「百姓株」と関連を持ちながらも、峻別された扱いを受けていることに留意したい。この近辺の村々では山の資源を活用した生業が盛んであり、参作も含めそれらを多角的に経営する者も少なからず見られるが、そのような他の生業には言及されず、「百姓株」と「参作株」という対比された形で言及されるところに、人参生産の

表1　定式蒔付高(文化7年(1810)、瀬尾村・七里村持の事例)

区分	一人当たり種数(粒)	人数(人)	合計(粒)	備考
世話人	7,000	2	14,000	
古作人	2,500	9	22,500	「古作人」は寛政11年(1799)に御用作を命じられた176名のこと
新作人	1,300	35	45,500	「新作人」は享和3年(1803)以降に御用作を命じられた者のこと
合計	—	46	82,000	

日光市七里　上山忠夫家文書　「遼東種・朝鮮種人参御用留」(『栃木県史』史料編近世六、598頁所収)より作成

「御用」としての側面があらわされている。

以上より、参作株は三つの特質を持っていたといえる。第一は、幕府の御用作という背景から公的な性格を持っていたこと、第二は、財産として大きな価値を持っていたこと、第三は、百姓本来の仕事(＝「百姓株」)と関連しながらも、別のものとして認識されていたこと、である。このように御用作を行う権利である参作株は、一つの財産として機能し、御用作人の変動や株を複数保持する者の出現などをもたらした。

しかし、株の複数所持者の所持数は二株程度であり、株を多数集積して大規模経営を行う者は管見の限りでは見あたらない。この点については今後検討していきたいが、下野産の人参は幕府の「御製法人参[18]」であり、その品質・品位の維持や栽培技術流出の防止という観点から、投機的な株の集積や技術を持たない者による栽培を志向・許可しなかったのではないかと考えている。

特権化していった御用作の参作株の所持により、幕府の公定値段による人参の参根の買い上げが保障されたが、栽培のもととなる種についての権利も認められた。文化四年(一八〇七)に「定式蒔付高」と呼ばれる蒔付許可量が制定され、御用作人の格式によって蒔付量に格差が生まれた(表1)。格式に見合った一定量の種を与えられ、蒔付を許されることも参作株によって保障される権利と理解できる。また、功労のあった御用作人に「褒美」として蒔き増しを許可

していている例や、種の収穫高のうち次の蒔付に必要な分をあらかじめ峻別して計上していることなどから、[19]前述の蒔付高は義務ではなく権利であり、種は無料で与えられたと考えられる。さらに、御用作には年貢や冥加金などは賦課されておらず、朝鮮種人参栽培の大きなメリットといえよう。

2　参作世話人

次に参作世話人について見てみよう。世話人は参作社会における村役人的な存在であり、技術的な指導者である。その成立は寛政十一年に御用作人が成立したときにさかのぼる。世話人は当初一四人であったが御用作人の増加に伴って増え、最終的には三〇人前後に及んだ。身分的には村役人クラスの者が多かったが、そうではない者もあった。

成立時において幕府から、世話人は自村だけでなく他村にも意を注ぎ、世話人同士和順して御用に取り組むことが命じられている。[20]すなわち、世話人は管轄区域内の御用作人への指導と御用の円滑な推進とを主な職掌としたほか、管轄区域外の世話人との連携による御用の遂行や出張などもその職掌としていた。

世話人の職掌は多岐に亙るが、大きく分類すると、参作の指導と参作人の監督統制、下意上申、上意下達、御用の代行、世話人同士の協力連携、に整理できる。ここから世話人の三つの性格が見えてくる。すなわち、①御用作人集団の代表としての性格、②幕府の人参支配機構の末端としての性格、③参作の一地域の代表としての性格、である。

世話人は幕府に「世話役」として任命されるものであったため、（認可制の）参作株とは異なり、売買の対象とはならなかった。実態としては世襲されることが多いものの、世話人が相続を願い出る際に、参作株については直接的な相続を願い出ているのに対し、世話役については罷免を願い出ている例が多数見られる。[21]

ここから御用作人の「参作株」と世話人の「世話役」のあり方の違いを整理すると、参作株は認可を受ける「株」で可処分財産であり、（前節で述べたように一定の制限はあるが）流動性を持つ。一方の世話役は幕府によって任免される「役」であり、実態的には世襲が多いが、幕府が任免権を持つ役職であると理解できる。

さて、前述の「定式蒔付高」を見ると、世話人が他の御用作人に比べ突出した蒔付高を許可されている。世話人の職務は極めて多忙であったが、大きな生産量による収益という大きなメリットがあったと考えられる。

三　参作社会の構造

1　持村制

人参関係の諸史料においては、「持村」とか「何々村持」という文言が多数見られる。この「持村」とは参作における領域的・組織的な一つの単位であり、世話人がこれを統括していた。つまり、世話人は一つの持村の世話役である。参作の諸活動もこの持村を基軸として行われていることから、このような制度を「持村制」と呼びたい。

領域的な視点から持村制を見ると、参作において基軸となり一つの単位となる領域、すなわち持村の領域は、従来の「村切りによる近世行政単位としての村」の領域とは異なっていた。

世話人の居村と人名を示した表2と、持村名を書き上げた表3を合わせて見てみよう。まず世話人と持村とが一つの欠落もなく対応しており、世話人が持村を統括していたことがわかる。そして注目すべき点は、複数村名で「持」となっているものである。これは、居村の異なる世話人が結合して、一つの持村を統括していたものであると考えられる。板荷村や小来川村のように多数の世話人がいる場合は、一村の世話人で一持村を統括できたが、村に世話人が

表 2　参作世話人人名書上（弘化 2 年(1845)）

郡名	旧村名	現市町村名	肩書き	人名
都賀郡	樅山村	鹿沼市	参作世話人	金右衛門
	奈良部村	鹿沼市	参作世話人	伝左衛門
	日向村	鹿沼市	参作世話人	幸吉
	村井村	鹿沼市	参作世話人 手代り	勘右衛門
	引田村	鹿沼市	参作世話人 参作世話人 手代り	七郎右衛門 勝右衛門
	草久村	鹿沼市	参作世話人 参作世話人	定助 弥五八
	小来川村	日光市	参作世話人 参作世話人 参作世話人 参作世話人	九兵衛 勝次郎 作兵衛 善平
	板荷村	鹿沼市	参作世話人 参作世話人 参作世話人 参作世話人	富久田伊左衛門 次五右衛門 弥右衛門 次右衛門
河内郡	古賀志村	宇都宮市	参作世話人	文次郎
	岩崎村	日光市(旧今市市)	参作世話人	梅三郎
都賀郡	長畑村	日光市(旧今市市)	参作世話人 参作世話人 参作世話人	宇右衛門 三右衛門 覚之丞
	今市宿	日光市(旧今市市)	参作世話人	大橋善兵衛
	七里村	日光市	参作世話人	丹左衛門
	瀬尾村	日光市(旧今市市)	参作世話人	五左衛門
塩谷郡	田野原村	矢板市	参作世話人	――（ママ）
	土屋山田村	矢板市	参作世話人	八郎兵衛
	東泉村	矢板市	参作世話人	弥惣右衛門
	後岡村	矢板市	参作世話人 参作世話人	伴右衛門 安兵衛
	玉生村	塩谷町	参作世話人	七郎左衛門

鹿沼市引田　福田勝太郎家文書10「人参御用向書留并御触書控帳」（熊田前掲註(4)著書、194頁所収）より作成

表 3　持村名一覧（嘉永 3 年(1850)）

持村名	
樅山村 奈良部村 日向村 村井村	持
引田村	持
草久村	持
小来川村	持
板荷村	持
古賀志村 岩崎村	持
長畑村	持
今市宿 七里村 瀬尾村	持
田野原村 土屋山田村 東泉村	持
後岡村 玉生村	持

日光市宮小来川　中村傳七家文書34「朝鮮種人参御用日記帳」（嘉永元～5年）より作成

一人しかいない場合は、世話人の負担の上での格差をなくすために、このように複数村で一持村となったと思われる。

持村の範囲について見てみると、一つの持村は、世話人がいる村(村々)と世話人がいない人参生産村(村々)の複数村を合わせた範囲をその領域としていた。

次に、組織的な視点から持村制を見てみよう。小来川村持では、世話人居村である小来川村の参作人と世話人のいない村である山久保村の参作人がその成員となっていた。両村の参作人は、連印する場合も不可分であったし、芽出見分・御買上見分などの場合も共に見分を受けていた。(22) また、持村の経費の負担も村によって区別されることなく、同等に負担していた。山久保村の参作人は小来川村を居村とする世話人の統制下に置かれており、山久保村の参作人が差し出す願書等であっても必ず小来川村の世話人の奥書がなされた。

このように、領域的な側面と同様に組織的な側面でも小来川村と山久保村は一体化していた。すなわち、世話人居村の参作人であっても、世話人のいない村の参作人であっても、区別されることなく、全ての参作人が持村内の一成員として同等に扱われており、実際の運用においてもそれは確認できる。参作人の肩書きに村名が記載されるのは、単に参作人自身の居村を示しているのである。

以上のように、参作の行われている複数の村が領域的にも組織的にも一体化して形成されたのが持村であると考えられる。先に述べたように、寛政五年(一七九三)頃の茂兵衛らの運動を契機として始まった参作人同士の連帯は、やがて参作独自の社会を形成し、このような組織・制度を構築するに至った。

2　会計の運用

次に、参作社会の会計のあり方について分析する。参作人は御用作にかかる公的な費用を負担しなければならなかったが、その諸入用すなわち会計の実態はどのようなものであったのだろうか。

春と秋に行われる二度の見分に関して作成される会計帳簿を「諸入用割合帳」とか「諸掛取調覚帳」などと呼ぶ。まず、これらを見てみたい。

次の史料は草久村の文化六年（一八〇九）四月の「御見分諸掛取調覚帳(23)」である。これは春の芽出見分実施の際の諸経費を書き上げ、各人の徴収金額を書き上げたものである。史料の内容の様式を見てみると、まず「一、金一分弐朱也　白米代」とか「一、五百文　半紙弐〆」など、見分役人への接待費や見分の際に必要となる諸書類作成のための文具代などが記載されている。

次に、日にちごとの記述形式が見られる。一部を抜き出して見てみよう。

（前略）

八日　（中略）

一、百文　　ふき取ノ手間　○儀左衛門

一、百弐拾文　うどわら弐取　○庄七

一、四十八文　道のり手間　○粂之助

（中略）

十八日

一、三百文　　花壇帳仕立　　同人（弥五八）

同日
一、三百文　　同断　　　〇慶助
（後略）

この史料から明らかになることは、まず公的な諸作業を、世話人だけではなく一般の参作人も担っていること、さらにはそれらの諸作業の労役が金銭に換算されていることである。

その後に全ての支出の総計を記し、負担額を記載するが、一人当たりの負担額の算出方法については、総支出の内の「三ツ一ツ」つまり三分の一を「面割」（参作人の人数で均等に割ること）とし、残りの三分の二を「根数割」（所持している根数高に応じて割ること）としている。この年の場合は所持高一〇〇〇根につき銭一〇〇文、一〇〇根につき銭一〇文、一〇根につき一文、一根につき一分というように定め、一根単位まで設定し、各自の負担額を算出している。

最後に各自の負担額が記されている。

（前略）
一、銭　八百三十三文　　〇義(儀)左衛門
　　内　百文引べし
　差引　七百三十三文済
一、金　弐朱ト百六十文　〇粂之助
　　内　四十八文引べし
又六拾四文増分

（後略）

最初に書かれている額が、「面割」分と「根数割」分を合わせた金額である。次の「引べし」となっている金額は、先の引用中にある儀左衛門の「ふき取ノ手間」代と粂之助の「道のり手間」代に相当するものと思われる（粂之助の六四文分は帳の最後に「帳落分」として記載されていた）。つまり、負担額のなかから作業代を相殺し、計算していると推測される[24]。

また、史料中の人名の前につけられた「〇」については世話人の一人である理左衛門とその倅である弥五八以外の人物にはほとんど全てついているため、この「〇」は理左衛門方への金銭授受が完了したことを表す記号と見られ、この帳簿は世話人理左衛門が作成し、金銭の徴収も彼が行っていたと考えられる。

次に、小来川村の弘化二年（一八四五）五月の「朝鮮種人参芽出見分御用之節諸入用割合控帳[25]」を見てみよう。草久村のものとの相違点で最も特徴的なのは文末の文言である。「右は例年之通、当巳年御人参芽出御見分ニ付、諸入用之儀作人一同前々申（ママ）断置候振合を以勘定仕り、作人物代之もの立会委細相改、作人銘々帳面披見致候得共、少も相違無之ニ付、聊非分之入用等決て無御座候、（後略）」となっており、この史料は参作人一同と参作人総代から持村の世話人に差し出されていることから、この事例の場合は、参作人と監査である総代が勘定と帳面作成を行い、世話人にそれを報告するという形式をとっていると考えられる。

いずれにしても、所定の制度にのっとって、民主的で透明性の高い会計がなされていたことが指摘できよう。そして、このような見分の際の会計について、明瞭に規定した取り決めがあった。文化八年に小来川村持の世話人・参作人一同が相談して決めた議定書がそれである[26]。そこには、掛役人への接待費や彼らが使用する蒲団・蚊帳などの使用料に関する規定をはじめ、各労役の賃銭や使用する消耗品に関する規定、見分の際の支出について、三分の一は人数割りとし、残りの三分の二を春は根数割、秋は御買上代金割とする規定などが決められており、小来川村の会計の事例はまさにこの規定に依拠して算出されたものであった。(27)

一方の草久村では、このような議定があったのか不明であるが、「面割」や「根数割」等の制度が、小来川村の議定より早い時期にもかかわらず、すでに確立されていることから、小来川村と同様の規定が存在していた、もしくは慣行としてそのような会計方法が実施されていたと考えられる。このような参作人全員が会計に関与する、民主的で透明性の高い規定が成立した背景には、今市宿の世話人伝左衛門が不正会計により世話人を罷免された事件があり、そのことが影響していると言われている。(28)

以上のような実態から二つの特質が指摘できよう。第一に、参作社会の会計は受益者である御用作人のみで行われていたこと。参作に関する会計は参作に関わっている者だけで負担されており、参作をしていない者や村が関与することはなかった。第二に、参作人が会計負担に関して同等・平等に扱われ、一つの経営として自立していたこと。人数割・根数(あるいは代金)割などにより、負担の上で参作人が平等に扱われていた。ここからは、経済力の弱い参作人が大経営の参作人に取り込まれ、小作人化していく様子は窺えない。

四　村のなかの参作人

ここでは、村内において参作人が経済的・社会的にどのような位置にあったのかを検討する。

草久村の文化九年(一八一二)の「宗門御改帳」(29)によれば、村内には二五〇戸あまりが存在した。最高の所持高が幸蔵の一五石七斗九升二合、第二位が八左衛門の九石七斗五升八合であり、幸蔵を除くすべての者の所持高が一〇石未満という、それぞれの所持高が少ないことが特徴である（最も低い所持高は市助の四斗七合）。草久村は近世段階において田地の全くない皆畑村であり、所持高が経済的な階層を表す指標の全てではないことに留意する必要はあるが、ここでは経済的な階層を表す一応の目安として使用する。

そのなかで参作を行っている者の分布に注目すると、特定の階層にのみ偏在しているのではなく、上は九石七斗三升八合余の元七、七石四斗一升六合余の甚五兵衛から、下は七斗五合余の太郎右衛門や無高の者まで、まんべんなく全体的に分布している。参作は資本的に余裕のある村役人層や上層農民のみが担っているのではなく、極めて広い階層にわたって行われていた。

参作と経済的な差異との間に因果関係がないとすると、参作は年貢や冥加金もかからない極めて優位な換金作物であるから、より多くの者が参作を望むことが想定される（もっとも、参作株の存在があるので、参作を希望しているが叶わない者もいたであろう）。では、村内の参作人はどのような背景や経緯で参作を始めたのであろうか。

村内における参作の伝播ルートには様々な要素や人間関係が影響しているだろうが、筆者はその一つとして「親類」の関係を挙げたい。「宗門御改帳」を見ると、参作人の沢右衛門・勘助・甚内については「名主利左衛門分地」とあり、彼らは年番名主で世話人でもある利（理）左衛門の分地を受けた親類筋にあたる者と考えられる。参作人の元七と七郎次の間にも、七郎次について「元七持石の内」とあり、因果関係が認められる。また、参作の代作や出作の願書等においては「〇〇（人名が入る）私親類之義ニも御座候ニ付」等の文言が多数見受けられ、参作人同士が親類関係にあったことは決して珍しいことではなかった。

逆に考えると、ある者が始めた参作を親類の者が手伝うなどして関与し、その換金作物としての優位性を知り、栽培技術などを身につけ、勝手作令が出た際に参作を開始し、後に御用作人に取り込まれるということも十分に想定できる。このような親類の関係を基軸とした参作の拡大が、村内における参作の伝播の一部を占めていたと考えられる。

以上のように、参作は、経済的な階層の広範囲にわたって分布しており、特定の富裕層のみに担われたものではなかった。そして、そのような分布を生んだ一つの原因が、親類関係を基軸とした参作の伝播であったと考えられる。

おわりに

本稿では、参作における組織・制度・担い手などの検討を通して、幕府直営事業のもとで参作人たちが連帯した結果形成された、独自の枠組みや社会の実態を考察してきた。下野国における参作は、当初は従来の村の枠組みのなかに組み込まれていたが、寛政二年（一七九〇）の勝手作令に対する茂兵衛らの御用作復活運動、すなわち複数村にまたがる参作人の連帯が、その後の参作社会の形成をもたらした。このことが下野の参作の歴史における最大の画期と考える。

村の一商品作物生産から変質した参作は、下野一国を貫徹する領主支配の違いを超えた幕府直轄の政策ということもあり、独自の社会を確立した。それは参作株という特権を有する者たちや世話人たちの連帯から形成され、領域的・制度的・組織的・会計的にも従来の村の枠組みからの関与、すなわち村や村役人の介在を受けていなかった。参作社会においては「持村」という領域・組織が形成され、その構成員たる参作人と世話人によって生産や訴願・会計・連絡調整などが行われた。会計については、持村を構成する参作人の間で頭割および根数割で平等に負担された。

村内における参作人は経済的に広い階層に分布し、参作が決して上層農民のみによって担われたものではないことが明らかになった。また、参作人の間に親類関係が見られることから、親類関係を基軸とした参作の拡大が村内における参作の伝播の一因を担ったことを指摘した。

以上のような特質が明らかになったが、本稿では流通や売買については触れることができなかった。また、参作人個人の経営の全体像を明らかにし、そのなかで参作による収益がどれほどの割合を占めているかという点の解明も課題として挙げられる。さらには争論などの際の参作人同士の連帯の実態など、解明すべき課題は尽きない。これらの検討は後日を期したい。

註

（1）　この点についての代表的な研究として、田代和生『近世日朝通交貿易史の研究』（創文社、一九八一年）がある。

（2）　大石学氏は、享保期の人参を含む薬草政策は、疫病等などの社会不安に対する「公儀」としての政治的対応で、社会衛生・公共医療分野での国家的な政策であったと指摘している（大石学「日本近世国家の薬草政策―享保改革期を中心に―」『歴史学研究』六三九、一九九二年）。また、岡光夫氏は、人参と同様に銀の流出が問題視され、享保期に国産化を企図していた輸入品として砂糖を挙げ、幕府が砂糖を後回しにして人参の国産化に取り組んだのは、将軍吉宗が人参を単なる商品ではなく、人命尊重の観点から重視したためとしている（岡光夫『近世農業の展開―幕藩権力と農民―』ミネルヴァ書房、一九九一年）。

（3）　幕府が人参の生産・売買を統制・管轄することやその状態を「御用作」、これに対し生産・売買を自由化することやその状態を「勝手作」という。「参作」は朝鮮種人参を栽培すること、「参作人」はそれを行っている者である。

（4）　熊田一『野州一国御用作　朝鮮種人参の歴史』（熊田一先生著作頒布会、一九七九年）、佐藤権司『日光領の農民世界―生活と文化を育てた人々―』（随想舎、二〇〇一年）。

（5）　安藤保「下野における朝鮮種人参栽培の発展と幕府の対応」（『東海史学』一一、東海大学史学会一九七六年）。

（6）　小口千明「御用作終止後の薬用人参と住民とのかかわり―他生産地との比較に見る野州板荷―」（『かぬま　歴史と文化―鹿沼市史研究紀要―』五、鹿沼市、二〇〇〇年）。

（7）　竹末広美『日光学　大王とみやまの植物』（随想舎、二〇一二年）。

（8）　小村弌『出雲国朝鮮人参史の研究』（八坂書房、一九九九年）、斎藤洋一「信濃国佐久地方への朝鮮人参栽培の導入」（大石慎三郎編『近世日本の文化と社会』雄山閣出版、一九九五年）、岩下哲典『権力者と江戸の薬―人参・葡萄酒・御側の御薬―』（北樹出版、一九九八年）。

（9）　中村家文書は日光市宮小来川の旧家の文書群。『栃木県史料所在目録』第一二集では「中村好敏家文書」として掲載されている。総史料点数一八八点。現当主は中村傳七氏であるため、本稿では「中村傳七家文書」と呼ぶ。石原家文書は鹿沼市草久村の旧家の文書群。栃木県立文書館に寄託されている。『栃木県史料所在目録』第一一集では「石原好子家文書」として掲載されている。総史料点数二五五三点。ただし『鹿沼市史』資料編近世一（鹿沼市、二〇〇〇年）では「石原叡家文書」として掲載され、総点数三八八六点となっている。当家の史料は一部が石原家のもので、大多数が福田弥五八家の文書である。参作世話人を務めたのも福田家である。本稿では「石原叡家文書」と呼ぶ。

（10）　なお本稿は、拙稿「近世下野における朝鮮種人参生産の展開とその特質―日光神領地域を中心に―」（『宇大史学』二〇〇二／二〇〇三年号、宇都宮大学史学研究室、二〇〇三年）を、改題・再構成したものである。

（11）　以下の記述は、岡前掲註（2）著書、熊田前掲註（4）著書、小口前掲註（6）論文、岩下前掲註（8）著書、『いまいち市史』通史編Ⅲ（今市市、一九九八年）などによる。

(12)「中製法」とは土根のままの人参を薬用品として半加工する過程のことを指し、ここで半加工された人参が江戸で完全加工された。板荷村人参中製法所は人参役所とも呼ばれ、参作の拠点となった。

(13) 熊田前掲註（4）著書、四〇～四八頁。

(14) 寛政三年八月「密書之写」（中村傳七家文書五八、『栃木県史』史料編近世六、栃木県、一九七七年、五六七～五六九頁）。なお、この方針に従って提出された具体的な増産計画が、寛政五年九月「朝鮮種人参・遼東種人参御取締控帳」（同家文書三、同前書、五六九～五七四頁）である。

(15) 佐藤前掲註（4）著書、三五～三六頁。

(16)『いまいち市史』史料編近世Ⅳ（今市市、一九七八年）に売買の事例が多数所収されている。また、鹿沼市板荷 渡邊正家文書（『鹿沼市史』資料編近世1、一一一頁）には参作株を借金の担保としている事例が見受けられる。

(17) 文化八年七月「乍恐以書付奉願上候」（栃木県立文書館寄託石原叡家文書三八五）。

(18) 前掲註（12）のとおり、下野で生産された人参は、都賀郡板荷村にある人参中製法所（人参役所）に集荷され、ここで半加工（中製法）後に江戸に出荷された。江戸で仕上げの加工を実施して完成品となり、幕府の「御製法人参」の名称で流通・販売された。

(19) 嘉永元年五月より五年六月まで「朝鮮種人参御用日記帳」（中村傳七家文書三四）。

(20) 宇都宮市古賀志 北条家文書（熊田前掲註（4）著書、一二三～一二四頁）。また、中村傳七家文書五九にも前欠ながら同様の記載がある。

(21) 文政十三年四月「乍恐以書付奉願上候」（栃木県立文書館寄託石原叡家文書四四三）。本史料は三点綴りである。

(22) 芽出見分とは春に行われた発芽数を確認する掛役人の実地見分、御買上見分は四年生の参根を掘り起こし御買上がなされるときに行われた秋の実地見分である(掘立見分ともいう)。
(23) 文化六年四月「御見分諸掛取調覚帳」(栃木県立文書館寄託石原叡家文書一四〇)。
(24) ただし、史料中の作業代と差引き金額が一致しない部分がある。他にも、金額の端数の切り上げ・切り捨てが行われている例が見受けられることから、この帳簿以外の場における金銭のやり取りが関与している可能性がある。
(25) 弘化二年五月「諸入用割合控帳」(中村傳七家文書六六、『栃木県史』史料編近世六、六三一〜六三九頁)。
(26) 文化八年七月「朝鮮種人参作人一同相談之趣覚控帳」(中村傳七家文書六、『栃木県史』史料編近世六、六二七〜六二九頁)。
(27) 佐藤前掲註(4)著書、三七頁。
(28) 『栃木県史』史料編近世六、解説四四頁。
(29) 文化九年三月「宗門御改帳」(栃木県立文書館寄託石原叡家文書一六)。

直轄県における開墾仕法
―日光県を事例に―

堀野周平

はじめに

府藩県三治制期に政府の直轄地に設置された直轄府県が求められた政策の一つに勧農・勧業政策がある。すなわち、明治二年（一八六九）二月五日「府県施政順序」の一一条目において「地力ヲ興シ富国ノ道ヲ開ク事」と規定され、さらに明治二年七月二十七日の「府県奉職規則」の四条目では「古田畑ヲ不怠培養シ又ハ土地ヲ開墾シ山野河海ノ利ヲ興シ生産ヲ富殖シ庶民職業ヲ勉励繁盛ナサシムヘシ」とされた。明治初年は盛んに開墾が行われた時期でもあり(1)、明治三年九月二十七日に太政官は「土地開墾規則」を布達し、開墾に関わる府藩県の手続き方法を定めている(2)。

直轄府県の開墾の仕法について、直接取り上げた研究は管見の限り見当たらないが、高山県において発生したいわゆる梅村騒動においては、強引な田畑開墾政策が騒擾の一因となったことが指摘されている(3)。また、明治四年二月に民部省開墾局は、府藩県がそれぞれ開墾の「仕法」を行っているが、いずれは士族卒等の土着する場所として活用できる法を立てると表明しており、各府藩県において開墾に関する仕法が進められていたことがうかがえる(4)。

そこで本稿では、日光県における荒地起返難村興復仕法（以下、開墾仕法）を事例に取り上げ、直轄県における開墾政策の特徴の一端を明らかにしたい。

さて、日光県については、下総野鎮撫府・日光県の支配とその官員構成について松尾正人氏(5)、県下の郷宿について竹末広美氏(6)、旧日光領を中心にした日光県政の実態について柴田宣久氏(7)、日光県政を総合的に分析した大嶽浩良氏(8)、協救社の養豚奨励について石川健氏(9)らの研究がある。中でも大嶽氏は『いまいち市史』の成果を始めとする県内各地の事例から、日光県の統治方針、官吏構成、租法改革、治安維持、組合村再建と再編組合村の機能拡大、神仏分離など県政の実態に総合的に迫っている。

このように日光県の研究は、大嶽氏による総合的な実態解明へと進んできたといえる。ただし、各政策の具体像には解明の余地が残っており、今現在の日光県研究は大嶽氏の成果を捉え返していく段階にあると考える。本稿で取り上げる開墾仕法については、大嶽氏によって概要が明らかにされ、明治三年から大規模開発へと県の政策主眼が移っていくと評価されてきたが、後述するように開墾仕法は栃木県成立後も継続している。開墾仕法が継続された背景にある県の政策意図と成果、管轄下の村々の対応を明らかにして、改めて日光県政の中に位置づける必要があるだろう。

以上の問題関心から、日光県を事例として直轄府県の開墾仕法について検討を行いたい。

一　日光県の管轄と民政

本節では開墾仕法の実態解明の前提として、日光県設置に至る経緯及び、管轄地の変遷と民政の概要を明らかにする。日光県の管轄地は、「日光県材料県治(10)」にある明治三年（一八七〇）十一月時点の総計四〇万一一〇六石八斗七升五合九夕がはっきりしているが、この前後に幾度かの改変が行われている。県政を検討する前提として改めて詳細な変遷と郡ごとの管轄地の偏りを検討する必要があるだろう。あわせて県設置の経緯と政策も確認したい(11)。

下野国は戊辰戦争の戦場となったため、慶応四年（一八六八）五月三日に下野国及び下総国の鎮撫を担当する軍政機関の下総野鎮撫府が設置される。五月中旬以降、戦場が奥州白河口へ移ると支配地取調が行われ、六月四日に肥前藩士の鍋島道太郎が下野国真岡知県事になり真岡代官支配所を接収して本格的に民政が開始された。八月十九日、鍋島は役所を石橋宿開運寺に移し、同月に旗本知行所二六万石を、さらに八月二十七日に日光山領を接収した。九月一日、旧日光奉行所に知県事出張所が設立され、翌明治二年二月、日光出張所が本庁となり、同月十五日、日光県が成立した。

次に日光県の管轄地の変遷を検討しよう。変遷は表1の通りである。慶応四年八月の日光神領・霊屋領の接収で概ねの支配地が決まる。以降は一橋領の上知や喜連川藩の廃藩、藩領支配替などの変更はあるが、各郡の比率は大きく変わっていない。すなわち全管轄地の内、都賀郡三一～三三％、芳賀郡二五～二六％、河内郡一一％、那須郡一二～一三％、安蘇郡七～八％、塩谷郡四～七％、足利郡三～五％、梁田郡三％であり、都賀郡と芳賀郡が管轄地の半分以上を占めており、この二郡が日光県政の基盤を成しているといえるだろう。

続いて日光県の民政の展開について概観したい。明治元年九月一日の触れにおいて風俗立て直しを表明し、積極的な廻村と支配地把握を始める。鍋島は戊辰戦争における軍夫などの負担による農作業への支障や兵火による直接の被害、さらには不作による支配地の荒廃を問題視していた。加えて旧日光山領については「格別ニ取リ扱イ来リ故」に民心も他と異なり弊害があるとして、支配地の復興と旧日光山領の改革を必要と考えていた。このような問題意識から鍋島は旧日光山領の租法改革に意欲を示し、日光領の定免石代納を検見取米納に変更しようとするなど統一を企図

河内郡	芳賀郡	那須郡	塩谷郡	計
12,961.66621	38,625.61043	16,149.16180	3,427.14144	85,012.14460
↓	結城藩領分 (878.014)	↓	会津藩領分 (951.821)	
12,961.66621	39,503.62443	16,149.16180	4,378.96244	89,157.50860
↓	↓	↓	↓	0.00000
12,961.66621	39,503.62443	16,149.16180	4,378.96244	90,732.76860
旗本知行所 (22,999.5158)	旗本知行所 (54,547.005777)	旗本知行所 (31,622.876)	旗本知行所 (8,685.80997)	
35,961.18201	94,050.63021	47,772.03780	13,064.77241	349,036.80815
日光神領 (4,601.8556) 日光霊屋領 (210.647)	↓	↓	日光神領 (1,034.29981)	
40,773.68461	94,050.63021	47,772.03780	14,099.07222	369,984.33284
↓	↓	↓	↓	
40,773.68461	94,050.63021	47,772.03780	14,099.07222	375,559.51284
↓	↓	↓	↓	
40,773.68461	94,050.63021	47,772.03780	14,099.07222	379,761.87730
↓	一橋領上知 (4,143.6149)	↓	一橋領上知 (2,017.5972)	
40,773.68461	98,194.24511	47,772.03780	16,116.66942	385,923.08940
高徳藩上地 (2,382.6539)	↓	↓	高徳藩上地 (1,871.8678)	
43,156.33851	98,194.24511	47,772.03780	17,988.53722	390,708.68110
↓	喜連川藩廃藩 (1,234.4863)	↓	喜連川藩廃藩 (6,518.6392)	
43,156.33851	99,428.73141	47,772.03780	24,507.17642	390,708.68110
↓	↓	↓	↓	
43,156.33851	99,428.73141	47,772.03780	24,507.17642	394,269.75286
↓	足利従五位上地 (1,239.6703)	↓	足利従五位上地 (8,969.8312)	
43,156.33851	100,668.40171	47,772.03780	26,958.36842	400,108.71316
—	—	—	—	401,106.87590
↓	↓	↓	↓	0.00000
43,156.33851	100,668.40171	47,772.03780	26,958.36842	388,896.16416
↓	↓	↓	若松県管轄替 (951.821)	0.00000
43,156.33851	100,668.40171	47,772.03780	27,910.18942	389,847.98516
宇都宮県				

註５：慶応４年８月の河内郡嘉多蔵村の日光霊屋領の「栃木県史附録」の記載は「216.047」だが、『旧高旧領取調帳』では「210.647」であり、取調帳の数字を採用すると史料中の合計と合致する。

註６：明治３年２月の一橋領の高は『旧高旧領取調帳』よりの概数。

註７：明治３年７月11日の喜連川藩領の高は『旧高旧領取調帳』よりの概数。『地方沿革略譜』の草高5,000石、現石1,930石を越えた数になっているが『旧高旧領取調帳』に従った。

註８：明治3年9月の安蘇郡の高は史料中の合計は「2,148.998」だが、正しくは「2,148.098」。

表１　日光県の管轄変遷

年月日	足利郡	梁田郡	安蘇郡	都賀郡
慶応4年6月27日	5.08500		46.16600	13,797.31372
時期不明	宮原侍従・横瀬従四位知行 （2,315.529）		↓	↓
	2,320.61400		46.16600	13,797.31372
慶応4年7月	小栗上野介上知 （1,575.26）		↓	↓
	3,895.87400		46.16600	13,797.31372
	旗本知行所 （16,031.23241）	旗本知行所 （11,060.79976）	旗本知行所 （26,186.11729）	旗本知行所 （8,170.68254）
	19,927.10641	11,060.79976	26,232.28329	100,967.99626
慶応4年8月	↓	↓	日光神領 （763.269）	日光神領 （10,840.38828） 日光霊屋領 （3,497.065）
	19,927.10641	11,060.79976	26,995.55229	115,305.44954
明治元年10月	↓	↓	井上河内守上知 （737.075）	井上河内守上知 （4,838.105）
	19,927.10641	11,060.79976	27,732.62729	120,143.55454
明治2年10月	↓	↓	厳原藩上地 （2,079.5279）	厳原藩上地 （2,122.83656）
	19,927.10641	11,060.79976	29,812.15519	122,266.39110
明治3年1月				中大夫分以下采地
明治3年2月	↓	↓	↓	↓
	19,927.10641	11,060.79976	29,812.15519	122,266.39110
明治3年3月/4月5日	↓	↓	↓	高徳藩上地 （531.07）
	19,927.10641	11,060.79976	29,812.15519	122,797.46110
明治3年7月11日	↓	↓	↓	↓
	19,927.10641	11,060.79976	29,812.15519	122,797.46110
明治3年7月	足利藩支配替 （▲4,164.932）	足利藩支配替 （271.364）	↓	足利藩支配替 （4,089.827）
	11,373.86167	11,332.16376	29,812.15519	126,887.28810
明治3年9月	↓	山内従五位上地 （154.157）	山内従五位上地 （1,993.941）	↓
	11,373.86167	11,486.32076	31,806.09619	126,887.28810
明治3年11月	—	—	—	—
明治3年12月	↓	館林藩支配替 （▲11,212.549）	↓	↓
	11,373.86167	273.77176	31,806.09619	126,887.28810
明治4年7月/8月	↓	↓	↓	↓
	11,373.86167	273.77176	31,806.09619	126,887.28810
明治4年11月	栃木県			

出典：「栃木県史附録　日光県材料県治」（国立公文書館所蔵）、木村礎校訂『旧高旧領取調帳』関東編（東京堂出版、1995年）、『地方沿革略譜』（柏書房、1963年）。

註１：以下の註の通り「栃木県史附録　日光県材料県治」には日光県の支配地の推移及び明細が全て記録されていないため本表は概数である。そのため明治3年11月の高と「998.16275」差がある。

註２：本表には寺領の出入が含まれていない。『旧高旧領取調帳』にある寺領→日光県の高の計は「1,487.112」。

註３：慶応４年８月の旗本知行所の高は明細がないため『旧高旧領取調帳』よりの概数。

註４：慶応４年８月の塩谷郡の高は「栃木県史附録」の記載は「1,304.29981」だが、正しい合計は「1,034.29981」。

するも反対運動にあい徹底されなかった。

また、「日光物」の国産化を目論んで政府から一万両を借用し、明治二年から日光開産所を開設し、材木・朝鮮種人参・麻・茶葉を対象にした開産仕法を展開した。さらに、近世以来の課題であった姿川通船計画の実現に向けた行動や、県少属の仲田信亮による養蚕奨励の建議も確認されるなど[12]、積極的な勧業政策を行った。しかしながら、開産仕法では宿村の反対に遭って麻の専売に失敗し、通船計画も頓挫するなど必ずしも順調に勧業政策が進められたわけではなかった。

二　開墾仕法の展開

1　仕法のはじまり

日光県の開墾仕法は明治二年（一八六九）三月七日に村々にその内容が示されて始まる[13]。

其村々従来困窮ニ陥リ家数・人別相減シ荒地多分ニ出来、方今弥増衰弊相極居候ニ付、今般格別ノ訳ヲ以テ荒地起返難村興復之仕法相立自力ヲ以テ起返候者ヘハ賃金・扶持米ヲ与ヘ、或ハ手不足又ハ独身ニ而自力ニ及ヒ兼候モノヘハ人足ヲ以テ開発致シ遣シ、又其一郵中平常心掛宜敷村ヘハ開発ハ勿論潰式取立ヨリ質地受(ママ)戻シ・借財返済・非常之囲穀等之事ニ至ル迄格別ニ引立一村興復之後ハ又他之心掛宜敷村ヘ同断之引立致シ可遣間、右之趣意篤ト相弁、断然トシテ旧習ヲ改本業一途出精可致事

これに続いて具体的な仕法の内容が明かされる。すなわち、①自力の起返に賃金・扶持米を下賜、②人足を遣わして開発することも可能、③「心掛宜敷村」は潰式取立から質地請戻・囲穀などで優遇、④起返の田畑は鍬下一五か

年、⑤鍬下年季中は冥加米として「出来米穀」一〇分の一を納める、⑥土地によっては初年の冥加米は不要、⑦手近の「地味宜敷」田より始める、⑧明治二年中の仕付までに開田した場合は助成対象、⑨仕法は久保田譲之助が担当、である。

この仕法を打ち出した背景と財政的な裏付けについては、同年同月二十七日[14]、鍋島から弁事に宛てて出された次の願書から明らかになる[15]。

当県ノ儀ハ無双ノ薄地ニテ元来難渋ノ村而已ニ御坐候処、是迄撫育ノ道ヲ失ヒ風俗大ニ潰敗シ下民遊惰ニ流レ博奕ヲ好ミ末利ヲ遂ヒ往々農業ヲ怠リ遂ニ家産ヲ破リ退転ニ及候者モ不少、田畑年ヲ追テ荒戸口日々減シ方益困窮ニ陥リ迚モ自力ニテ荒蕪ノ地起発等思モ不寄、民心愈狡猾ノ風ニ走リ所謂無恒産者無恒心ノ訳ニテ自然御法度モ不相怖軽易ニ其家ヲ立退候習俗兎角移風易俗ノ道ヲ施シ候ニモ衣食ヲ足ラシ候儀肝要ト不存候テハ教諭モ貫徹不仕、依テ当今御費用莫大ノ御半難奉願候ヘトモ別紙雛形ノ通、向十ヶ年ノ間年々正金五百両宛当県産物人参代御益金ノ内ヲ以被差出候様御坐度、然時ハ右金ヲ以廃地興復ノ用度トシ、先以支配所中費用不多シテ成功速ナル場所ヲ撰ミ相始メ総テ窮民ヲ撫育シ絶家ヲ興シ力田ノ者ヲ褒シ、其外日用ノ事迄懇切ニ世話イタシ衆望ノ属スルニ従ヒテ追々一円ニ相及シ人民繁育生産富殖ノ功ヲ奏シ度、尤此業ヲ取行候者ハ自分労ヲ先シ節倹素朴ヲ示シ身ヲ以引立候儀肝要ノ儀ニ付、兼テ致人選置候間、何卒願ノ通被差免然ル上ハ万世不朽ノ業ヲ起シ下民永続ノ基本相立往々洪大ノ御国益ト相成、自然風俗モ純厚ニ相趣（ママ）当県施政ノ根本ト存候間、何卒格別外ノ御評議被下度、雛形相副此段奉願候、以上

すなわち、鍋島は管轄地の困窮と風俗悪化という認識を示した上で、その解決には「衣食ヲ足ラシ候儀肝要ト不存候テハ教諭モ貫徹不仕」として仕法実施の必要性を訴えている。仕法については、①向こう十年間「人参代御益金」

から五〇〇両ずつを仕法金とする、②成果が期待できるところから実施し「衆望ノ属スルニ従」って拡大する、③窮民の撫育・絶家の復興・「力田ノ者」の褒賞、その他「日用ノ事」の世話をする、としている。文末で開墾仕法を「当県施政ノ根本」としているように、鍋島は仕法を実施して「下民永続ノ基本」を立てることで管轄地の諸問題を解決するという見通しを持っていることが分かるだろう。

また、財源となる「人参代御益金」とは、下野国の特産品である朝鮮種人参の利益金を指す。日光県は弘化元年（一八四四）以降の御用作体制、つまり人参生産・流通の統制を踏襲したとされる[16]。すなわち県は朝鮮種人参の生産と流通を統制し、その利益の一部を用いて開墾仕法を進めたのである。前掲史料と合わせて考えると、仕法の財源が朝鮮種人参の利益と、開発によって生じる冥加米であることが分かる。この願いは翌四月に許可が下りた。

なお、鍋島は三月二十七日に、堕胎防止のための養育仕法の実施も願い出ている[17]。養育仕法は政府の許可が下りずに実施されていないが、養育料をもらった子どもが男子は十六歳から「荒地起発方人夫」を、女子は開産所にて機織りを十四歳から三年間、県からの給金をもらって奉仕する計画になっている。結果、人口増加と荒地起返、「生産富殖ノ基」が実現するというもので、開墾仕法・開産仕法・養育仕法といった各仕法の連携を企図していたことが分かるだろう。

2　報徳仕法との関わり

仕法の拠点には今市宿の「二宮弥太郎元役宅」が選ばれ、明治二年八月四日に「開墾方出張所」と名称が改められた[18]。また、仕法を任された久保田譲之助は二宮門人である。つまり日光県の仕法は幕末の報徳仕法とも深い関わりを持った。時系列が前後するが、開墾仕法における二宮弥太郎の関与について検討したい。

まず久保田がいかなる経緯で仕法を任されることになったか確認しよう。慶応四年閏四月、二宮弥太郎が「多病」と情勢不安に伴って仕法の元手となる「利足下ヶ金」が見込めなくなったことを理由に暇を願い出て、相馬へ退去した[19]。そこで仕法の「跡取仕舞向」を託されたのが門人の久保田であった。しかし、久保田は都賀郡引田村における荒畑田成の仕法を中断することは得策ではないと考えて継続する。同年六月上旬、久保田は今市宿へ出兵してきた新政府軍の福嶋藤七に呼び出されて仕法の「当分見合せ」と「普請向早々取仕舞」を指示され、仕法を中断した。これに引田村の人々は「甚失望」し、二宮弥太郎も「国家之為に一途尽力仕候十六ヶ年之丹精、一朝水之泡と相成候」と嘆いたため、久保田は改めて知県事鍋島に引田村の「普請丈」は完了させたいと願い出たところ、九月二日に鍋島より「引田村開墾之儀、自此改て申付候」と許可を得ることに成功する。こうして報徳仕法の残務を引き継いだ久保田が、そのまま日光県の仕法を担うことになる。

一方の弥太郎は相馬への退去後、日光県の仕法に直接かかわることはなかった。しかし、明治二年八月に「野州今市詰」が日光県の仕法について「先生」へ意見を求める「野州今市詰より御問合書写」と題された史料（以下、「問合書」）が存在する[20]。「先生」とされる回答者は二宮弥太郎と考えて差し支えないだろう。その内容は表2の通りである。

表2は、「問合書」全一二か条の内、仕法の方法に関する部分を抄出したものである。「開墾局」が知県事と仕法の詳細を打ち合わせした際の「問答書」を作成し、二宮弥太郎の下へ送付して意見を求めたことが分かる。まず前述の触書と政府への願書には記されていない点として、開墾仕法は都賀・河内二郡において「専ら開田を主とし可取扱」という方針で（一条目）、仕法金五〇〇両の内一〇〇両を「絶家を興し、新民を建て、良民を撫し、農具を与ひ等取扱」、残り四〇〇両を「都賀、河内二郡、日光掛之村々、地味宜敷場所開田」にあて（一条目）、二郡以外の自力開発は鍬下一五か年として六年目から収穫の十分の一の冥加を取る（五条目）といった点が挙げられる。

表2　野州今市詰より御問合書

条	野州今市詰より問合	返答
1	(前略)向十ヶ年之間、種金として年々五百金と御下渡之内、百金は絶家を興し、新民を建て、良民を撫し、農具を与ひ等取扱之積、残四百金を以都賀、河内二郡、日光掛之村々、地味宜敷場所開田を先立、取扱候鍬下十五ケ年季冥加米取実之十分一繰返候趣意ニ付、別紙組立見候辺に基、冥加米取立方可然哉に申合候儀に御座候	日光県役所へ御相談之上可然方に御取計可然候
2	請書別紙之案文にて可然と申合候得共、如何可有御座哉	御調之通り可然候
3	開発年限中都て開墾局へ御任せ相成候儀に付、冥加米当局にて請取当然之論に御座候由、御主法に執り取立之儀は甚だ心苦敷次第、乍去先生御手限之御仕法に無之、日光県役所にて其局之任に御座候得ば、次第柄無之には不免儀に可有御座候、此儀如何可仕哉	主法之儀、施を先務と致し、取を後にいたし儀ニ付、即年より取立候儀は甚差支、旧幕取扱中も租税取立方にて取立候事に相成居候間、可相成は租税御取立方にて御受取、今市役所へ御渡相成候様御相談相成可然候
4	村柄に寄開田之場所無之、畑開発取扱に至、冥加米穀田の振合には参間敷哉、何れに附ヶ可然哉	粟稗大豆之類取実之十分一相納候儀に可有之、日光県役所へ能々御問合之上御治定可然候
5	御支配所一体新地開発、荒地起返、並畑田成共、全く自力を以開き候ものは、熟作相成次第、租税可相附之処、矢張御趣意開発同様、鍬下十五ヶ年に御定、六ヶ年目より十年ヶ年之間取実之十分一冥加為相納、開墾用度に御廻し相成候はゞ、下方之為(平出)御仁恵之論を以聞合に及候処、弥差支之有無見極有之哉否、知事より尋問之処、限て間違無之とは申上兼、相当之思召に候はゞ左様仕度旨申述、不決之儀に付、追て差図と相成居候由、是は一金も不恵為納候は如何に御座候得共、旧御料所扱は、土地にも可寄儀に候得共、或は五年、又は七年位にて、租税を相納候振合之由、然に僅か十分一、六ヶ年目より相納、十五ヶ年之間作徳を得、本税に復し候はゞ、一ト方御仁恵之様被存候得共、如何可有御座哉	五ヶ年無年貢、六ヶ年目より冥加米弐斗為納候方可然候

6	年賦金之儀、別紙写之通布告被致候得ば、当十月より取立、繰返可貸附之処、前文申上候通、開墾局取扱、先ツ都賀、河内二郡に候得ば、足尾、塩谷相除ケ、已後取立候而已にて、二郡へ不貸附候も甚だ不都合に奉存候得共、致方有御座間敷哉	都賀、河内二郡を先立、御引立之御趣意候得ば、其外迄貸附候分量無之、無余儀事に御座候
7	年賦金貸附方、前度先生より御諭しも有之候ニ付、用水等先立、何分土地之儀に付、貸附可申、知事面会之節も右等之事に申述置、乍去困民全く不得止向へは、不貸附には相成間敷哉に奉存候	困民御撫育は何分出捨之方可然、貸附も品に寄可有之候得共、困民返納之為却て及難渋候向も往々有之候に付、御勘考之上臨機之御所置にて可然候、何分地方之儀に付、御貸付方可然哉に被存候
8	吉良子東京柳原辺に寓居、六月認之書状、久保田子へ来翰、然ルに真岡、東郷、前々取扱置候御主法金三百八拾両余程有之(中略)就ては正敷御仕法金之儀に付、御主法廉へ相廻り候様仕度旨申来、依て過日久保田氏より、知事へ問合度候処、知事未だ御承知無之、乍去御仕法へ廻し、当然之儀に承知被致候間、久保田氏より石橋局へ申送り被相廻候様相成候はゞ、知事へ相談之上、年賦金同様貸附之廉に取扱可然哉	御勘弁之通にて可然候
9	御仕法金三千両、並御献金共、前事面会之節、別段之金子に付、是非取立度含に候得共、急速に取立候はゞ、撫育金を以却て貧村を苦候儀に至候ては不本意に付、追々催促被致候と之御内話に御座候	
12	已来開墾筋願届伺共、当役所へ申出候様布告相成候得ば、村々より種々申出も可有之、就ては役所を明ケ、両人共出役出来兼、不行届之私共壱人つゝ出役取扱候ては、手違も難計、殊に壱人にて取扱兼候条々も間々可有之、甚だ当惑仕候、何卒今壱人御主法掛之内、出張被仰付候様には相成間敷哉	相談之上追て可及御挨拶候

出典：「野州今市詰より御問合書写」(『二宮尊徳全集』第三〇巻、二宮尊徳偉業宣揚会、一九三〇年)六六四頁

特に五条目からは、県全域の自力開発分を仕法対象とするという鍋島の積極的な方針がうかがえる。これに対して開墾局は慎重な姿勢を見せつつ「旧御料所」での扱いより優遇されるので「一ト方御仁恵」ではないか、と弥太郎に問合せをし、弥太郎も六ヶ年目から冥加米二斗の納入をする、と鍋島の提案に従っている。また、六条目では開墾局が県の仕法は都賀・河内二郡のみで実施するため、「足尾」（安蘇郡）、塩谷郡は報徳仕法の年賦金の「取立候而已」になり不都合ではないか、と報徳仕法と開墾仕法を一体に捉えて、県の仕法に疑義を示すが、弥太郎は「其外迄貸附候分量無之、無余儀事」と県の方針に同意しており、彼の開墾仕法に対する理解がうかがえる。

しかしながら三者の方針の相違も見受けられる。三条目では冥加米徴収を含む仕法全般を開墾局に任せたい県と、冥加米徴収は「御主法」にとって不都合とする開墾局、そもそも「即年」からの取り立てに難色を示し、かつ冥加米徴収も「租税御取立方」が行うべきとする弥太郎で意見が食い違う。八条目では、開墾局が、真岡・東郷の「御主法金」三八〇両の流用を県に働きかけたが、鍋島は「御承知無之」という慎重な立場をとっている。開墾局が、旧来の報徳仕法と県の開墾仕法を連続して捉えていることが分かるだろう。

なお、開墾仕法の方法自体ではないため表中には掲載していないが、旧日光神領の年貢の扱いについては県と開墾局・弥太郎の間に意見の相違が見受けられる（一三条目）。鍋島が「旧神領」の「生田而已（中略）検見に及、相当之取箇を附、定免を被廃候」ことを決定したことに対して、開墾局が「迚ても御六ケ敷（中略）再騒擾致し候」と意見したところ、鍋島は「余り信用無之」という態度を取り、旧神領外の年貢と「相当之処に至候はゞ、何ぞ騒き候儀も有之間敷」、「二宮氏被参候はゞ、多分議論も有之事に存候（中略）何時にても申出候」と回答した。これに対して弥太郎は「今更容易に相止候儀にも至り申間敷、無余儀事に被存候」と諦観しつつ「主法開田之分は、租税三十年之間は、仕法用度に相廻し候」と注文をつけている。ただし「村柄御引立之廉より御廻し相成候はゞ、租税増之御趣意は全く上を益するに非ずして、不均を憂ふる之験顕然」と県の政策を全面的に否定しているわけではない。弥太郎は検見取採用と年貢増徴を「二宮門人より申立」たと村々から疑われては「旧来之主法」が「相汚」ることを憂慮している。

以上のように、開墾仕法は県のみの意向で進められたわけではなく、開墾局・二宮弥太郎の意見を確認しつつ進められていた。開墾局と弥太郎は冥加米徴収の方法と県による検見実施については慎重な姿勢を示すが、県の開墾仕法を旧来の報徳仕法の延長線上と考えて、協力的な立場にあったとみることができる。(21) 一方、県は冥加米徴収の在り方や「御主法金」の扱い、検見取採用と年貢増徴を仕法とは別に進めて開墾局に事後報告しており、開墾仕法を報徳仕法の単純な継承とは位置づけていないことがうかがえるだろう。

3　仕法の拡大

では、開墾仕法が明治三年にかけて如何に展開したのかを検討したい。日光県は明治三年二月、「去春中ゟ先都賀郡・河内二郡」で行っている「荒地開墾之仕法」が「次第ニ広栄」となったとして、他郡の「去巳年ゟ以来新地并荒地等自力を以起返致候分」も対象とすることを表明した。(22) 都賀・河内二郡以外は、県から開発に伴う金銭的・人的な援助はされないものの、明治二年以降の自力開発分は、十五年の鍬下年季とされ、五年目までは冥加は不要、六年目から十五年目までの間の収穫十分の一の冥加米納入が求められることになったのである。

では、管轄地全体で仕法の成果は具体的にどの程度挙がったのか。次の表3は明治二年・三年に仕法によって開墾された面積を郡別・種別に表したものである。田の新地開発・荒田起返・荒畑田成が全面積中七九・八一％を占め、「問合書」での計画通り、田が優先して開発されている。さらに、田畑の新地開発と荒畑田成の合計が六一・〇六％である点からは、荒地起返を目的に始まった開墾仕法が、実際には新規の田・用水の新たな開発を促進している実態

（単位付、町.反.畝.歩.厘）

新地開発〈畑〉	荒畑起返	荒田畑成	（郡別合計）	百歩比
6.0.3.15.0.(2)	3.1.5.02.0.(2)	—	**41.8.5.02.05.(22)**	45.57%
0.1.3.19.0.(1)	—	—	6.1.8.08.00.(13)	6.73%
0.0.4.15.0.(1)	0.0.3.19.0.(1)	—	9.5.7.05.00.(7)	10.42%
1.2.9.29.0.(2)	**7.0.0.02.0.(5)**	**0.3.7.25.0.(1)**	13.8.0.06.00.(12)	15.03%
0.4.6.06.0.(2)	—	—	10.0.6.08.00.(9)	10.96%
—	—	—	10.3.7.06.00.(3)	11.29%
7.9.7.24.0.(8)	10.1.8.23.0.(8)	0.3.7.25.0.(1)	91.8.4.05.05.(66)	100%
8.69%	11.09%	0.41%		100%

出典：「巳午両年開墾反別取調届」（「公文録・明治四年・第九十四巻・辛未五月～七月・日光県伺」国立公文書館蔵、請求番号公00545100）

註1：**太字**は各種別の最高値。

註2：面積の後の（　）は宿村数。

註3：「郡別合計」の宿村数は、各種別で重複する村を1村と数えているため、合計は一致しない。

註4：百分比は、小数点第3位以下を四捨五入しているため、表中では合計が100にならない。

が指摘できるだろう。

全開発に占める都賀郡の開発面積が四五・五七%と、成果が都賀郡に偏重している原因としては管轄地の偏りはもちろん、三節で取り上げる同郡板荷村の影響が大きい。板荷村では荒畑田成一四町一反九畝九歩という他村と比して規模が大きい開発が行われており、他種別も合わせた田の開発の合計は明治二・三両年の全成果の内一五・六九%、田のみに限れば一九・六六%となる。明治二年から四年にかけての板荷村における仕法の成果は総反別二二町九反一六歩になった[23]。このように仕法は管轄地全体に広く行われたわけではなく、村によって成果の差が大きかった。

仕法の拡大は県の当初の予想を大きく上回るものであった。明治三年の仕法は、朝鮮人参の利益の内から与えられている仕法金五〇〇両と明治二年の残金二五三両二分余、冥加永一六両一分余では不足した[24]。そこで県は「去巳年開墾仕法発業致候処、当春以来村々追々人気相進次第ニ広業相成候ニ付用度不足、乍去人心興起之機会何分難捨置ニ付無余儀当分之内当県常備金之内ヨリ繰替置候」として常備金一五〇〇両を充てて仕法を行う。県の想定以上に拡大した仕法は、常備金を充ててまで進められたのである。

表3　郡別・種別の仕法成果

郡名	新地開発〈田〉	荒田起返	荒畑田成
都賀	12.4.4.22.0.(11)	4.4.6.01.5.(14)	15.7.5.22.0.(5)
河内	2.4.7.08.0.(4)	3.2.7.12.0.(7)	0.2.9.23.0.(3)
安蘇	4.0.3.23.0.(2)	2.1.2.29.0.(5)	3.3.2.09.0.(2)
芳賀	1.3.0.00.0.(2)	2.9.6.11.0.(5)	0.8.5.29.0.(2)
塩谷	2.6.0.25.0.(1)	6.9.9.07.0.(8)	3.3.2.09.0.(2)
那須	4.9.9.04.0.(1)	5.3.8.02.0.(2)	—
（種別合計）	27.8.5.22.0.(21)	25.2.0.08.5.(41)	20.2.3.23.0.(12)
百歩比	30.33%	27.44%	22.04%

三　開墾仕法の実態と終焉

1　仕法受け入れの素地

県の目論見以上に仕法が拡大した原因を県はいかに捉えていたのだろうか。(25)

従来ノ田畑当今荒蕪ニ属シ候分ハ毎村毎戸有之、畢竟天保巳来風俗頽敗日々華奢愉安ノ風ニ走リ工商ニ流レ本業ヲ離候モノ不少、戸口日々減シ村々年ヲ追ヒ疲弊罷在候処、戊辰ノ事件其後違作即今実ニ困苦ノ極ニ至リ却テ耳目一新シ専ラ農事ニ心ヲ傾候民情ニ相趣、兼テ伺済開墾ノ仕法モ追々盛大ニ被行候機会ニ相成候ヘトモ、右仕法ノ儀素ヨリ用度僅少、殊ニ従来ノ原野ハ暫ク後日ニ譲リ毎村毎戸僅々ノ荒地一畝一歩ノ地ト雖困難ノ民自力ニ不任無拠捨置候場所ヲ起発興復為致、追年用度相殖候上愈広大ニ致施行趣意ニ有之候処、前文ノ通追々民情農務ニ心ヲ尽シ人々相競ヒ情態ニ付何ト歟仕法相立曠原ノ地開拓仕無産離産ノ徒授産ノ方法相立（後略）

これは日光県が政府へ提出した那須野における徒役開墾仕法実施の願書にある開墾仕法についての記述である。「開墾ノ仕法モ追々盛大」の理由として、天保以来の風俗悪化と農村荒廃が戊辰戦争にて極致に至り、却って「耳目一新」して「農務ニ心ヲ尽シ人々相競」う状態になったためと説明されている。

この願書からは、村々が戊辰戦争後に農事に精励したかのように読み取れる。しかしながら前述の通り、日光県管轄地では幕末から報徳仕法が進められていた[26]。嘉永六年（一八五三）から始まる二宮尊徳による日光領の仕法では、畑田成・新規開発・用水整備・溜池造成が実施され、尊徳の死を経て慶応四年（一八六八）に仕法が打ち切られるまでに日光領全体で四三八町余の荒地起返が行われた。新規開発と植林を含めると仕法の成果は四八三町にもなる。報徳仕法の進展は日光領以外にも影響を及ぼし、後に日光県の仕法で最も成果を挙げた板荷村では慶応二年から二宮門下で幕吏の吉良八郎による仕法を受け入れて吉良堀と称される用水整備が行われている。

さらに米価高・物価高という経済状況も報徳仕法、日光県の開墾仕法を後押ししたと考えられる。下野国では文久二年（一八六二）から阿部昭氏が「無双の物価高のなかで、しかも米価の急騰が諸色の値上がりを大きくリードしていく」と指摘して、都賀郡助谷村の諸色相場が、天保四年（一八三三）の米価を指数一〇〇として明治元年（一八六八）八〇〇、明治二年七五〇、明治三年一一一一と、同時期の〆粕指数四〇六から四四一を大きくリードしたことを明らかにしている[27]。また、平野哲也氏は、天保期以降、芳賀郡では労賃収入が減少する一方、魚肥を上回る米価急騰を背景に「主穀生産への回帰」が進み、荒地起返・新田畑造成が活発化したことを明らかにした[28]。幕末以来、高騰する米価価格は、明治初年に戊辰戦争と明治二年の凶作によって極致に至ったのであり、この経済状況が日光県の仕法の展開を後押ししたといえるだろう。明らかなだけで三町八反五畝一五歩分の仕法による開発が実施された都賀郡富岡村の仕法開始の願書には、「近年諸穀別而高値」（明治三年三月）[30]、「近年物価高値」（同年五月）[31]といった文言も確認できる。

2　都賀郡板荷村における仕法

本項では開墾仕法で最も大きな成果を挙げた都賀郡板荷村における仕法実施について明らかにする。板荷村は現鹿沼市域の北部に位置し、周囲を四〇〇から七〇〇メートルの山に囲まれている。[32]中央部に黒川、北東部に行川が流れ、川底平野に沿って集落が点在する。幕末の村高は二二三八石四斗四升一合で、寛政四年（一七九二）時の田反別が三町四反七畝二〇歩、畑反別が二三一町九反九畝五歩と大部分が畑地の村であった。板荷村を特徴づける生産品として朝鮮種人参と大麻がある。特に朝鮮種人参は、寛政十二年から人参中製法所が村内に設置されており、生産と加工の中心地となっていた。

板荷村における大規模な開発は二筋の堀の開削を伴うもので、前述の吉良堀開削による永野原開発と、明治二年に始まる久保田堀開削による原地・下原開発の二つが挙げられる。これら用水路の開削によって板荷村の田の面積は明治四十四年時には、九〇町五反三畝にまで拡大する。まず永野原開発を確認しよう。

慶応二年八月、板荷村は永野原の御林七町三反五畝と荒地二四町の開発を代官へ願い出て見分を受けた。結果、松木一三五四本の代金永一五二貫文余と地代永三貫六〇〇文余の上納を命じられたが、御林開発の許可は下りず、荒地のみ勝手次第と指示される。そこで村は一五〇〇両を真岡役所より借用し、加えて他にも「所々」から借用し、翌年に新たな用水路を完成させた。慶応二年から三年にかけて御林開発の許可を得たため、多額の借用金の返済には材木の売却益を充てる計画を立てた板荷村であったが、戊辰戦争の開戦によって目論見は破たんする。御林開発が正式に許可された慶応四年三月には戦争の混乱によって材木は期待した値で売れず、その上、助郷役の負担も重なって麦の仕付も遅れて不作を招いた。こうして、板荷村の永野原開発は、用水路は完成したものの開墾は「過半出来」の状態で中断し、[33]多額の借金のみが残る状況に陥ってしまった。

板荷村はこの状況を打開すべく、明治二年三月十一日、廻村中だった日光県開墾方の久保田譲之助と仁平和三郎に開墾仕法の実施を願い出たのである。板荷村からの願い出を受けて県は、七月に巡察を行い、板荷村に地代と木材の売却益一五六両二分永一五六文八分を上納させ「従来貯蓄セル所ノ開墾資金ニ附益」させて仕法をもって開墾させることになった(34)。十月二十二日、板荷村から県へ仕法受け入れ及び金銭上納の請書が提出される(35)。しかし、板荷村は木材売却を行うことができなかったため、「高根沢其外」からの借用金の利息の支払いが滞り、名主の源右衛門と茂左衛門が、久保田を通じて県に借用金の肩代わりを願い出るに至った(36)。このように板荷村の永野原開発は戊辰戦争をきっかけに行き詰まっており、県の開墾仕法を導入しての現状打開が試みられていたのである。

その一方、板荷村は久保田堀の開削を伴う字原地・下原の開発も進めている。明治二年三月二十六日、板荷村の百姓一〇〇人が金三〇〇両を上納して起返願を提出し(37)、さらに同年七月に四〇人が願主に加わった(38)。永野原開発が窮地に陥る中での新たな開発計画は、板荷村の仕法に対する積極的な姿勢をうかがわせるが、これは永野原開発の補完という性格も有していた。前述の「問合書」一一条目では、久保田の話として板荷村の「吉良子手掛ケ候場所」は「用水不足」のため開田が進んでいないが、「当時普請之用水」を「吉良子手掛之堀々へ落水」させれば解決できるという報告が行われている(39)。

では開発の内容を確認したい(40)。板荷村は「多分之荒地」がある原地・下原その他に、用水路を通して田にすれば「田方払底之村方別而大ニ相助」るという計画で、二二九〇間余の用水堀を開発し反別九町五畝歩余の田を開いた。県は「平地深堀岩石切通し或者掘(ママ)割又者穴堀(ママ)等之場所之難易ニ応し永続仕候様始終御出役之上無残所御手厚御普請」と開発を指導し、「水路入用金」総額九一四両一分二朱の内、「人足共為励与御酒代」として三七両一分を、加えて「開墾御入用金」総額五四三両三分余の内、一反三両の割合で「起返賃」二七一両二分を出金した。さらに残金一一四九両永一七八文五分は無利足十か年賦で貸与している。

以上のように板荷村は、中断していた開発の再開を目論みつつ、県の仕法によって多額の資金を得て新規の用水路開削及び大規模な田地の開発を実施したのである。

3 仕法の終焉

明治四年十一月、日光県に代わって栃木県が成立し、管轄地は下野国足利郡・梁田郡・寒川郡・安蘇郡・都賀郡、及び上野国山田郡・邑楽郡・新田郡、合計五二万石余に拡大した[41]。

栃木県においても開墾仕法は継続されることになる。明治五年三月三日、栃木県から大蔵省へ仕法の継続願が出ている[42]。栃木県は、明治四年までに日光県の仕法によって一九八町八反余が開墾されており「事実上下之幸福」であるので「当県ニ於テモ引続施行仕度」と主張している。これは明治五年四月十七日、「伺之通」として返答があり、仕法は継続されることになった。

栃木県は同年八月八日、新たに編入されていた上野国邑楽郡村々へ対して、開墾仕法は「手広之儀ニ而一時ニ行届兼」るので「先ツ都賀一郡エ施行」するとした上で、都賀郡以外は日光県の仕法と同様に「自力ヲ以起発」した分を鍬下年季とすることを伝えた。仕法の内容は日光県が都賀・河内二郡以外で実施した仕法内容とおおよそ変わらないが、①宇都宮県になった河内郡は対象から除外、②冥加用捨の時期が四年に短縮、③田は五から八年目「米壱斗位」上納、九から十五年目は「二斗ツヽ」冥加を上納、④畑は五から十五年目「畑税永十分之七」冥加を上納、といった変更が加わっている。

しかし、翌明治六年に朝鮮種人参の「官製」が終了となり、仕法の「原資金御下付」がなくなってしまう[43]。もっとも、拡大していた開発地から納められる「冥加米金」は既に多額になっていたため、仕法の「連綿施行」は可能になっており、仕法は「人気益開拓相進ミ盛大ヲ期ス」段階になった。ところが「地券御発行」によって冥加の取り扱いが問題になり、明治八年に「冥加米金収入」は廃止された。地券発行・地租改正における仕法地の扱いについては不明な点が多いが、鍬下年季中、貢租の代わりに冥加を集めて政府に把握されていない県の別会計に蓄積するという在り方が問題であることは容易に想像できる。残った仕法金について栃木県は、政府へ伺い出さずに「開産仕法金」と改めて「物産起業資本等」に貸与し、さらに「那須原開拓資金等」として活用することにした。

以上の経緯を経て、開産仕法金は県の別会計として残り続けた。そして明治十四年一月二十九日、栃木県は政府に開産仕法金三二六二円一一銭一厘の由来を説明して今後も仕法金を県に委託してもらい、那須開墾等に転用したい旨を伺い出た。次の史料は栃木県の伺いに対する内務省の検討内容である。(44)

別紙内務省伺、栃木県へ開産資本金其儘委託之儀ヲ審按スルニ、右委託スヘキ三千弐百六拾弐円拾壱銭壱厘ノ金額ハ開墾地ノ冥加米ニシテ殆ント貢租ニ斉シキモノニハ候得共、旧県中荒蕪地開墾ノ方法ヲ設ケ当時処分法経伺ノ上、官製人参ノ利益金ヲ以テ開墾ノ資本トナシ漸次開拓ノ成功ニ従ヒ地券税発行以前ニ収入スルモノニ係リ候得ハ、普通貢租又ハ官地拝借料トモ同視難致処モ有之、殊ニ同県地方那須原等ノ開墾ハ事業頗ル重大ニシテ到底将来幾分歟官ノ補助ヲ要スヘキ儀ニ付、今之ヲ国庫ニ納メス予メ右等開墾ノ資本トシテ地方官ニ御委任相成候方一挙両得ト思考致候間、伺ノ通御聞届相成可然哉、会計部合議ノ上仰高裁候也

ここで内務省は、「貢租」同前の「冥加米」を元にして蓄積された仕法金をそのまま県に委任することを問題視しているが、「地券税発行」前に徴収されたもので「普通貢租又ハ官地拝借料」とも言い難いという認識を示す。その上で「那須原等」開墾は「頗ル重大」の事業であり、いずれは補助金を出す必要があると県へ委任することを提案している。結果、同年八月二日、仕法金は栃木県へ委任されることになった。

以上のように、日光県の開墾仕法は、廃県後も成果を評価されて栃木県において継続された。仕法は中断を余儀な

くされるが、蓄積された仕法金は紆余曲折を経て、県の「那須原開拓資金等」として活用されることになったのである。

おわりに

以上、検討したように日光県の政策主眼は大規模開墾へ移ったわけでは必ずしもなく、日光県は積極的に仕法を進め、栃木県に引き継がれていく実態が明らかになった。従来指摘されてきたように日光県政は、近世後期以来の「農村荒廃」と戊辰戦争による戦災からの復興という課題を抱えていた。開墾仕法はその解決策として「施政ノ根本」と位置づけられて実施されたのである。

仕法は都賀・河内二郡を対象として始まったが、明治三年（一八七〇）に他郡の自力開発分を鍬下年季の対象とすることで全域に拡大した。仕法が順調に進展した背景には、幕末以来の米価高騰に伴う主穀生産へと経営の重点を移すことを望む村々の意向があった。また、開始当初の仕法の主眼は荒地起返にあったが、実際には田畑や用水の新規開発の促進がなされた。仕法は幕末の混乱で中断していた開発の再開・補完という面も有したこともあって県は従来の仕法の成果の取り込みにも成功した。都賀郡板荷村を中心に成果を挙げた仕法は、明治三年には県の常備金を充てるまでに拡大したのである。

また、仕法展開の過程からは日光県が都賀郡今市宿を拠点にして進められた報徳仕法のノウハウを継承しつつ、県全域で新たな仕法を展開することで復興を果たそうとした意図があったことが指摘できる。ただし、開墾仕法は単純な報徳仕法の継承ではなかった。県・開墾局・二宮弥太郎は、それぞれが仕法に対して積極的な姿勢を示しつつも、冥加米の徴収、仕法金の導入といった点で意見を違えていた。ともあれ開墾仕法は栃木県に引き継がれて、地券発行と地租改正作業の中で継続が困難になり終焉を迎え「那須原開拓資金等」として活用されるに至った。

朝鮮種人参の利益を原資に、報徳仕法の影響を受けて「農村荒廃」からの復興を目的に進められた日光県の開墾仕法は、日光県政の特徴的な政策の一つと位置づけられるだろう。

開発に伴う地域の変容や、周辺諸藩の政策との関連、地租改正前後の開発地の扱い、栃木県の「開産仕法金」の実態など、課題は山積しているが今後の課題としたい。

註

(1) 明治二年三月五日、会見官は「御一新ニ乗」じて開墾を希望する者の数が多いとして、関東府県へ取りまとめを指示している(二年二七一号会計官)。明治四年一月十四日には、太政官が無許可の空地の開墾、持地への切添作り、荒地起返、地目転換が「往々」行われているので府藩県から説諭を加えるように指示をする(明治四年太政官達一八号)。

(2) 明治三年六三〇号太政官布告。

(3) 志見正次『明治初期に於ける高山県の政治学的研究』(飛驒郷土学会、一九六七年)。初出は一九三七年、高陽書院から刊行。

(4) 明治四年民部省第三号。

(5) 松尾正人「明治初年の関東支配—下野国小山を中心として—」(東海大学史学会編『東海史学』一九、一九八四年)。

(6) 竹末広美「日光県下の郷宿」(『鹿沼史林』三三、鹿沼史談会、一九九三年)。

(7) 柴田宜久『明治維新と日光—戊辰戦争そして日光県の誕生—』(随想社、二〇〇五年)。

（8）大嶽浩良『下野の明治維新』（下野新聞社、二〇一四年）をはじめ、『芳賀町史』など自治体史多数。なかでも『いまいち市史』通史編Ⅳ第五章（二〇〇四年、執筆者：大嶽浩良氏・神山壮氏・佐藤権司氏）は、旧今市市域を中心にしつつ日光県政を総合的に明らかにしている。
（9）石川健「（史料紹介）日光県における協救社の養豚奨励」（『栃木県立文書館研究紀要』二一、二〇一七年）。
（10）「栃木県史附録　日光県材料　県治」（国立公文書館蔵）。
（11）以下、特に断らない限り、大嶽前掲註（8）。
（12）高山慶子「栃木県官吏仲田信亮の旧江戸町名主馬込惟長宛書簡―大谷石などの栃木県産石材をめぐって―」（『宇都宮大学教育学部研究紀要』六六　第一部、二〇一六年）。
（13）「栃木県史附録　日光県史　政治部　拓地（明治二―四年）」（国立公文書館蔵）。
（14）掲載資料では「巳三月」とあるのみだが、「栃木県史附録　日光県史　政治部　賑恤（明治元―五年）」（国立公文書館蔵）に「明治二年己巳三月二十七日、本県物産人参ノ益金ヲ以テ荒蕪ノ地ヲ開墾シ窮民撫育ノ資ニ充ント即チ之ヲ弁事ニ申牒」とある。
（15）「公文録・明治元年・第二十七巻・戊辰・各県公文三（日光県）」（国立公文書館蔵、請求番号公〇〇〇二七一〇〇）。
（16）熊田一『野州一国御用作朝鮮種人参の歴史』（熊田一先生著作領布会、一九七九年）。
（17）「栃木県史附録　日光県史　政治部　賑恤（明治元―五年）」。
（18）森山秀樹家文書イ四六「明治二年正月　下岩崎村名主日記」明治二年八月四日条（『いまいち市史』史料編・近現代Ⅳ掲載）。日光領における報徳仕法については『いまいち市史』通史編別編Ⅰ（一九八〇年）、それ以前の桜町仕法については阿部昭『二宮尊徳と桜町仕法―報徳仕法の源流を探る―』（随想舎、二〇一七年）に詳しい。

(19) 以下、「御暇奉願上候書付」(『二宮尊徳全集』第三〇巻、二宮尊徳偉業宣揚会、一九三〇年、六六四頁)及び「野州都賀郡引田村開墾之儀に付奉願候書付」(『同』六六四〜六六六頁)。
(20) 「野州今市詰より御問合書写」(同右、六九七頁)。
(21) 明治四年十一月、二宮弥太郎は仕法の継続を栃木県へ願い出ており、大嶽氏は報徳仕法が日光県下で存続していたと弥太郎が認識していると指摘している(大嶽前掲註(8))。
(22) 三品格一家文書一〇二「御用留」明治三年二月条(個人蔵)。
(23) 渡辺正家文書四三〇「旧日光県御仕法開地所調書」(個人蔵)。同史料では「生畑田成」一町一反四畝一二歩、「荒地田成」二一町三反七畝二四歩、「新開田成」二反四九歩と内訳があるが、合計と合致しない。
(24) 前掲註(13)、「栃木県史附録」。
(25) 前掲註(15)、「公文録」。
(26) 以下、『鹿沼市史』通史編近世第一部第四章第二節(二〇〇六年、執筆：田中達也・平野哲也)による。
(27) 阿部昭『近世村落の構造と農家経営』(文献出版、一九八八年)。
(28) 平野哲也『江戸時代村社会の存立構造』(御茶の水書房、二〇〇四年)。
(29) 三品格一家文書一三四〜一四〇「荒畑起返田成反別並賃金調書上帳」、同三一〇「生畑田成永方御年貢取調帳書上帳」、同三四三「乍恐以書付御届申上候(荒地開墾田成届ニ付)」。
(30) 三品格一家文書一〇二「御用留」明治三年三月条。
(31) 三品格一家文書三四九「乍恐以書付奉願上候(開墾願ニ付)」。
(32) 以下、特に断らない限り『鹿沼の絵図・地図』(鹿沼市、二〇〇五年)による。

(33) 前掲註(13)、「栃木県史附録」。
(34) 同右。
(35) 渡辺正家文書ト八六「借用金証文之事（土事費用ニ付）」。
(36) 渡辺正家文書リ一六六「口上書ヲ以奉申上候」。
(37) 渡辺文雄家文書イ一〇「久保田譲之助様御掛ニ而荒地起返方日記」（個人蔵）。「板荷村捨次外九拾九人」が出願した。後掲史料では「捨治外百三拾九人」とあり、賛同者が増加している。
(38) 渡辺正家文書リ四七。
(39) 前掲註(20)「野州今市詰より御問合書写」。
(40) 渡辺正家文書リ五四「久保田堀開墾ニ付日記帳」。
(41) 『地方沿革略譜』（柏書房、一九六三年）。明治六年六月に宇都宮県と合併して下野全域を管下とし、九年八月に上野三郡を群馬県に移管する。
(42) 以下、特に断らない限り「栃木県史材料　政治部　拓地（明治四―七年）」（国立公文書館蔵）による。
(43) 以下、特に断らない限り「旧日光県開産仕法金処分方栃木県令へ委任ノ件」公文録・明治十四年・第七十九巻・明治十四年八月・内務省第一（請求番号公〇二九八五一〇〇、国立公文書館蔵）による。
(44) 同右。

近世後期～明治前期下野の篤農
―小貫家・田村家・三澤家を例として―

岩下　祥子

はじめに

「農は国の基なり」とは、昔からよく言われていることである。(1) 農業を重視することが、農民のみならず国そのものの存続にかかってくるという意味と言える。そのため、時の為政者は、常に農業の盛衰に神経を注ぎ、その発展に尽力してきた。新田開発や治水対策、用水の開削などは、その代表的な政策であろう。あるいは、特産品栽培の奨励なども挙げられる。

こうした農業育成重視の傾向は、明治期に入っても同様にみられ、明治新政府による勧業政策として推進された。明治初期の農業では、欧米先進諸国の進んだ西洋農法の積極的な導入が奨励され、その成果を民間の活動に反映させることが図られた。この方針の下で、明治四年（一八七一）農事試験場として札幌に札幌官園(2)が、同五年に内藤新宿試験場（東京都新宿区、現在の新宿御苑内）が、同七年に三田育種場（東京都港区）がそれぞれ設立され、蔬菜や果樹を中心とした栽培技術の研究が推進された。これに追随するかのように、各府県でも、トマトなどの西洋の蔬菜や葡萄・桃・林檎などの果樹の栽培方法や品種の開発を研究するようになっていった。(3)

しかし、日本の風土性や農業事情を考慮せず、新技術を直接導入したため、新技術と在来農法とが不適合を起こし、新技術の大半は定着しなかった。その弊を改めるために、明治十年代に入ると、日本の在来農法に通暁していた「老農」(4)による実地指導が奨励されるようになった。「明治の三老農」と称される中村直三・奈良専二・船津傳治平など、地域の実情を知り尽くした彼らの力を利用することで、技術指導などの徹底化を図ろうとしたのである。実際、彼ら老農は、自ら実験・改良を繰り返して編み出した農業技術の著作を出版したり、技術の実演会を開いたりして、熱心に指導に当たったと評されているが、活躍した期間はさほど長くはなかった。

明治二十年代になると、科学的な基礎教育を受けた世代が農業の新たな担い手となり、「篤農」と称されるようになる。自己の経験に裏打ちされた従来のような「老農」的スタイルから、私設農園を設置し、その中で実験・観察を続けながら栽培した作物を販売し収益を得るという経営へと変化していった。現代の「六次産業化」に通ずるような農業経営の在り方と言えよう。

そこで本稿では、近世後期～明治初期に活躍した小貫家・田村家の活動及び西方地域で明治二十年代に「力農園」という農園を経営した三澤家に注目し、現存している実験記録から、その農園経営を解明することを目的とする。筆者は、三澤家の農園経営について、平成二十二年（二〇一〇）に『西方町史』の通史編で概略を紹介したが、その際、三澤家を「老農」と規定したことに対し、近年、違和感を覚えるようになっていた。そこで、近世後期から明治初期に「老農」として著名であった小貫家及び田村家の農書などとも比較しながら、再度三澤家を検討することで、明治二十年代の「老農」の在り方を示したいと思う。

一　老農と勧業

1 勧業政策の展開

明治新政府は、経済の基幹となるべき諸産業の育成と経済統合による流通網の確立を目標とし、「富国強兵」のスローガンの下、農工業の分野において西洋の進んだ技術の修得を積極的に奨励した。こうした勧業政策は、明治三年（一八七〇）に民部省勧農局が担当するようになり、民部省廃止後は大蔵省勧業寮などに移行された(5)。その後、明治六年に設立された内務省勧業寮を経て、明治十四年以降は農商務省に引き継がれていった。

勧業政策を開始するにあたり、新政府は国内における産業の実情を把握するために、全国的な物産調査を実施している。明治六年から始められた調査の結果は、「物産表」として公表されているが、六年のものは品目と生産量のみの報告であり、生産額が判明するのは同七年からである。

同年の栃木県における物産の生産額を表示したものが、表1である。米・麦などの穀類が全体の四二%を占めており、続いて木綿や絹などの縫織物類が約二五%、酒や醤油などの醸造類が約一二%となっている。この三部門のみで全体の七九%、ここに縫織物類に関連した糸・麻類の五%を加えれば、八四%に達する。穀類生産が産業の中心であることは確かだが、同時に織物や醸造などの、いわゆる農村加工業の比率が高いのも、特徴として挙げられる。それ故、同時期の栃木県は、「工業県」としてみなされていた(6)。一方、前出の四部門以外の比率は微々たるものであり、県内消費が主であったと思われる。その中で、「種子並果実類」の比率が一%強あり、これは後述する力農園の活動にも影響を与えているものとして、注目しておきたい。

表1　栃木県物産表（明治7年）

単位：円、％

品目	金額	比率
穀類	4,168,556.483	42.4
穀質并澱粉類	58,616.666	0.6
园蔬類	218,260.600	2.2
種子并菓実類	124,523.154	1.3
薬種并製薬類	21,725.052	0.2
醸造物類	1,142,261.419	11.6
油蝋類	172,930.044	1.8
禽獣類	45,919.505	0.5
虫魚甲貝類	115,095.825	1.2
飲料及食物類	41,334.455	0.4
烟草類	70,434.367	0.7
金銀銅鉄類		
玉石礦土類	26,612.252	0.3
諸機械類	56,081.788	0.6
糸綿麻類	514,646.739	5.2
縫織物類	2,439,732.484	24.8
染料顔料及膠漆類	53,049.347	0.5
漆器類	19,914.660	0.2
陶器類	26,725.398	0.3
氈蓆類	18,654.965	0.2
藤竹葭器類	10,740.479	0.1
竹木類	268,322.653	2.7
紙類	27,366.614	0.3
薪炭及焚物類	133,148.865	1.4
履物各種及鼻緒類	17,681.305	0.2
その他	34,775.430	0.4
計	9,827,110.549	100.1

出典）『明治前期産業発達史資料』より作成

註）本表には、新田・山田・邑楽の上野3郡を含む。

小数点以下第2位を四捨五入しているが、一部例外がある。「菌茸類」「海藻類」「化粧具類」「文房具類」「戸障子指物類」「桶樽類」「皮革羽毛類」「網縄類」「肥料及飼料類」「雑貨玩物類」は、比率が微々たるものなので、「その他」として合算。

空欄は、記載がないことを示す。

勧業政策を各府県で独自に実施することはなく、新政府から提示された方針をそのまま移殖する方法が採られていた。しかし、これらは必ずしも地域の実情を考慮したものではなかったため、中には定着するに至らなかった政策や技術もあった。それ故、明治十年代に入ると、近世からの在来技術を再評価する動きが見られるようになり、新政府もまた、そうした技術を体系化し利用することを奨励するようになった。共進会や農談会を通して、それら技術の普及を図っていくようになったのである。

栃木県では、勧業政策を推進するために、明治九年頃までに勧業課を設置し、常務・勧農・勧商工・地理地籍・山林・駅逓・用度の七掛を置いた。さらに明治九年十一月には、地域の実情に詳しい老農層の中から、勧業課附属として一七名を任命し(7)、農業の実地指導などを担わせた。西方地域が属していた上都賀郡からは、久野村（現鹿沼市）の安生順四郎と小林嘉平が任命されている。また、田谷村（現栃木市西方町）の和賀井勇作は、明治十一年三月、勧業事務に任じられている。[8]

この後、明治十二年六月に勧業委員に改称するなどの改変を経て、明治十六年九月には、より地域の実情に合わせた技術指導を為せるように制度を改め、一四三名の委員を選出している。さらに翌年には、勧業委員から選出された三五名の委員が勧業政策について検討する勧業諮問会も発足した。上都賀郡からは、元村（現栃木市西方町）の三澤七郎平他四名が任命されている。[9]

栃木県の勧業政策は、農業分野だけでなく、足利地方の織物業を中心とする諸産業にも及んでいた。農業で重視されたのは、経済の基盤たる米作と養蚕だが、他に大小麦・綿・菜種など、商品作物の作付や作柄にも注意が払われていた。例えば、古宿村（現栃木市西方町）の三澤紋七の日誌には、「（明治十四年―筆者註）七月七日　農商務省より明日出張に付、金崎行」、翌日には「害虫駆除、三十六ヶ村誓約書写取、金崎行」[10]と記されており、害虫駆除を通して作物の生育に細心の注意を払っている様子がうかがえる。

明治二十二年、一定の役割を果たし終えたとして、勧業委員制度は廃止された。勧業諮問会は、委員制度の廃止により形骸化しつつあったが、形式上は継続し、明治三十一年になって廃止された。

2　下野の老農

明治前期の老農は、近世期から続けられてきた観察や実験を体系化しながら活動していたと言える。彼らの活動に影響を与えたであろう老農として、小貫村（現茂木町）の小貫家及び下蒲生村（現上三川町）の田村家を取り上げてみることにする。

『栃木県史　通史編4・近世一』[11]の中で詳細に紹介されている小貫家が位置する小貫村は、上中下に分かれており、幕府領と旗本領などの相給村であった。『旧高旧領取調帳』によれば、小貫村全体の村高は一七〇五石余、天保十四年（一八四三）の戸数は五四戸である。主要な産物は米・葉煙草・大小麦・稗・粟・小豆などである。小貫家は、小貫村の草分け百姓であり、代々同村の名主役を世襲してきた。同家の持高は、寛文四年（一六六四）で四町八反九畝二九歩であり、延享三年（一七四六）に一〇〇石を超えるが、その後は六〇石代に減少し、微増と微減を繰り返しながら明治期を迎えている。また、近世前期は複数の小作人や分附などの隷属度の高い農民を抱えていたが、持高の減少に伴い、そうした人々は減少し、幕末期には見られなくなっていた。明治期の小貫家当主は、戸長や村会議員、村長を歴任すると同時に、地元の植林事業にも中心的役割を果たしていたという(12)。

宝暦期（一七五一〜六四）に破産に近い状態に陥っていた小貫家を再建したのは、十一代当主初右衛門信常(13)と後継者の十二代当主万右衛門信房(14)である。特に万右衛門は、天明三年（一七八三）から農事帳を記録することで、家政再建を可能にしたとみなされている。近世期における小貫家の農事帳は、天明三年の「万覚」に始まり、「大福諸事記」や「農事帳」「農事万覚帳」などのように名称を変えながら、弘化二年（一八四五）まで断続的に三四冊現存している。稲作の作業を中心に、天候や自然災害の状況、その年の反省点、老農からの聞き取りなど、幅広い内容が記されている。中でも、肥料に関する記述は詳細を極めている。例えば、天保七年（一八三六）の「田畑種蒔肥配仕農帳」をみると、「こぼれず」という稲に関し、「馬屋肥五駄、粕七升、大豆七升五合、〆三月五日〆置、同六日蒔(15)」というように、複数の肥料を組み合わせて使用していることがうかがえる。加えて、雇い人の手間賃や貸付に関する記載も見られる。しかし一年間の総生産量などは記載されていない。万右衛門の関心が、主に農業技術の向上に向けられていたからであろう。

小貫万右衛門は、農業経営の在り方や農業技術について、文化五年（一八〇八）に『農家捷径抄』という農書をまとめている。同書は、自序・附録・本文から構成されており、全体的には農民教化の側面が色濃く現れているが、農業技術や経営についても示唆に富んだ内容になっている。「往貝原氏の著述せられし農業全書事も細かに撰バれし、願ハくは農事作方の愚成もの熟読あらまほし、」(16)というように、『農業全書』の熟読を勧める一方で、「同じ土地といへども東西南北によりて気候の運行等しからず、田畑の地味大イに異な」るので、その土地にふさわしい農法の工夫が必要であり、そのためには「帳面を拵置、種物糞灰日取時節天気の善悪等迄悉く是を記し、年々其帳面を以て作方の出来不出来を試ミ、穀物取収の員数等迄も微細に書付置べ」きとも主張している。さらに経営モデルとして、田畑各弐反歩を夫婦二人と馬一匹で耕作する、小農経営を勧めていた。

もう一人の代表的な老農である田村家が位置する下蒲生村は、田一七町八反余・畑二六町六反余、元和六年（一六二〇）時点の村高は三五六石余の相給村である。元禄頃の家数は五〇軒だったが、天保期には二六軒とほぼ半数になった。明治初期の村内物産として、米・大小麦・大小豆・雑穀・根菜類・胡麻・荏胡麻・干瓢・綿・藍・木綿などが挙げられている。

同村で名主役を務めていた田村家は、小貫家同様、該村の草分け百姓の一家であった。寛永十年（一六三三）の持高は八六石余であったが、十八世紀の半ば頃、破産状態に陥り、所持地の大部分を手放すことになったようである。その後、八代目当主の養子として分家から迎えられた仁左衛門吉昌によって家政の再建が始められ、息子の仁左衛門吉茂の代まで引き継がれた結果、慶応四年（一八六八）には二四石三斗まで回復させ(17)、明治前期にかけて土地集積を進めていった。

寛政二年（一七九〇）生まれの仁左衛門吉茂は、手習い嫌いの幼少期を過ごしていたが、「農業ハ寝てもさめても怠ることな」く励んでいたという。享和三年（一八〇三）、猪により苗代が荒らされてしまい、田植え時の苗不足となり、従来よりも苗の株数を減じたところ、収穫が例年よりも多いという結果になった。そこで、翌年以降は薄蒔き・薄植えを柱とした「自得農法」を実践していくことになる。三十二歳で家督を相続し、五十歳で家督を譲って隠居して以降、仁左衛門吉茂は己の体験に基づいた農書を精力的に執筆していく。執筆に際して、平田篤胤の影響が大きいことが、『栃木県史　通史編5・近世二』などで指摘されている。明治十年（一八七七）四月に八十八歳で死去するまで、仁左衛門吉茂は、二〇冊の著作を残している。小貫万右衛門同様、農業技術のみならず、農民教化に関するものも著わされており、他に田村家の家訓に関するものもみられる。中でも『農業自得』と題された著作は、何度か改訂されており、それだけ仁左衛門吉茂の農業に対する情熱がうかがえるものと言える。『農業自得』の中で説かれている田村農法の特徴は、①七か年を一帳にした「耕作帳」の作成、②薄播き・薄植えの奨励、③草木雌雄説の否定と選種基準の設定、④畑作物の輪作体系の確立、⑤晴雨の観察、⑥自然に包摂された農業の在り方の追求に集約される。

こうした農法を実践した結果であろうか、明治十年代の田村家の稲作の平均収量は三〇〇石余であった(18)。

田村家に現存する農事帳は、ごく少数である。内容も、肥料の配合、雇人の作業記録や賃金計算が主であり、農事観察の類は記されていない。例えば、享保二十年（一七三五）の「田畑仕付覚帳(19)」では、「長四郎弐斗八升　小麦田」へ「馬屋こへ六駄、干か弐斗八升、ふとう三束」が投入されたこと、安政二年（一八五五）の「年中農事日記帳(20)」では「（正月―筆者註）十日　藤・甚之助　山仕事」のように仕事の内容のみが記されている。これが明治期になると、「木綿　壱畝歩ニ付、たね壱升、干か壱升八合」であり、この収納は「壱貫目位」のように、播種量と肥料の投入量、収穫予測量が示されていた。

二　三澤家と力農園

1 西方地域と三澤家

三澤家が位置する西方地域の古宿村（現栃木市西方町）は、西方郷一三か村の一つであり、慶長年間に開発されたと言われている。近世初頭における支配領主の変遷はめまぐるしいが、元禄十年（一六九七）以降は旗本横山氏の知行地となり、幕末まで変わらなかった[21]。村高は、「慶安郷帳」では三三九石五斗六升七合、「天保郷帳」では四三四石三斗八升九合と記されている。天保年間の家数は三四軒だったが、明治八年（一八七五）には五一軒、人口は三四六人と報告されている。明治九年、古宿村は周辺の柴村や峯村などと合併し、元村となった[22]。

古宿村には、明治八年分の物産調査の下書が現存している[23]。これを表示すると、表2のようになる。当時の総生産額は七三二一円余である。その中で、加工を要する清酒が全体の約半分に該当する四八・五％の比率を占めており、以下、米が一五・五％、麻苧が一四・〇％の順となっている。米に関して同地域は、地租改正時に栃木県内最上級の等級が付されており[24]、有数の米の生産地と認識されていた。

清酒は、綿や絹などの織物、醤油の醸造、製麻・製紙・製茶などと同様に、農産物を加工して販売する農村加工業である。西方地域には飯沼ら四名の酒造家がおり、いずれも小作米を利用して生産する地主系醸造家として生産に当たっていた。彼ら四名の造石高は、上都賀郡内では上位に位置していた[25]。製麻も主要産業の一つであり、これは主に栃木町の問屋に納められていた。

主要品目以外では、麦類が合わせて八％弱、大豆・小豆が五％弱と、一定の比率を占めている。蕎麦や芋・綿など

表2　古宿村物産表(明治8年)

単位：円、％

品目	数量	代金	比率
米	210石5斗	1,131.4474	15.5
大麦	240石	436.3600	6.0
小麦	40石	125.0000	1.7
菜種	3石5斗	14.0000	0.2
麻苧	960貫目	1,023.0000	14.0
大豆	65石2斗	296.3600	4.0
小豆	10石9斗	60.5500	0.8
粟	8石	15.0900	0.2
胡麻	3石2斗	20.0000	0.3
荏	20石2斗	63.7000	0.9
蕎麦	20石	60.6000	0.8
綿	390貫目	130.0000	1.8
芋	590駄	177.0000	2.4
茄子	66,600個	66.6000	0.9
蒟蒻	16,650本	41.6200	0.6
鶏	102羽	5.1000	0.1
真木	6,000束	90.0000	1.2
もや	1,100束	16.5000	0.2
清酒	550石	3,548.3900	48.5
計		7,321.3174	100.1

出典)三澤毅家文書「明治八年分物産表」より作成
註)比率は、小数点以下第二位で四捨五入しているため、総計が100にならない。

も作付されているが、芋・綿を除けば、いずれも微々たるものであり、村内消費用であろう。真木・もやの類も、数量的には村内消費用と思われる。また、家禽として鶏が挙げられている。これらの傾向より、古宿村は農村加工業である醸造業と米・麻中心の農村であったと言え、当時の分類としては工業化が進んでいた地域と見なせる。

三澤家は、近世期から明治初期にかけて、古宿村の名主役などの村役人を務めていた旧家である。明治初期の当主は紋七であり、その子息が一郎や晃治である。

近世期における三澤家の農業経営に関する史料は、皆無に近いため、その内容は判然としない。ただ、明治九年から同十一年にかけての作付記録が現存しているので、ここから幕末頃の状況をうかがうことは可能であろう(表3)。表3によると、水田は一毛作であり、圃場ごとに、かつ年ごとに品種を変えていることがみうけられる。例外もみられるが、品種を変えることは、近世期からみられる傾向であり、厭地や自然災害などによる減収のリスク回避や登熟期間の差異を生かして労働を分散させるための有効な方法であった。一方、畑作は、大部分が二毛作であり、麻・麦を中心に、大小豆や胡麻・綿などが栽培されていた。作物の組み合わせは、麻の後作が小豆・荏、麦の後作が大豆・胡麻・綿とされていたが、水田同様、同じ作付パターンを繰り返してはいなかった。また、一部の畑では大麦→小豆

表３　田畑作付の循環(明治９年～11年)

地目	字名	明治９年	明治10年	明治11年
水田	前田一斗	かんにんこほれ種	かんにんこほれ種	荒木
	西田九斗	晩地頭種	かんにんこほれ種	荒木
	西一斗五升	万倍種	晩地頭種	又切坊
	西一斗三升	かんにんこほれ種	かんにんこほれ種	かんにんこほれ種
	金井分	岡山坊主種	岡山坊主種	
	四郎右衛門田	岡山坊主種	岡山坊主種	
畑	物跡記六升蒔	東より７分通：荏苗 西：野菜	麻→荏(５畝歩) 菜苗(１畝歩)	小麦
	七升蒔	晩小麦→晩大豆	菜種→早大豆・麻種	麻
	六升蒔	人参→麻	人参→野菜	藍
	字常四郎前	晩小麦→東より８分通：芋 ２分通り：中手小豆	ふとう→藍	早晩菜種→大豆
	字上林１反３畝歩	麻→晩小豆	小麦→大豆	大麦→大豆
	字上林８畝歩	麻小豆	大麦→小豆→蕎麦	大麦→胡麻
	字堂裏	麦→胡麻	大麦→綿	麻
	字長畑	麦→胡麻	麻→荏	晩小麦→綿
	字星之宮北	麻→荏	麦→大豆	麻
	字星之宮８畝歩	麻→荏	麻→荏	藍
	字星之宮９畝歩	西より７分通：ふとう→藍	麻→ぢうね	６分通：裸麦 ４分通：大豆
	字星之宮９畝歩	大晩大豆→大豆	麻→荏	晩菜→芋
	字星之宮西１反４畝歩	大麦→綿	麻→晩小豆	早晩小麦→大豆
	字星之宮西２反２畝歩	大麦→大豆	北８畝歩：ふとう 中６畝歩：小豆 南８畝歩：大麦	北：麻・胡麻 中６畝歩：ふとう 南８畝歩：大麦

出典)三澤毅家文書「明治九年　農業記」より作成
註)空欄は記載がないことを示す。

→蕎麦のような三毛作も行われており、集約化が図られていたこともうかがえる[26]。

明治十年代後半から二十年代前半にかけてと思われるが、三澤家では一郎が中心となって、「好農園」と名付けられた、私設の農事試験所を設立し、園主を一郎が務めていた。当時、各地に「〇〇園」と名付けられた私設の農事試験所が設立されており、盛んに農事改良が図られていたので、好農園もそうしたブームの中から生まれたのであろう。好農園と関係のあった私設農事試験所として、埼玉県比企郡唐子村(現東松山市)の鳳香園や長野県上伊那郡赤穂村(現駒ヶ根市)の農桑園などが挙げられている[27]。

好農園では、一郎が中心となって品

種改良と栽培法確立のための実験を主に行い、それに弟の晃治が協力していたようである。こうした功績が認められたのか、三澤晃治は、明治二十六年三月に栃木県より「農事試験委員」に嘱託された(28)。なお、好農園は、明治二十五年一月に「力農園」に改称されている。

この力農園における栽培の観察記録は、明治二十四年秋から同三十一年分まで、「実験録」として八冊、現存している。一郎は、「実験録」の中に「漸進的農業改良実験録」と記しており、日本の風土に合致した農法を確立しようとの意気込みに燃えていたようである。この意識が、改称の背景にあるのであろう。だからと言って、一郎は従来の労農による在来農法を否定していたわけではない。「実験録」の中には、「老農船津傳(ママ)次平氏演説略記」として、大根や蒟蒻などの栽培方法、種子の採取法などの概略も書き写されており、従来の農法も研究していたようである。

以下、力農園の実験記録を詳細に見ていくことにする。

2　力農園の試作記録

力農園では、実験作物一種ごとに、種号・播種期・選種法・反別・耕運日・水溜日及び、状況・引灰・播種量・除草日と回数、施肥の種類と回数、刈取日・収穫量などを記録していた。他に、品種の特徴なども「参考」としてまとめていた。一連の過程の中で、最も重視されたのは、発芽率・播種量、施肥の回数と組み合わせ、水溜であった。特に肥料については、人糞尿・石灰・〆粕・糠(米・麦とも)・厩肥などの混合率が、一回ごとに丁寧に書き留められ、その効果が観察されていた。加えて、「肥料効験標準」として、「〆粕」「糠」「荏粕」「油粕」「綿実粕」「大豆〆粕」「泉州正粉」の適正施肥量も算出されている。

現存している記録における第一回の実験は、明治二十四年十月三日に播種した麦の試作である(表4)。外国産麦を三種類試作したが、作付反別と播種量こそ異なるものの、作業の手順はほぼ同様に行われている。播種量と発芽率からみれば、ケープバーレーが最も効率が良いようである。この作付に対する感想として、「メレーンハ晩熟種ナルモ、四十粒粒多ク茎経施ク(ママ)一畝ニ二合五勺ニテ充分ナレトモ、三合ヲ播カバ適当ナラン、ヲレゴンハ極メテ晩熟ニシテ、土用十日前ニ非サレバ熟セザレトモ多収ノ如シ」(読点は筆者、以下同じ)と述べ、続けて「ケープハゴールデント同ジク中熟ナリ、最多収、在来種大麦ハ一反歩ニ付キ最多額二石五斗、平作二石ナリ」というように、在来種との比較も試みている。

表4　試作麦の実験記録(明治24年秋播き)

作業工程＼品種	メレーン	ケープバーレー	ヲレゴン麦
播種期	10月3日	10月3日	10月3日
選種法	行わず	行わず	行わず
反別	4畝	2作半	2畝
耕運(1回)	12月16日	12月16日	12月16日
耕運(2回)	25年3月4日	25年3月4日	25年3月4日
耕運(3回)	25年4月20日	25年4月20日	25年4月20日
水溜(1回)	25年1月25日	12月20日	12月20日
水溜(2回)	25年3月21日*1		
引灰	25年1月18日	25年1月18日	25年1月18日
人糞尿石灰	25年1月18日	25年1月17日	25年1月17日
麦踏(1回)*2	12月20日	12月20日	12月20日
播種量	1升	6勺	5合
発芽率	1/3発芽	4/5発芽	1/10発芽
除草	25年3月4日	25年3月4日	25年2月12日
施肥	25年2月12日	25年2月12日	25年2月12日
刈取期日			
収穫	9斗	1斗2升	2斗2升

出典)三澤穀家文書「明治廿五年　実験録」より作成
註)空欄は記載がないことを示す。
＊1 「西半分」のみ実施　＊2　2回目は実施せず

続いて同年十月下旬から十一月上旬にかけて、鳳香園から入手した「谷風麦」、新宅より入手した「矮エミデ小麦」、自宅で採取した「裸麦」、川辺より交換した「早生大麦」をそれぞれ播種した。谷風麦は、一九坪余の土地に二合六勺半を播種し、二斗一升の収穫、矮エミデは一反歩に三升を播種、収穫は六俵、裸麦は一反半に七升を播種し、九俵を収穫、大麦は六斗入りで一九俵の収穫があったと記されている。備考として、「谷風ハ一反歩ノ種量ハ六升ヲ適度トシ、秋初土用中蒔クベシ、肥料ハ二升ヲ適度トス」ることが、記録されていた。麦の栽培

表6　試作米の品種一覧

種名	種別	時期区分
一本千本糯	糯米	中稲
正奈良稲		晩稲
進歩稲		晩稲
改進稲		晩稲
〆張稲		晩稲
五徳稲		中稲
関取稲		中稲～晩稲
神力		晩稲
信州早稲		早稲
静岡一本		晩稲
赤糯	糯米	?
八束		早稲～中稲
三度返り		早稲
小島		早稲
三得糯	糯米	早稲
畦越糯	糯米	早稲
鶴島		早稲
成井稲		晩稲
大國		?
穂積		晩稲
都賀錦		晩稲

出典）三澤毅家文書「明治廿六年　農事実験録」他より作成

表5　試作麦の品種一覧

種名	種別	時期区分	原産地
矮小麦（矮エミデ）	小麦	早	日本
谷風		早	日本
ケープバーレー		晩	
ゴールデンメロン	大麦	中	アメリカ
ヨシカラ		極晩	
メレーン		極晩	
ヲレゴン			アメリカ
小関小麦	小麦	中	日本
小関裸麦	裸麦	中	日本
三月裸麦	裸麦	晩	日本
裸麦	裸麦	早	日本
早生大麦	大麦	早	日本
カルフォルニア			アメリカ
兵隊麦			
細野麦			
豊穣裸麦			

出典）三澤毅家文書「明治廿六年　農事実験録」より作成
註）空欄は記載がないことを示す。

実験は翌年以降も継続されており、品種も増加していたが（表5）、明治二十九年からはゴールデンや裸麦など、栽培品種を厳選するようになった。また、施肥も大豆・真粉・〆粕・糠などを組み合わせたものから、大豆と〆粕のみへと変化している。複数年にわたる観察から、西方地域に適した品種や肥料の組み合わせが得られたものと思われる。

麦の後には、茶綿・讃州綿・米国種アップランドなどの綿類、姫大豆・大玉大豆・大黒豆・小大豆などの豆類が作付されていたが、これは前掲表3と同様の傾向と言える。種子の種類は多様化したが、栽培期間や作物の組み合わせなどが考慮されている点では、明治十年代の域を出ていない。

試作は、麦だけでなく、主作の米や蔬菜・果樹にも及んでいる。米の品種について一覧化したものが、表6である。この他にも、明治二十六年には「清国陸稲」の種子が取り寄せられ、西の畔及

表７　稲の作付地の循環

字名	明治24年	明治25年	明治26年	明治27年	明治28年
前田	不二早稲、赤糯	地頭、赤糯	赤糯、信州早稲	関取、赤糯	関取、赤糯
四ツ田	荒木	荒木	正奈良	関取	関取
一斗五升下	荒木	不二早稲、荒木	静岡一本	静岡一本	関取
上九升下	荒木	荒木	静岡一本	関取	関取
下九升下	地頭	不二早稲	関取、進歩、一本千本	関取	関取
四郎右衛門	静岡一本	静岡一本	静岡一本	静岡一本	静岡一本
金井田	荒木	荒木	関取	関取	関取
田中田	静岡一本	静岡一本	神力	関取	静岡一本
金井九郎兵衛				関取	

出典）三澤毅家文書「明治廿六年　農事実験録」より作成
註）空欄は記載がないことを示す。

び東の畔で試作されていたようだが、(29)米の試作一覧には記載されていない。同年の米の試作は、「一本千本糯」「正奈良」「進歩」「改進」「〆張」「五徳」「関取」「神力」「信州早稲」「静岡一本」「赤糯」「成井」の一二種類で行われている。五月十四日に播種、六月二十二日から二十九日の間に移植され、十月六日から十一月十六日にかけて刈り取られた。早稲から順に収穫しているが、晩稲の神力は「カリオクレ」と記載されているように、作業の配分が思い通りにならなかったこともあったようである。備考として、「成井ハ神力ニ似タリ、五徳ハ十本位ナリ」のように品種間の類似性を見出してもいる。作付の中心品種は、中稲から晩稲の稲であり、これは多収穫を目的としていたと考えられる。品種は、年を追うごとに絞り込まれていき、明治三十年には「関取」と「穂積」の二種体制に、(30)翌年にはさらに「都賀錦」が新規に作付されるようになった。(31)

試作地は、表７のように区分されていたが、これは前掲の表３同様、労働力の分散化とリスク回避故であろう。異品種の混入を避けることも、理由として考えられなくはない。ただ、明治二十七年、耕作地を第一区から第六区に、翌年以降は四区体制に編成替えしたが、どの字が該当するかは判明しなかった。また、二十六年冬に、「農事改良土地交換法平坦方案」として、一家の全耕地を一部掘り下げたり嵩上げをしたりして平坦にすること、併せて散在している田畑を可能な限り一か所に集約することを計画していた[32]。

米麦以外の作物も、積極的に試作していた。小豆では、「弊園（力農園―筆者註）発見」といわれていた「白小豆」や「赤大短小豆」がみられ、大豆は「姫大豆」「宍戸小大豆」「一升大豆」「青大豆」「大大豆」などが記されているが、これらは麻の後作作物と位置付けられていた。蔬菜類としては、「百成茄子」「佐土原茄子」、「三光胡瓜」「八人枕長胡瓜」「寒中胡瓜」、「蔓甜瓜」、「櫻島大根」「宮重大根」「細根大根」「廿日紅大根」、「菠薐菜」、「糸水菜」「鶯菜」、「チシャ」などが挙げられており、大半の種子は各地から取り寄せている。特に、力農園と同様な私設の農事研究所からの取り寄せが多かった。果樹は、「唐枇杷」「白枇杷」「次郎柿」が植樹され、落ち葉は肥料として売却されていた。他に、「シーアイランドコットン（海島綿）」や「アップランドコットン（米国産）」「茶綿」「讃州綿」などの綿類や、「八房金胡麻」「虫ツカズ煙草」なども、麦の後作として試されている[33]。明治二十八年以降は、養蚕や養蜂も営むようになった[34]。

試作の結果、成果が得られた品種については、『農談[35]』という雑誌に広告を掲載し、種子の通信販売を行っていた。明治二十五年、力農園に寄せられた種子の注文は、表8から分かるように、全国からであった。併せて、栽培方法などの問い合わせも多かった。中には、複数の種子が同封されていたため、「確然と判明致し兼ね候[36]」のような問い合わせも見られたが、どのような対応をしたかは不明である。

力農園で栽培された米麦や蔬菜類は、自家消費分を除き売却されていた（表9）。明治二十七年までは農産物の売上代金のみ明らかだが、年々売上を増加させていることがうかがえる。これは翌年の肥料代や農具代、雇人の給料、種子購入代に充てられており、収支の残金は繰越金として翌年に計上されていることからも、農業経営としても一応成

表８　力農園の種子販売状況（明治25年）

品目		４月分	９月分	11月分	12月分
麻	大麻種子	下総国豊和村			鹿児島市
?	萵苣種子		下総国豊和村		
胡瓜	寒中胡瓜		下総国豊和村	埼玉県三芳村・七郷村 福島県高平村 山形県堀田村 栃木県伊王野村 静岡県中川村 群馬県吉井町	奈良県川西村 宮城県阪元村 鹿児島市 山口県徳左村 静岡県久努西村 福井県本郷村 岐阜県八幡町 埼玉県日進村・長若村 愛知県長篠村 茨城県都和村 新潟県津有村 栃木県南犬飼村
	八人枕胡瓜			福島県高平村（２名） 愛知県一之宮 遠州山香村 山形県堀田村 埼玉県七郷村（２名） 栃木県伊王野村 静岡県中川村 群馬県吉井町	奈良県川西村 山口県徳左村 福井県本郷村 岐阜県八幡町 埼玉県日進村・長若村 茨城県都和村 新潟県津有村
蓮	陸蓮			埼玉県三芳村・七郷村 福島県高平村 山形県堀田村 茨城県高井村 新潟県笹岡村	奈良県川西村 福井県本郷村 岐阜県八幡町 埼玉県日進村・長若村 茨城県都和村 新潟県津有村 栃木県南犬飼村
稲	水稲島坊主			群馬県桃井村	
	水稲八束			兵庫県大岡村	新潟県三川村 福井県本郷村
	陸稲 三島坊主			茨城県高井村 新潟県笹岡村 兵庫県大岡村	
?	田上り金公			新潟県笹岡村	新潟県三川村 福井県本郷村
胡麻	八房金胡麻			新潟県笹岡村	福井県本郷村

出典）三澤毅家文書「葉書」より作成
註）住所は、葉書記載のままとした。

表9　力農園の収支　単位：円

年度	収入				支出	差引
	農産物売上	農外収入	繰越金	総収入		
明治25年	173.5500					
26年	468.5170					
27年	554.0750					
28年	655.3920	212.4115		867.8035	797.8185	69.9850
29年	805.9770	203.1100	69.9850	1,079.0720	760.0730	319.0000
30年	1,202.2390	114.8300	319.0000	1,636.0690	1,423.3060	212.7630
31年	1,206.8100	47.7125	212.7630	1,467.2855	1,231.0150	236.2705

出典）三澤毅家文書「農業収支帳」他より作成
註）空欄は記載がないことを示す。
　農外収入は、小作料や小作人への貸付金の返済である。
　明治28年のみ、農外収入と繰越金が合算されている。

り立っていたと言えよう。明治三十一年からは、農園で収穫した大豆などを利用した味噌と麹作りも開始されており、これらも販売されていたものと思われる。なお、農外収入は、貸付金の返済や貯金利息などだが、変動が大きいようであった。

力農園の記録は、明治三十一年を最後に見られなくなる。役目を終えて閉鎖したのかは判然としないが、明治三十三年に内外肥料研究会員として三澤一郎の名が確認できるので、農事実験は継続していたものと考えられる(37)。

おわりに

本稿では、下野国から栃木県に代わる中で、国の経済の中心とされていた農業に従事する農民の活動を、残された農事帳などから見てきた。

小貫家や田村家は、近世中期に破産状態に陥ったことを背景に、農業技術に改良を加え、家業の再建を図っていった。同時に、そうした状況をもたらした社会の変化に対しても、農民の教化というような立場で、改善を図ろうとしていた。両家共に、農書を著わすことで、農業経営の在り方の一つの指針を示したものと言える。農業技術に関しても、長期にわたる観察や実験の中から得られた結果をまとめており、これは在地に即した技術として評価できるものであろう。

明治以降、小貫家は地域のリーダーとして村政に関与する傍ら、植林事業の中心人物として活動している。その中で、万右衛門が提唱した農法を、どこまで維持していたかは、今後の調査課題である。田村家は、明治二十年代にかけて土地集積を進めており、仁左衛門吉茂が提唱した薄蒔き・薄植えを守りながら、一年に三〇〇石余の米を収穫するという、県内でもトップクラスの生産力を保持していた。同家の明治後期以降の動向については、史料の調査を含め、これも今後の課題と言える。

一方、近世期の農事関係の史料をほとんど有しない三澤家では、明治二十年代後半に詳細な農事実験録を記録することで、地域に適合した農業技術をまとめようとした。記録という点においては、先述した小貫家や田村家と同様、詳細なものであり、この点では近世来の「老農」と何ら変わらない。ただ、同家の実験は、稲にしても麦にしても、同一条件下で多品目を栽培し、より地域に適した種類を選抜していこうとしていた。この同一条件下での観察という点が、従来よりもさらに技術の改良を促すことになったと言えよう。加えて、優良種子を採取し、通販にて販売した点、自家栽培の物を利用して加工し、いわゆる付加価値を付けて販売するという戦略は、近世期にも見られたことではあるが、現代の「六次産業化」にも通じるところがあるとみなせる。この点から見れば、三澤家は従来型の「老農」というよりも「篤農」とみなしていけるのではなかろうか。現存している史料をさらに分析することで、篤農の実態を解明していくことも、課題である。

註

（1）最近では、首相もこの表現を用いているが、その意味するところは異なっていよう。ただ、農業を軽視する国は衰退しやすいという指摘は、検討すべき問題といえる。

（2）北海道開拓使によって設立された農事試験研究施設であり、「内外凡百ノ植物ヲ栽培シ、風土ノ適否ヲ試ミ、種子苗木ヲ付売シ、農事奨励ヲ図ル」ことを目的に、小麦・裸麦、その他内外の蔬菜を試作していた。明治八年からは、道内の農家に対し種子・苗木等の有償・無償配布を行っていたという。

（3）『茨城県史料』近代産業編Ⅰ（茨城県、一九六九年）を参照のこと。

（4）従来の研究史では、「篤農」とも称すとされていたが、木村茂光編『日本農業史』（吉川弘文館、二〇一〇年）に見られるように、近年では「老農」と「篤農」を分けて説明する傾向にあると言える。

（5）民部省勧農局は、明治三年十二月に開墾局、翌年四月に勧業局と改称したが、同年夏に民部省廃止を受けて大蔵省に移管されて勧業寮となり、まもなく勧農寮に変更された。明治五年には勧業寮も廃止され、租税寮勧農課が担当部署となった。

（6）石井寛治『大系日本の歴史12　開国と維新』（小学館、一九九三年）を参照のこと。

（7）上都賀郡久野村（現鹿沼市）出身の県会議員であり、酪農家。弘化四年（一八四七）生まれ、昭和三年（一九二八）没。明治六年（一八七三）の第二大区一小区戸長への就任以降、公職を歴任し、明治十二年には第一回の県会議員に当選した。明治十九年から同二十三年まで上都賀郡長を務める。また、日光東照宮などの保存のために保晃会を設立し、中心人物として活動している。酪農家としては、明治九年から洋牛二二頭で発光路牧場を経営した。明治三十年代に牧場経営や公職などから引退したという。

（8）和賀井政雄家文書「辞令」（和賀井政雄氏所蔵）。

(9) 大地主。戸長などの公職や第四十一国立銀行副支配人などを務めた。
(10) 三澤穀家文書「日誌」(栃木県立文書館所蔵、三澤穀家文書の所蔵は以下同じ)。
(11) 『栃木県史　通史編4・近世一』(栃木県、一九八一年)では、近世前期の状況が、『栃木県史　通史編5・近世二』(栃木県、一九八四年)では、近世後期の状況が、それぞれ具体的に分析されている。
(12) 前掲註(11)『栃木県史　通史編5・近世二』第七章第四節を参照のこと。
(13) 小貫初右衛門信常は、小貫村近郷の飯村(現茂木町)の大関家から、宝暦五年(一七五五)、養嗣子に迎えられた。家政の再建に尽力したが、病気がちであったため、息子の万右衛門が実質的に当主の役割を果たしていた。寛政三年(一七九一)、五十五歳で没す。
(14) 小貫万右衛門信房は、宝暦十二年(一七六二)に初右衛門の子供として生まれた。十代半ば頃から、病気がちの父の代わりを務めていたという。文化二年(一八〇五)頃、息子の三郎兵衛に家督を譲って隠居し、三年の年月をかけて農書を完成させている。その後は、小金井宿(現下野市)で「美芳屋」という旅籠を経営したり、小貝川などの通船を計画し、その実現に奔走したが、未完に終わったという。天保八年(一八三七)、七十六歳で死去した。
(15) 小貫敏尾家文書「天保七年　田畑種蒔肥配仕農帳」(栃木県立文書館寄託、小貫敏尾家文書の所蔵は以下同じ)。この史料は、『栃木県史　史料編・近世8』(栃木県、一九七七年)に収録されている。
(16) 小貫敏尾家文書「農家捷径記」。この史料は、前掲註(15)『栃木県史　史料編・近世8』に収録されている。
(17) 『日本農書全集21』(農山漁村文化協会、一九八一年)長倉保氏解説を参照のこと。なお、前掲註(11)『栃木県史　通史編5・近世二』第七章第四節でも解説がなされている。
(18) 前掲註(17)『日本農書全集21』稲葉光國氏解説を参照のこと。
(19) 田村家文書「享保廿年　田畑仕付覚帳」(田村吉隆氏所蔵、以下同じ)。

(20) 田村家文書「安政二年　年中農事日記帳」。
(21) 『西方町史』(西方町、二〇一一年)第二編第一章第一節を参照のこと。
(22) 元村は、明治二十二年の合併により、西方村の大字となる。明治二十四年時の大字元の戸数は一五〇戸であった。
(23) 三澤毅家文書「明治八年分物産表」。
(24) 二宮町史編纂室編『搢紳録』(二宮町、二〇〇二年)。
(25) 前掲註(21)『西方町史』第三編第三章第一節を参照のこと。
(26) 前掲註(21)『西方町史』第二編第三章第一節を参照のこと。
(27) 三澤毅家文書「明治廿五年分　実験録」。以下の記述・史料引用は特に断らない限り本史料による。
(28) 三澤毅家文書「御請書」。
(29) 三澤毅家文書「明治廿六年　農事実験録」。以下の記述・史料引用は特に断らない限り本史料による。
(30) 三澤毅家文書「明治三十丁酉年　第七号農業録」。
(31) 三澤毅家文書「明治卅一年一月吉日　第八号農業録」。
(32) 三澤毅家文書「明治廿六年第(ママ)八月十二日　農業研究録」。
(33) 三澤毅家文書「明治弐拾八年　農事実験録　第伍号」。
(34) 三澤毅家文書各年度の「実験録」「農業録」。
(35) 静岡県犬居村(現浜松市)の農談雑誌社が発行した農業雑誌。明治二十二年頃に刊行され始め、明治三十四年まで続いていたと思われる。
(36) 三澤毅家文書「葉書」。年代の判明している分のみを抽出している。
(37) 三澤毅家文書「報告用紙」。

第二部　文化活動の広がりと深まり

『神皇正統記』と天正期東国僧の聖教典籍書写
―下野国金剛定寺祐俊の活動を中心に―

久野俊彦

はじめに

北畠親房が延元四年（暦応二〈一三三九〉）秋に常陸国小田城（茨城県つくば市小田）で著した『神皇正統記』は、天地開闢・天孫降臨から始まり、神武天皇から後村上天皇に至る神話と歴史を叙述する史論書である。福島県南会津郡只見町に存在する『神皇正統記』が、天正十五年（一五八七）書写であることが明らかになり[1]、二〇一八年に『神皇正統記』只見本（以下、「只見本」）として福島県指定重要文化財となった。「只見本」を書写した祐俊は、下野国宇都宮桑島の金剛定寺（現、宇都宮市上桑島町、真言宗智山派）に所属する真言僧である。本稿では、中世・近世の移行期に東国の真言僧が聖教典籍を書写した活動を、その周辺資料から明らかにしたい。

一　『神皇正統記』只見本について

1　『神皇正統記』諸本の中の「只見本」

ある文献の現在までに伝わっている写本または刊本（版本）を伝本という。『神皇正統記』の中世写本[2]の伝本は多数存在している。『神皇正統記』「白山本」の跋によれば、延元四年（暦応二〈一三三九〉）秋に執筆し（初稿本）、五年後に初稿本が展転書写されて本文に錯乱が多いことを知り、興国四年（康永二〈一三四三〉）に修訂したという（修訂本）。『神皇正統記』「阿刀本」が初稿本とされるが[3]、現存しているのは巻頭のみである。修訂本の伝本には、北畠親房が撰述したままの伝本（非改変）があるのに対して、十五世紀中期までに北朝側の後人による改変本がある。例えば、後醍醐天皇の条の終段で足利尊氏を評して、「功モナク徳モナキヌス（盗）人世ニオコリテ」（「猪熊本」）と北畠親房は表現したが、北朝改変本では「盗人」を「輩」（「白山本」）に改変されている。『神皇正統記』の主な中世写本は表1の通りである。

表1　『神皇正統記』の主な中世写本

番号	諸本	所在		年代	親房非改変本	北朝改変本	文化財指定
		都府県	所蔵機関等				
1	阿刀本※1	奈良県	（公財）阪本龍門文庫	室町時代写	○		
2	猪熊本	東京都	國學院大學図書館	室町時代写	○		国指定重要文化財
3	白山本	石川県	白山比咩神社	永享10年（一四三八）写		○	国指定重要文化財

4	宝玲本※2	奈良県	天理図書館	文安6年（一四四九）写			
5	六地蔵寺本	茨城県	六地蔵寺	大永8年（一五二八）写		○	茨城県指定文化財
6	享禄本	奈良県	天理図書館	享禄2年（一五二九）写		○	国指定重要美術品
7	遍照光院本	和歌山県	高野山遍照光院	天文14年（一五四五）写		○	
8	諏訪本	奈良県	天理図書館	室町時代写	○		国指定重要美術品
9	日光本	栃木県	日光山輪王寺	室町時代写		○	栃木県指定文化財
10	出雲路氏本	京都府	出雲路氏	室町時代写	○		
11	徳富氏応永本	東京都	石川武美記念図書館	室町時代写	○		
12	只見本	福島県	只見町	天正15年（一五八七）写	○		福島県指定文化財
13	天理村岡本	奈良県	天理図書館	慶長2年（一五九七）写	○		

※1 阿刀本は巻頭のみ存、初稿本系。※2 宝玲本の内容は未詳。

「只見本」は、改変のない善本である「猪熊本・出雲路氏本・徳富氏応永本」の系統に属し、書写年が明らかなものとして重要な位置を占める。「六地蔵寺本」の発見(4)に次いで「只見本」が発見されたため、新たな伝本の検討が期待される。

2 「只見本」の形態・書誌

福島県南会津郡只見町黒谷の医家であった原田家書籍の中に天正年号が記された『神皇正統記』の写本が存在していることは、只見町史編纂の過程で知られていたが、天正十五年の紀年銘は信頼性が低いとされた。(5)しかし、筆者が

「只見本」に対して書誌学的調査を行い、同筆資料を見出して筆跡を比較することにより、天正十五年に書写された当時の装訂の重要な書物であることが判明した。

「只見本」は、紺色表紙の綴葉装（列帖装）である。綴葉装とは、数枚の料紙を重ねて二つ折りにし、それを一括りとし、さらに一括りを複数重ねて一帖の書物とするために、料紙の折り目部分を糸で綴じ合わせたものである。綴葉装本は帖と数える。「只見本」は内部に上巻・下巻と表示されるが、上下二巻が合巻されて一帖となっており、全一一二丁である。料紙は楮紙で、三紙から七紙を一括りとし、九つの括りを綴じて一帖としている。

表紙の法量は、二四・七×一五・四㎝で、紺色表紙に、表紙の天地にわたる朽葉色の通し題箋が貼られ、「□□（神皇）正統記　上下巻　玄純□（房）」と墨書されている。地（下側）の小口に「玄純房　祐俊之」、左側の開き小口に「神皇正統記全部」と墨書されている。題簽とこれらの小口書きは本文と同筆である。上巻には首題「神皇正統記」、尾題「神皇正統記上終」とあるが、下巻には首題・尾題はない。本文料紙は厚めの楮紙である。半丁あたりの行数は、九行または一〇行、各行に二九字で書写されている。書写奥書は、上巻には、「天正十五年辛亥（ママ）正月十九日訖於佐貫雷電別当書写畢　右筆祐俊之　玄純房」、下巻には、「天正十五年辛亥（ママ）正月二十六日訖　右筆玄純房」とある。表紙・小口・奥書に「玄純房祐俊」と自署しており、祐俊は『神皇正統記』を書写して自用の所持本としていた。

「只見本」は、表紙・題簽や絹の綴じ糸などが、綴葉装に装訂された当時のままの状態を保っており、全体が揃った完本で破損がほとんどなく、安土桃山時代の美しい書物の姿をとどめている。これまで報告されている『神皇正統記』の中世写本の装訂は袋綴である(6)。室町時代書写の「徳富氏応永本」（石川武美記念図書館成簣堂文庫蔵）の現状は袋綴であるが、その親本は綴葉装であったと推定される(7)。表紙から綴じ糸に至るまで天正期の綴葉装の完本の姿をとどめる『神皇正統記』が「只見本」であり、その形態も、諸本研究に有益な資料となる。

「只見本」は、綴葉装であるので厚めの料紙の表裏に書かれている。半丁（一頁）ごとに九行で、漢字と片仮名で表記されている。名詞・動詞などの自立語や「也」などが楷書の漢字で大きく書かれ、送り仮名や助詞が片仮名で小さく書かれており、宣命書きの表記法である。宣命書きされた「阿刀本」は巻頭の神代の章だけの伝本であるが、諸本系統の上では古態とされ、延元初稿本であろうとされる。表記法の上でも、「只見本」は『神皇正統記』の諸本研究に資するであろう。

3　「只見本」の受容―仮名傍書・音訓合符・付箋―

「只見本」には、漢字に片仮名で振り仮名が付され、漢字の音読みと訓読みを指示する音合符・訓合符が付され、

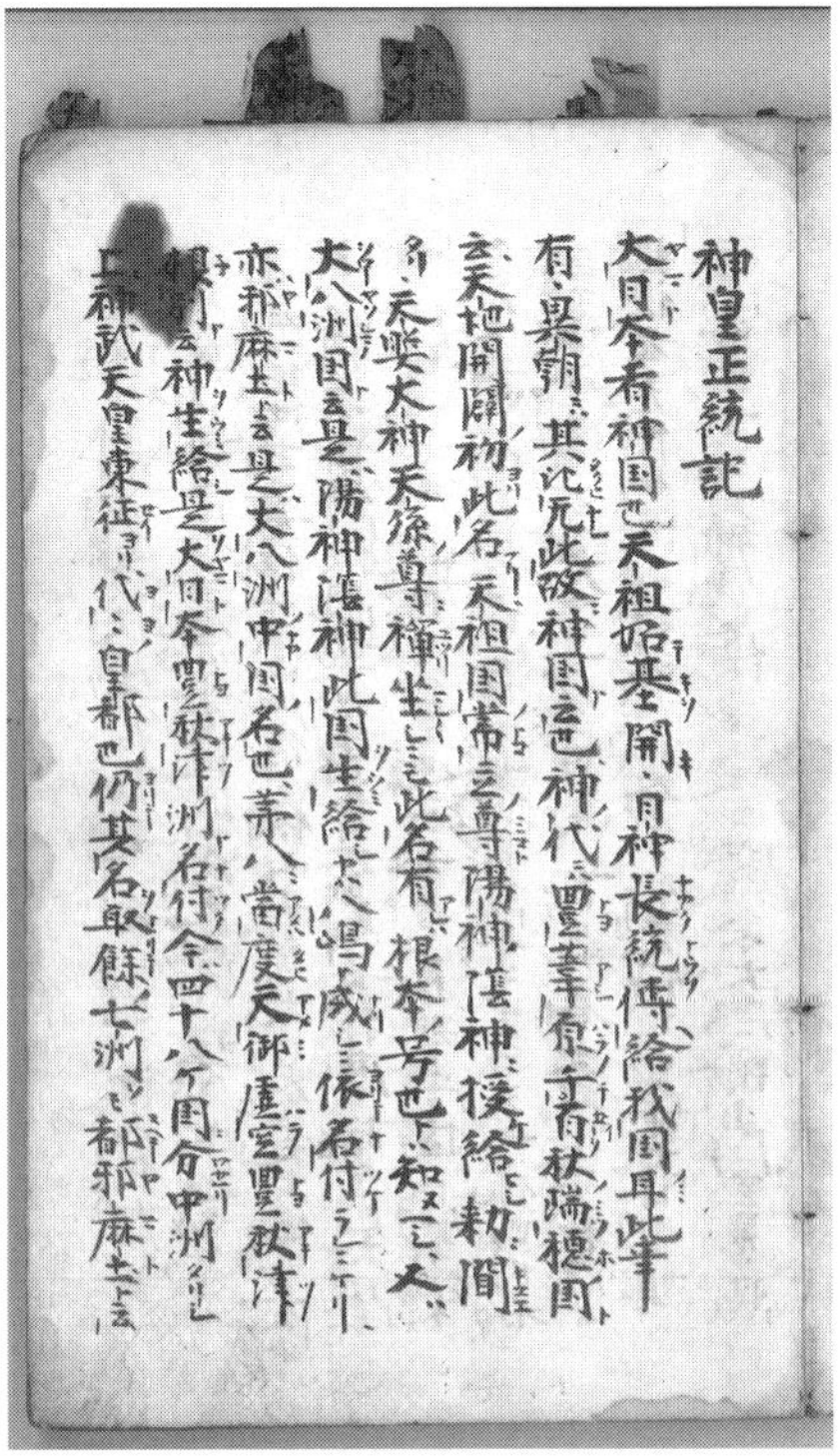

写真１　『神皇正統記』只見本　巻頭と付箋

さらに頭注・読点が付されている（写真1）。「只見本」の振り仮名と音訓符によって、新たに濁音を付して冒頭を読んでみると、「大日本（ヤマト）者（は）神国（しんこく）也。天祖（てんそ）始（はじめ）テ基（キ）ヲ開（ひら）キ、日神（にっしん）長（ナガ）ク統（トウ）ヲ伝へ給（たまふ）」となる。『神皇正統記』のこれまでの一般的な読み方は、「大日本（おほやまと）者（は）神国（かみのくに）也。天祖（あまつみおや）ハジメテ基（もとゐ）ヲヒラキ、日神（ひのかみ）ナガク統（とう）ヲ伝（つたへ）給フ」（8）という有名な章句として知られているが、「只見本」はそれとは異なった読み方であ

る。漢字の音訓、読み仮名、読点が付され、音読しやすい「只見本」は、読み上げられて説教に利用されたと考えられる。

また、「只見本」は漢字書きが多用されており、これまでの仮名書きの諸本の解釈を補助する部分がある。例えば、後醍醐天皇の条の終段で、足利尊氏を評する記述は、「猪熊本」では、「功モナク徳モナキヌス人世ニオコリテ(9)」と記されている。この部分は、「白山本」では「功モナク徳モナキ輩ノ世ニ矯（驕の誤記か）テ(10)」とあることから、「世ニオゴ（驕りて）リテ(11)」と解釈して読むのが一般的である。この部分は「只見本」では、「功モ无ク徳モ无キ盗（ヌス）人世ニ発（おこ）リテ」と記されている。「只見本」を書写した十六世紀末には、『神皇正統記』はこのように解釈されて読まれていた。

『神皇正統記』は本来、註釈を内蔵し、北畠親房のみならず書写者・享受者が補筆したくなる性格の作品であり、書承による流動本文であることを宿命づけられている(12)。「只見本」の音訓の合符、振り仮名、漢字の多用は、『神皇正統記』が成立した原初的なものか、後世の註釈的なものとして只見本の親本に付されていたものなのか、只見本に至って付されたものなのかは今後の研究によらなければならないが、流動する『神皇正統記』の一つの形態として「只見本」が存在する。

「只見本」の一帖の天位置に、付箋が一三箇所貼り付けられている。本文と同筆であり、祐俊によって付されたものである。付箋の文字とそれが付された箇所を該当本文の要旨とともに示す。推定文字には（　）を付した。

①「□（イ）フキノ事」　近江国の伊吹山、日本武尊神話の条
②「□□□□（神功皇后か）」　神功皇后の気比神宮参詣の条
③「八幡ノ事」　八正道にもとづく八幡神名由来の条
④「□□□□事（仏法流布または厩戸皇子）」　仏法流布、厩戸皇子の条

⑤「□□□□□（東大寺建立）」　東大寺大仏建立の条
⑥「□□（天皇）出家ノ始」　聖武天皇出家の条
⑦「□（准）大臣始」　道鏡が准大臣のち太政大臣となる条
⑧「清丸」　和気清麿が宇佐八幡宮の託宣を受ける条
⑨「大師入唐」　伝教大師・弘法大師渡唐の条
⑩「□□（格式）始」　格式の始めとしての弘仁格式撰定の条
⑪「□□□□（関白ノ始）」　藤原基経が関白となる条（関白の始め）
⑫「□□（給源）氏」　宇多天皇が若年の時に源氏姓としていた条（源氏の始め）
⑬「□□□（御法流）」　弘法大師御法流の条

これらの付箋は歴史上の事件や事始めに付されている。祐俊が「只見本」を自用の歴史書として、歴史上の事件や事始めを参照しようとして付箋を付した。天正十五年（一五八七）当時、手許に置いて参照する通史の日本歴史書、歴史物語書が、『神皇正統記』であった。『神皇正統記』がどのように読まれたのか、特に史書としての受容のありかた(13)を考える上で、付箋が付された「只見本」は有益な資料となる。音読のしかたや参照のしかたがわかる「只見本」は、『神皇正統記』の読み方、読まれ方を示している。『神皇正統記』を所持した祐俊は、神話や説話を含めた史書として受容し、それを説教の材料としながら、説教の折にはそれを音読して聞かせたのであろう。「只見本」の形態や表記の特徴は、祐俊の説教活動に反映して機能していた。

二　「只見本」の奥書

1　明応二年高野山龍光院覚宥の本奥書—童蒙への書—

「只見本」の親本に記されていた本奥書と書写時に記された書写奥書は、次のように記されている（写真2）。その訓読文を付記しておく。

〔上巻本奥書〕御本云、于時明応弐暦癸丑九月四日訖、於紀州高野山金剛峯寺本中院之内、龍光院西部屋書写是、
併為拯童朦、為教幼稚也
右筆覚宥　鏡勤房　行年廿三才

（御本に云はく、時に明応弐暦癸丑九月四日訖んぬ、紀州高野山金剛峯寺本中院の内、龍光院西部屋に於いて是を書写す、併しながら童朦を拯けんが為、幼稚に教へんが為なり）

〔上巻書写奥書〕天正十五年辛亥（ママ）正月十九日訖、於佐貫雷電別当書写畢
右筆祐俊之　玄純房

（天正十五年辛亥（ママ）正月十九日訖んぬ。佐貫雷電別当に於いて書写し畢んぬ）

〔下巻本奥書〕于時明応弐稔癸丑九月十三日書功終、於紀州高野山金剛峯寺本中院之内龍光院西部屋向南窓書這是、併孱愚手鏡孩童明珠也
右筆覚宥　鏡勤房　行年廿三才

（時に明応弐稔癸丑九月十三日書功終んぬ、紀州高野山金剛峯寺本中院の内龍光院西部屋に於いて南窓に向かひ這是

を書く、併しながら孱愚の手鏡、孩童の明珠なり。）

〔下巻書写奥書〕天正十五年辛亥（ママ）正月二十六日訖　右筆玄純房

「只見本」の親本は、明応二年（一四九三）九月に、高野山金剛峯寺本中院谷にある龍光院の西部屋において、二十三歳の鏡勤房覚宥によって書写された。上巻は九月四日に、下巻は九月十三日に書写し終わった。龍光院（現、和歌山県伊都郡高野町高野山）は中院御坊と称して空海の住房跡という伝承を持ち、国宝・国重文を所蔵する。上野国の出自であったという二十三歳の鏡勤房覚宥（一四七一〜一五四六）は、後に龍光院三十一世となった。(14)「只見本」の本奥書によって、明応二年高野山龍光院本『神皇正統記』が存在していたことになる。

覚宥は『神皇正統記』を書写する動機について、「童朦（蒙）を拯け」「幼稚に教へ」「孱愚の手鏡、孩童の明珠」とするためであると記している。覚宥によれば、『神皇正統記』は「童蒙」への書であり、幼い人々や初学者をはじめ多くの人々が歴史（過去）を知り学ぶ貴重な教訓の書（手鏡・明珠）であるという。覚宥は『神皇正統記』を説教に用いたことが推測される。これは、明応二年での『神皇正統記』の受容のされ方を示している。「白山本」の跋には「或る童蒙に示さんが為」（原漢文）に『神皇正統記』を執筆したと記されている。この「童蒙」が

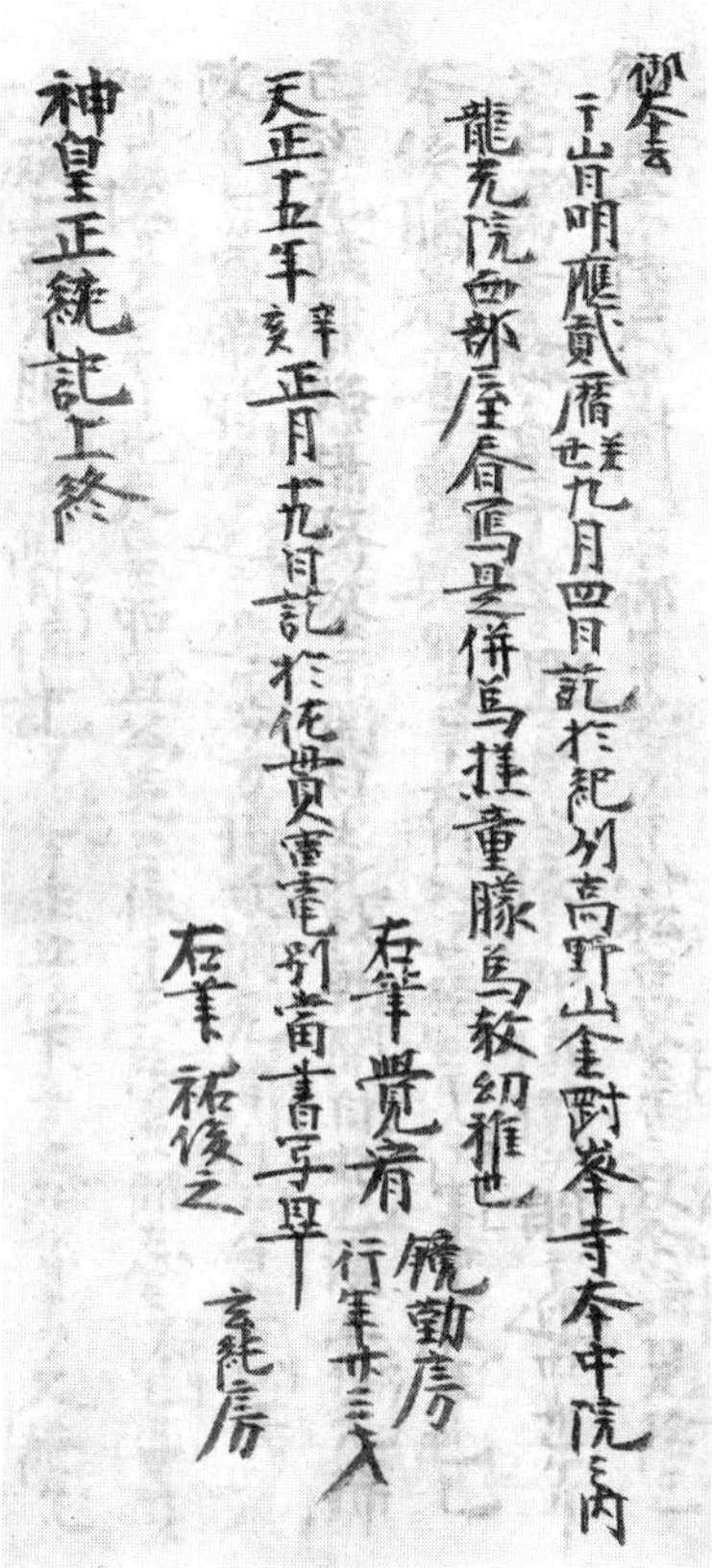

写真２　「只見本」上巻奥書

誰を指すのかが議論され、後村上天皇説と関東・東北の武士説がある。[15] 北畠親房は『神皇正統記』を誰のために執筆したのかの議論の根拠は、永享十年（一四三八）に書写された「白山本」および白山本系統の諸本にのみ存在する跋であるため、その真偽を疑う説がある。[16] 覚宥による本奥書は、十五世紀後期には、『神皇正統記』が「童蒙」への書であると理解されて受容されていたことが示されている。「童蒙」への書が、北畠親房の執筆動機なのか、その後の「白山本」系統諸本やそれ以後の伝本の受容動機なのかという議論に対して、「只見本」は資するものである。

2　天正十五年玄純房祐俊の書写奥書―東国書写の古典籍―

祐俊による書写奥書によれば、「只見本」は、天正十五年（一五八七）一月に「佐貫雷電別当」において書写された。「佐貫」とは上野国佐貫庄であり、現在の館林市・邑楽郡一帯である。「雷電」とは上野国邑楽郡板倉の雷電宮（現在、群馬県邑楽郡板倉町板倉の雷電神社）である。「別当」とは現在では廃寺となっている真言宗龍蔵寺を指す。板倉雷電神社の元亀四年（一五七三）の棟札に「御遷宮別当龍蔵寺坊号東泉」とあり、延享二年（一七四五）「板倉村古絵図」には「雷電社」の北側に「龍蔵寺境内」が描かれており、[17] 現在の社務所の位置である。

祐俊は、板倉雷電宮の別当龍蔵寺に逗留して『神皇正統記』を書写した。上巻は一月十九日に、下巻は一月二十六日に書写し終わった。明応二年奥書の『神皇正統記』が、この時に上野国板倉雷電宮に存在し、それを親本として祐俊が書写することができた。十五・十六世紀に醍醐寺僧がたびたび東国に下向して伝法灌頂などの付法をしたのは、醍醐寺において失われた聖教が東国に残存しており、それを積極的に書写する目的があった。[18] 十六世紀には聖教のみならず、古典籍が東国に存在し、それを書写して書写本を得ることがあった。[19] 上野国における祐俊の古典籍の書写活動は、東国に古典籍が存在しそれを受容し拡散してゆく過程を示している。

三　祐俊書写の聖教と下野国金剛定寺—祐俊の書写活動—

「只見本」のほかに、祐俊が書写した聖教が只見町内に二点ある。年未詳『地鎮祭文並表白』と天正十一年（一五八三）写『三宝院伝法灌頂私記　胎蔵界』（以下『伝法灌頂私記』）である。

只見町大字只見にあった修験吉祥院の聖教に収蔵された『地鎮祭文並表白』[20]の表紙に「玄純房　祐俊之」とあるが、祐俊による書写年記や書写奥書はない（写真3）。本書は「地鎮祭文」一篇と「地鎮表白」二篇の都合三篇を合わせ写した書で、粘葉装、一帖、一一丁、縦一六・五、横一六・〇cmである。第一篇の首題は「地鎮祭文」で、本奥書は「已上右根来寺密厳院地鎮祭文也　中臣祭文勤之云々」とある。第二篇の首題は「地鎮表白」で、本奥書は「御本云　観応元年庚寅五月廿一日　根来寺　中性院　密厳院地鎮行之表白也　増喜　五十二才云々」とある。第三篇の首題は「地鎮表白　小野僧正仁海」で、本奥書は「御本云　小野ノ曼タラ寺ノ僧仁海建㆓立シ玉フ照夜院ヲ㆒之時地鎮ノ表白作㆓之㆒給」とある。真言宗の中性院流と小野流の『地鎮表白』を併せ写している。本書の親本は、観応元年（一三五〇）に根来寺中性院増喜が記したものである。密厳院は覚鑁（一〇九五〜一一四三、興教大師、新義真言宗、密教浄土の祖）の住房で、高野

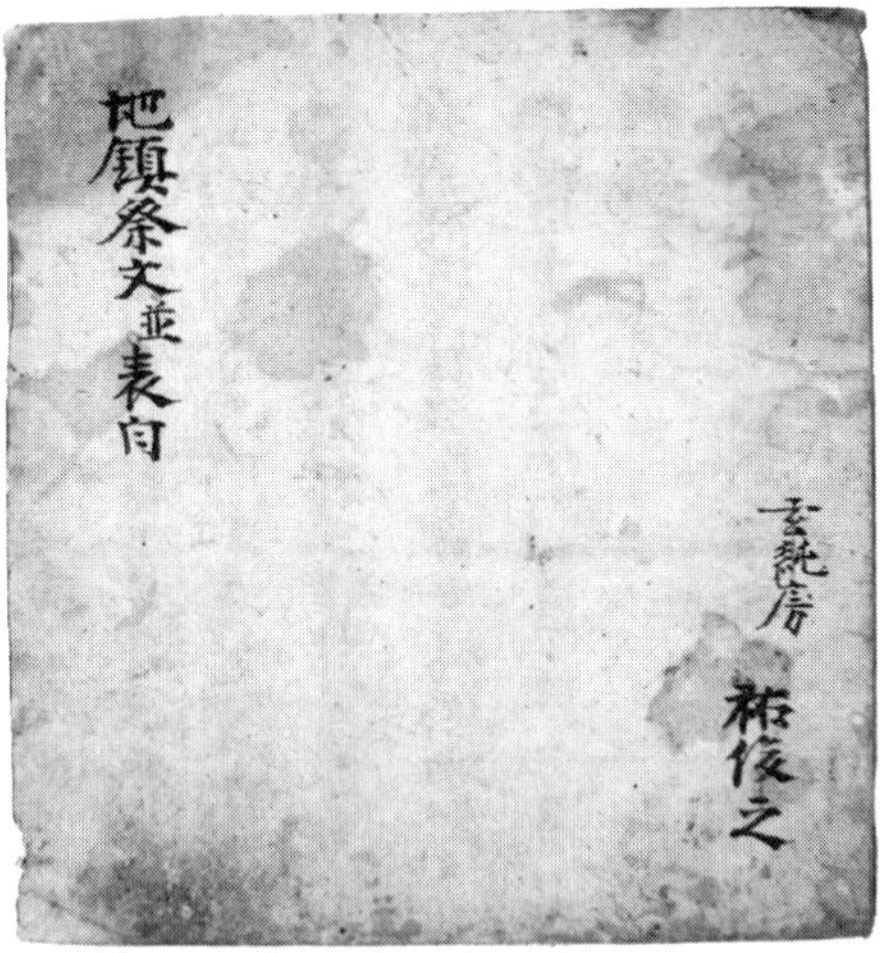

写真3　『地鎮祭文並表白』（表紙）

山から紀伊国根来寺に移された。中性院は、密厳院を高野山から根来寺に移した頼瑜（一二二六～一三〇四、学僧）の住房である。祐俊は『地鎮祭文並表白』を誰から伝授されたかは明らかではないが、根来寺に深く関わる師であっただろう。

「只見本」を伝存してきた医家原田家の菩提寺である真言宗瀧泉寺（只見町黒谷）に、祐俊が天正十一年に書写した『伝法灌頂私記』が所蔵されている。『伝法灌頂私記』は、二〇一五年八月に只見町教育委員会が行った神社仏閣悉皆調査によって、瀧泉寺歴代住職の印信（伝法灌頂の証書）を納めた「法流箱」から発見された。[21]『新編会津風土記』によれば、瀧泉寺は永正十二年（一五一五）の開基である。

密教を修行してすぐれた者に、阿闍梨の職位を授ける儀式を伝法灌頂という。伝法灌頂の儀式には「伝法灌頂三昧耶戒」「胎蔵界伝法灌頂」「金剛界伝法灌頂」の三つがあり、その式次作法を記したものを「伝法灌頂式」といい、三つの儀式を三巻に記したものを「伝法灌頂三巻式」という。瀧泉寺蔵『伝法灌頂私記』は、三巻式のうちの「胎蔵界伝法灌頂」の式次第に相当するので、ほかに金剛界・三昧耶戒の二巻を具していたが、現在では失われたのだろう。

瀧泉寺蔵『伝法灌頂私記』は、醍醐寺三宝院の開山勝覚（一〇五七～一一二九）が著した『三宝院伝法灌頂私記』の流れをくみ、文明八年（一四七六）に印融（一四三五～一五一九）が書写した『三宝院伝法灌頂三巻式』のうちの下巻である『三宝院伝法灌頂私記　後夜　胎界』[22]と次第内容がきわめて近似する。『伝法灌頂私記』の書誌を記しておく。[23]

『三宝院伝法灌頂私記　胎蔵界』（瀧泉寺蔵、仮題）、写本、巻子本、一巻、二三紙、巻首の数行を欠くため外題なし、上中下三巻のうちの下巻のみ存す、法量二四・五×六六七・九cm、墨界あり、一紙につき一六行、一行につき一八～二一字、本文に朱点、紙背に朱印がある。「報恩院記意」と題する付箋があり、本文と同筆である。

書写奥書は、

于時天正十一年醍醐之光台院御下向之砌、依為金剛定寺直末、此式ノ御本請申時、愚僧右筆タリ、其時密書写シ興隆ノ者カ、同七月廿日巳刻、実名祐俊、ヶ名玄純之

（時に天正十一年醍醐の光台院御下向の砌、金剛定寺直末たるに依り、この式の御本、請ひ申す時、愚僧右筆たり、その時密かに書写し、興隆のものか、同七月二十日巳の刻、実名祐俊、仮名玄純之。）

とある（写真4）。これによれば、天正十一年七月二十日に醍醐寺光台院の院主亮淳（一五三六〜六〇二）が東国へ下向して付法をした時に、金剛定寺の直末門徒である祐俊は、光台院亮淳の右筆をつとめ、その所持本である『伝法灌頂私記』を書写したという。これによって、祐俊の出自が明らかとなる。

金剛定寺は下野国河内郡桑島にあって、中世には真言宗の田舎檀林（田舎本寺）であり、伝法灌頂を行っていた。(24) 十六世紀中期の金剛定寺住持の亮海は、大永五年（一五二五）九月二十一日に、小野流・広沢流における正嫡（正統な後継者）である醍醐寺僧亮恵（一四九〇〜一五六六、清浄光院）から、金剛定寺において格別に単独で地蔵院流実勝方の印可（伝法許可証）を受け、その後金剛定寺の門徒僧が印可を受けた。(25) 金剛定寺には、天正十七年祐宜奥書の『理趣経灌頂』をはじめ四四点の聖教・印信が所蔵されている。(26) 金剛定寺は、下野国の河内郡宇都宮・上都賀郡鹿沼等の地域に門徒を持ち、京都から諸流の正嫡を呼ぶことのできる田舎檀林であり、地蔵院流実勝方を相承して門徒寺院によって

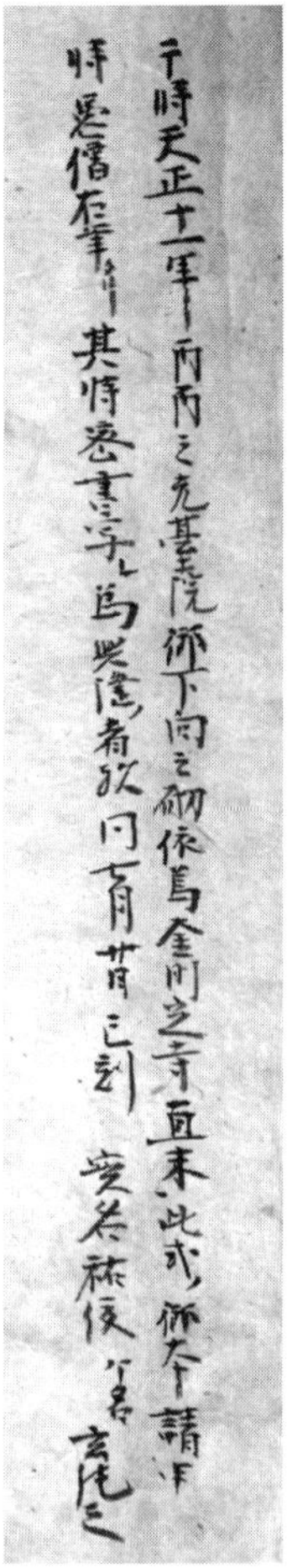
写真4 『三宝院伝法灌頂私記 胎蔵界』奥書

寺院集団を形成した。[27] 近世初期の本末関係は、寛永十年（一六三三）「関東真言宗新義本末寺帳」[28]によれば、金剛定寺の本寺は醍醐寺光台院で寺領は二五石であった。光台院は下醍醐にあり地蔵院流の本寺である。

玄純房祐俊は、田舎本寺として伝法灌頂を行うことができる金剛定寺の直末門徒であったから、光台院亮淳が下向した時に、右筆として『伝法灌頂私記』を書写することができた。祐俊は、下野国の真言宗の拠点、田舎檀林である金剛定寺に住する学僧であり、金剛定寺で地蔵院流実勝方の法流を受けたと考えられる。

四　醍醐寺光台院亮淳・長善房祐宜と祐俊との関係

1　醍醐寺光台院亮淳の関東・奥州下向と祐俊

醍醐寺の報恩院・無量寿院の正嫡（院主）は、付法するごとに記した授与記などを残しており、戦国時代から江戸時代初期に、しばしば東国に下向し巡回して付法を行った。[29] 醍醐寺の光台院には授与記がなく付法活動について明らかにされていないが、光台院亮淳は、天正四年（一五七六）・十一年・十二年に、相模・下総・常陸・下野・陸奥会津などを巡回して付法活動を行った。[30] 亮淳の東国における足跡は表2の通りである。

表2　東国における亮淳の足跡

和暦	西暦	月	日	事項
天正4	一五七六	10	7	下総国香取郡佐原観福寺に逗留し、置文を書く。
天正11	一五八三	3	23	相模国小田原西光院に対して伝法灌頂等の法式を定める。
天正11	一五八三	7	3	陸奥国耶麻郡猪苗代神野寺に逗留し、本末関係を証する。

天正11	一五八三	7	20	下野国金剛定寺にて祐俊に『伝法灌頂私記』を書写させる。
天正12	一五八四	1	27	下総国結城光福寺の佑伝に「伝法許可灌頂印信」を授ける。
天正12	一五八四	2	16	金剛定寺の長善房祐宜に『ユギ（梵字）金玉方』を書写させる。
天正12	一五八四	2	17	金剛定寺の祐宜に瑜祇灌頂を授ける。
天正12	一五八四	2	26	常陸国筑波郡大聖寺に田舎灌頂についての末寺条目を書き置く。

千葉県佐原市牧野の観福寺の文書に、天正四年十月七日「大僧都亮淳置文」がある。(31) 亮淳が観福寺に逗留した時に、「這一行　十字草字」（一行書跡）を、一巻から切り分けて与え、それに「高祖大師之御筆」（空海筆）と極書し、末代の重宝とするようにと書き置き、「天正四年十月七日　大僧都亮淳（花押）」と記している。観福寺は真言宗の田舎檀林であった。

神奈川県小田原市本町二丁目の西光院の文書に、天正十一年三月二十三日「亮淳書下状」（神奈川県立公文書館蔵中世諸家文書）がある。(32) 冒頭は「印可伝法灌頂并得度等僧膳事」とあり、その内容は、印可伝法灌頂や得度等における僧膳は、法中無用の費えがあるので、近頃本寺（醍醐寺）では三菜と定められたので、本寺の法度に従い、当寺は向後その法式を守るべきものとする、「天正十一年三月廿三日　亮淳（花押）」「相州小田原　西光院　寺家中」というものである。西光院は、小田原松原大明神（松原神社）の供僧を勤めた真言宗寺院である。

福島県耶麻郡猪苗代町の岡部家文書に、天正十一年七月三日「光台院亮淳証状」（会津若松市立会津図書館蔵）がある。(33) 金剛定寺に関わるので全文を掲げる。

今度当寺逗留之儀、種々御馳走、無是非候、向後異于他、為当流之直末、仏法相承之儀、不可有異儀候、雖然於
桑嶋金剛定寺自他無隔心可被申通候、仍状如件

光台院　法印亮淳（花押）

天正十一年　七月三日

猪苗代　神野寺

（今度当寺逗留の儀、種々の御馳走、是非無く候、向後他に異なり、当流の直末と為し、仏法相承の儀、異儀有るべからず候、然ると雖も桑嶋金剛定寺において、自他隔心無く申し通さるべく候、仍って状件のごとし。）

亮淳は、陸奥国耶麻郡猪苗代の神野寺（廃寺、現、福島県耶麻郡猪苗代町新町、真言宗西勝寺が継承）に逗留し、法流による本末関係を結んでおり、神野寺が桑島金剛定寺において伝法灌頂などの付法を受けることに融通されるとしている。下野金剛定寺が伝法灌頂を行う寺院の領域が会津地方にまで及んでいた。

亮淳が会津地方を巡回した後の天正十一年七月二十日に、下野金剛定寺にて祐俊に『伝法灌頂私記』を書写させた（前述）。

天正十二年一月二十七日に亮淳が下総国結城の光福寺佑伝に与えた「伝法許可灌頂印信」（光福寺文書）がある。(34) 亮淳の滞在地、すなわちこの伝法灌頂の場所は未詳であるが、金剛定寺または光福寺（茨城県結城市結城）のいずれかであろう。

天正十二年二月十六・十七日に、亮淳が金剛定寺の長善房祐宜に瑜祇灌頂を授けた。(35)

従光台院殿申請書写之、以他筆　　祐宜

天正十二年二月十六日

同瑜祇汀（灌頂）令執行予受者也、同壇四人、此次第ハ阿闍梨大壇ニテ行之草也、

（光台院殿より申し請ひ之を書写す、他筆を以て、祐宜

同じく瑜祇灌頂執行せしむに予め受くるものなり、同壇に四人、此の次第は阿闍梨大壇にて之を行じ草するなり。）

（東寺宝菩提院三密蔵「ユギ（梵字「瑜祇」）金玉方」奥書〈七八函四〇号〉）

此灌頂桑嶋金剛定寺法印祐宜授之畢、即此私伝受之、
天正十二甲申年二月十七日法印亮淳

（此の灌頂は桑嶋金剛定寺法印祐宜に之を授け畢はる。即ち此れ私に之を伝受す。）

（東寺宝菩提院三密蔵「瑜祇灌頂式行儀　金玉方」奥書〈七八函三九号〉）

亮淳は天正十二年二月十六日に、金剛定寺の祐宜への瑜祇灌頂の前に、あらかじめ「ユギ（梵字「瑜祇」）金玉方」を書写させてこれを授け、翌日に瑜祇灌頂を授けた。実際に聖教を書写したのは祐宜ではなく他筆であった。灌頂壇の同壇に四人が灌頂を受けたので、同壇者が書写したのであろう。この灌頂の場の記載はないが、金剛定寺にて行われたと推測される。祐宜については後述する。

茨城県土浦市永国の大聖寺文書に、天正十二年二月二十六日「醍醐寺光台院亮淳末寺条目」がある。(36) それには、亮淳が大聖寺に対して、灌頂に関する「八種之御道具」を下し置き、「田舎灌頂執行」の時には、初日の分は「田舎本寺之道具」を用い、次壇者以下には「下置道具」を用いると定め、「天正十二年　二月廿六日　光台院　亮淳（花押）永国　大聖寺」とある。大聖寺は中世に常陸南部を支配した小田氏が小田領四ヶ寺と定めた寺院の一つで、田舎檀林であった。

以上のように光台院亮淳の関東・奥州下向をたどると、亮淳は東国において下野国金剛定寺を重要視しており、そこに滞在して付法の拠点としていたのだろう。亮淳が滞在していた時に、金剛定寺の住僧である祐俊はその右筆を勤めた。そのことから、祐俊は亮淳の関東・奥州下向に随伴して、会津猪苗代に同行していた可能性がある。

2　長善房祐宜の金剛定寺における活動と祐俊―伝授・講説と多気城の地鎮祭―

亮淳が金剛定寺にて瑜祇灌頂を授けた祐宜は、長善房祐宜（一五三六〜一六一三）であり、慶長十年（一六〇五）から京都東山の智積院第二世となった学僧である。祐宜は、天文五年（一五三六）に下野国都賀郡西方村に生まれ、父は宇都宮氏の一族深沢氏であった[37]。父は晩年入道し、法名を道播、号を谿達と称し、元亀二年（一五七一）十月二十日に没した。天文二十年、十六歳で西方村の正安寺で出家得度し受法を遂げ、永禄三年（一五六〇）、二十五歳で郷関を出て新義真言教学の本寺である紀伊国の根来寺に交衆し、智積院日秀・妙音院頼玄らに学び、さらに興福寺・高野山で学び種々の伝授を受け、根来寺に住していた[38]。祐宜は天正七年以降に金剛定寺に下り、天正十六年に岩城薬王寺の住持となり、慶長七年（一六〇二）に下野国に帰り金剛定寺・正福寺・皆川持明院を経て、慶長十年に智積院能化として京都に上る。ここまでの年譜を掲げ、これに祐俊の活動をあわせると表3の通りである[39]。

表3　祐宜の年譜と祐俊の活動

和暦	西暦	月	日	事項
天正7	一五七九	6		祐宜、金剛定寺の夏報恩講にて舎利講の伝授を行う。
天正10	一五八二	9	4	祐宜、金剛定寺にて十八道の伝授を行う。
天正11	一五八三	7	20	祐俊、金剛定寺にて光台院亮淳に請い『伝法灌頂私記』を書写する。
天正12	一五八四	2	16・17	祐宜、醍醐寺光台院亮淳より「ユギ（梵字）金玉方」を借用し他筆をもって書写し、瑜祇灌頂を受ける。
天正12	一五八四	8	28	祐宜、陸奥国岩城薬王寺にて願行意教流奥旨を受け、ついで下野に帰り金剛定寺が闕主のため住持となる。
天正13	一五八五	10	晦	祐宜、『地鎮鎮壇差異事』を記す。

天正15	一五八七	1	26	祐俊、上野国邑楽郡板倉雷電宮にて『神皇正統記』を書写する。
天正15	一五八七	4		祐宜、宇都宮多家山（多気山持宝院）にて衆僧の所望により『般若心経鈔』を訓読する。
天正15	一五八七			祐宜、金剛定寺にて『廿四帖』を伝授し著す。
天正16	一五八八	4		祐宜、先年草した『般若心経秘鍵直談鈔』を一書とする。
天正16	一五八八	閏5		宇都宮多家山辺りに疫癘が流行ったため、自他門の僧らが疫癘退散のため祐宜に『般若心経秘鍵』の訓読を請い、祐宜は先年根来寺にて草案の分を一書となし、多家山（持宝院）にて談義を行う。以後、不思議にも談所近辺に疫癘の流行はなかった。
天正16	一五八八	10	8	宇都宮芳賀殿（芳賀高継）が宇都宮多家山（多気山）城を造営するが、金剛定寺住持祐宜が地鎮を執行する。
天正16	一五八八	10		祐宜、陸奥国岩城薬王寺住持実宥の招請により、同寺の住持となる。
				（薬王寺での年譜略。この間、請雨修法を行い効験がある。種々の撰述書を著す）
慶長7	一六〇二			薬王寺檀越の岩城貞隆が徳川家康により改易されたので、祐宜は住持を辞し金剛定寺に戻り、後に宇都宮正福寺に移る。
慶長8	一六〇三			下野国都賀郡皆川の持明院が無住であるにより、祐宜、檀越皆川広照に招請され住持となる。持明院の四代前の住持は、皆川の膝付氏の出身※とされる玄宥（一五二九―一六〇五）である。玄宥は根来寺智積院に住し、同寺が天正十三年の豊臣秀吉の攻撃で壊滅した後、京都東山に智積院を再興し第一世となる。（皆川持明院での年譜略す）
慶長10	一六〇五			京都東山智積院の玄宥が没し、玄宥から指名されていた祐宜が智積院二世となる。

祐宜の年譜については、坂本正仁「長善房祐宜年譜考（上）・（下）―中世末における新義真言僧修学過程の一例証として―」（『鴨台史学』4・5、二〇〇二・二〇〇四年）、田村宗英「『智山年表［近世篇］』からの語彙と用例採取について―「講義・講伝・伝授」―」（『現代密教』28、二〇一七年）一三七頁による。

※運敞編『結網集』の玄宥伝による。年未詳「堀秀政覚書案」（皆川文書『栃木県史　史料編　中世二』一九三頁）では「ミな川おぢ坊主智積院」、『信長公記』では「蜷川（皆川広照）伯父なり」とし、皆川氏の親族とする。江田郁夫編『下野長沼氏』（戎光祥出版、二〇一二年）一七九―一八一頁。

以上のように、祐宜は金剛定寺を拠点として、仏法の伝授や談義・講説や多気城造営の地鎮祭などの修法を行っており、田舎檀林の活動も具体的に知ることができる。祐宜と祐俊の活動を合わせてみると、両人は金剛定寺において同住していた時期があったと考えられる。

祐宜は天正七年と十年に金剛定寺に逗留しており、十二年から十六年までは住持となっている。一方、祐俊は天正十一年には金剛定寺に在住しており、住僧としてさらに以前から在住していたならば、天正七年や十年の祐宜の逗留の時に、祐俊と祐宜は面識していたと考えられる。また、祐宜が金剛定寺住持となってからは、祐俊と同住していたと考えられる。さらに、天正十一年から十二年に光台院亮淳が下向した時に、金剛定寺に少なくとも二度逗留している。一度目は祐俊が亮淳から聖教の書写伝授を受け、二度目は祐宜が亮淳から瑜祇灌頂を受けており、この時に亮淳・祐宜・祐俊が金剛定寺において滞在していたと考えられる。祐宜は天正十六年から慶長七年までの十四年間は、岩城薬王寺の住持となっている。祐俊が祐宜と深い関係にあるとすれば、祐俊の活動範囲に岩城薬王寺が含まれると考えられる。薬王寺は陸奥国岩城地方の田舎談林であり、学僧純瑜（鏡算、一五二一～一五八二）が住持を務めた。祐俊が所属した環境には、亮淳・祐宜という高僧・学僧がいたのであり、祐俊が真言宗の学僧として聖教典籍を書写する環境にあった。

祐俊筆『地鎮祭文並表白』(40)は、根来寺伝来の聖教であり、根来寺で学んだ祐宜から祐俊が伝授を受けて書写を許されたものだろう。また、只見町楢戸にあった修験龍蔵院の聖教にある文禄五年（一五九六）宥範写『入仏安座作法』（只見町蔵龍蔵院聖教(41)）も根来寺の頼玄に由来する相伝書である。これも祐宜・祐俊の活動に関わって伝存された可能性がある。

なお、天正十六年十月に、多気城（城址は宇都宮市田下町）の館の造営の時、金剛定寺住持の祐宜が地鎮祭を行ったということが、『地鎮々壇差異事』（愛知県名古屋市真福寺蔵）・『地鎮鎮壇差異事』（山口県防府市周防国分寺蔵）に記されている。[42] 後北条氏の攻勢にさらされた宇都宮氏が、天正十三年には平野部の宇都宮城から要害堅固な多気城に本拠を移した。[43] その館の造営が天正十六年十月に宇都宮国綱（一五六八〜一六〇七）の補佐役である芳賀高継（一五二六〜一五九二）によって行われたことが、祐宜の資料に示されている。多気城の段階的形成がうかがえ、多気城の造営に関する一次資料として注目される。

3　祐俊の学問環境と活動範囲

祐俊は下野国金剛定寺の門徒であったことから、下野国宇都宮近辺の出身であったのだろう。祐俊が属した学問環境には、東国・奥州会津まで下向した醍醐寺光台院亮淳と、根来寺等で修学し金剛定寺の住持となった長善房祐宜がいることから、両者の活動範囲である陸奥国会津・岩城、下野国を含む関東が、祐俊の活動範囲であったと考えられる。金剛定寺が関東各地の僧衆に伝法灌頂を授ける田舎檀林（田舎本寺）であったことから、祐俊も伝法灌頂を受けて、『地鎮祭文並表白』や『伝法灌頂私記』などの聖教を携えて各地に法流を伝えたのであろう。祐俊が残した書物が現存する地域や書物の奥書に現れる地域である福島県会津只見、栃木県宇都宮、群馬県板倉は、そうした範囲の中に存在する。『神皇正統記』只見本が只見町に伝来したのは、書物が単独で偶然に移動し流入したのではなく、聖教や古典籍を書写した真言僧祐俊の活動範囲に只見町域が含まれていたからである。

おわりに

本稿では、天正期の真言僧祐俊が書写した書物が、只見町内から『神皇正統記』など三点が見出されたことによって、その人物の素性と学問的環境や活動範囲を明らかにした。古典籍や文化史の研究は、有名な作品や著名な書写者による善本を研究するばかりではなく、古典籍が各地で受容されて地域文化が興ってくることに、地方の無名な人物の書写活動があったことを想定していくべきである。また、これまでの歴史研究の史料調査においては、古文書類が歴史を明らかにする「史料」として目録化されてきたが、そこに同時に存在している書物（経典・聖教・古典籍・文学・生活書留・雑記）に対する書誌学的な注意が向けられないため、適切な書誌目録化がなされず、内容の読解もほとんどされずに軽視されてきた。今後は、過去を明らかにするものは種類・形態・材質・有形・無形（儀礼・伝承）によらず、すべての課題の解明に資する「資料」として、研究資源を拡張してゆかなければならない。

筆者は、二〇〇六年から福島県只見町の村落に存在する中世・近世の書物の悉皆調査を続けて書誌目録を作成している。その過程で中世から近世にわたる聖教典籍が多数存在することを確認してきた。その中に『神皇正統記』只見本を含めて多数の中世の聖教典籍（写本・文書）を見出すことができた。只見町では地域の生活文化が持続されてきたことにより、書物も生活に資する道具の一つとして大切に扱われ、民具調査の一つとして町民から書物の資料提供がされてきた。このことから、聖教や古典籍などの書物が、都市の大寺院宝蔵や貴族・大名の文庫に所蔵されているばかりでなく、中世・近世の日本中の村落や町方には古典籍などの書物が存在していたと推測できる。しかし、近代に至って、国内の多くの村落では書物を手放したり遺棄したりしたため、村落には書物があまり存在しないと考えられている。今後は、村落や町方に存在する書物の調査を行う中で、地域（ローカル、語源ロカはサンスクリット語で土地空間・地域、田舎の意でない）から日本文化を考えてゆかなければならない。

註

（1）久野俊彦「只見本『神皇正統記』と瀧泉寺蔵［三宝院伝法灌頂私記　胎蔵界］」（久野俊彦編『医家原田家書籍目録』只見町教育委員会、二〇一六年）。

（2）平泉澄「神皇正統記諸本の研究」（『史学雑誌』四三―九、一九三二年）。山田孝雄「神皇正統記諸本解説」（『神皇正統記述義』民友社、一九三二年）。岩佐正「神皇正統記伝本考」（『国文学攷』三五、一九六四年）。岩佐正ほか校注『神皇正統記　増鏡』（岩波書店、日本古典文学大系、一九六五年、底本は猪熊本）。岩佐正『神皇正統記』（岩波書店、岩波文庫、一九七五年、底本は出雲路氏本）。天理図書館善本叢書和書之部編集委員会編『天理図書館善本叢書　和書之部第十九巻　神皇正統記諸本集』（天理大学出版部、一九七五年）。川瀬一馬監修『龍門文庫善本叢刊　第六巻』（勉誠社、一九八六年）。大隅和雄解題『六地蔵寺本神皇正統記』（六地蔵寺、一九九七年）。山本岳史「『神皇正統記』研究史」（谷口雅博・松尾葦江編『神皇正統記・職原抄』朝倉書店、二〇一四年）。ほかに、天理図書館蔵「宝玲本」（文安六年〈一四四九〉写、伊藤聡「秘儀としての注釈」『岩波講座　日本の思想　第7巻　儀礼と創造―美と芸術の原初』岩波書店、二〇一三年、一五九頁）など、一〇点ほどがある。

（3）岩佐註（2）論文。平田俊春「神皇正統記神代史の成立過程―延元四年本初稿本について―」（平田俊春『神皇正統記の基礎的研究』雄山閣出版、一九七九年）。

（4）新田英治「六地蔵寺本「神皇正統記」の発見に寄せて」（『茨城県史研究』七二、一九九四年）。糸賀茂男「六地蔵寺本

『神皇正統記』の調査所見」（『茨城県史研究』九九、二〇一五年）。
(5) 宮内貴久「書籍の流入と文化―読み・書き・そろばん―」（『只見町史　第1巻　通史編1』二〇〇四年）一一二二頁。
(6) 猪熊本・白山本の装訂、只見本の料紙について、山本岳史氏より御教示いただいた。
(7) 山田註(2)論文、七三〇頁。山田は、「原本胡蝶装の本なりしならむが、そのうち五紙一折（木口十枚）を逆に折り違ひて綴ぢたるもの」が、徳富氏応永本の親本であったとする。ここでの「胡蝶装」は綴葉装（列帖装）のことである。六地蔵寺本は、上・中巻と下巻は袋綴だが、下巻末は綴葉装である。
(8) 岩佐ほか註(2)校注書、四一頁。
(9) 谷口雅博・松尾葦江編『神皇正統記　職原抄』（朝倉書店、二〇一四年）影印二六五頁。
(10) 平泉澄編『神皇正統記』（白山本複製、三秀舎、一九三三年）影印、巻四巻。
(11) 岩佐ほか註(2)校注書、一九二頁。
(12) 松尾葦江「猪熊本　神皇正統記」（『神皇正統記　職原抄』（朝倉書店、二〇一四年）五〇四頁。
(13) 齋藤公太「近世前中期における『神皇正統記』の受容史―羅山・素行・白石の事例を中心に―」（『國學院大學研究開発推進機構日本文化研究所年報』九、二〇一六年）。
(14) 『金剛峯寺諸院家析負輯』三「龍光院」（『続真言宗全書』三四、続真言宗全書刊行会、一九七六年）一五二頁。広島大学蔵福尾文庫の『弘法大師御遺告二十五ヶ条』の享禄三年（一五三〇）奥書に、龍光院の住持であった鏡勧房覚宥が書写して校合した本であることが記されている。小林芳規「広島大学蔵福尾文庫の角筆文献」（『内海文化研究紀要』二一、一九九二年）。
(15) 各説の初出及び代表的論考は、後村上天皇説は田中義成『南北朝時代史』（明治書院、一九二二年）、我妻建治『神皇正統記論考』（吉川弘文館、一九八一年）、武士説は朝山皓『北畠親房公の研究』（日本学研究所、一九五四年）、松本新八郎「神皇正統記の「童蒙」」（『日本古典文学大系月報』第二期第十一回配本、岩波書店、一九六五年）。

(16) 窪田高明「『神皇正統記』の執筆意図—北畠親房研究ノート一—」（『神田外国語大学日本研究所紀要』三、二〇〇二年）。

(17) 『板倉町史 近世史料集 別巻六』（板倉町史編さん委員会、一九八一年）四二四頁、及び板倉町史特別附録「板倉村古絵図」。

(18) 藤井雅子『中世醍醐寺と真言密教』（勉誠出版、二〇〇八年）三一〇・三一一頁。

(19) 佐々木孝浩「室町期東国武士が書写した八代集—韓国国立中央図書館蔵・雲岑筆『古今和歌集』をめぐって—」（『成城国文』二一、二〇一四年）。

(20) 久野俊彦編『修験吉祥院聖教典籍文書目録』（只見町教育委員会、二〇一四年）四四頁。久野註（1）編書に全文を影印で示した。

(21) 瀧泉寺では「法流箱」と呼んでいる。蓋の表には「御法流印信 厳風山瀧泉寺」、裏には「中院流 引接院方 御法流印信箱 瀧泉寺住 栄丈」とある。高野山中院流引接院方の伝法灌頂を受けた栄丈（文化三年〈一八〇六〉没）の印信を納めた箱である。

(22) 『三宝院伝法灌頂私記 後夜 胎界』は外題、内題は「伝法灌頂後夜作法 胎蔵界」、高野山金剛三昧院蔵、高野山大学図書館寄託。醍醐寺の学匠教舜が、弘安十年（一二八七）に大津石山寺で行われた定玄阿闍梨授職灌頂行の間に、「先師大僧正」の勝覚（一〇五七～一一二九）と「報恩院僧正御房」の憲深（一一九二～一二六三）の口決や『報恩院御記』をもって記したもの。横浜市歴史博物館編（遠藤廣昭執筆）『特別展 中世よこはまの学僧 印融（いんゆう）—戦国に生き

た真言密教僧の足跡―』(横浜市歴史博物館、一九九七年)二八・二二二・二五三・二五四頁。
(23)　久野註(1)編書、三六頁。同書に全文を影印で示した。
(24)　坂本勝成「田舎檀林の成立と展開―常陸国筑波郡神郡真義真言宗普門寺を中心として―」(『立正大学文学部論叢』四一、一九七二年)一〇七頁。櫛田良洪『続真言密教成立過程の研究』(山喜房佛書林、一九七九年)四〇三～四一四頁。久保康顕「薬王寺所蔵天文二十二年書写呪符集の成立と伝来について」(『鹿沼市史研究紀要』八、二〇〇三年)三三～三六頁。
(25)　坂本正仁「亮恵僧正門弟名帳」(『豊山学報』四四、二〇〇一年)。醍醐寺亮恵の金剛定寺への下向は大きな目的であった。久保註(24)論文、四一頁。
(26)　『真言宗智山派所属寺院　聖教撮影目録　第一巻』(真言宗智山派宗務庁、二〇〇七年)一二〇～一二三頁。
(27)　久保註(24)論文、三五頁。
(28)　『鹿沼市史　資料編　古代・中世』(鹿沼市、一九九九年)八六八頁。
(29)　藤井註(18)著書、二二五～二二八・二六〇頁。高橋充・阿部綾子「寛永二年醍醐寺僧侶の東国下向(1)(2)」(『福島県立博物館紀要』二八・二九、二〇一四・二〇一五年)。
(30)　坂本正仁「亮恵僧正門弟名帳」(『豊山学報』四四、二〇〇一年)一八八頁では、光台院亮淳の東国下向は天正四年・十二年とする。
(31)　千葉県文書館編『千葉縣史料　中世編　諸家文書　補遺』(千葉県文書館、一九九一年)二一〇頁。文書の写真画像も掲げられている。
(32)　『小田原市史　史料編　原始古代中世Ⅰ』(小田原市、一九九五年)七五〇頁。本書では、本寺を東寺か、亮淳を仁和寺院家真光院院主かとするが、妥当でない。本資料は神奈川県立公文書館所蔵館ホームページ、神奈川デジタルアーカイブ、中世諸家文書（請求記号ＩＤ2200930503）で画像が公開されている。

（33）天正十一年七月三日「光台院亮淳証状」（『新編会津風土記』巻之四十九、耶麻郡猪苗代西勝寺文書）。『福島県史　七資料編二』（福島県、一九八五年）八三二頁。これらには誤読があるので、会津若松市立会津図書館蔵岡部家文書（Ｌ宗教—1）の原本によって訂正した。本資料について福島県立博物館の高橋充氏より御教示いただいた。

（34）『結城市史　第一巻　古代中世史料編』（結城市、一九七七年）一二八頁。茨城県立歴史館編『茨城県史料　中世編Ⅲ』（茨城県、一九九〇年）二六四・二六五頁。

（35）坂本正仁「長善房祐宜年譜考（上）—中世末における新義真言僧修学過程の一例証として—」（『鴨台史学』三、二〇〇二年）七六頁。

（36）茨城県立歴史館註（34）編書、三九五頁。

（37）この祐宜伝は貞享元年（一六八四）運敞編『結網集』によるが、天正五年（一五七七）祐宜撰『不動護摩私記直談抄』（智積院蔵）奥書に「本国坂東下野宇都宮西方之住長善房実名祐宜春秋四十二書之」とある。祐宜は聖教の奥書に父について記しており、この伝は確かである。村山正栄編『智積院史』（弘法大師遠忌事務局、一九三四年）第三編三〜七頁。櫛田良洪『真言密教成立過程の研究』（山喜房佛書林、一九六四年）八五四〜八五七頁。坂本註（35）論文、五九・七〇・七三・七四頁。

（38）坂本註（35）論文（上）、五九〜七五頁。

（39）坂本註（35）論文（上）。坂本正仁「長善房祐宜年譜考（下）—中世末における新義真言僧修学過程の一例証として—」（『鴨台史学』四、二〇〇四年）。田村宗英「『智山年表［近世篇］』からの語彙と用例採取について—「講義・講伝・伝

授」―」（『現代密教』二八、二〇一七年）一三七頁。

(40)　運敞編『結網集』の玄宥伝による。年未詳「堀秀政覚書案」（皆川文書『栃木県史　史料編　中世一』一九三頁）では「ミな川おぢ坊主智積院」、『信長公記』では「蜷川（皆川広照）伯父なり」とし、皆川氏の親族とする。江田郁夫『下野長沼氏』（戎光祥出版、二〇一二年）一七九～一八一頁。

(41)　久野俊彦編『修験龍蔵院聖教典籍文書類目録』（国立歴史民俗博物館、二〇一〇年）四八頁。『入仏安座作法』には、「于時文録（禄）五丙申年、京ノ誓願寺、潤月十二日、依二大地震ニ一、本尊本願坊ノ旦（壇）ヱ安置ス、重テ本堂ニ奉ル二帰着一時、移旦（壇）ノ右（古）ノ本ヲ委ク奉ルレ記者也、根来寺小池坊頼玄法印ニ相伝ノ分、後年ニ奉ルレ記者也、根来寺御房頼心坊性盛法印」という記事がある。これは慶長元年（文禄五年）閏七月十三日子の刻に起こった慶長伏見大地震の一次資料である。入仏安座の修法が大地震による寺院の復興に機能した。

(42)　坂本註(39)論文(下)、五二頁。

(43)　市村高男「文献史料から見た飛山城の歴史と性格」（江田郁夫編『下野宇都宮氏』戎光祥出版）三三九～三四二頁。

（付記）　本稿成稿後の二〇一七年十一月に只見町瀧泉寺において、天正から慶長期の祐俊書写本、及び十五世紀前期から十六世紀の中世写本約一〇〇点を含む多量の「瀧泉寺聖教典籍」が発見された。これによって祐俊の事蹟が明らかになるであろうが、その報告と分析は後日を期したい。

近世後期の画人小泉檀山門人録考
—大田原市常念寺天井画調査のことなど—

小林　聖夫

はじめに

小泉檀山（一七七〇？～一八五四？）は、近世後期の画人で、名は斐。幼名勝、後に光定。字桑甫、子章。号檀山人、青鸞、檀森斎、非文道人、檀山老人など（以下、本稿では「小泉檀山門人録」の表題に従い「檀山」を使用）。下野の一地方画人として、北口英雄氏などにより紹介されることが多かった。[1] しかし、筆者が調査を進める中で、広範囲な人物交流の検証を要する画人ではないかと考えるようになった。[2] 北口氏の研究ノートや、展覧会図録・出版物などの刺激から、筆者の檀山及びその門人への関心は高められてきた。次々と現れる檀山周辺史料は、単なる地方画人を超え、人物史的視点で見直すべき画人ではあるまいかと考えるようになった。

本稿でおもに分析するのは、「小泉檀山門人録」（以下「門人録」と略記）と、檀山門人の絵画が集中する常念寺（栃木県大田原市）天井画である。「門人録」関連の本格的な調査はこれからだが、本稿では筆者のこれまでの調査活動の成果の一部を提示するものである。

一　「小泉檀山門人録」の周辺

1「門人録」発見の経緯

筆者は、北口英雄氏の史料紹介によって「門人録」の存在を知った。北口氏によれば、昭和五十四年（一九七九）春頃、埼玉県在住の佐藤慶二氏が、中世下野鋳物師研究関係のために、当時北口氏が勤務していた栃木県立美術館を訪ねたことに始まるという。佐藤氏が栃木県関係の資料を多数所持していることを耳にした北口氏は、その二～三か月後に佐藤氏の自宅に伺った。その時「門人録」を目にしたという。その後、昭和五十七年頃、栃木県立博物館と県立図書館に寄贈の話があったというが、佐藤氏が他界してしまったことで「門人録」の行方も分からなくなってしまったということである。しかし佐藤氏は生前に「門人録」のコピーを北口氏に提供しており、それをもとに、当時の栃木県立博物館主任舩木明夫氏の協力を得て活字化したのが「『小泉檀山門人録』について」である[3]。それ以後も「門人録」原本の所在は依然として不明である。本稿は活字化されたものを軸に整理した。

2　立原家文書・肥後家文書等

「門人録」の関連史料としては、立原家文書と肥後家文書に注目したい。共に雲圃入門期の檀山の様子や雲圃・翠軒杏所の動向解明の参考となるからである。

立原家文書は[4]、「立原理沙家立原家文書目録」によると一二件、一一二点あり、檀山の師島﨑雲圃（一七三一～一八〇五）の墓碑銘（滋賀県蒲生郡日野町）建設にかかわった立原翠軒とその子杏所関係の文書が大部分を占める。檀山周辺の人物や門人の動向を知る上で貴重な史料と考えられる。このうち特に天明・寛政期の翠軒宛長久保赤水書状、享和四年（一八〇四）及び天保五年（一八三四）十一月の翠軒覚書は、島﨑家（栃木県芳賀郡茂木町）諸史料との照合が必要である。

肥後家文書[5]（一二三点）は肥後和男旧蔵文書である。

肥後和男氏（元東京教育大学教授、茨城県大子町出身）は歴史学者で、『宮座の研究』ほか著書約七〇冊、論文など六百余編あるといわれるが、その中に「骨董いじり」と題する随筆があり[6]、江戸後期の水戸関係絵画・画人・史料に関する話題を提供してくれている。「同胞意識」からか、立原家遺墨を系統的に収集したことにもふれている。如雲（武田耕雲斎）や絵画「寿老人」（小品、淡彩、無落款。杏所作か）などが登場している。

肥後和男氏が所蔵する史料については、考古学者久保常晴氏が「肥後和男先生の御退職におもう」で、次のように書き記している[7]。

書画の蒐集作品も相当量あって、中でも水戸藩主徳川斉昭のものを始め、彼の下で政治面に辣腕をふるった藤田東湖、儒者として藩の士風刷新を計った会沢正志斎の書簡二〇〇余通、彰考館編集総裁で書画を以て名声を博している立原杏所の作品約一〇〇幅を襲蔵され、杏所作品の鑑識に就いては先生を措いて他に人はないといわれている。

檀山には、会沢正志斎賛、檀山画の合作が存在するらしい。筆者は関西地区の売立目録で目にしたことはあるが、原史料は目にしていない。正志斎は常陸久慈郡出身の水戸学の学者、思想家で、藤田幽谷に学び、斉昭を擁立し、藩政改革を推進した人物。正志斎と檀山にかかわる作品が他にも複数確認できるのであれば、幽谷以降の檀山と水戸関係の人物の接点及び思想面に黒羽藩の動静も視野に新たな考察を加えねばならない。

この肥後家文書の中に、『幽谷東湖文稿』『幽谷雑編』などがある。檀山周辺の交流の実態を把握する上で見逃せない史料と考えられる。

二　檀山の門人たち

1「門人録」に記された檀山

前述の通り「門人録」の原本は不明である。[8] 以下、北口氏の史料紹介に基づき分析を行う。「門人録」には「さいとう製」と印刷された原稿用紙が添付されていたが、そこには「檀山自筆原本、文政九年頃成□□一冊」とある。これに基づくならば、黒羽藩主大関増業（藩主在位期：文化八年（一八一一）～文政七年（一八二四）、弘化二年（一八四五）没）以降の成立か。作成に当たり藩主層の指示があったのか、門人数の増加が引き金か、あるいは文政期の黒羽城火災が本書成立の引き金となったのか、今のところ詳細は不明である。

「門人録」冒頭には、高田敬輔、檀山の師である雲圃、そして檀山本人である桑甫が罫線でつながれ、それぞれの記載がある（図1）。それに続いて檀山の門人が記されている。檀山本人については以下の通り記されている。

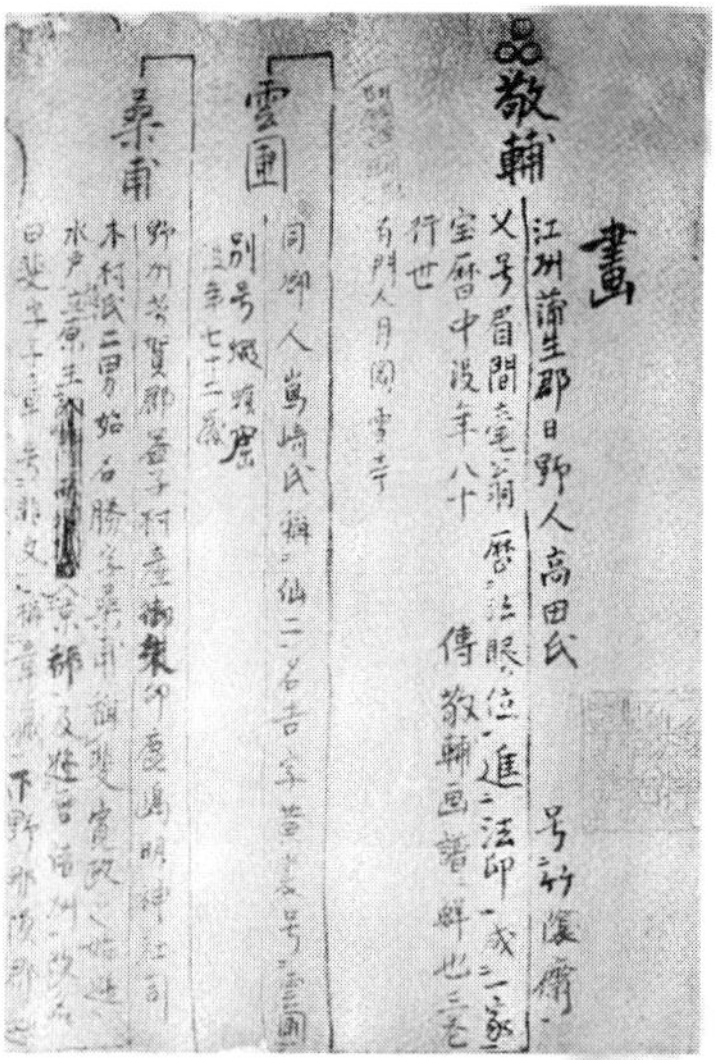

図1　「小泉檀山門人録」(部分)（『歴史と文化』第9号、栃木県歴史文化研究会、2000年より）

桑甫　野州芳賀郡益子村産、御朱印鹿嶋明神社司木村氏二男、始名勝、字桑甫、称斐、寛政之始、遊水戸、随立原生、□　□入京都、及遊暦諸州、改名日斐、字子幃、号非文、称章蔵、下野那須郡惣社大宮司嗣小泉氏、神主殿ト称、依職業、官任甲斐守、位爵従五位下□二、藤原朝臣光定、従是後号檀山人、号那須道人、文化八年春日、封領主増陽公□　□賜可号名青鸞親揮毫書、青鸞二字、贈与斐、封領主親称鸞亭、一檀森斎、君侯増業公所賜号也(9)

冒頭の「桑甫」、史料中の「那須道人」、これらは絵画作品では見かけない。「遊水戸」「入京都」とあり、地名として水戸と京都が明記されている。檀山の画業を考えると注意すべき地名である。「遊暦諸州」とある「諸州」とはどこか。「諸州」は広がりをもつ言葉で、門人を伴った行動かどうか、檀山の旅というのはどれだけ確認できるのか疑問は残る。画業と神職のバランスも意識して下野・近江両面の足跡を考える必要もある。

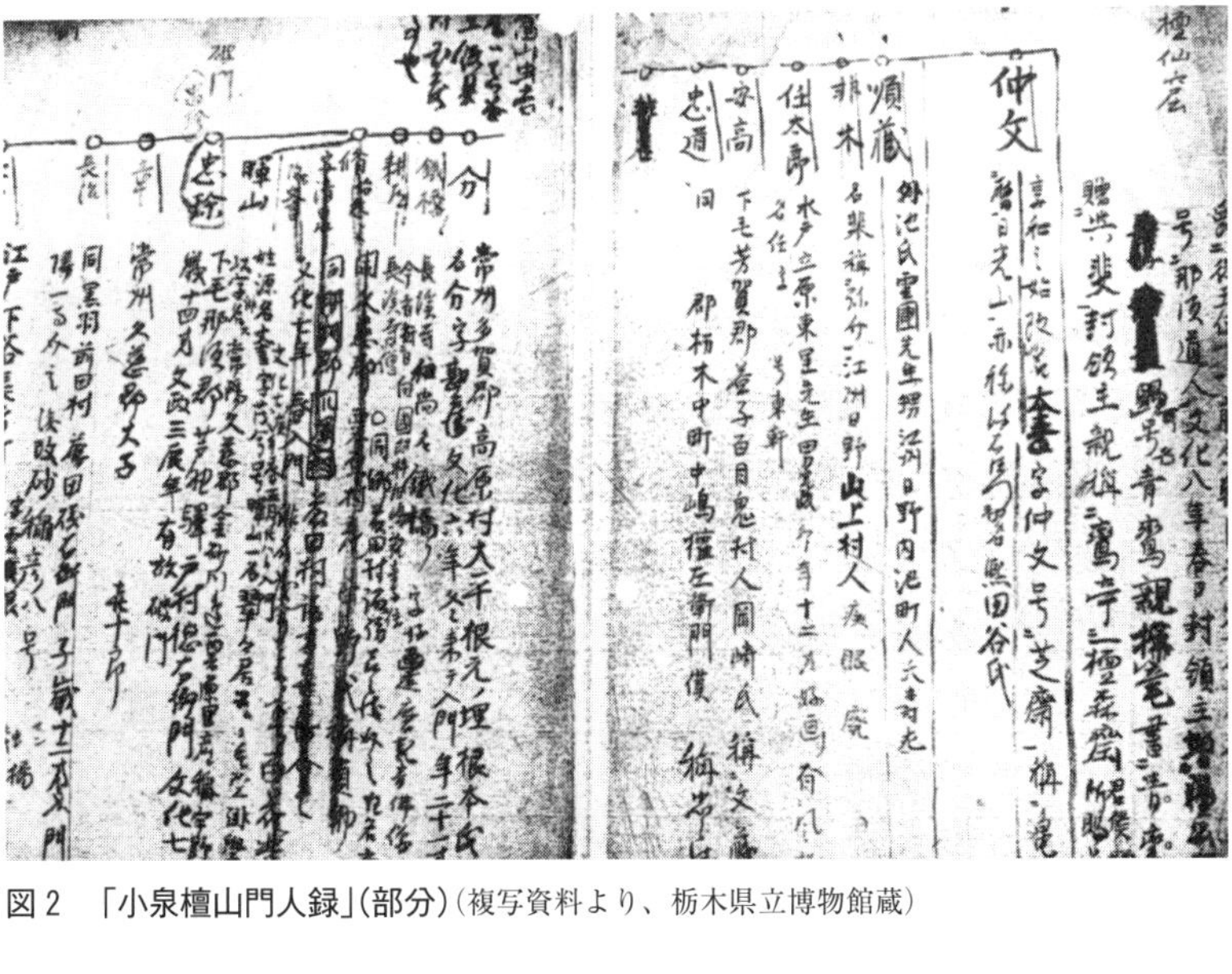

図2　「小泉檀山門人録」(部分)(複写資料より、栃木県立博物館蔵)

2　門人一覧

「門人録」には、前記の檀山（桑甫）から罫線でつながれた門人名が列記され（○人名（図2参照））、それに続けて「人名録前篇」あるいは「擅（檀カ）山先生門人名録」として、罫線なしで門人名が記されている。

表1は「門人録」で罫線でつながれた人名を順に示した。1から76まで番号を付している人名は、名前の右横に傍線が引かれた門人名、番号のない人名は傍線のないものである（北口氏の研究ノートでは、この傍線は檀山からつながる罫線から引かれた右横罫として示されている）。なお「人名録前篇」「擅山先生門人名録」記載の人名の多くは「門人録」にある人名と同一人物と比定できるため、表1最下段の「人名録」欄に記した。それらと比定できない人物は76に続けて表の末尾に示した。これにより檀山門人の全体像を概観できるのではなかろうか。

「門人録」の中では57の島崎善兵衛に注目しておきたい。檀山門弟として重要な位置にいる島崎玉淵[10]（一七九三～一八五八）である。彼の知名度は低いが、檀山や下野・近江の人物との交流を考える上で重要な位置にいる人物である。彼の作品の一部は、二〇〇五年に栃木・滋賀両県で開催された展覧会で公開された。質の高い作品があり、真景図・山水人物図・山水図・自画像・模写などがあるが、その具体像解明は今後の課題である[11]。

一覧に続けて記された門人の記載を左にまとめた。

表1　小泉檀山門人一覧

	門人名	名	字	号	門人録	人名録
1	○仲文	奎	仲文	芝斎	享和之始改名奎、字仲文、号芝斎、称亀六、遊暦日光山、亦称弥右衛門、初名熙、田谷氏	芝斎、田谷孫右衛門、名奎、字、下野邦之人
2	○順蔵				外池氏雲圃先生甥、江州日野内池町人夭寿左（死カ）	

3	○非木	棐			名棐称弥介、江州日野山上村人疾眼廃	
4	○任太郎	任		東軒	水戸立原東里先生男、寛政卯年十二才、好画有風説、名任、字□、号東軒	
5	○安高				下毛芳賀郡益子百目鬼村人岡崎氏称文蔵	
6	○忠道				同□郡栃木中町中嶋権左衛門僕、称忠兵衛	墨亭、中島忠兵衛、江府小網丁人、名、字
7	○分	分	勘兵衛		常州多賀郡高原村大平根元ノ埋根本氏、名分、字勘兵衛、文化六年冬来テ入門、年二十一才 ※欄外に「富山虫吉、元ハ真岡在飯貝村国蔵事也」とある	介石、大原勘兵衛、名、字、常州高原人
8	○鐵橋	鐵橋□	好		長渓寺和尚、名鐵橋□、字好、画達磨観音仏像減筆也、今者行日向国臼杵細嶋、観音寺住	鐵橋、長渓寺前住、名、字、今日向国ニ居
9	○耕道				長渓寺小僧、○同郷藤田村諏訪喜兵衛介之犯名常陸労之長	
10	○暉山	書	茂	暉山 翠々居士 百花堂	文化七庚年春正月廿八日入門 姓源、名耆、字茂兮、号暉山、一名翠々居士、百花堂 俳学遅日庵以字俳名ス、常陽久慈郡金砂川辺粟原里産、称宇野禎助○ ※以下抹消あり「脩始惢ト云、同久慈郡粟原村産、宇野氏、称貞助、字清泉、同那珂郡爪運村藤田村諏訪喜兵衛介之、改名耆、文化七年春入門、俳名茂兮、号百花堂」	宇野禎介、名耆、字茂兮、又号翠々居、常州人
11	○忠琜				下毛那須郡芦野駅戸村徳右衛門文化七春入門、歳十四才、文政三年辰年有故破門 ※欄外上部に「破門（忠珍）」とあり	戸村徳右衛門、名、字、下毛芦野人

12	○章				常州久慈郡大子　喜十郎	
13	○長治	砂	雲根	虫橋	同黒羽前田村藤田儀右衛門子、歳十二才入門、帰一寺介之後改砂、称彦八、号虫橋、〔※虫に「セン」「ヒキ」のふりがな〕字雲根	雲根、石河彦八、名砂、字美璧、下毛引橋村人
14	○北峰	美成 房久 卿一		好問堂	江戸下谷長者町長崎屋新兵衛嫡子、入門歳十六才、山崎氏、名美成房久卿一、号好問堂、介者輿野氏	
15	○文来	文来		樗堂	同郡前田荒江氏新五右衛門、号樗堂	樗堂、新江新五右衛門、名、字、下毛黒羽人
16	○瀿	瀿	繁水	竹亭 玉川	号竹亭、一号玉川、字繁水 室井氏、号竹亭、称市兵衛 於奥州白川入門、介者植竹氏□	竹亭、室井市兵衛、名瀿、字繁水、下毛室野井村人
	○	曠 徇			○烏山中町奥州屋二男平野繁三郎、名曠　徇、介者島崎斎 ※欄外に「木村名□□」とあり	
	○悫				抹消「悫、水戸領久　郡粟原村産父、字□　□、号百花堂、改□揮山、文化□　□来入門、介者丸田喜兵衛	
	○済			米斎 穀堂	瀧田氏号穀堂又号米斎	
	○				○小山田氏	
17	○非名	常	非名		同芳賀郡風戸村産、高久氏、名常、字非名、称玄陵、堀田侯医臣那賀山氏嗣子氏、住江戸、今亦遊□	

18	○簡	秀栄			同日光山唯心院侍杉内氏、称互理、介院主、名秀栄、丙辰年年十四才□●夭左(死カ)	
19	○非常	名山容	非常		同芳郡茂木中町人木(小カ)森氏、名名、字非常、称周二	非常、小堀与右衛門、名山容、字
20	○文興				同那須郡黒羽藩中八木沢氏、始学、江戸谷氏文晁、後随門大野氏以書礼介之 ※欄外上部に抹消四行あり	
21	○源朝				同藩中川上氏書学江戸開兄明画蘭一品	
22	○素月	栄重	□中	素月 廣雲	同藩中小山田氏、平姓、名栄重、号素月、又号廣雲	椒園、小山田藤助、名栄重、又前岡、字□中、一名素月、下毛黒羽藩臣
23	○非神	鬼 保包	非神	龍耳生	同芳賀郡髙根沢村人斎藤氏、名鬼、字非神、称幸七、一名保包、号龍耳生	非神、幸七、名、字、下毛高根沢人
24	○冬嶺	徳 重英 幹	非口 植夫	冬嶺 仙寉堂	同郡稲毛田村人岩松氏、始名徳、字非□、一名重英、文化中改名幹字植夫、号冬嶺、又仙寉堂	冬嶺、岩松奥陸介、名幹、字、下毛稲毛田村人
25	○喜				同益子村人辨田氏称喜右衛門	
26	○裴				奥州白川郡□□産□	
27	○				丁亥五月四日、向町ニテ御用染屋也、親八升之助病身也、入門、□之助十一歳、介者常念寺僧存能同道	
28	○両伊				丁亥六月廿日甲子日、奥州会津伊南伊北泉田村、入門、五十嵐米曽二十三歳、介者向町伊勢屋忠七并同道	

29	○檀野				丁亥壬六月廿日、大田原柳町、平野久吾二十三才、介者川田村源左エ門	
30	○石瀬				丁亥七月廿日、常陽久慈郡岩瀬村、冨山喜兵衛二十三歳、介者黒羽向町松下半兵衛	
31	○檀谷				丁亥九月、本藩御城代、浄法寺純之助	
	○石—常				馬頭町、入門、星百助、介人丸田三四郎改惣吉	
	○—				常州金沢村、入門、塚田勇之進、介人田中修平	
	○儃亭			浩岳（嶽）擅亭	鳥居壬生藩中、入門、小杉謙吉、又号浩岳、介者向町常念寺閑居	浩嶽、小杉謙吉、一号擅亭、名、字、下毛壬生藩中
	○墨堂	友	友直		細川長門守藩中、名友、字友直、入門、大塚左市、介者小室文子	墨堂、大塚左一郎、名直、字子益
	○山雲	存	竪戒	東原人	名存、字竪戒、藩中帰一寺僧、釈謙秀又順京ト云、介者三田房之助	山雲、釈、謙秀、名存、字、又号東原人、下毛黒羽人
32	○湖遷	文民			甲申三月、芳賀郡茂木横町、入門、柏屋清兵衛改仁平治、文民、檀嶺、介者片岡文龍	湖選、稲澤清兵衛、名文民、字、下毛茂木人
33	○檀霞	霞谷		檀霞楼	甲申六月、都賀郡鹿沼田町金吉、入門、江田吉郎兵衛、白鹿、霞谷、介者宇津宮天野屋吉右ヱ門	白鹿、江田吉郎兵衛、名霞谷、字、一号檀霞樓、下毛鹿沼人
34	○木岳又東岳				申八月、日光山御会人方四軒丁住、秀文、入門済藤左膳、介者同会人伴主計	文秀、斎藤左膳、名、字、日光御宮令人
35	○檀塢	文渓	天朗		文政乙酉二月日、藩中帰一寺僧ナリ、入門、釈神明、介者三田房之助	檀塢、釈神明、名文渓、字天朗

36	○為				乙酉六月二十二日、越堀宿松屋市兵衛男二十二歳、入門、松屋為吉、介者西與野新太郎、父市兵衛同内田屋於古代同道也	
37	○西與			鹽(臨カ)川亭	名々字々号鹽川亭、與野氏、称新太郎、後文政中改蠖斎 ※別欄に記載「○西與野氏、号臨川亭、名□□」	
38	○東與	隆方	子川	東一	号東一、字子川、実名與野氏、称市左ヱ門、隆方 ※別欄に記載、以下抹消「○東與野氏、名隆方、号東一」	
39	○敉文		中道	一歩庵 綾谷山人	号一歩庵、又号綾谷山人、長坂登之助、介帰一寺閑居	綾池、長坂登之介、号一歩庵、字中道
40	○文	文			入門、介者片岡氏、茂木神主小松甲斐守二男、小文ト	文、百鬼文蔵、名文、字、下毛芳賀郡益子人
41	○梅岡	世美 梅岡	以寧 早客 碧山	梅岡 獠斎 璧山堂	名世美、字以寧、号梅岡、又号獠斎、鈴木氏、称三七郎、文化十三入門、介者忩、水戸、、郡額田鈴木市郎兵男、又号璧山堂、〔抹消〕「大奇堂」 ※別欄に記載「鈴木市十郎男称三七郎、氏鈴木、各(名カ)世美、字以寧、号梅岡、氏□□□(三七郎カ)、常陽那加郡額田駅人也、文政□寅冬十月、宇野禎助介之、号□園」	名斊、字□□、玉淵、島崎善兵衛、常州水戸額田村人、名梅岡、字早客、碧山、鈴木三七郎、玉淵、島崎善兵衛、名斊、字静一、江州人
42	○大奇堂	龍 無雅	君美 子文		文化丑年入門、名龍、字君美、水戸小目村人、介者粟原宇野貞助、宇佐美善治郎改董十郎称 ※別欄に記載「氏ハ宇佐美、名無雅、字子文、号大奇堂常陽、称善次郎、久慈郡小月里人也、文化十三秋日宇野禎助、以書翰介之」	大奇堂、小目善次郎、常州人、大田住

	○名矼	矼 運重	子信 開	信斎 檀圃	○名矼、字子信、小山田氏、号信斎、文政三年辰九才ニテ善画、一号檀圃、天姓好山水、慶雲男也	檀圃、小山田祭之助、名運重、字開、一名矼、又号信斎下野黒羽臣
43	○名奕〃				○奕〃、佐久山駅本陣渡間氏、童名金助也、介者丸田三四郎	奕、渡辺源三郎、名、字、下毛作山人 星宗吉、下毛馬頭人、山日村
44	○檀陵	陵一	凌一	群岳	乙酉正月廿八日、号群岳、字凌一、入門、烏山藩中福井安治郎、介者烏山産善兵衛 ※欄外に「丁亥春日死」とあり	郡岳、福井安治郎、名陵一、字田陵、下毛烏山藩臣
45	○澶淵				乙酉十月廿一日、入門、藩中前田、藤田長治郎、介者実兄彦八雲根	
46	○丙戌				入門、越後産柏崎村仁三郎、介者非神高根沢幸七	
47	○湖雲				丁亥二月十四日、入門、奥州産常念寺僧、釈存能、介者丸田三四郎	
48	○基				同茂木新町人、称基二郎、後住太田原 ※欄外に「〔　〕郡真〔　〕飯具〔　〕前」とあり	
49	○蜚☆					蜚（イナム）、真岡国蔵
50	○尚幹	尚幹	等韓	奥墨道人	常陸国水戸南郡芹沢村産郷士家第一也、名尚幹、字等韓、百済氏、俗称非、号奥墨道人、後改雯普	
51	○婁				※欄外に「〔　〕京僧〔　〕禅院住〔　〕婁字」とあり	
52	○一心	一心	一心		同黒羽新善光寺弟僧奥州〔　〕産、介其院主和尚	一心、釈一心、名一心、字一心、伊豆州住

53	○匂 秋英	匂 桃溪		楽軒	賀加候臣遅川氏郎称二助、始画学龍山後来テ各改匂、号樂軒、名日〔者カ〕桃溪、文化六年春来入門、帰一寺介之、又秋英ト云 ※欄外に「［　］トモ伝」とあり	匂、比尾匂、名匂、字、加賀産、東武人
54	○松文	松文	□□		氏小松、芳賀郡茂木駅、名松文、字□□、介之片岡常三省 ※欄外に「蜚☆、［　］内郡西［　］部村、〔二行抹消〕、名」とあり	
55	○白	亀湖 白	画顚		勢州山田人久保倉大夫ノ手代馬瀬喜重郎、初名亀湖、名白、字画顚、文化六年冬来テ入門、介人大山弥十兵衛、久下田町亥章年始月仙門人也	
56	○満			梅叟	号梅叟、湯本村万六、介「奥（興か）」野市左衛門隆中	
57	○美賀	斎	素平 静一	玉淵静一等甫賜谷山人	江州日野人島崎氏、文化六年春入門歳十六才、改斎、字曽平、号玉淵静一、又号等甫賜谷山人、慥有増帰一寺之弟子、新井氏称新五右衛門	玉淵、島崎善兵衛、名斎、字静一、江州人
58	○□瀧田氏	済	龍水 壽祥	米蔵 穀堂	号米斎、一号穀堂、称助二郎、名済、字龍水 ※別欄に記載「瀧田氏、号穀堂、又号米斎」。欄外に「和泉村田上氏□之助　介者　烏山島崎斎」とあり	檀園、瀧田助二郎、名済、字壽祥、又号米斎、下毛黒羽田町人
	○［　］氏				※欄外に「長坂氏［　］名斃［　］綾谷［　］人、［　］一歩庵」とあり	
59	○釜生				称宇右衛門、介者十一忠兵	
60	○文野津久井氏			龍川 今川 泉	大田原、介者油屋半六、称新助、号龍川	龍川、都久井新介、名、字、今川ヲ改テ泉ト号、下毛大田原人

61	○宮内圖圜				依君命入門	
62	○坉橋				大田原大嶋氏称吉蔵、介者米斎	坉橋、大島吉蔵、名、字、下毛大田原人
63	○鉄				称鉄之助、介者米斎	
64	○根元氏				奥沢、称徳三郎、介者常念寺之和尚	
65	○江戸杉浦氏				称十井、介者奥野氏	
66	○江戸				八木沢御陣屋元鎮後「　」	
67	○名洸秋場氏		子勇	水斎	号水斎、文政四辛巳十二月嗣三田氏、字子勇、慶雲臣弟也、改檀潤住八塩	
68	○温故	知			□瀬氏、□温故、名知、字	
69	○文子	文子	子効 子信	鷲山 檀谷	水戸領松野村産小室又右ヱ門男、字子效、号鷲山一檀谷、介者藤忠	窯郊、小室吉弥、常陽松野村人、名文子、字子信、又号檀谷
70	○前田小山田	金五郎 藤蔵		谷響	金五郎改名藤蔵、号谷響、介者新江新五右ヱ門	谷響、小山田藤蔵、名、字、同藩中
71	○岩谷				奥州二本松亀谷町柏屋男、文政二己卯八月来ル入門、称岩吉改名藤右衛門、介者相馬家中草野半右衛門	岩棐、伯屋岩吉、奥州二本松人
72	○丸照	熙 秀照		東皐	丸田氏、称三四郎、号東皐、以小山田慶雲氏介話	東皐、丸田三四郎、名熙、実名秀照、一名千尺、下毛黒羽藩臣
73	○藪氏			萁園	文政三辰改入門、号萁園	

74	○号毛川逸士	淵	白浪	毛川逸士	若日田氏、名淵字、号「平（毛カ）」川逸士、称□之進、下毛塩谷郡阿久津駅、名淵、字白浪、号毛川逸士	毛河、若目田杲蔵、名渊、字、下毛阿久津人
75	○香	香	仲操	蘭斎 檀渓	字仲操、号蘭斎、又号檀渓、武助二男、鈴木峯之助、介者若目田氏	檀渓、鈴木峰之助、名香、字仲操、一号蘭斎
76	○清				大田原領高林村産、称清吉、介者前田善右門	
	禮道					禮道釈門、名、字、人
	東里	任				立原甚太郎、名任、字、翠軒先生男
	輔					輔、外池隼蔵、江州日野人、名、字
	秀					杉内互剕、名、字、日光唯心院内　イタトカシ男ナリ
	檀庭	由 光由	子由			檀庭、小泉由太郎、檀山孫、名由、実名光由、字子由、下毛黒羽人
	非	非				非、芹澤又一、名非、字、常陽土浦芹沢人
	源亭	源				源亭、川上亀八郎、名源、字、同藩中
	嫈					釈門、前住大田原下町、遊城院

	知	知				知、須藤基二郎、名知、字、日光人
	駿					小泉戸丸　ソエマト云　小泉戸丸、檀山男、号三毳山人、字、
	介石					字、大原勘兵衛、常州高原人
	夔					釈門、前住大田原下町遊城院

出典：北口英雄「『小泉檀山門人録』について」（『歴史と文化』第九号、二〇〇〇年）
（注1）「門人録」には檀山と罫線でつないで記された人物をまとめた。※は筆者による注記。
（注2）1～76の数字は名前の右横に傍線が引かれている人名。数字のないものは傍線のない人名。
（注3）「人名録前篇」「檀山先生門人名録」として列記された人名は、最下段「人名録」欄および76以下に掲げた。
（注4）名・字・号のいずれであるかが判断できない呼称は各欄には記していない。「門人録」「人名録」の欄を参照。
（注5）「大奇堂」は三か所に記入あり（一部抹消）、「梅岡」は二か所に記入あり。
（注6）37「○西與野氏」、38「○東與野氏」、41「○梅岡」は、17「○非名」の前にも記載あり。

3　門人名（「檀」「非」「文」の使用例）

表2は、表1と後述の常念寺天井画をもとに、小泉檀山の名前に由来する「檀」と「斐」の字を用いた門人の画号を整理したものである。「檀山」の「檀」の一字の扱い、「非」「文」の扱いはともに特徴的と見るべきか。「檀」を使用した門人はみな「檀」の一字を全て冠に置いている。檀野・檀谷・檀亭・檀嶺・檀霞・檀霞楼・檀塢・檀陵・檀淵・檀澗・檀園・檀溪・檀圃・檀庭の如くである。門弟たちが「檀」の一字を師に願ってその使用を許されたのであるなら、師を敬う門人たちの気持ちの表れと捉えてもよいのではないかと考える。

「檀山」は大宮温泉神社（旧黒羽町、現大田原市）ゆかりの名前という。神域は「山」「檀山」（まゆみやま）である。少し飛躍しすぎた考え方だが、自然(山川)を意識して決定したと考えられないだろうか。檀谷・檀嶺・檀霞・檀霞楼・檀陵・檀淵・檀渓(傍点筆者)などが目立つからである。藩主とのかかわりが存在するのであれば、再考の余地がある。

一方「斐」の文字の使われ方には特徴がある。「非」と「文」の二文字に分け、それらを分け与えたと考えられる事例があるからである。非名・非常・非神・非木・裴・蜚など。これらが使用を開始される時期や藩社会の動き、檀山生活の変化などにも留意し、考察すべきだろう。

「檀山」の「檀」、「斐」の「非」「文」の使われ方をみると、画号に「檀」の一字を使用している例が多く見受けられるようだが、これは「檀」の一字の比重が「斐」より重いということなのであろうか。

表2　「小泉檀山門人録」に登場する画号

非・文		檀	
裴※	白川郡	檀野	大田原
非名	芳賀郡風戸村？	檀谷	黒羽藩城代
非常	茂木中町	檀谷	常陸松野村
非神	高根沢村	檀亭	壬生藩
蜚(いなむ)☆		檀嶺	茂木横町
非木		檀霞	都賀郡鹿沼田町
非	土浦芹沢	檀塢	藩中帰一寺
若棐	二本松	檀陵	烏山藩中
文	芳賀郡益子	檀淵※	藩中前田
		檀澗	
		檀園※	
		檀渓※	
		檀圃※	
		檀庭※	檀山孫
		檀霞楼	鹿沼

※印　常念寺天井画に見える画号

4　「門人録」画号及び門弟教育

表3は、「門人録」に登場する地名を整理した表である。本表により、門人は下野が圧倒的に多く、次いで隣国常陸が多いと指摘できよう。また、江戸は大都市、伊勢山田周辺は画僧月僊や名古屋近辺の画人が神宮周辺で活動していた土地柄である。近江日野は、鈴鹿山脈を経て中京・伊勢からの情報がもたらされる。これは否定できないだろう。檀山研究ではこれまで視野に入れな

表3　「小泉檀山門人録」に登場する地名

国	郡	村・町など
奥羽		白川　会津伊南伊北泉田村　二本松
越後		柏崎村
下野	芳賀郡	益子村　百目木村　栃木中町　風戸村　茂木中町　茂木横町　茂木新町　高根沢村　稲毛田村　久下田町
	那須郡	芦野駅　前田村　向町　八塩　黒羽田町　室野井村　湯本村　大田原柳町　佐久山　馬頭町　越堀　烏山　引橋村
	都賀郡	鹿沼田町
	塩谷郡	阿久津駅
	壬生	
	日光	
常陸		水戸　水戸小目村　水戸南郡芹沢村　水戸額田村　高原　松野村
	多賀郡	高原村
	久慈郡	金砂川辺　栗原里　岩瀬村　小月村　大子　金沢村
	那加郡	額田駅
江戸		下谷　小網丁　駿河台
近江		日野　内池町　山上村
伊勢		伊勢山田
伊豆		
東武		

かった中京地域の影響にも視野を拡大する必要がある。

入門時期について、「門人録」には「文化六年春」「文化六年春十六才」「文化六年冬」「文化七年春」「文化十三年」「十二才」「十六才」の記述がみられる。文化六年（一八〇九）・七年、及び十三年。「春」「冬」の二つの季節しか見あたらないということは何か理由が存在したのであろうか。

表4は「門人録」にみられる「介者（介人）」を抽出したものである。「介者」とは入門の仲立ちをした人物と考えられるが、入門にかかわる人物で目立つのは丸田三四郎（黒羽藩士）である。次いで宇野禎助・米斎。寺院関係では常念寺が三件、次いで帰一寺・新善光寺が目に止まる。どれも黒羽城下である。次節で取り上げる常念寺との関係が確認できる。しかし、藩主菩提寺の大雄寺はここでは確認できない。

破門件数は管見の限り「文政三年辰年　破門（忠珍）」の一件のみ。破門原因の詳細は不明である。

「門弟教育」という視点は、檀山研究で検討されたことは無いようだ。仏画をはじめ寺社関係の作品（奉納作品）について門人たちがどうかかわっていたのか、人物・動植物の描法指導、水墨指導等。また、粉本は作成されていたのかどうかなど追究していきたい。敬輔・雲圃・檀山の一連の流れの中で檀山の芸術的独自性も考える必要がある。それから、いわゆる「異端の画家」と評される同時代の個性派の画家の話題の取り上げ方。京都の若冲や敬輔に師事したという蕭白は、檀山にとって無関心ではなかったろう。また、門人たちにどんな刺激を与えたのか。寛政期から弘化期の具体像がつかめるとよい。一般に画歴の最初の形成期は謎に包まれているが、この辺りを残された史料から少しでも分析できるなら大きな収穫となるだろう。

「真景図」について。藩主との関係や斐の特徴を整理する必要がある（これについては別稿で扱いたい）。門弟たちと強い関係を有したなら城下を問わず集落景観の描き方等についてどのような指示・助言・支援を与えたのであろうか。「御用」としての門人たちへの具体的なかかわりはあったのだろうか。あったとすればそれはどのようなものであったか。また、この時期活躍していた画僧白雲の影響・刺激は、あったのか、なかったのか。考察を加える必要がある。白雲については次節で少しふれたい。

表4　「小泉檀山門人録」にみられる介者

氏名	人数
興野氏	1
島崎斉	1
悠	1
院主（日光山唯心院？）	1
常念寺僧存能	1
川田村源左ヱ門	1
松下半兵衛（黒羽向町）	1
丸田三四郎	4
田中修平	1
向町常念寺閑居	1
三田房之助	1
片岡文龍	1
天野屋吉右ヱ門	1
伴主計	1
西興野新太郎	1
帰一寺閑居	1
片岡氏	1
宇野禎助	2
善兵衛（烏山）	1
実兄彦八雲根	1
高根沢幸七	1
新善光寺院主	1
片岡常三省	1
大山弥十兵衛	1
十一忠兵	1
油屋半六	1
米斎	2
常念寺之和尚	1
奥野氏（興野氏？）	1
藤忠	1
新江新五右衛門	1
相馬草野半右衛門	1
若目田氏	1
前田善右門	1

順序は門人録の掲載順。ただし、同一人は初出欄にまとめた。

黒羽藩主大関増業編『創垂可継』封域郷村誌の絵図担当者に檀山門人のかかわりはあったのかどうか。「上之庄」「下之庄」それぞれの領内絵図等作成は、どのような過程を経て完成に至ったのか。檀山一門の関わり方を視野に考察すべきだろう。

独立後の門人へ支援の在り方や門人への何か特徴的な事例はあったのかどうか。逸話的な資料が存在するのか、門弟たちの評価に関する檀山の発言はどうだったのか。「門人録」に記されていない人物(「没後の門人」も含めるそれぞれの疑問解決に努力すべきと考える。「没後の門人」とは檀山亡きあと檀山に私淑した人物のことである。考察すべき事象は多い。

5　門人たちの活動と地域文化圏

檀山門人たちが活動した頃は、全国的な商品生産流通の発達と社会的分業に伴う都市構造農村構造の変化、地域市場形成の動きが形成された時期で、庶民各層の文化的力量が、さまざまな形でほぼ一様に発揮されていく時期という。[12]江戸と諸地域(那須も含む)を結ぶ河川交通・陸上交通から、主として絵画にかかわる運搬(集荷?)について、水陸という条件をどのように生かし、利用していたのか、商人の動きと合わせ注視すべきだろう。水陸交通という地域文化を下支えしてきたもの、ここに、商人たちの文化的刺激(情報・技術の提供)が加算され、檀山や門人たちを成長させたと考えられないだろうか。

ところで、彼等が活躍した時代の下野黒羽・近江日野について概観する必要がある。

江戸中期以降の下野黒羽藩内の政治的情況をみると、藩政確立期の騒動からしばらく時をおいて、領内荒廃、財政難という現象で混乱がみられ、増備以降の藩主は改革を意識せざるを得なかった。文政期には重臣層が藩主への意見書を提出し、藩主はその座を追われる事態となる。このような時期に檀山は黒羽に登場し、増業・増儀という二人の藩主に重用された。檀山の代表的な作品はこうした時期に続々と生み出されたのである。例えば「群仙図」（文化十四年、栃木県立博物館蔵）、「雛図」（文政三年、栃木県立博物館蔵）、「黒羽城周辺景観図」（文政五年、大田原市蔵）、「五星神形図」（文政十二年、滋賀県蒲生郡日野町大窪岡本町蔵）、「黒羽城鳥瞰図」（天保八年、大田原市蔵）、「西園雅集図」（天保九年、大雄寺蔵）など。

また、近江日野商人が、この地この時期活躍していたことを見落としてはならない。そして、黒羽城下の豪商高柳源左衛門と近江日野商人との関係にも留意しなければならない。

一方、近江日野は日野商人発祥の地で、江戸中期以降北関東を中心に全国各地に商圏を拡大していた。他国稼ぎといわれ、地方に出店し経営状況を本国に報告していた。これとは別に全国に散在した商人たちが各地の情報をもち帰るという利点もあった。経営上の報告に限らず各地の情報が届けられたことは、商人の文化力を考える上でも見逃せない。著名人も来訪した日野である。奈良・伊勢にも近い日野周辺。東西の文化的影響も受けた土地柄だろう。

これまで日野商人研究で社会奉仕は特徴的事象として紹介されてきたが、ここに商人が文化的な刺激を与えた項目を付け加えるべきではなかろうか。近江・下野では商人でありながら文化面で刺激を与えた人物が認められる。敬輔（薬種業）が雲圃（醸造業）を導き、雲圃が檀山（神職）を檀山が玉淵を育てた事例である。近江でも他に類例を確認できないものか[13]。

次に日野商人と地域文化圏について。寛政期以降の北関東下野に限定して考えたい。日野商人の経済活動・商圏、文化活動の重なりである。日野商人活動を、例えば黒羽や芳賀郡の茂木といった小地域文化圏として考えることが可能なら、これを数個まとめたやや広い中地域文化圏の構成も確認できるのであろうか。いわゆる地方文化人（地方知識人）、日野商人、檀山が活動範囲及び門人の広がりというこれらの視点から検討できれば、新たな研究ステップも生まれよう。また、日野商人の活動範囲を街道を軸に連鎖状分布という考え方で捉えることは可能なのだろうか。ここに街道各所で重要な役割を果たした日野大当番仲間の情報伝達の分析を加え、他国商人との絡みで研究を深める必要もあろう。

関東に文化現象として俳諧の広まりを見せ始めたのは十八世紀中頃という。優れた農書の出現や各地の商人たちの動きが活発化するのも時期的に重なる。小・中地域文化圏での人と物の交流、出版状況に絡む人物の動きを追究することも必要だろう。近世絵画屈指の個性派が目立つ時代、日野商人の動きを意識しながら下野東部の文化の様相を全国的視点で把握する必要があろう。

三　常念寺天井画にみる門人たち

⑴常念寺の概要

浄土宗常念寺（旧黒羽町大字黒羽向町、現大田原市）は、「寛永八年（一六三一）五月、黒羽藩主大関高増の命により、黒羽向町の現位置に移転した。明暦二年（一六五六）火災により灰燼に帰したが、天保四年（一八三三）九月、黒羽向町の富豪高柳源左衛門源明起が、独力で造営した」[14]。常念寺は「門人録」に記された人名（一部）とその作品を確認できる寺院である。平成二十七年（二〇一五）十月八日、筆者は天井画調査を実施した。その折、住職から左記事項を耳にした。

・天保四年かどうかは分からないが、天保期に余瀬長松院天井画を常念寺に移築したといい、長松院からは大雄寺

（旧黒羽町）に「十六羅漢図」、光丸山（旧湯津上村）に「涅槃図」が移されたという。その経緯は不明。

・（常念寺は）火災にあっているので分からないことが多い[15]。

この後、明治初年の廃仏毀釈を経て現在に至るが、天井画移築の真相や火災状況については今後の調査に委ねられる部分が多い。境内に墓地のある豪商高柳源左衛門についても、常念寺とのかかわり方、日野商人島崎家や黒羽に支店を有した釜屋（かまや）との接点についても検討を要する。

(2) 天井画

住職より余瀬長松院からの天井画移転の情報を得たが、その常念寺天井画は七〇枚。部分的に確認することが難しい絵画もあるが、全体的に統一主題で制作されたようではないようだ（写真）。スギ材を統一使用しているのだろうか。長方形の板二枚を付け合わせ、その板目や向きは不規則と思える。天井画は、動物（ウシ・シカ・ウサギ・ゾウ・カメ・ウマ・クジャク・ツル・ツバメなど）、植物（キク・ハス・ヒルガオ・ハギ・モミ・カエデ・アジサイ・アサガオ・ススキなど）、その他（琵琶・龍・旭日・波など）に大別できる。

常念寺天井画（部分）（上2016年・下2015年、筆者撮影）

(3) 天井画に登場する門人たち

天井画全体には至らないが、確認できた「門人録」に登場する人物等について整理する。以下、号（氏名〔檀山との関係〕、描かれた作品名）の順で提示する。勅文（長坂登之助・綾谷山人、シカ）、檀圃矼（檀圃・小山田祭之助、ハス・ボタン）、檀庭由（小泉由太郎〔檀山孫〕、琵琶・モモ）、裴（ハギ）、雲根（石河彦八、ススキ）、檀淵（藤田朝治郎、ザクロ）、檀溪（鈴木峰之助、月・ウメ）、檀園（瀧田助二郎、孔雀・ツバキ）、済（瀧田氏、号穀堂・米斎）、駿（ソエマ・小泉戸丸・三毳山人）など。

⑷画僧白雲と常念寺

浄土宗画僧白雲（一七六四～一八二五）と常念寺の関係は一般に知られてはいない。[16]これまで福島県内で白雲関係の展示がなされたが、[17]黒羽の常念寺との関係は前面に出ることはなかった。

松平定信の企画した『集古十種』編纂にあたり各地を遊歴し、多くの真景図を残した画僧白雲は、閑松堂・蝸牛叟・無心・竹堂とも称し、浄土宗十念寺（現須賀川市）で得度、寛政元年（一七八九）十念寺第十九代住職になったという。寛政期定信と出会い、「閑松堂」号を賜り、谷文晁・亜欧堂田善・巨野泉祐などとともに『集古十種』編纂に加わった。享和二年（一八〇二）白河常宣寺住持となり、文化三年（一八〇六）常念寺に住したという。のち文化十年に本覚寺（秋田六郷）住職となり文政八年（一八二五）没（「白雲上人像」安田田騏筆〔本覚寺蔵〕は秋田県指定文化財）。

白雲には文化三年「松渓吟行図」があり、そこには「文化三年丙寅冬日於常念精舎南軒　白雲写」が認められる。常宣寺を短期間で去り、どのような関係で黒羽の常念寺に登場したのであろうか。白雲と黒羽登場前の檀山とは何らかの関係を有していたのであろうか。『黒羽町誌』には、常念寺の化政期の記述はない。「松渓吟行図」は文化期の常念寺を知る手がかりとなろうが、詳細は不明。なお、黒羽・白河周辺の人間関係、須賀川十念寺・白河常宣寺・秋田六郷本覚寺・卒島（現小山市）西念寺といった白雲ゆかりの寺院については別稿で整理したい。

おわりに

『小泉檀山門人録』と、常念寺天井画調査のことなどについて若干の整理を試みた。小地域に限定されて評価がなされてきた小泉檀山だが、人物史研究の視点を加えた再評価が必要であることは理解できたのではなかろうか。今後、地方レベルから全国レベルへと研究の深まりが期待されるものである。

註

（1）北口英雄「『小泉檀山門人録』について」（『歴史と文化』九、栃木県歴史文化研究会、二〇〇〇年）。以下、本稿で述べる北口氏の研究成果（史料紹介）については、すべて本論文による。

（2）拙稿「小泉檀山研究—『森銑三著作集』「読書日記」から—」（『歴史と文化』二六、二〇一七年）。

（3）筆者は「小泉檀山門人録」のコピーを平成二十年（二〇〇八）一月二十日に栃木県立博物館で目にした。

（4）立原理沙家立原家文書、茨城県立歴史館蔵。

（5）肥後家文書、茨城県立歴史館蔵。

（6）肥後和男「骨董いじり」（『学叢』、日本大学文理学部、一九七九年）。

（7）久保常晴「肥後和男先生の御退職におもう」（『立正大学文学部論叢』五三、一九七五年）。

（8）「門人録」のコピーは栃木県立博物館に保管されているが、コピー順番が原本通り正確かどうか、現在でも確認できない。原本の行方は不明のままである。

（9）　欄外に「日光大王」「□（文カ）檀仙窟」とある。
（10）　島崎玉淵。島崎仙右衛門二女の婿が別家を立て初代善兵衛を名乗った。そこから数えて三代目が玉淵。
（11）　檀山が登場する自治体史には、『日野町誌』（日野町、一九七〇年）、『日野町史』第五巻文化財編（日野町、二〇一二年）、『茂木町史』第六巻通史編1（茂木町、二〇一〇年）、『黒羽町誌』（黒羽町、一九八二年）、『芳賀町史』通史編近世（芳賀町、二〇〇三年）などがある。これらの自治体史編纂以後の檀山史料所在の再確認が必要である。玉淵を集中的に取り上げた自治体史はない。今後檀山との関係で取り上げるべき人物である。
（12）　青木美智雄・山田忠雄編『天保期の政治と社会』（有斐閣、一九八一年）。
（13）　拙稿「画家になった近江商人」（『那須文化研究』一八、二〇〇九年）。
（14）　前掲註（11）『黒羽町誌』九〇二頁。
（15）　筆者が目にできたものに移転や火災関係の史料はなかった。傍証が必要である。
（16）　白雲については、内山淳一「白雲の研究―未紹介の真景帖を中心に―」（『仙台市博物館調査研究報告』一〇、一九九〇年）参照。
（17）　白河市歴史民俗資料館等。楽翁（松平定信）との関係が知られているが、下野国内での動静は不明部分が多い。別稿で整理する。

（付記）　本稿をまとめるにあたり、調査許可をくださった常念寺住職福田達雄様、植物に関し貴重な御指導をいただいた栃木県立博物館星直人先生、編集でお手数をおかけした宇都宮大学高山慶子先生、檀山研究に深い御理解を示され、つね日頃から御指導と励ましをいただいている石丸正運先生・北口英雄先生に、この場をお借りし厚く御礼申し上げます。

蒲生君平の西遊における同志の協力

阿部邦男

はじめに

蒲生君平の『山陵志』撰述の実態を明らかにする上で核心に位置付けられるのが、二度にわたる山陵探索を目的とする西遊の際に、親身になって協力を惜しまなかった「同志」の、協力の実態を明らかにすることである。その「同志」とは、本居宣長・竹口栄斎・堤広庵・覚峰上人・若槻（源三郎）幾斎・小澤蘆庵（おざわろあん）・畠中頼母（はたなかたのも）・泰深（たいしん）上人の八人である。本稿では、これまでに筆者が発表したその八人に関する一連の論文[1]に示した、同志八人の協力の実態の分析結果を整理し、その意義として紹介したい。

一　蒲生君平の生涯と著作

君平は、明和五年（一七六八）に宇都宮の町人福田又右衛門正栄の子として生まれた。君平は字で、他に君臧（くんぞう）、通称は伊三郎、諱を秀実、一名夷吾（いご）、修静庵と号した。安永二年（一七七三）に近所の延命院住職良快に学問の手ほどきを受け、天明二年（一七八二）に生涯の師鈴木石橋（一七五四〜一八一五）の私塾「麗沢之舎」に入門、同四年に先祖が蒲生氏郷であることを意気に感じて蒲生姓に改姓、合わせて石橋の紹介で黒羽藩家老鈴木為蝶軒（一七三二〜一八〇六）を訪ねた。更に寛政元年（一七八九）に江戸に遊学し山本北山の「奚疑塾」に入門、享和二年（一八〇二）に林述斎に入門する中で見識を高めて行った。その間、寛政五年から翌同六年にかけて、その当時衰微していた足利学校を、同校の庠主（校長）青郊を助けて復興に努めた。また、享和元年に江戸吉祥寺付近に住み、私塾「修静庵」を開いており、大友直枝・佐分利伴寛などの門人を輩出している。

生涯に、I著書として、次に示す注目すべき六書を著わした。

①山陵考究書『山陵志』全二巻（文化五年（一八〇八）刊）、『全集』一〜四一頁（『全集』については後述。頁数は増補6版による。本稿では本書を重点的に取り上げることにする）。

②官職考究書『職官志』全七巻（文化十三年（一八一六）刊）、『全集』四三〜三〇〇頁（第三次西遊で予約募集し、文化八年に第一巻出版を果たした）。

③国防提案書『不恤緯』全一巻（安政五年（一八五八）刊）、『全集』三五三〜三八〇頁（幕府に提出され却下されたが、幕末に松下村塾からも出版されている）。

④政治改革書『今書』全二巻（文久三年（一八六三）刊）、『全集』三〇一〜三五二頁（神祇・山陵・姓族・職官・服章・礼儀・民・刑・兵の九志の構想に発展させた書）。

⑤歴史分析論『皇和表忠録』全一冊（明治元年（一八六八）刊）、『全集』五八七〜五九七頁（我が国の古典にも君臣の在り方が明らかであることを弁じた書）。

⑥婦徳紹介書の翻訳書『女誡国字解』（天明七年（一七八七）頃成立）、『全集』三八一〜四一〇頁（漢代の班昭著『女

誡』を国字解にして、嫁ぐ妹に与えた書）。

そして文化十年（一八一三）七月五日、赤痢により江戸で死去し、谷中臨江寺に葬られ、後に遺髪が福田家の菩提寺の宇都宮桂林寺に改葬された。法名は修静院殿文山義章大居士。後世、林子平（一七三八〜九三）・高山彦九郎（一七四七〜九三）とともに寛政の三奇人と呼ばれる。(2)

その生涯を総括すると、君平は、優れた考古学者・歴史学者・政治学者・軍事学者・漢文（国文）学者・儒学者・教育者という七つの顔をもっていたといえる。(3)

君平の死後、Ⅱ君平伝として、次の注目すべき四書が著わされた。

①藤田幽谷（一七七四〜一八二六）撰「蒲生君臧墓表」（文政元年（一八一八）建立）、『全集』六一五〜六二〇頁（君平の親友による撰文）。

②滝沢馬琴（一七六七〜一八四八）著『蒲の花かつみ』（文政八年（一八二五）成立）、『全集』六〇一〜六一四頁（江戸時代中期の著名な戯作者による君平伝）。

③栗田寛（くりたひろし）（一八三五〜一八九九）著『蒲生君臧事蹟考』（明治五年（一八七二）成立）、『全集』六二一〜六五六頁（君平の好意的な幕府観を論証している）。

④重野安繹（しげのやすつぐ）（一八二七〜一九一〇）撰「贈正四位蒲生秀実碑文」（明治二十二年（一八八九）建立）、『全集』六五七〜六五九頁（明治時代の代表的歴史学者の撰文）。

中でも、②は、『山陵志』の出版を問われ遠島になりかけた状況が、林述斎（一七六八〜一八四一）のとりなしで咎なく済んだ記事を掲載し、③では、幕府を批判した『幕罪略』が君平の著ではないことを考察し、君平の好意的幕府観を指摘している点で注目される。

次に、Ⅲ遺稿集として、次に掲げる四書が編集・出版されている。

①茅根成編『修静庵遺稿』全一冊（嘉永二年〔一八四九〕刊）、『全集』四一一〜四二七頁（水戸の関係者が五言・七言（古・律・絶句）の漢詩を編集・出版した書）。

②県信緝編『蒲生君平遺稿』全三冊（明治十二年〔一八七九〕刊）、『全集』四五七〜五三三頁（幕末宇都宮藩による山陵修補事業提案者によって編集・出版された書）。

③栗田寛編『修静庵遺稿拾遺』全一冊（明治三十四年〔一九〇一〕刊）、『全集』四二九〜四五六頁（水戸藩『大日本史』志類の編纂に携わった歴史学者による遺稿集）。

④高浜二郎編『蒲生君平遺稿拾遺』全一冊（昭和三十七年〔一九六二〕刊、鍍金研究所刊、以下『君平拾遺』と略称。蒲生君平研究家高浜二郎氏が史料調査の結果発見した史料集）。

以上、Ⅰ①〜⑥、Ⅱ①〜④、Ⅲ①〜③が集大成され、君平没後一〇〇年の記念事業として、次の全集が編集・出版された（Ⅲ④は、戦後の出版であるため、全集には所収されていない）。

三島吉太郎編『蒲生君平全集』全一冊（一九一一年刊、増補3版・一九三三年刊、増補6版・一九四三年刊、本稿では『全集』と略称、頁数は増補6版による）。

二　君平の山陵に対する関心

1　高山彦九郎書簡より

君平が山陵に対する関心をもった時期を示す史料が〔寛政元年（一七八九）〕七月四日付藤塚知明宛 彦九郎書簡で、そ

の一節に、

（前略）扨於京都モ人ナキモノト見へ、恐大モ（多クモ）山陵之荒廃ヲ見捨有之候由、誠ニ感泣是ニ不耐、昼夜心痛罷在、乍併同志之中下毛人蒲氏（蒲生君平）モ殊之外熱心ニテ此事貫キ度筆法ニ勘考罷在候。書外万般得拝眉可申上候。草々頓首

七月四日　　高山彦九郎

（傍線阿部）

藤塚知明先生玉机下

とあり、中でも傍線部分に注目される。すなわち、高山彦九郎が友人の塩竈神社神官藤塚知明（一七三七～九九）に宛てた書簡で、傍線部分で彦九郎が君平を「同志」と見なし山陵の荒廃ぶりを嘆いている旨を示している。しかもこの記載は、寛政元年当時、彦九郎と君平とが会見していることも示している。

2　高野子隠との会見の意味

次に、高野子隠（たかのしいん）著『西遊雑識』（寛政六年）四月二日条の次の一節に注目したい。

余は足利学校ヲ探ル。（中略）学校ニ至リ都講蒲生君平ニ値フ。此夜学校ニ投ジ、君平ト談ジ夜半ニ寝ス。清晨礼服拝二謁聖堂一、主僧及君平指揮ス。堂左野篁木造アリ、堂右著案アリ、三門扁額、学校二大字楷書、明人某所書ト云。

これは、水戸の人高野子隠(4)が、寛政四年三月十日から同六年四月十七日までの医学遊学を終えて帰郷の途次、足利学校で君平と会見した時の状況を記したものである。

水戸の人では他に、木村謙次・立原翠軒・小宮山楓軒・藤田幽谷が京都遊学を行なっているが、期間が最長だったのが高野子隠であった。しかも、京都遊学の期間中、その交流範囲は、医学関係の諸士の他、藤貞幹・皆川淇園・小沢蘆庵など幅広い交流を展開したようで、中でも蘆庵との交流は、君平への蘆庵の紹介者が子隠と考えられる点で重要である。

また、前掲の記事は、寛政五年から翌六年に君平が庠主青郊を助けて足利学校復興のため同校に滞在し、同校で重きを置かれていたことを示す面でも貴重である。

3　君平の西遊に関係する書簡三通

(1)〔寛政九年〕七月二十日付 鈴木為蝶軒宛 君平書簡（『全集』五四二～五四九頁）

君平の第一次西遊の報告書と位置付けられる書簡で、特に重要部分を摘出して示すと、

（前略）

①先年、常憲院様有徳院様此御二代頗ル此事ヲ御存シ被遊候。京都守護ト奈良奉行ニ被命御尋、陵上ニ垣ヲ囲ミ制札ヲ被立候所、其垣モ既ニ朽チ、制札モ失ヒ其節ニ除之地重テ又荒廃ス。実ニ公儀ノ思召ニモ違タル事共也。此儀拙者聞者既ニ四年、時々思出シ由是西遊仕候所、河内、大和、和泉、摂州、京地ノ辺奔走スルコト数月、幸ニ好キ天助ノ案内ヲ得、一々探得候処、常憲有徳二公之時尋ネ過者注シ尋ネ出申候。京地ノ陵ハ勿論、本ヨリ細小ニ候間、多ク平地ノ田畝ト成候得共、妙法院宮様御蔵ノ図ヲ得テ頗ル其地ヲ得申候。此上ニモ京畿間同志之士ト重テ其詳ヲ得而、②水戸黄門義公日本史ニ附所之志類ニ山陵志ヲ可添ト存候。③此ニ付拙者同志之者ハ大和ニ竹田（ママ）栄斎ニ堤広庵ニ河内ニ金剛輪寺住職ニ、京都ニ若槻源三郎〔儒者也〕小沢蘆庵〔一代歌人〕畠中頼母〔聖護院宮

代官〕竹田ノ安楽寿院ノ金蔵院住僧職其大和摂津ニモ両三輩同志之者有之。扨テ④竹田栄斎ト申者其先祖南朝ニ仕テ後伊勢ノ国司北畠殿ニ属シ自織田信雄為伊勢ノ嗣世々織田左衛門督殿ニ仕申候者也。今隠居シ三輪神社ノ傍住居リ此仁和書ヲ博覧古事ニ通シ昔シ元禄中大坂人松下見林　先王（ママ）廟陵記ヲ撰ス、其中猶誤脱多ニ因テ是ヲ補度其他古昔名臣之墳墓モ其土地ノ名田地字等ニ付而探リ求メ陵墓志ヲ撰ミ被申候。是モ永年ノ業ト心得而十年来之思立候得共此度拙者ノ進ニ付急々同道相尋候。

（中略）

七月二十日　　　　蒲生君平　再拝

鈴木大人　机下

（後略）　　　　（傍線①〜④阿部）

となる。『全集』編者の年次考証では寛政十二年とするが、寺田剛氏・高浜二郎氏の考証で、寛政九年とするのが正しい。[5]『全集』にして六頁に及ぶ長文で、幕府による元禄度・享保度の山陵修補事業の状況、『山陵志』の『大日本史』志類への編入の思惑、西遊での同志の紹介、栄斎の人となり、松下見林著『前王廟陵記』と竹口栄斎著『陵墓志』との関係、といった内容となっている。

特に、同志として竹田栄斎じつは竹口栄斎（英斎・永斎）、堤広庵、金剛輪寺住職覚峰上人、儒者若槻源三郎こと若槻幾斎、一代歌人小沢蘆庵、聖護院宮代官畠中頼母、安楽寿院内金蔵院住僧職泰深の七人が紹介されているのは貴重であり、重要である。

(2)〔寛政十年〕正月十四日付 本居宣長宛 君平書簡（『全集』五四九〜五五〇頁）

『山陵志』序稿を知人の鈴木生を介して批評を依頼している書簡で、重要部分を掲げると、

（前略）

兼て御談話に及候　歴朝山陵の事大抵尋認申候間帰来因水戸家上表修復可希与存候処、幸に其藩中諸学士皆同意にて、殊に①先君義公も其思召有之儒臣森尚謙に命じ上表之稿成候得共不幸にして未果義公御逝去誠に残念に奉存候。今其遺意を継事に御座候間定て　公義にも御用可被下と被存候。是に付若し此年中にも重て西遊可得貴意候。②山陵志の序の稿鈴木生持参仕候間御覧被下就中御思召有之候は丶、無御遠慮、御教示奉希候。委細は鈴木生え座を仮し御物語可被遊候。不宣

正月十四日　　　　蒲生君蔵

本居春庵様

梧下

（傍線①②阿部）

となり、傍線②にその旨が記され、更に傍線①に徳川光圀が史臣森尚謙に山陵修補事業建白書を草させながら、建白を実現できなかった遺志継承の旨が表明されている。

(3)**〈寛政十二年〉五月二十四日付　仏坂子貫宛　君平書簡**（『君平拾遺』四六～四八頁）

第二次西遊からの帰郷後すぐに書かれた書簡で、その冒頭部分を示してみよう。

正月廿五日雲箋已ニ達候得共、以五月廿四初テ拝覧。先以梧下御清福之状承知、弥重奉存候。然トモ可惜ハ糾々タル善八氏、秀而不実、中途ニテ物故、甚傷入候。記録ノ義、残り四冊モ既ニ可遣筈ニ候得共、校讎未畢候間甚延引仕候。扨先日申上候通、歴朝陵寝荒廃ヲ悲ミ、重テ以此正月上京、往々雨天相続、尋事も延引ニ及び、其事

全ク遂候而、当月ニ漸ク帰宅仕候。是以、雲箋拝覧及ヒ反書亦延引ニ御座候。

（中略）

五月廿四日

蒲生秀美

拝

仏坂守一様

梧下

（後略）

（傍線阿部）

これは、蒲生君平研究家の高浜二郎氏が、史料探索の結果発見されたもので、この書簡⑶の存在により、書簡⑴が寛政九年に、書簡⑵が享和元年ではなく寛政十年に書かれたことがわかり、第二次西遊からの帰郷の時期も特定できることになった（以下本項収載の書簡は、書簡⑴⑵⑶のように記す）。

4　山陵探索を目的とする西遊の実施

⑴第一次西遊

君平は、山陵探索目的の西遊を二度行ない、第一次西遊を、恩師鈴木石橋の「寛政八年丙辰十一月初六」年記の「送蒲生君平序」など諸史料を勘案し、寛政八年十一月中旬頃から、書簡⑴の存在より、この書簡の書かれる前日翌同九年七月十九日まで行なわれたとみられる。[6]

⑵第二次西遊

それに対し第二次西遊は、書簡(3)の仏坂子貫宛君平書簡の傍線部分より、同十二年正月二十日頃西遊に旅立ち、同年五月二十四日に宇都宮に帰郷したことがわかる。

以上、第一次西遊が八か月、第二次西遊が閏四月を含めて半年と、ともに一年に満たないのに充実した山陵探索が実施できた背景に、同志の協力が大きかったことが推測される。

三　同志の協力

1　本居宣長（一七三〇〜一八〇一）の協力

本居宣長は、国学の大成者として著名だが、君平は、第一次西遊の途上で、宣長自記「来訪諸子姓名住国并聞名諸子」寛政八年（一七九六）条に、

〔十二月十一日〕

一、江戸小石川　　蒲生君平　　ジュシャ御国玉シヒ

とあり、寛政八年十二月十一日に、第二次西遊の途上では、（寛政十二年二月）三日夕付 植松有信宛 宣長書簡(7)の一節に、

然者下野国人蒲生君蔵と申人尋参り、今夜一宿いたし度何方成共宿を取呉候様ニ申候。（中略）先年も参候事御座候。

とあり、寛政十二年二月三日から四日にかけて訪問していることがわかる。

書簡(2)の君平書簡は、第一次西遊の翌年に書かれたもので、宣長に『山陵志』序稿の批評を求めていること、前の

宣長書簡で、弟子の植松有信に一泊する君平の宿の世話を依頼していることより、二回の会見が頗る有意義であったことを推測せしむるのである。

では、宣長は、山陵とどのような関わりをもっていたかといえば、明和九年（一七七二）に吉野へ花見見物に行った際の道中日記『菅笠日記（すげがさにっき）』(8)の伝神武天皇陵を訪れた時の記述に、

亦神武のおほんは。山の東北と。日本紀〔畝傍山東北陵〕にも延喜式にもあるを。かのすゐぜい塚は。西北にしもあなれば。うたがひなきにあらねども。古事記には山の北のかたと見え。又かの御陰井上〔ミホドヰノウヱ〕の御陵は。山の西なるを。日本紀には。南といへるたがひもあれば。必東北とあるになづむべきにもあらざらんか。後の人なほよくたづねてさだめてよ。（傍線阿部）

とあり、『古事記』『日本書紀』『延喜式』の記事と実際の位置との対照で異論を唱え、傍線部分で正しい御陵治定を後人に託している。

そして、随筆集『玉勝間』(9)の「神武天皇の御陵」の冒頭部分の特に傍線部分の記載から、

はやく吉野の道の日記（註＝『菅笠日記』）に、しかしるしぬるを、其後此四五年さきに、大和国人に、竹口英斎といふがかたりけるは、今綏靖天皇の御陵と申すは、なほ綏靖天皇なるべく、神武天皇の御は、おのれさだかに尋ね出奉りたり。（傍線阿部）

大和国の竹口英斎なる人物と会い、神武天皇陵の所在などについて語り合った旨が記されている。それはいつかと言えば、前の「来訪諸子姓名住国并聞名諸子」寛政三年十一月二十七日条に竹口栄斎が子息作十郎と共に訪問している旨が記されており、寛政三年十一月二十七日であったことが明らかであろう。

君平は宣長から、第一次西遊途上の訪問では、神武天皇陵の所在についての見解と、竹口英斎の紹介を受け、第二

次西遊途上の訪問では、『山陵志』序稿への批評、『大日本史』志類編入の意義、徳川光圀の山陵修補事業建白の意義についての示唆を受けたとみられる。

2　竹口栄斎（?～一七九八）・堤広庵（生没年不詳）の協力

第一次西遊途上で宣長の許を後にし、年内に京都に着き書肆茨城屋（いばらきや）柳枝軒（りゅうしけん）に寄宿しながら暫くは調査活動を行ない、寛政九年二月には天橋立から足を延ばし隠岐島の後鳥羽天皇陵を探索した後、三月に大和国の竹口栄斎の許を訪れたとみられる。

君平は、書簡(1)の傍線④で栄斎について記しており、その内容をまとめると、

・先祖が代々南朝に仕え、後に北畠氏が伊勢国司に任ずるとその配下に属したこと。
・織田信雄がそれを継いでからは織田左衛門督に仕えて栄斎の代に及んだこと。
・致仕後は大神神社の近くに住んだこと。
・和書を博覧し古事にも通じていたこと。
・松下見林著『前王廟陵記』の誤謬を正すべく十年余をかけて『陵墓志』を撰述しており、君平の求めに応じて山陵を案内していること。

となる。しかも、最後の『陵墓志』の構成は、

第一巻　帝陵部　自神武天皇・至推古天皇
第二巻　皇后国母部　自神武皇后・至斉明国母
第三巻　皇子皇女部　自彦五瀬命・至有馬皇子

となり、皇后・国母・皇子・皇女に至る陵墓の考証を、旧記を参考にし実地の探索と並行して行なおうとするところに栄斎の志の大きさが知られ、栄斎の協力の大きさが窺われる。

しかし、『和学者総覧』（国学院大学日本文化研究所編、一九九〇年）に、立原翠軒が塙保己一から聞いた情報として、

　寛政十年
三輪ノ人竹内（ママ）英斎二月上旬死。陵墓誌（ママ）草稿ノミニテ、未脱稿ト云、検校ヨリ告来ル。

とあることから、栄斎の協力は、第一次西遊のみであったことがわかる。

それに対し、堤広庵は、栄斎著『陵墓志草』（東北大学附属図書館所蔵）の巻末に、

　　考　竹口永斎
寛政九丁巳年閏七月校訂吉川覚兵衛茂周（しげちか）
　画工堤広庵惟徳（これのり）

とあり、画工として山陵探索の記録面で協力し、『陵墓志』をめぐって栄斎と密接な関係にあったとみられる。

しかも、文化九年（一八一二）正月十二日付 松本久右衛門宛 君平書簡の一節(10)に、

扨テ大和山陵ノ事ハ奈良ヲ始トシテ旧都の西北東南等随分易知、（中略）高鳥城下土佐ニ住ム堤広庵ト云人、（中略）皆拙者に親敷人ニ候間、共ニ山陵ノ事御語可然候。

とあり、広庵がこの当時存命で、大和国高鳥（高取とも）の住人で、西遊の折に親しくしていたことがわかる上、第一次・第二次西遊時ともに協力を受けたことも推測される。

3　覚峰上人（一七二九～一八一五）の協力

覚峰上人は、書簡(1)で君平が河内国金剛輪寺住職と紹介する人物で、栄斎著『陵墓志』第三巻皇子皇女部「新漢槻本南丘墓　境黒彦皇子允恭天皇第三皇子」の頭注に、

　覚峰上人説可在今井ハ木辺乎〔云々〕天智記(ママ)孝徳記(ママ)可二考合一

と記され、君平は第一次西遊の寛政九年四月初旬、栄斎の紹介で河内国覚峰上人の許を訪れ、第二次西遊でも同十二年閏四月下旬に訪れたとみられる。

覚峰上人の詳細な伝記白井繁太郎著『阿闍梨覚峰の伝』（大阪府立図書館、一九五八年）では、覚峰は僧侶としての修行三昧の合間に、国学・地誌学の研究の傍ら古文書や考古学的遺物の収集に努め、河内国に所在する天皇陵を含む古墳の研究も進めていたという。

その指摘を承けての筆者の検証では、君平は第一次西遊で、『十六(しし)山(ざん)縁起註解』五巻などの著書の他、幕府による元禄度の山陵修補事業の報告書『列聖山陵考』などのそれまでに収集した文献の提供、研究中の山陵を始めとする古墳の案内を受けたとみられる。

更に第二次西遊では、その後成立した『高津宮〔並〕大郡小郡考』『仁賢天皇山陵考』『孝徳天皇大坂磯長(しなが)陵考』『高津宮旧跡考』二巻などの著書の提供。また、特筆事項として、第二次西遊では、書簡(2)の内容を承けて、『山陵志』序稿を持参し本居宣長など同志に献呈していたようで、高浜二郎氏が金剛輪寺を中に含む杜本神社でその自筆本を発見されており、それに対する批評も受けていたと考えられる。

『山陵志』の仁賢天皇陵の記事が、覚峰の『仁賢天皇山陵考』の説を参考にしているとみられること、覚峰の著書『高津宮旧跡考』に序文を記していること、覚峰の伝記「駒谿古話(こまがたにこわ)」を撰していることは、河内国での二度の山陵探

索が、覚峰上人の協力で充実したものであったことを如実に示しているといえよう。

4　若槻幾斎（一七四五〜一八二六）の協力

若槻幾斎は、書簡(1)で君平が儒者と紹介する人物で、近藤杢著「若槻幾斎とその著書」（『斯文』二二―四、一九四三年四月）で紹介される若槻幾斎自伝の一節に、

　編此自二少弱一孳々盡レ力、歴二五六十年一而成就。闡二揚聖道一啓二迪後進一。

とあり、その著書中『四書集註翼』(11)の完成まで五、六十年費やしたことが記されている。

別の著書『畏庵随筆』(12)では、自序に、「類を六にわかち、巻をふたつとし」と記し、巻上（歳時・教学・摂養）・巻下（国籍・古記・風詠）の構成の中で、「教学」の項で敬を主とし仁を求めて恕を行なうという学問の真髄を、「国籍」の項で「六国史」に沿って歴代天皇の事歴を探ることの重要性、「古記」の項で特に『日本書紀』の異本の存在を提示している。

別の著書『承応遺事』(13)において、後光明天皇の逸事・遺事を記している。

また、高山彦九郎の『寛政京都日記』(14)を見れば、寛政二年正月から七月まで一六例の幾斎に関する記事が散見される。

更に、彦九郎が寛政三年七月十八日に九州へ旅立つ際に送った序「贈高山仲縄」には、藤田幽谷が水戸学の極意についてまとめた『正名論』に触れている。

以上の状況に鑑み、君平は幾斎から、第一次・第二次西遊を通して、学問の真髄、「六国史」特に『日本書紀』についての情報、彦九郎との交流の状況、水戸藩の『大日本史』編纂の目的についての認識の提示を受けたとみられ

る。そして、儒学者という立場からの皇族・公卿・交友との人間関係の有益な情報も受けたと考えられる。幾斎を君平に紹介したのは、次に取り上げる蘆庵の可能性が高い。

5　小沢蘆庵（一七二三〜一八〇一）の協力

蘆庵研究家中野稽雪（けいせつ）氏の、『小沢蘆庵』（蘆庵文庫、一九五一年）をはじめとする一連の研究書(15)を参考にして、協力の実態に迫りたい。

小沢蘆庵は、書簡(1)で君平が一代の歌人と紹介する人物で、第一次西遊では、歌人として収集した『万葉集』『古今和歌集』の提示、蘆庵が提唱する「ただごと歌」の趣旨説明、多彩な和歌の門人を擁している中で、有職故実家橋本経亮からの示唆、書簡(1)に「妙法院宮様御蔵ノ図ヲ得テ頗ル其地ヲ得申候」とあるように妙法院宮真仁（しんじん）法親王からの関係資料の提供を受けたとみられる。

第二次西遊においては、寛政十二年二月十二日付牧石潭（まきせきたん）宛蘆庵書簡に、

（前略）然し此蒲生君平と申仁、先帝々御陵正し置き度心願に而、諸々被二相廻一候。京都にては此方にて致二旅宿一居被レ申、其御地に参候事とて暫其御方に旅宿可致様御世話御頼申候。随分慥成仁に御座候。下総足利（ママ）学校の儒者に御座候。御舍弟十蔵殿へ御引合、学事御物語御聞可レ被レ成候。

二月十二日　　　　　　　　　　　　小沢蘆庵

牧久兵衛様

と記され、蘆庵から讃岐国の和歌の弟子牧石潭(16)へ紹介し、讃岐国に所在する崇徳天皇陵の探索に対する協力を求めて

いる。その成果は『山陵志』の崇徳天皇陵の項に示され、その充実度は、同陵に隣接する白峰寺の君平撰「白峰寺縁起跋」の存在に暗示されているといえる。しかも、今次西遊における京都の寄宿所が、蘆庵宅であることも表明されている。

蘆庵の紹介者は、本稿二節2で取り上げた高野子隠と考えられる。

6　畠中頼母（一七五二～一八〇一）の協力

畠中頼母は、書簡(1)で君平が紹介する「聖護院宮代官」の立場と、大田南畝と併称される銅脈先生等の号をもつ滑稽・風刺を趣旨とした漢詩文学「狂詩」の大家でもあった。

このことより、蘆庵の紹介で「妙法院宮様御蔵ノ図」を借り受けたように、頼母の斡旋で、門跡寺院聖護院に所蔵される門外不出の資料を参考に供され、狂詩については、注目すべき日本の風刺作家たることを許される段階に達していたと見られ、野口武彦氏(17)によれば、自己凝視の深さが具わっていたとも分析され、君平は頼母からものの見方・考え方について示唆されるところが大きかったと考えられる。

また頼母は、柴野栗山宛書簡（静嘉堂文庫所蔵『小宮山楓軒叢書　第六三冊』内「諸子与栗山書」所収）の一つの次の一節に、

先比申上候鈴鹿記、昨日蒙斎と読合仕候に付、先差上候今一本は先達て蒙斎へ新写頼置申候。来月上旬比には差上候様に可相成との義に御坐候。

と記し、生涯の最後の十年間、柴野栗山と連絡をとりつつ、近畿地方の世家古刹に伝わる国朝典籍の研究に従事していたことがわかり、その成果の情報交換を受けるとともに、柴野栗山への紹介を受けた公算が強いといえる。

更に、別の栗山宛書簡の記載より、山陵の考証に当たっての参考文献の提供、少しずつでも山陵を分析した結果についての情報提供、他に交流をもっていた藤貞幹を始めとする人物紹介を受けたとみられる。

君平への頼母の紹介者は蘆庵で、『聖護院日記』の記事、頼母の「致仕願書」の時期からして、頼母の協力は、第一次西遊のみであったと考えられる。

7　泰深上人（一七六〇～一八三〇）の協力

泰深上人は、書簡(1)で君平が「竹田ノ安楽寿院ノ金蔵院住僧職」と紹介する人物で、安楽寿院内の、当時塔頭一二院中「金蔵院」住僧職に任じた学僧で、君平は、第一次・第二次西遊ともに、泰深の許を尋ねたとみられる。

その著書『安楽寿院原要記』（同院所蔵、以下『原要記』と略称）は重要で、その奥書に、

来由記有焉。嘗運敞僧正所二撰述一。則安楽寿院之荒廃大綱為備矣。雖レ然校二之諸書一則不レ為レ無瑕也。是以討二尋数十部書一以綴二斯之記一。然予也才短筆亦拙自知二僭踰之罪一不レ能レ免焉。若レ夫雅操君子寛容以加二磨琢一則礦石忽為二照レ車之器一也必矣。

文化元年甲子春三月既望　南宮沙門泰深謹識

とあり、内容は安楽寿院の沿革を記したもので、運敞（うんしょう）僧正が貞享二年（一六八五）に撰述した『安楽寿院来由記』一巻をより完全なものにしようと、末尾に示す三八部の古書・稀書を参考として撰述したことがわかる。

その『原要記』の撰述に基づく、白河天皇・鳥羽天皇・近衛天皇陵の徹底した考証状況についての示唆、必要な資料提供と、研究・調査結果からの助言をしたと考えられ、『山陵志』の各陵の本文、

鳥羽郷有二塔三基一以擬レ陵。白川陵其西塔也。故成菩提院地。（註・按文略）鳥羽陵其中塔也。（註略）近衛陵其東塔也。

の記載はそれを反映し、更にその本文「並是安楽寿院地」に続けての註に「安楽寿院。其僧相伝」とある「其僧」こそ、泰深と考えられる。そして、『原要記』の「引用書目」三八部は、君平の西遊当時泰深の手許にあった可能性が高く、参考に供されたとみられる。

泰深の紹介者は、蘆庵の歌の弟子義速と、君平の西遊以前に蘆庵と交流のあった伴蒿蹊とを候補者としてあげておきたい。

四　『山陵志』をめぐって

1　蒲生君平の考古学的見識・「前方後円」墳の使用例

『山陵志』の序をみれば、君平の考古学的見識(18)を端的に示すもの、山陵の変遷について、

上古は大朴にして、山陵の制、いまだ備わらず。瓊杵氏・炎見氏・彦波瀲武氏は邈（はる）かなり。（中略）太祖より孝元にいたるまで、なお丘隴について墳を起こすなり。開化より其の後、蓋寝の制あり。垂仁に及んで始めて備わり、下って敏達にいたる凡そ二十有三陵は、制ほぼ同じなり。およそ其の陵を営むは、山に因りて其の形勢に従い、向こうところ方なく、大小、高卑、長短も定むるなし。その制をなすや、かならず宮車に象り、而して前方後円①となさしめ、壇をなすに三成とし、かつ環らすに溝をもってす。（中略）用明より文武にいたる凡そ十陵は、とくに是の制を変ず。但（およ）そ円にこれを造り、玄室②を其の内に穿治し、これを築くに堲をもってし、これを覆うに

巨石をもってす。石棺は其の内にありて南面す。ゆえに其の戸も南面す。しかして累石これが羨道③をなす。
（傍線①②③阿部）

と記す。特に古代の山陵の見方・考え方は、古墳が多く所在する大和国の竹口栄斎・堤広庵、河内国の覚峰上人の長年の古墳研究の見解が反映されており、傍線①②③の「前方後円」墳・「玄室」・「羨道」の古墳用語の使用も、三人からの感化が大きかったとみられる。

2　君平の『山陵志』撰述の志の三段階

(1)第一段階―『大日本史』の志類への編入

君平は、『山陵志』撰述にどのような志を込めたかと言えば、(19)第一次西遊の時期には、書簡(1)〔寛政九年（一七九七）七月二十日付 鈴木為蝶軒宛 君平書簡の傍線②に「水戸黄門義公日本史ニ附所之志類ニ山陵志ヲ可添ト存候」とあるように、『大日本史』の構成要素の一つ「志」類に『山陵志』を編入してもらおうと考えていた。この志に対しては、第一次西遊における若槻幾斎の『大日本史』編纂の目的に対する認識が後押ししたとみられる。

しかし、同年十二月の徳川光圀百年忌の本紀・列伝のみの編纂・出版を期し、同年八月志・表の編纂中止が決定さ(20)れたことをもってそれを断念したようである。

(2)第二段階―徳川光圀の山陵修補の志を継承

しかし、前の書簡が書かれてから五カ月後の書簡(2)本居宣長宛 君平書簡の傍線①の一節、

先君義公も其思召有之儒臣森尚謙に命じ上表之稿成候得共不幸にして未果義公御逝去誠に残念に奉存候。今其意を継事に御座候

より、徳川光圀が、元禄七年（一六九四）に儒臣森尚謙[21]に「幕府に対する山陵修補事業上表文」を草させながら果たせなかった遺志を、自分が継ぐことを志しているのである。第一次西遊後の水戸訪問で初めて実見する機会に恵まれたようである。すなわち、水戸藩に幕府に上表してもらい同事業を実現させることを第二段階と意識し、『山陵志』をその際の参考資料として位置付けるに至ったとみられる。そこで、「上表文」[22]の重要部分を示すと、

（前略）所レ恨綿邈之間、陵墓或失二其地一、旧史所レ録難二推求一焉、（中略）世人知レ拝二神祖天照大神一、而不レ知レ拝二帝祖神武天皇一、（中略）伏望追二尊太祖一、祭二其所一レ祭、追二求諸陵一、修二其可一レ修、示二孝於万世一、知二報本之道一、垂二教於不朽一致二追遠之誠一。

となり、歴代天皇陵の荒廃を嘆き、それを修復してあるべき姿に戻そうと主張する内容で、更に、松下見林著『前王廟陵記』[23]序文に、

自二壮歳一参二考旧記一。並自訪二其地一。或問二於故老一。記二録之一。

とあり、『大日本史』の編纂方針と軌を一にし、徳川光圀の山陵修補の志、見林が高松藩に仕官中に『前王廟陵記』を撰している事実より、光圀は同書を事業実施の際の参考資料と位置付けていたとみることもできるであろう。

しかし今回も、寛政九年八月からの『大日本史』題号問題[24]、同年十一月に提出の「丁巳封事」[25]で藤田幽谷が謹慎処分を受けたこと等により、水戸藩への期待を失ったとみられる。

(3)最終段階——『山陵志』稿本の柴野栗山への呈示の試みの意味

この事態に君平はどうしたかといえば[26]、文化四年（一八〇七）に幕臣で当時将軍の身の回りの世話をする小納戸役に任じられていた友人長谷川保邦に送った「与長谷川進物書」[27]に、

拙稿山陵志を以て柴学士に示されんことを。柴学士は西丸の侍読、其内官たるを以てなり（原漢文）

とあり、当時幕府の奥儒者で西丸侍読の柴野栗山に、保邦を通して『山陵志』稿本を呈示しようとしていることがわかる。

君平は、書簡(1)鈴木為蝶軒宛書簡の傍線①の「常憲院様有徳院様此御二代頗ル此事ヲ御存シ被遊候」という記述などから幕府に好意的で(28)、更に栗山が寛政四年に神武天皇陵を参拝し、七言律詩「神武山陵」(原漢文)に、

遺陵わずかに路人に問ひて求む　半死の孤松半畝の丘
聖神帝統を開くこと有らずんば　誰か品庶をして夷流を脱せしめんや
厩王の像設金閣を専らにし　藤相の墳塋玉楼を層ぬ
百代の本枝麗億のみならず　誰か能く此の処に一たび頭を回らさん

と詠み、その荒廃ぶりを嘆いている事実を、畠中頼母等との交流から、承知していたとみられる。この事実は、君平自らが幕府に山陵修補事業実施を働きかけた動きと位置付けられよう。

3　『山陵志』の出版とその反響—『山陵志』版本の提供先と光格天皇への天覧—

『山陵志』は、文化五年夏に「百本程」出版され有識者に頒布されたが、その頒布先を示す貴重な史料が君平書「呈萩原中書書」(29)で、その関係部分を掲出しよう。

敢致二山陵志十部併不恤緯稿一以呈二賢覧一也。幸其読レ之。則愚忠可レ知矣。秀実嘗在レ京。竊聞二明公徳業之盛一。欲三一仰二闇闇其威儀一。幸獲下以承二尊意一辱二交誼一而以二国士一視上我也。知遇之感。歿レ身不レ忘。然屈レ指。其遊在二十年前一矣。自二沢翁之歿一。卒無二復書問来往一。

（傍線①②阿部）

特に傍線①により『山陵志』一〇部が頒布され、傍線②より萩原中書とは小沢蘆庵(沢翁)を通じて知り合ったことが

わかり、更に『公卿補任』（国史大系本）寛政十一年条の記載に、

〔従三位〕萩原卜従言四十四　正月廿七日叙　天明元三十五兼皇太后宮少進。同日拝賀。

とあり、萩原中書とは具体的には従三位の萩原従言（はぎわらつぐこと）のことで、『山陵志』出版の反響の一つ、光格天皇の天覧に、萩原従言→聖護院宮盈仁法親王（みつひとほっしんのう）→光格天皇の流れがあったと考えられる。

おわりに―『山陵志』の出版に対する幕府の尋問―

『山陵志』の出版の反響には、幕府による尋問もあり、その答申が「山陵志に就き幕府に上れる答申書(30)」で、その全文を掲げよう。

山陵志何訳ニテ彫刻、何ノ頃ヨリ売弘候哉并ニ起立ノ訳御尋ノ事

一　御尋ニ付申上候

山陵志起立ノ訳ハ其書発端ニ載申候間御覧可被遊候。昔シ文武帝大宝年初有勅撰律令玉ヒ、百代大典トコソ被致候。中世干戈相継、古記旧典、多就残滅、律者十二章ノ中唯其四章ノミ余リ候。幸ニ於首章名例所謂五罪、及八虐六議ノ名目モ存シ、今日御法度ノ根本ニモ相成候。八虐ノ其二ニハ謀大逆、注ニ謂フ謀毀㆓山陵及宮闕㆒。トテ、至テ重事ニ御座候。自㆓兵乱之後㆒畿内諸国山陵尽荒廃無知之民刈㆓木草㆒石棺モ暴露、奉幣使久敷打絶候テ、則八虐ノ名空敷成、律ヲ并テ無用ノ様ニ相聞候。於㆓聖代㆒此一大闕典ハ、偏ニ嘆事ニ奉存候。水戸先君義公様此由ヲ気毒ニ思召、奏㆓聞天朝㆒如㆓旧例㆒御祭事為㆑行度命㆓儒臣㆒上表ノ草稿ヲ作セラレ、御不幸ニシテ無㆓幾程㆒御逝去。御思召不㆑被㆑為㆑遂。但其稿ノミ森氏儼塾集ニ相見エ候。水戸人於㆑今被㆑為㆑奉㆓遺憾㆒候。私儀ハ浪人ニテ

東西奔走自在ノ身ニ候間、相謀十年已前、両度迄西遊、畿内諸国一々巡覧。然シテ後ニ此書ニ撰申候竊ニ期二不朽一、此歳彫刻、夏ノ初ニ出来仕候。但心ニ恃ミ申候ハ、御歴々様ハ天資高明ニシテ、大義ニハ御暁キ者ト奉レ存候間、百本程摺リ縁ヲ求メ処々分散仕候。売本ニハ一切仕不レ申候

文化五年冬十一月二十四日

浪人

蒲生伊三郎

御役所様

その堂々たる姿勢の根底には、西遊先での同志の協力の充実による自信があったといえる。『山陵志』を名著足らしめたのは、君平の見識と、同志の協力があったればこそといえよう。

註

（1）拙稿「蒲生君平の本居宣長訪問の時期とその意義」（『神道史研究』四四―一、一九九六年一月）、「山陵志に対する竹口栄斎の影響」（『神道史研究』三一―二、一九八三年四月）、「山陵志に対する覚峰上人の影響」（『谷省吾先生退職記念神道学論文集』一九九七年七月）、「山陵志に対する同志の協力の実態―小沢蘆庵・泰深・畠中頼母・若槻幾斎の場合―」（『日本学研究』一〇、二〇〇七年十二月）。これらの論文は、拙著『蒲生君平の『山陵志』撰述の意義―「前方後円」墳の名付け親の山陵研究の実態―』（皇学館大学出版部、二〇一三年、以下拙著と略称）に収録。※拙著は学位論文を出版したもの。

（2）詳細は、拙稿「寛政の三奇人の称呼と相互の交流の実態」（『日本学研究』一、一九九八年十二月）を参照。拙著では、

「君平の山陵に対する関心」に触れている部分を掲載しており（拙著三一一～三二〇頁）、本稿では、第二節で取り上げている。

（3）詳細は、拙稿「蒲生君平先生の業績顕彰と二百年忌記念事業計画構想について」（蒲生神社報『九志』二八、二〇〇二年七月）を参照。

（4）詳細は、拙稿「蒲生君平の西遊に対する高野子隠の協力」（『水戸史学』三二、一九九〇年五月）を参照（拙著二六四～二七七頁）。

（5）雨宮義人・寺田剛共著『山陵の復古と蒲生秀実』（至文堂、一九四四年）後篇・第四章第二節「疑問の書翰」（寺田剛執筆部分）一八〇～一八三頁、高浜二郎『（原稿）蒲生君平の手紙』内「鈴木蘭庭（為蝶軒）に送った手紙（一）」・「鈴木蘭庭（為蝶軒）に送った手紙（二）」と、『蒲の花』（鍍金研究所、一九六二年）賀の部内「問題の手紙」四四～四六頁で考証している。

（6）詳細は、拙稿「蒲生君平の西遊の時期とその意味―山陵探索を目的とした西遊の場合―」（『水戸史学』三九、一九九三年十月）を参照（拙著二七八～二九八頁）。

（7）奥山宇七編『本居宣長書簡集』（一九三四年）所収。

（8）『本居宣長全集』第一八巻（筑摩書房、一九七三年）所収本によった。

（9）『本居宣長全集』第一巻（一九七三年）所収本によった。

（10）高浜二郎氏が史料探索で発見された書簡。『君平拾遺』五八～五九頁。

（11）同書を、国立公文書館内閣文庫所蔵の版本によった。

（12）『日本随筆大成』一期一四巻（吉川弘文館新装版、一九九三年）所収本によった。

(13)　近藤瓶城編『史籍集覧』第五冊(臨川書店後刻版、一九六七年)所収本によった。

(14)　『高山彦九郎日記』第四巻(西北出版社、一九七八年)によった。

(15)　『小沢蘆庵』(蘆庵文庫、一九五一年)、『小澤蘆庵その後の研究』(蘆庵文庫、一九五六年)、『小澤蘆庵の真面目』(中野義雄編、蘆庵文庫、一九八五年)。

(16)　詳細は、拙稿「蒲生君平の西遊に対する牧石潭の協力」(『皇学館史学』九、一九九四年三月)を参照(拙著二九九～三三一頁)。

(17)　野口武彦著「酒鬼昇僊」(『歴史と人物』昭和四八年二月号、『江戸人の昼と夜』〔筑摩書房、一九八四年〕所収)。

(18)　安藤英男著『蒲生君平山陵志』(りくえつ、一九七九年)七七～七八頁。考古学的見識の詳細は、拙稿「山陵志にみる蒲生君平の考古学的見識」(『皇学館史学』一五、二〇〇〇年三月)を参照(拙著三六六～三八五頁)。

(19)　詳細は、拙稿「蒲生君平の志と『山陵志』撰述の目的―水戸とのかかはりを通して―」(『水戸史学』四六、一九九七年五月)を参照(拙著三二一～三四四頁)。

(20)　『大日本史』は紀伝体の歴史書で、本紀(帝王の伝)・列伝(臣下の伝)・志(田制とか度量衡とかの制度などの重要な史実)・表(年表)で構成される。

(21)　森尚謙の文集『儼塾集』に所収され、文章そのものの全文を手近に見ようとするなら、日本歴史地理学会編『皇陵』(日本図書センター、一九七六年)に所収されている。

(22)　上表文に示された徳川光圀の山陵観と君平の山陵観とが相通ずることは、拙稿「蒲生君平の山陵観と『山陵志』の撰述情況」(『藝林』四七―一、一九九八年二月)で論じている(拙著三四五～三六五頁)。

(23)　松下見林著『前王廟陵記』については、拙稿「松下見林著『前王廟陵記』撰述の機縁」(『皇学館論叢』三二―二、一九九九年四月）、同「松下見林著『前王廟陵記』の成立と後世への影響」（『皇学館論叢』二八―五、一九九五年十月）に詳しい（拙著二五〜六〇頁）。

(24)『大日本史』の書名が徳川光圀が定めたものではなく、朝廷から正式に勅許が出るまでは「史稿」と称すべきことが、水戸藩内で議論されたことをいう。

(25)藤田幽谷が、当時の藩主文公（治保）の失政を責め反省を促すために呈した意見書をいう。

(26)詳しくは、拙稿「山陵志に対する朝廷と幕府との対応」（『神道史研究』二八―四、一九八〇年十月）を参照（拙著三八六〜四〇三頁）。

(27)『蒲生君平遺稿』所収、『全集』四七五〜四七六頁。

(28)蒲生君平の幕府観は、拙稿「幕罪略についての一考察―蒲生君平著『山陵志』とのかかわりを中心として―」（『歴史と文化』五、一九九六年八月）を参照（拙著四〇四〜四二六頁）。

(29)『蒲生君平遺稿』所収、『全集』四六一〜四六二頁。

(30)『全集』五五八〜五六〇頁。

日光山と雅楽
―京都・日光楽人の奏楽演舞―

竹末　広美

はじめに

律令制下、宮中雅楽寮の扱う楽舞を雅楽と称した。演奏の形式から、楽器演奏のみのものを管絃、舞を伴うものを舞楽、楽器の伴奏をつけた声楽曲を歌謡と呼んだ。楽制は、平安時代に改革があり、日本古来の歌舞（国風舞）や、外来の音楽舞踊、平安期の歌曲が整理され、中国・天竺（インド）・林邑（南ベトナム）系の唐楽と渤海・朝鮮系の高麗楽に分類された。演奏の仕方から、唐楽を左方舞（左舞）、高麗楽を右方舞（右舞）とも称した。雅楽は、平安王朝文化を代表する音楽芸術となり、平安貴族の教養としても持てはやされた。

武家社会の到来とともに雅楽は衰退する。その復興のきっかけは豊臣秀吉の保護政策であり、江戸時代には雅楽の伝承組織として三方楽所が設置された。京方（宮中方）・南都方（興福寺）・天王寺方（四天王寺）に分かれ、各楽人（楽家）を三方楽

「東照宮御祭礼行列図」（日光東照宮所蔵）

人と呼んだ。このうち南都方・天王寺方は、京への出仕を命ぜられて京都居住となるが（在京という）、興福寺・四天王寺周辺にも居住し「在南」「在天」と呼ばれた。一方、在京の楽人はすべて京都楽人と呼ばれ、楽奉行の四辻家によって支配された(1)。

さらに関東にも楽所・楽人が設置された。寛永十四年（一六三七）、幕府最大の聖地日光山に日光廟楽府が置かれ、日光楽人による奏楽演舞が始まった。家康・家光の祭礼・法会に日光楽人による、時には京都楽人も加わって荘厳な舞・音楽が演奏された。日光楽人の演奏は、京都楽人による定期的な指導により途絶えることなく幕末まで続いた。また、寛永十九年には、江戸城内紅葉山に紅葉山楽人が置かれた(2)。幕府は、三方楽所から八人を出仕させ、東照宮の祭礼に音楽を演奏させた。紅葉山楽人は、寺社奉行の支配下にあって御楽人衆とも呼ばれた。

このうち日光楽人については、日光東照宮所蔵『社家御番所日記』に記述が見られ、楽人の由緒書もいくつか伝存する。加えて国立国会図書館には京都楽人が書き記した『楽所録』や『楽所日記』も残されている(3)。本稿は、こうした史料に基づいて日光廟楽府の成立から終焉までをたどり、日光山における京都・日光楽人の活動を明らかにするものである。

一　日光廟楽府の成立

1　日光楽人の新規取立（楽制の始まり）

元和三年（一六一七）、日光山に東照社（後の東照宮）が鎮座すると、年々の祭礼には、京都から楽人が下向して雅楽が奉納された。同年四月、将軍秀忠や御三家・諸公卿が参集するなか、京都楽人による倭舞が奉納された(4)。雅楽は、東照宮の祭礼・法会を荘厳化する芸能となった。

寛永十四年（一六三七）、将軍家光は日光山に雅楽を伝えるため、南都方（在京）の辻伯耆守・久保丹後守・上左衛門尉を日光山に下向させた。(5) ただ雅楽の伝授は身分格式相応の者とされていたため、日光山側は、天海以来の家来（俗方）から一三人と一山衆徒（しゅと）九人を選び伝授者とした。(6)

［俗方］大森祝部・山口七兵衛（羯鼓（かっこ））、大森源七郎・金子善七郎（太鼓）、中丸彦市郎・新井虎之助（鉦鼓（しょうこ））、黒川兵作・関長三郎（笙）、金子勘介・植木藤八・伴松鶴（篳篥（ひちりき））、加藤勘右衛門・柳田勘六（笛）

［衆徒］法門院（羯鼓）、教城房（太鼓）、浄土院（鉦鼓）、実教院・養源院（笙）、光樹房・藤本房（篳篥）、日増院・安居院（笛）

同年九月、正式に楽職を命ぜられ、十月より稽古が始まった。翌年正月には、東照宮御神前での奉楽が開始された。しかし、本来の職務と楽職とを兼ねることは難しく、衆徒の「管の衆」六人が交替し、社家では楽職が二男に譲られる事態となった。そのため新たに加藤長三郎が加わるなどして楽人は二二人から二〇人となった。これが「楽人二十人」である。その員数は増減することなく、幕末まで維持された。(7)

2 任官・官位

日光楽人は、次のように官名を名のって奉仕した。

［金谷家］外記・造酒・帯刀（寿雄）・帯刀（敷雄）・丹下・因幡介・仲・主税・大炊

［黒川家］兵作・内記・縫殿・杢・美作介・美作介・主膳・内匠

［植木家］隼人・刑部・頼母・隼人・将曹・近江介・丹波介（道安）

［塩澤家］縫殿・主税・靭負・縫殿・靭負（珍長）・内蔵・勘解由（珍邦）・縫殿（常聴）・靭負・内膳・主馬（健一郎）

寛政十一年（一七九九）、上座の楽人五人が六位に叙せられることになった。叙位者の一人金谷因幡介（保常）は、次のような口宣案を授けられた[8]。

上卿左衛門督、寛政十二年二月五日、宣旨、従六位下源保常、宜しく因幡介任ぜしむべし、蔵人左少弁兼左衛門権佐中宮大進藤原国長　奉る

上卿左衛門督、寛政十二年二月五日、宣旨、源保常、宜しく従六位下叙せしむべし、蔵人左少弁兼左□門権佐中宮大進藤原国長奉る

3　配当・居所

承応二年（一六五三）、東照宮領から楽人一人につき三五石余ずつ、計七一四石二斗八升が配当され、一人五両ずつが支給された。さらに寛文七年（一六六七）、二両余が増額され一人七両二朱となった。元禄十三年（一七〇〇）には足米があり、一人米九俵一斗七合と金七両ずつとなった。宝永四年（一七〇七）、「東遊御神楽料」として一人米一五俵ずつ、計三〇〇俵が与えられた。これにより楽人は、一人につき金七両二朱、米二四俵余が支給されることになった。

寛永十八年、日光山中の屋敷割が行われ、楽人一三人に四軒町（西町の一つ）の屋敷地が与えられ、家作料として一人三〇両ずつ、計三九〇両が支給された。その後に取り立てられた楽人七人にも同様に屋敷地が与えられた。このため四軒町は「楽人町」と呼ばれるようになった。元禄十三年（一七〇〇）、日光御殿番小野善助が同町に居住することになった。これにより楽人四人が蓮華石町へ移り、その後の転住もあって、幕末には、東町の御幸町・中鉢石町・大横町にも楽人が居住している[9]。

4　主な楽人

天明期の「楽人二十人」は、次の人々である。

関監物重韶・黒川主膳包秀・金谷帯刀保常・塩沢靱負珍長・長沼主馬秀雄・篠原内記政長・青木右近広種（笙）、小野玄蕃季茂・梅原兵庫重矩・篠原左兵衛秀富・伴舎人清音・植木兵部相信・片岡内匠好度・大森清五郎重僖（篳篥）、新井外記介豊・舟越主水政朋・斎藤主計季福・伴右兵衛備脩・上松造酒永栄・柳田将監有久（笛）

各家とも断絶することなく幕末まで続いた。このうち、上松家は笛の家筋で、特に上松永倫（ながのり）は笛の名手として知られた。公寛法親王の代、京都楽人の日光下向があり、永倫は辻高房から秘曲を伝授された。法親王からは、元文二年（一七三七）、宮所蔵の笛を賜わり、後に「楚山」と命名した。柳田将監（諱不知）も笛の名手で、薄田泣菫（すすきだきゅうきん）の「初蛙」に茶室の竹の刀掛に棲んでいる雨蛙に音曲をしこんだ人として登場する。(10) 関監物重韶（しげつぐ）は笙の名手である。愛用の「玉島」には狩野春笑宣信の蒔絵が施され、竹管には近衛某の「玉しまや」の歌と「明和二年乙酉冬至日関右近重韶」の銘文が刻まれる。監物は文芸にも優れ、俳諧では呼吸庵伽山と号して生涯蕉門を貫いた。(11) 塩沢家も笙の家筋で、幕末に楽人老職をつとめ、鳳笙（笙の美称）とともに楽人間で持ち回りをしていた「體源鈔（たいげん）」二〇巻と「楽家録」五〇巻を所蔵する

二　日光楽人の活動

日光楽人は、御門主（輪王寺宮）の統轄する日光御殿役所に属し、衆徒・一坊・社家・八乙女（やおとめ）・神楽男（かぐらお）らと日光山の

職務を分担した。その職務は主として雅楽を演奏することであり、由緒書には、権現様・大猷院様回忌御法会、御宮・御霊屋御遷宮座御用、御宮奥院御宝塔御供養、御社参御用、御妊娠御宮御祈禱、出府東叡山御用の六御用を記す。

1　御規式（年中行事への出仕）

楽人の主務は、雅楽をもって奉仕することであり、御宮（東照宮）の三品立御供や御霊屋（大猷院）の曼陀羅供の際に雅楽を演奏した。三品立御供は、山海の珍味を集めた盛大な神饌（七十五膳という）を本坊や御旅所に供えるもので、正月の元旦・二日・三日・十七日、三月三日、四月十七日（御祭礼）、五月三日、七月一日、九月八日、九月十七日（臨時祭）に執行される。御門主はじめ学頭・衆徒・一坊・社家・神人・八乙女ら日光山奉仕者が出仕するなか、東遊・抜頭・十天楽・羅陵王を演奏する。この東遊について、植田孟縉は『日光山志』に次のように記している。

> 東遊　御祭儀の節旅所にて奏する舞曲なり、伶人の内七人にて脩せり、其内舞人四人は紅紗の袍に下襲藤色、表袴は白精好に青摺の模様、下袴は緋精好の大口、陪従の三人は紫の紗袍に猟虎を縫たる蛮衣、下襲は玉虫色紫の刺貫、右の七人ともに騎馬にて神輿に供奉し御旅所に至る、入御の節伶人御安座楽とて抜頭を奏す、御三品立の御膳を奉る、是を上り御前と唱へ、此時十天楽を奏し奉る、それより東遊歌舞す、陪従の内一人は神楽歌を唱へ、外二人は篳篥と高麗笛を役す、舞曲終りて御前をすべすを下御前と称して、また此時伶人羅陵王を奏する事とかや、（中略）当御山の御神事は綾羅錦繡の装し荘厳なる御脩祭はかけまくもかしこき御神徳の久かたのあめとひとしくめでたくも、又たぐひなき御事にぞありける

東遊は、駿河国の地方芸能が宮廷に取り入れられたもので、大和地方の倭（和）舞に対する称といわれる。一歌・二

歌・駿河歌・求子歌・大比礼歌など複数の歌曲からなる組曲で、駿河歌と求子歌に舞がつく（舞四人・歌方一人）。伴奏は、高麗笛・篳篥・和琴・笏拍子で行う。現在、宮中（春秋の皇霊祭）や下鴨神社・春日大社・石清水八幡宮・鶴岡八幡宮・氷川神社などで演奏される。また、抜頭は左方・一人舞（太食調）、十天楽は左方・一人舞（壱越調）、羅陵王（陵王）は左方・一人舞（壱越調）の曲である。(12) 御旅所は、春秋の御祭礼に神輿が渡御し、御旅所祭の行われる所で、本殿・拝殿・神饌所（附渡廊）からなる。かつて山王社があったことから山王堂とも呼ばれる。

植田孟縉の見た伶人とは日光楽人のことであり、御旅所に入るまで彼らは御祭礼行列の中にあった。猿牽・宮仕・神人の後に、東遊舞人の楽人が騎馬で四人（その後を白張一六人・素袍四人が二列となり）、東遊陪従の楽人が騎馬で三人（その後を白張一二人・素袍二人が二列となり）が並び、さらに楽人が一〇人ずつ二列に、荷太鼓二人・荷鉦鼓二人が二列になって続く。将軍家慶の代からは、これに和琴と和琴弾人が加わって東遊舞人の前に並ぶようになった。(13)

一方、家光を祭る御霊屋の最大の行事は、四月二十日の曼陀羅供である。御門主以下、一山の僧侶が七条袈裟に威儀を正して天台宗の秘法である胎蔵界曼荼羅供を執り行う。そこで日光楽人は雅楽を演奏する。

2　権現様・大猷院様回忌御法会

家康命日の四月十七日を中心に年回に行われる御祭礼を神忌とか御忌といった。毎年の祭礼が神式で行われるのに対し、神忌は仏事で行われた。十七日の神事は、通常の例祭と変わりはないが、十七日を中心にその前後に行われる朝廷・仙洞（上皇）・女院・公家衆等の贈経、法華八講(14)・法華経万部読誦・本地堂曼荼羅供・両界灌頂伝授等はすべて仏事である。雅楽は、京都楽人を中心に日光楽人・紅葉山楽人が加わって執り行われた。

寛永十三年（一六三六）東照宮二十一回神忌、将軍家光が参向して法会は盛大に営まれた。四月十九日の薬師堂供養

での雅楽の演奏曲目と配役をあげれば[15]、

［左方］賀殿　狛友安・同近盛・同近厚・同近穏
［右方］林歌　太秦兼長・同廣有・同廣重
［左方］打毬楽　狛友安・同近穂・同近厚・同近感
［左方］倍臚　安倍秀寿・太秦廣秀・同季感・同廣市
［左方］陵王　狛友安、納蘇利　多忠清・同忠富
［左方］狛近直（鞨鼓）、狛友隆・同近元・多忠秀・豊原元秋・同知秋（笙）、藤原直葛・同葛久・多忠俊・大神景明（笛）、狛近次・同光成・同近正・多忠貞（篳篥）、狛近音（太鼓）、藤原葛吉（鉦鼓）
［右方］太秦昌忠（三鼓）、太秦廣頼・同廣寿（笙）、太秦兼政・太神景福・多忠常・太秦昌秀（笛）、太秦兼次・安倍季秀・太秦兼清・多忠直（篳篥）、太秦兼秋（太鼓）、多忠常（鉦鼓）
［菩薩人］狛行勝・同行忠・同行重・同秀祐・多忠秋・安倍秀尚・多忠近・同忠吉・太秦季感・同廣重・同昌量・同廣故

日光楽人が置かれるのはこの翌年、御旅所での東遊は京都楽人が演じた。菩薩人は、狛が南都方、太秦家（薗・林・東儀・岡四氏あり）が天王寺方、多家が京方の楽人である。因みに菩薩は唐楽、壱越調の曲で、舞は平安時代に途絶えて曲のみが今に伝わる。

正徳五年（一七一五）東照宮百回神忌、日光楽人へ東遊が伝授された後の最初の神忌である。四月十七日御祭礼には、奈良田楽法師が日光山の田楽法師千万歳とともに供奉して御桟敷で田楽舞を舞い、その後日光楽人が新調された装束で東遊を舞った。翌日は、京都楽人が一曲・振鉾・迦陵頻・胡蝶・太平楽・古鳥蘇・陵王・納曽利など数曲

を演奏し、長慶子（ちょうげいし）の響くなか退出した。十九日は、京都楽人が一曲・振鉾・万歳楽（まんざいらく）・延喜楽（えんぎらく）・打毬楽・狛桙（こまぼこ）・散手（さんじゅ）童舞（どうぶ）・貴徳（きとく）・長慶子を演奏した(16)。曲目と配役をあげれば、

［左方］振鉾　広国・近任、迦陵頻　近郷・友永・高房・季任、太平楽　近倫・近富・近任・近緒、陵王　近緒、万歳楽　近倫・近富・近任・近緒、打毬楽　近倫・近富・近任・近緒、散手　高房

［右方］胡蝶　広基・真秋・昌賀・行迪、古鳥蘇　広国・忠信・兼陳・兼秀、納曽利　兼秀・広経、延喜楽　広国・兼秀・兼陳・広経、狛鉾　兼陳・兼秀・忠音・広経、貴徳　広基

左方が笙と左舞を家業とする辻家（南都方）の人々、右方は、東儀や林家の人々である(17)。

慶応元年（一八六五）東照宮二百五十回神忌、文化十二年（一八一五）の神忌にならい、楽人四四人、菩薩人一二人、計五六人が京より日光へ下向した。名をあげれば(18)、

［楽人］東儀俊寿・奥好文・窪近繁・多久顕・窪近俊・多忠臣・林広治・辻則賢・多忠登・芝葛房・山井景典・東儀文均・久保光寧・多忠誠・安倍季資・奥好学・芝葛高・多忠寄・東儀彰清・岡昌好・東儀俊鷹・薗広邑・岡昌長・上真朗・東儀文静・辻近隣・奥行業・多節文・東儀俊里・安倍季光・多光脢・多忠克・東儀季・多久康・岡貞久・岡時隣・上真行・上近礼・東儀文礼・東儀文陳・山井基方・辻好寿・奥近成・多忠政

［菩薩人］東儀季芳・薗広道・東儀季貞・多忠賀・東儀俊慰・山井量順・多忠廉・多成宗・喜多是養・中章光・西京是陽・喜多是滋

一行は、万部法要に出仕する組と神忌での奏楽のみに出仕する組に分かれて京を出発した。先方の組は一五人（東儀文均を含む）、後方の組は四組に分かれ、日を一日ずつずらして出発した。往路は中山道から日光例幣使道を通行して日光へ、復路は壬生通りを経て江戸へ、そして品川から東海道を通って京に帰った。先方の組は三月二十日に京都

を出発し、四月五日に日光に到着した。後方の組は三月二十六日から一日置きに出発し、日光には四月十一日から十四日にかけて到着した。旅宿は、一人または二人ずつ町家が割り当てられた。ただ窪近俊は日光楽人の指導のため別行動となり、三月二十一日に京都を出発して四月六日に日光に着いた。七日万部法要、一日目は小乱声・壱越調音取・賀殿急・伽陀付物・十天楽・颯踏・入破・北庭楽・胡飲酒・酒胡子・乱声・菩薩・羅陵王・鳥急・回向付物の曲目が京都楽人一五人、紅葉山楽人四人、日光楽人一〇人によって演奏された。これ以降、十六日の結願まで日々十数曲が演奏された。そして十七日の御祭礼、辰の刻（午前八時）より祭礼が始まり、申の刻（午後四時）からは奥院で御法会が営まれた。演奏曲目と配役をあげれば、

辰刻　東遊・蘇利古（本宮別所へ出勤の楽人を除く、三仏堂にて）

巳刻　慶雲楽（神幸）・抜頭（御旅所神輿入時）・十天楽（伝供）・神楽（八乙女）・東遊（日光楽人）・田楽（奈良田楽法師）・東遊（真行・近礼・近成・好寿、陪従歌／忠誠・篳篥／近俊、笛／真節・和琴／時久・琴持／節文・琴持／久腆）・蘇利古（文陳・基満・昌和・節政、管方　篳篥／俊寿・笛／景典・三鼓／広治・太鼓／広名・鉦鼓／文均）・陵王（下楽）・還城楽（還幸）・合歓塩（神輿庫納時）

申刻　奥院御法会、壱越調音取・嘉祥楽・菩薩破・回向付物・胡飲酒・羅陵王・酒胡子・武徳楽（鞨鼓／窪近繁・音取／多忠臣・音取／林広治・辻則賢・太鼓／多忠愛・音取／辻葛房・東儀文均・岡昌吉）

十八日御経供養、京都楽人は辰刻に新宮（二荒山神社）拝殿に参集し、一番鐘で廻廊へ出仕した。演奏曲目と配役をあげれば、

鳥向楽（参向）・一曲（文均・近棟）・宗明座（登高座）・菩薩（供花）・振鉾（文静・光亨）・迦陵頻（近礼・好寿・真行・近成）・胡蝶（文陳・昌和・基満・節政）・太平楽（葛高・近陳・好学・真郎）・陪臚（文均・昌長・昌好・文静）・陵王（近

陳）・納曽利（文均・文静）・長慶子（退出）

十九日曼荼羅供、京都楽人は、前日と同様辰刻に新宮拝殿に参集し、巳刻（午前十時）に御本地堂へ出仕した。演奏曲目は、

鳥向楽（参向）・一曲（文静・葛房）・安城楽（登高座）・菩薩（供花）・振鉾（文均・近陳）・万歳楽（葛高・近陳・葛房・真節）・延喜楽（文均・久腆・文静・節長）・春庭花（同人）・白浜（同人）・抜頭（葛房）・長還城楽（季淵）・長慶子（退出）[19]

雅楽は、家光（大猷院）の回忌でも演奏された。寛文三年（一六六三）大猷院十三回忌、京都楽人により喜春楽・打毬楽・散手・迦陵頻・太平楽・抜頭・甘州・陵王（以上左方）や長保楽・陪臚・貴徳・胡蝶・狛鉾・還城楽・新靺鞨・納曽利（以上右方）が演奏された。[20] 寛文十一年大猷院二十一回忌、一〇〇〇人余の僧侶が参集して盛大な法会が営まれた。日光山輪王寺所蔵「大猷院法会図三幅対」には、その様子がつぶさに描かれている。四人の楽人が庭前で太鼓の響きとともに舞を舞い、幕の前には左右の楽人が待機している。

3　御社参御用

日光楽人の由緒書によれば、日光に参詣した将軍に雅楽を披露する最初となったのは、慶安元年（一六四八）の家光・家綱（世子）社参の時である。寛文三年（一六六三）、家綱が社参すると、その後、社参はしばらく行われず、享保十三年（一七二八）、吉宗の時に六五年ぶりに実施された。二〇万両を超える費用が投じられ、人足二〇万人・馬三〇万頭以上を動員したとされる。吉宗は、四月十三日江戸を立ち、十六日日光に到着、翌日御祭礼に臨んだ。京都楽人たちが、東の御瑞籬内で雅楽を演奏し、神楽所では八乙女・神楽男が御神楽を舞い、楽人が御門内で雅楽を演奏した。[21]

四・十七　御祭礼渡御例歳の如し、但し東遊の舞人壱人・陪従壱人乗馬ニて供奉、伶人の先ニ立て供奉、（中略）

御三品立御膳献備（御三方御土器(かわらけ)）、就いては御社参臨時ニ御献備、衆徒(しゅと)・諸天讃(てんさん)社家御祓祝詞(のりと)、神人・宮仕伝(でん)供(ぐ)、楽人東の御瑞籬の内庭上(ていしょう)西向薄縁の上列居(れっきょ)奏楽、右畢(おわり)て衆徒中西の瑞籬の内庭上ニ退下南向蹲踞(そんきょ)、御門主様・御伴僧坊官・御宮役僧瑞籬際東向ニ蹲踞、（中略）陽明門へ入御(にゅうぎょ)の節、御祈禱の為護摩堂において三壇修法衆徒三人・一坊助呪(じょじゅ)これを勤む、御本地堂において薬師経読誦(どくじゅ)一坊これを勤む、神楽所において八乙女・神楽男神楽を奏す、伶人右場所御唐門内ニて音楽

この後、安永五年（一七七六）の家治、天保十四年（一八四三）の家慶の社参でも日光楽人は御用を勤めた。

4　江戸御用

日光楽人は、江戸での舞楽演奏にも臨んだ。寛永十九年（一六四二）正月、江戸城二の丸御神前で雅楽を演奏し、御目見の後時服を拝領した。承応三年（一六五四）九月、紅葉山御遷宮に楽人五人が出府した。元禄十一年（一六九八）九月、寛永寺御本堂御供養に楽人二〇人が出府し、終わって白銀三枚・賄料二四匁ずつが与えられ、今市御蔵より受領した(22)。宝永四年（一七〇七）二月、将軍綱吉が上野に参詣、東遊を上覧し自らも舞を舞った。同六年十二月、綱吉一周忌法要に日光楽人一五人が出府した。しかし、御用命がなく、公弁法親王に願い出て奏楽することができた。延享二年（一七四五）三月、紅葉山御宮祭事に二〇人が出府した。四月一日、日光楽人は京都楽人とともに帝鑑間で御目見得をし、柳間にて時服二枚を拝領した。

明和二年（一七六五）五月、東照宮百五十回式年法会、舞楽道具長持一五棹、鉾、胡蝶・釈迦陵頻の羽根などを持参して出府した。文化十二年（一八一五）五月東照宮二百回神忌、日光山での演奏を終えた京都楽人は、江戸城での将軍上覧に臨んだ。万歳楽・延喜楽・迦陵頻・胡蝶・抜頭・還城楽・太平楽・陪臚・春庭花・白浜・打毬楽・狛鉾・陵

王・納曽利・長慶子を演奏し、終えて銀一二三〇枚を拝領した。日光楽人では、黒川美作（包俶）・植木主税・柳田将監・小野雅楽・金谷仲（智雄）・斎藤右兵衛らが出府し御用を勤めた。(23)

三　京都楽人による雅楽伝授

1　宝永三年の東遊再興

東照宮の四月・九月の御祭礼では、御旅所において日光楽人による東遊が演奏される。当初は京都楽人が日光山に下向して演奏されたが、下向のない時は舞う者がなく、いつしか途絶えてしまった。これを憂慮した公弁法親王は、宝永三年（一七〇六）、将軍綱吉に願い出て京都楽人による東遊伝授を実現させた。九月七日、多久富（摂津守）・狛近家（伯耆守）・狛近任（豊前守）・狛近業（木工権頭）・狛近貞（左近将監）が日光山に下向し、翌日より日光楽人への伝授が開始された。(24)十七日の御祭礼には、山王堂（御旅所）で行われる三品立御膳に御神楽が舞われた。十八日、御本坊において京都・日光楽人による管弦が奏された。十月二十九日、京都楽人は江戸に戻り、白銀と時服が与えられた。この伝授で、金谷帯刀政雄（造酒か）は狛（辻）近家から鳳笙を贈られている。(25)

翌四年四月九日、輪王寺宮の願いにより神楽料稟米（東遊料）三〇〇俵が加増され、四月・九月の御祭礼に日光楽人が御旅所で東遊を演奏することになった。この年の御祭礼は例年に増して壮麗に執り行われた。その様子を輪王寺宮は御駕籠の中から観覧していた。宝永五年四月、東遊再興を記念して復興碑が御旅所境内に建てられた。(26)

2　明和七年の伝授

宝永以降も正徳五年（一七一五）三月、享保十九年（一七三四）三月、寛延二年（一七四九）八月、明和七年（一七七〇）三月、天明元年（一七八一）八月、享和元年（一八〇一）三月、文化十一年（一八一四）三月、文政十年（一八二七）三月、弘化元年（一八四四）八月と、十数年ごとに京都楽人による東遊伝授が行われた。神忌の際にも伝授は行われている。

明和の伝授には、多但馬介ら京都楽人五人が日光に下向した。四月十七日御祭礼、通例の通り御旅所において八乙女が神楽舞を舞い、日光楽人が東遊を演奏した。五月七日、御門主臨席のもと京都楽人が喜春楽・万歳楽・安摩・春庭花、次いで太平楽・散手・打毬楽・陵王を演奏した。退出時には長慶子が演奏された。五月十九日、京都楽人（多家か）が神楽歌を演奏した。庭燎・阿知女・榊・韓神・早韓神、昼食後に薦枕・篠波・千歳・吉々利々・得銭子・木綿作・朝蔵・其駒を演奏し、終了後に歌目録を提出している(27)。

御神楽は、宮中に伝わる楽舞のもっとも格式の高い歌舞で、各地で行われる神楽（里神楽）と区別して御神楽と呼ばれる。内容によって「浄め」（庭燎・阿知女）、「神おろし」（榊・幣・韓神）、「神あそび」（薦枕・志都也・磯等前・篠波・千歳・早歌）、「神おくり」（吉々利々・得銭子・木綿作・朝蔵・其駒）の四部分に大別できる。伴奏は、神楽笛・篳篥・和琴・笏拍子を使用する。

3　文化十一年の伝授

文化十年、石清水八幡宮の臨時祭が再興され、東遊が古譜に改められた。これにともない賀茂祭や春日若宮祭の東遊が改正され、日光山の東遊についても改正の必要性が生じた。同年十一月十七日付けの京都楽人からの願書が上野御殿及び日光楽人に届けられた。当時、日光山側では、東遊の改正に加えて東遊演奏者が減少したため新たな伝授が求められていた。

翌年三月、四月御祭礼までに指導を行うため、京都楽人が日光山へ下向することになった。下向者は、辻左近将曹近信（辻下野守近徳名代）・辻豊前守則是・奥丹波守好古（上越後守近周名代）・多左近将曹忠淂・窪陸奥守近義の五人と、辻右近将曹近友・窪右近将曹近習・奥左近将監好文の三名が付添楽人として同行した。この伝授は、改正東遊の指導のため日光滞在期間が五十八日と長く、下向期間は、三月四日に京都を出発して七月晦日に京都に帰るまで百三十一日を要した。

一行は、三月二十九日日光に到着し、宿坊の光蔵坊に入った。四月二日、京都楽人は伝授者名簿を提出させ、直ぐに指導に入った。歌方に関監物重喬・金谷仲知雄・青木左衛門常陣、篳篥に小野雅楽季有・大森大膳重信・篠原左近秀音、笛に斎藤右兵衛秀成・新井外記介寿・伴兵部範長、舞人に片岡左京好充・長沼主馬秀雄・関左門重吉・柳田右近有令・船越右京政利・伴主計清隆・塩沢勘解由珍邦・植木巳之助相寿が名を連ねた。翌日、辻則是・辻近信が狩衣姿で日光楽人との顔合わせに臨んだ。舞人の長沼秀男・関重吉・柳田有令・船越政利・伴清隆・塩沢珍邦・植木相寿等八人に伝授状と譜面が渡された。幼少の伴・塩沢・植木の三人については植木主税が名代となった。各書面には次のようにあった。

東遊舞曲　右は今度将軍家御命により、辻家舞嫡流之秘曲為るといえども相伝せしめ訖んぬ、他人は申すに及ばず、最も一子為るといえども全直伝有るまじきもの也、仍て伝授の状件の如し、文化十一甲戌年四月上浣（じょうかん）、従五位下左近衛将曹狛宿禰近信判・従四位下右近衛将曹兼豊前守狛宿禰則是判、片岡左京殿

（「東遊舞之譜」省略）

誓状之事　今度東遊舞の曲御相伝蒙り、忝（かたじけ）なく本望之至りに存じ候、則ち御伝授の趣堅く相守り、他人同役者

> は申すに及ばず、一子為るといえども全て直伝仕るまじく候、違犯せしむにおいては日本大小神祇殊に日光三所権現之御罰蒙り、忽ち子孫断絶に及ぶべく候、仍て誓状の神文件の如し、文化十一年甲戌年四月、片岡左京好充
> 判、辻豊前守殿・辻左近将曹殿

顔合わせがすむと近信が駿河舞を舞い、好文・近習・近友も加わって楽稽古となった。五常楽急・合歓塩・三台急・抜頭・慶徳の音取が行われた。その後、持参した土産の笙簧が近信・則是によって笙家の篠原・黒川・関・金谷・塩沢・青木・長沼の七人に贈られた。四日からは日光楽人が宿坊を訪ね、本格的な稽古が始まった。

四月十七日御祭礼、事前に御旅所での舞人・陪従の進退や立所が決められた。当日辰刻過ぎ、近義・忠淂・近信は衣冠単を着用し塩沢内蔵の案内で大楽院へ向かった。近習・近友らが狩衣姿で付き添った。忠淂は宮仕、他は二人ずつ白丁を伴なった。しかし、好古は軽服のため出仕せず、則是は所労（脚気）により参加できなかった。大楽院で東遊習例を行い、巳刻過ぎ御祭礼が始まった。

東遊舞人と陪従の上首一人ずつが騎馬となり、日光楽人は襲装束で二列、後に近義・忠淂・近信が一列で続いた。道楽は平調調子の慶雲楽を奏で、午刻過ぎに御旅所に到着する。神輿入御時に抜頭、伝供に十天楽が演奏された。東遊舞人は片岡好充・長沼秀雄・関重吉・柳田有令の四名、陪従は関重喬（歌）・小野季有（篳篥）・斎藤秀成（笛）がつとめた。次いで撤神供楽と陵王を近義（鞨鼓）・近信（太鼓）・当所衆（音取）が演奏する。陵王破の第二太鼓以後に拍子を加える。神酒を頂戴して神輿還御、道楽に還城楽が演奏された。神輿部屋入御時には合歓塩が演奏された。御神事が終了し、京都楽人は御門主に挨拶をし、大楽院・遊城院を廻って宿坊に戻った。

二十日から東遊稽古を再開、今回の指導も東遊にとどまらず多くの曲目に及んだ。

越天楽・振鉾・皇麞急・海青楽・合歓塩・賀殿急・賀殿破・裹頭楽・迦陵頻・甘州・喜春楽破・傾盃楽

急・剣気褌脱・還城楽・五常楽急・小娘子・胡飲酒破・颯踏・三台塩急・拾翠楽・春庭楽・春楊柳・新羅陵王急・仙遊霞・双酒・蘇合急・蘇莫者破・打毬楽・鳥急・鳥破・陪臚・白柱・抜頭・武徳楽・菩薩破・万歳楽・柳花苑・陵王破・林歌・輪台

五月一日、御本坊で楽会が催された。楽人たちは御門主との対面後、まず好文・近信・近習・近友が東遊舞を舞った。音楽は忠淂(歌)・近義(篳篥)・好古(笛)が担当した。次いで好文・近信・近習・近友が春庭花・陵王・長慶子を舞った。音楽は両楽人が演奏した。輪王寺宮は、御書院御簾の中から観覧し、一山僧や御家中にも参観が許された。

五月二十四日、東遊稽古を終え、京都楽人から植木主税に東遊作法書と新伝授の裏頭楽・迦陵頻の許状が渡された。書面には次のようにあった。

許状の事　万歳楽・甘州・春庭楽・桃李花・承和楽・打毬楽・太平楽・陵王・振鉾・一鼓・散手・賀殿・北庭楽・喜春楽、右は明和・天明・享和年中三度ニ相伝、裏頭楽　重喬・季有・知雄・季成・政易・重僖、迦陵頻　秀音・介寿・範長・好充・常陣・秀雄、右の舞曲は此度輪王寺宮御命令により相伝せしめ訖んぬ、最も故障の節は各申し合わされ融通これ有るべき候、仍て許状件の如し、文化十一甲戌歳五月下浣、左近衛将曹狛近信(花押)・豊前守狛則是(花押)、日光山楽家中

これに対し、二十七日、植木主税からの誓状が京都楽人へ渡された。

誓状の事　裏頭楽・迦陵頻、右の舞曲此度御相伝を蒙り忝なく本望の至りに存じ候、故障の節は同役ニ申し合わせ融通仕るべく候、勿論他人へは堅く相伝仕る間敷く候、右違背せしむ者は日本大小神祇・日光三所権現御罰蒙り申すべく候、仍て件の如し、文化十一甲戌歳五月日、長沼主馬秀雄判・青木左衛門常陣判・片岡左京好充判・伴兵部範長判・新井外記介寿判・篠原左近秀音判・大森大膳重僖判・船越主水政易判・斎藤六兵衛季成判・金谷

仲知雄判・小野雅楽季有判・関監物重喬判、辻豊前守殿・辻左近将曹殿

五月二十八日、一行は伝授を終えて日光を出発し、六月二日江戸に着いた。十八日、輪王寺宮の一品宣下を祝う舞楽が上野御殿で催されることになり、御家中や日光楽人の稽古のため、近信らは何度か参殿することになった。当日は、慶雲楽・賀殿・一鼓・散手・太平楽・喜春楽・打毬楽・陵王・長慶子が京都・日光両楽人によって演奏された。七月一日登城して御目見得を済ました。五日、登城して御時服と白銀一〇枚を拝領した。十一日、今回の百三十一日分の賄料として、一日一人銀三八匁ずつ(合銀二四貫八九〇目、一人銀四貫九七八匁)を御金蔵から受け取った(実際には三八五両一分と銀二匁八分)。

十二日江戸を出発して東海道を帰途に就いた。七月晦日京入りし、先例の通り拝借銀五貫目の一〇ヶ年賦返納願いと御下米三〇〇石(一人六〇石ずつ)の御下米請取手形を四辻家に提出した。[28] 由緒書によれば、文化の伝授では金谷仲(知雄)が東遊歌曲と舞楽二曲を伝授されている。

四　雅楽愛好者

1　輪王寺宮と御門主家臣

日光山の雅楽の発展には輪王寺宮の果たした役割が大きい。宮自身、雅楽を好み、よく楽人たちの演奏や稽古の場を訪れている。なかには自ら楽器を手にし演奏する宮もいた。私的な楽会を開くこともしばしばで、文化の伝授の際には京都楽人や日光楽人を上野御殿に招いて御祝舞楽を催した。その稽古のため、御門主家臣の豊島内匠や小林兎毛らが京都楽人の宿舎を訪れている。楽会での曲目と配役を記せば、[29]

慶雲楽（参音声・平調調子）・賀殿（豊嶋内匠頼徳・窪右近将曹近習・斎藤右兵衛季成・小野雅楽季有）・一鼓（季成・季有）・散手（辻左近将曹近信）・太平楽（近習・奥左近将監好文・季有・頼徳）・喜春楽（辻右近将曹近友・近信・季成・頼徳）・打毬楽（近信・好文・近友・近習）・陵王（近友）・長慶子（退出）、笙（音頭辻豊前守則是・小林兎毛有文・黒川美作介包俶・関監物重喬）・篳篥（音取窪陸奥守近義・石川長吉信虎・松田勘解由正駿・岡村雅楽内保・多田鵜殿義茂）・笛（多左近将曹忠淂・音頭奥丹波守好古・羽山監物世恭・新藤舎人隆蕭・鵜川内膳正之・中橋正親隆寛）・羯鼓（伴筑後介清煕）・太鼓（柳田将監有久）・鉦鼓（記載なし）

日光楽人では、伴筑後介・黒川美作介・柳田将監・関監物・小野雅楽・斎藤右兵衛の六名が楽会に参加した。文政の伝授でもたびたび御本坊で楽会が開かれている。

江戸時代、「雅楽は寺社・公家のもの、能楽は武家のもの、長唄や浄瑠璃は町民のもの」といわれ、雅楽は民衆にとって非公開・非日常の芸能であった。そうしたなか、輪王寺宮は、日光滞在中、よくお供を連れ、鬼怒川の景勝籠岩に出かけて船遊びや雅楽に興じた。天真・公弁・公啓といった宮様たちであり、舜仁（しゅんにん）法親王にいたっては、文政二年（一八一九）・同七年・同十三年と三度に及んでいる。文政十三年の様子を大室村（日光市）の名主が日記に記している(30)。

准后宮殿下、籠岩御成拝し奉り候所、屋形船出来、御船御遊ばされ候、拝し奉り候に宮殿下御楽、御近衆御側等もしやう・ひちりきを奏し、外に楽人四人、上下に御楽を奏し奉り、鬼怒川の流に御舟遊び暫らく也、（中略）供御役人拝見の老若男女幾千と云う数知らず、広河原の両端に満々たり

船上の宮様や楽人たちを見ようと、村人が大勢集まり、笙や篳篥の音に耳を傾けている。

京都楽人の日光・江戸滞在期間、楽人に入門したり指導を受けたりする者が少なくなかった。文化の伝授では、五

月に衆徒の藤本院が、六月には御門主家臣の鬼平主殿久通が入門している。鬼平家は、天海以来の御門主家臣で、楽人ではないが京都楽人の指導を受け、久義・久雅・久忠といった雅楽巧者を出した。

「家系譜」によれば、久義は、公遵・公啓・公遵（再任）・公延の三人の宮様に仕え、「音律に通じ性勇直、而して雅楽を好み、三管二弦三鼓尽く其妙を極む」とある。三管とは笙・篳篥・笛、二弦は八雲琴・東流二弦琴、三鼓は太鼓・鞨鼓・鉦鼓を指す。古楽（古い雅楽）を好み、特に篳篥をよくした。「迦陵頻」という名の篳篥を所持し、やはり古楽を好んだ公啓法親王がその演奏を聞いて感歎し、自ら筆をとって「迦陵頻」の三文字を久義に贈った。明和の伝授でも下向した四辻中納言公亨（きんみち）が同様に演奏を聞いて感歎した。久義は、子孫に語り継ぐため御門主家来の川北伊嵩（これたか）に依頼し、この光栄を書き記した。また、久義には、宮様（公啓法親王）の御前で篳篥を演奏した際、「音律感調して傍らにある殿下の茶碗が旋動して破砕した」というエピソードも伝わる。

久雅については、「家系譜」に「性仁勇、而して忠を君に尽くし、孝を父母に致し、万芸不通無く、且つ玉石金木其他万種の彫工妙を得、尤も雅楽」とあり、彫工や雅楽に優れた。

久忠は、御門主家臣の福田帯刀正矩の三男で、主殿・靫負（ゆげい）・助左衛門と称し、諱は初め久通、後に久忠と改めた。文化の伝授の際、江戸の京都楽人の宿舎を訪ね指導を受けているのはこの久忠である。楽民・無懐子・茂松といった雅号をもち、画や彫工・狂歌にも優れた(31)。

2　大名と家臣

大名やその家臣の中にも雅楽愛好者がいた。享和の伝授の際には、小林右近・稲垣南岳・松平伊豆守らが楽会を催している。四月に会津家中樋口十太郎（舞）、五月に火之番石坂彦三郎（笙）、六月に大津留元司・加藤景徳（舞）、七月に公儀勘定組大田恒浜（笙）らが京都楽人に入門した[32]。文化の伝授の際には、今大路中務大輔・水野出羽守・薩摩藩の屋敷で楽会が開かれた。五月には宇都宮明神附人の鈴木牧挙（笙）や高田伊織（篳篥）・臼井蔵主（笛）・会津藩士簗瀬鉄四郎・柴鉄之進盛煥（笙）・樋口十太郎光朗（舞）が入門し、特に簗瀬と樋口は稽古のため楽人の宿舎を頻繁に訪れている。

五　日光楽府の終焉

明治になり、三方楽人は東京へ集められ、紅葉山楽人とともに宮内省雅楽部として編成された（現、宮内庁式部職楽部）。一方、日光楽人は、日光山の瓦解が進むなか、明治三年（一八七〇）十月、小野幸造・塩沢健一郎・上松半三郎・植木藤八郎らは赤番所（内番所）への出仕を願い出て、社家とともに東照宮の警備にあたった。しかし、十二月、日光県下で日光山諸給人に対する処置が決定し、楽人は農商に帰籍することになった（後、士族身分に復籍）。ここに楽職は廃止された。現在、日光山での奏楽演舞は、東照宮楽部に属する神職によって行われている。

おわりに

寛永十四年（一六三七）、日光廟楽府が設置されて以来、日光楽人によって、時に京都楽人（三方楽人）や紅葉山楽人も加わって、日光山の祭祀に雅楽が演奏された。雅楽は、東照宮や大猷院で行われる祭礼・法会の執行を補助し、荘厳性をもたらした。幕府は、禁裏御用である雅楽を幕府儀礼に採用して将軍権威を誇示しようとしたのである。京都楽人にとっては負担の大きい下向であったが、将軍や幕府要人そして輪王寺宮との対面の機会にもなり、楽人としての存在意義を再認識する好機となった。日光楽人は、輪王寺宮の統括する日光御殿役所に属し、御旅所での東遊をはじめ雅楽の演奏を専らとし、各楽家とも断絶することなく幕末まで存続した。

日光山の雅楽の伝承は、京都楽人による継続的な指導なしにはありえなかった。伝授のための日光滞在は四、五十日であったが、下向期間は百数十日に達し、指導演目も東遊ばかりか雅楽全般に及んだ。ただ、日光楽人がこれらの演目をどの程度演奏し、豪華な雅楽装束を身にまとったのかは、なお今後解明していかなければならない。なぜなら回忌法会などでは京都楽人を中心に雅楽が演奏されているからである。京都楽人の日光や江戸滞在中には、入門や演奏指導を願って宿舎を訪ねる者が少なくなかった。雅楽熱は、輪王寺宮や大名・家臣に及び、鬼平家のような雅楽巧者を生んだ。

註

（1）三方楽所には、次のような楽家があった。
［京方］多氏（御神楽、舞、笛）、安倍氏（篳篥）、豊原（豊）氏（笙）、大神（山井）氏（笛）
［南都方］狛氏＝上（笛）・辻（笙）・奥（笛）・窪（久保）（篳篥）・東（笙）、大神氏＝中（笙）・西京（笛）・井上（笛）・北（篳篥）、藤原（芝）氏（笛・舞）
［天王寺方］太秦氏＝薗（笙）・林（笙）・岡（笛）・東儀（篳篥）・安倍（東儀）氏（篳篥）

（2）寛永期、江戸に下向した楽家は、多・辻・久保・大神（井上）・薗・東儀・東儀（安倍姓）・大神の八家。

（3）『楽所録』は南都方辻家（在京）の近徳・近信・近陳の残した日記・諸記録、『楽所日記』は南都方芝家より天王寺方東儀家（在京）の養子となった東儀文均の日記である。

（4）倭舞は倭歌を歌詞とし、歌方数人・龍笛一人・篳篥一人の伴奏で舞人四人が舞うもの。

（5）「旧記」に「寛永十四年、当社エ始テ楽人ヲ附ラル、大僧正御家来同社人ノ二男被召出之、京都楽人当山ニ下テ楽ヲ伝フ」（日光山史編纂室編『日光山輪王寺史』、一九六七年、二六三頁）と見える。また、「楽家録　五」（『覆刻日本古典全集』現代思潮社、一九三五年）によれば、この三名を狛近元（笙）・狛光成（篳篥）・狛近康（笛）とする。このうち近元は、楽人近弘の子で、『大日本人名辞書　㈢』（講談社学術文庫）には「よく父業を襲ぎ笙並に舞を善くす、徳川家光初めて日光廟に楽府を置く、近元を挙げて之に教へしむ」とある。

（6）衆徒は、日光山に奉仕する二〇ヶ院の僧侶、社家は日光三社・東照社（後、東照宮）に奉仕する六人の神職である。

（7）「当山楽人新規被仰付候覚」『日光叢書社家御番所日記　十一』（日光東照宮社務所、一九七一年）。

（8）日光市歴史民俗資料館所蔵金谷侍屋敷文書二〇。

（9）前掲註（7）。

（10）「ある日の事、将監が笛を取り上げて、自慢の一曲を吹き出すと、側から涼しい声でそれに音を合わすものがあります。将監は不思議に思って、声のするところを探しますと、それは刀掛の竹からで、竹のなかに雨蛙が一匹棲んでいました」（「初蛙」『日本の名随筆17　春』作品社、一九八四年）。

（11）拙著『下野俳諧―風雅の人ここにあり―』（随想舎、二〇〇八年）。

（12）雅楽の音階を調子という。平安期には唐楽で九種類を数えたが、現在残っているのは壱越調・双調・太食調・平調・黄鐘調・盤渉調の六調子、高麗楽では高麗壱越調・高麗平調・高麗双調の三つの調子である。

（13）「御祭礼式并取扱方一件」『日光叢書社家御番所日記　十五』（日光東照宮社務所、一九七五年）。

(14) 法華経八巻を朝座・夕座に一巻ずつ四日間に八人の講師により読誦・供養する法会。
(15) 神谷栄子「輪王寺舞楽装束」（サントリー美術館編『日光山輪王寺舞楽装束』、一九八一年）。
(16) 『日光叢書社家御番所日記　四』（日光東照宮社務所、一九三四年）。
(17) 前掲註(15)。
(18) 『日光叢書社家御番所日記　二十二』（日光東照宮社務所、一九八二年）。
(19) 『楽所日記　二十二・二十三』（国立国会図書館所蔵）。
(20) 前掲註(15)。
(21) 『日光叢書社家御番所日記　六』（日光東照宮社務所、一九七二年）。
(22) 『日光叢書社家御番所日記　二』（日光東照宮社務所、一九三二年）。
(23) 『徳川礼典録　下』（徳川黎明会、一九八二年）。
(24) 辻近家（近寛）について、『大日本人名辞書　㈢』に「伶人、近元の孫、近完の子、初名を高元また近家といふ、笙・舞に堪能なり、また笛を伯父高秀に学び屢々高秀に代り東山帝の師範に候す、霊元帝貞享二年正月舞楽御覧の時伝家の舞陵王を奏し叡感を蒙り、従五位下伯耆守に推叙せらる、正徳元年朝鮮使節来朝に当り将軍徳川家宣江戸城に於て之れを饗し舞楽を奏せしむ、是の時近寛左方の一者たり、また日光廟楽府に赴き舞楽の事を掌る」とある。
(25) 「自ら作る所の鳳笙、壱管、金谷帯刀政雄、其の器量これ有るにより今般相贈り訖んぬ、いよいよ家業励む者也、宝永三戌年十月三日、辻伯耆守近家（花押）」（日光市歴史民俗資料館所蔵金谷侍屋敷文書五九）。
(26) 『日光山志』（『日本図会全集』日本随筆大成刊行会、一九二九年）に「東遊碑銘（法量省略）、日光山歳脩東照宮祭礼、京師伶人来奏東遊神楽、其後廃絶久不奏焉、吾一品大王欲復其儀、宝永三年秋、請于大将軍綱吉公、大将軍速允其請、召伶人摂津守多久富・伯耆守狛近家・豊前守狛近任・木工権頭狛近業・左近将監狛永貞、伝其曲于日光伶人、四年四月、料給三百俵、以充其費、自此毎歳四月九日、脩祭之日、必奏以為常、保孝受大王之命、謹記其由、以勒于石、宝永五年戊子四月、内藤内蔵権頭従五位下藤原朝臣保孝謹書」とある。狛永貞は狛近貞の誤りか。

(27)『日光叢書社家御番所日記　十』（日光東照宮社務所、一九七〇年）。

(28)「文化一一年日光山楽人東遊伝授下向之記」『楽所録　77』（国立国会図書館所蔵）。

(29) 前掲註(28)。

(30)『老農関根矢作』（東京日本農業社、一九一七年）。

(31) 日光市　鬼平庸家文書。

(32)「享和元年日光山楽人へ東遊伝授下向之記」『楽所録　76』（国立国会図書館所蔵）。

〔参考文献〕

池上宗義「日光楽職小史」（『大日光』三〇、一九六八年）

寺内直子『雅楽を聴く—響きの庭への誘い—』（岩波新書、二〇一一年）

寺内直子「慶応元年再興祇園臨時祭ドキュメント—芸能に焦点を当てて—」（『日本文化論年報』一五、二〇一二年）

南谷美保「慶応元年日光山御神忌御下行米の支給をめぐって—幕末の三方楽所楽人を取り巻く状況に関する一考察—」（『四天王寺国際仏教大学紀要』四五、二〇〇八年）

南谷美保「三方楽所楽人による日光楽人への東遊伝授について—『楽所録』第七七冊・文化一一（一八一四）年の記録を中心に—」（『四天王寺大学紀要』五五、二〇一三年）

『聖地日光の至宝―世界遺産登録記念―』（ＮＨＫ・ＮＨＫプロモーション、二〇〇〇年）

村方騒動等から見る文書帰属認識
―下野における事例から―

西村　陽子

はじめに

本稿は、文書の所持・管理を争点とした村方騒動等の事例をとおして、近世下野の村における文書帰属認識を明らかにすることを目的としたものである。

文書引継争論から、文書引継・管理規定と村役人の意識のあり方を検討した研究では、冨善一敏氏の研究がある[1]。氏は、名主交代時における文書引継慣行は、近世前期の特定の家による世襲名主から複数の百姓による廻り名主・年番名主への移行と、十七世紀末から十八世紀にかけての全国各地での小農村落の確立に伴い成立したことを明らかにした。そして、名主引継文書は、組頭・百姓代のチェックを受け、名主の交代とともに引き継がれることにより、村全体で共有される「村中の文書」となることを指摘した。しかし、「村中の文書」という形で成立した文書レベルの公的領域は、幕末期に至っても旧村役人の「家」との緊張関係の中で確立できないと述べている。

村方文書の引継ぎについては、高橋実氏が文書帰属認識に着目して検討しており、村方文書は村の共有的性格をもつ一方、個人の家に帰属するという意識も共存していたことを指摘している[2]。氏は文書管理と保存の問題については、当該社会の文書に対する価値認識を考えておく必要性を述べており、文書に対する価値認識は、文書帰属認識、村を取り巻く社会状況等を総合的に検討していかなければならないといえよう。

一方、下野国における村の文書の管理・引継ぎ等については、県内自治体史において地域の事例が紹介されている。(3) しかし、それらは県内の事例の一部であり、かつ、文書に対する価値認識にふれたものは多くない。そこで、本稿では、下野における文書管理、そして文書に対する価値認識を検討していく前提として、村における文書帰属認識を明らかにしていくことにする。なお、村方騒動等を取り上げる理由は、村人の主張の中にそれぞれの文書帰属認識が表れると考えるからである。本来であれば、村の政治構造や社会状況等をふまえて検討しなければならないが、比較することで明らかになることもあることから、本稿では、事例の比較を中心に行っていくこととする。なお、各事例は種々の争点を含んでいるが、主な争点をもとに「文書の所持をめぐる争論」「文書管理をめぐる争論」に分類した。

一　文書の所持をめぐる争論

1　芳賀郡上籠谷村

寛政十年(一七九八)、芳賀(はが)郡上籠谷(かみこもりや)村(現宇都宮市)は、前名主死去後、上組・下組に組切されることになった。これに伴い、下組名主七郎右衛門は文書の所持をめぐり、上組名主新左衛門を藤岡御役所に訴えた。(4)

史料によると、七郎右衛門家は、祖父の代まで数代名主を務める家であった。しかし、祖父は老衰で十七年前に退役し、名主を新左衛門(上組名主新左衛門親)に依頼して、「書帳面不残相渡シ、其外御水帳、村絵図、河原畑絵図、形部村苅場絵図、御高札」を引き渡した。七郎右衛門は、上籠谷村の組切に伴い下組名主に就任したため、過去に新左衛門家に引き渡した文書を戻すよう、新左衛門に依頼した。一方、新左衛門は七郎右衛門の依頼に対し一切承知せず、七郎右衛門が小前高写、年貢取立の諸帳面等を全村分写したいと申し出ても下組分のみしか認めなかった。

このままでは御用向に差し支えが出るため、七郎右衛門は過去に引き渡した文書を新左衛門から戻すことを訴えたのであった。この時、七郎右衛門は願書の中で「右諸帳面不請取候而者御用向差支茂有之、殊ニ私方ニ而数代預り来り候茂勿論、半郷ニ而も帰役ニ相成候事故、先祖迄茂誠ニ以難有仕合ニ奉存候」と述べている。名主として御用向に差し支えが出るという理由だけでなく、諸帳面類を所持することは、七郎右衛門家にとっても「先祖迄茂誠ニ以難有仕合」なことであると主張している。

なお、上籠谷村の状況を補足すると、上組・下組の名主二名体制になる前に争論がおきている。争論の内容は、前名主新左衛門（上組名主新左衛門親）病死後の後任名主の選任についてである。村内では、七郎右衛門を推す意見があったが、親の跡役という理由で新左衛門が名主役を仰せ付けられたため、下組がこれに反対し、結果、上組・下組名主二名体制になった(5)。上組名主新左衛門と下組名主七郎右衛門との間で、村の文書の所持について対立が生じた背景の一つには、名主一名体制から二名体制になる前の争論も影響していると推測できる。

七郎右衛門がおこした訴訟の結果については不明であるが、ここで注目されるのは、七郎右衛門が文書の所持を「家」と結びつけて主張していることである。このことは、名主として「村の文書」を所持するという認識に加え、数代にわたり名主を務めた七郎右衛門家が「家の文書」として所持するいう認識も含まれていたと考えられるのである。

2　都賀郡中ノ島村

文化十年(一八一三)、都賀(つが)郡中ノ島村(現栃木市)で高札をめぐる争論がおこった。争論の概要は次のとおりである。

争論は、組頭を務めた長蔵、ほか一名が割元名主及び地頭所に訴えをおこしたことに始まる。(6) 長蔵家は「私宅之義者村始ニ而先祖より代々引続ニ而御高札茂有之、御　殿様引渡り之名主役相勤」める家であった。中ノ島村では、争論がおきる四十四年前、長蔵の祖父長左衛門が退役し、高札は組頭持ちとなった。二十年前には、村中一同が長蔵を名主にするよう当時の領主に願ったが、幼年のため差し控えるように申し渡されたため、長蔵は願書を提出することを控えていた。そのような中で、組頭善兵衛が名主役を仰せ付けられたため、驚いた長蔵は名主役を二名にし、自分も就任を希望する旨の願書を認めるに至った。

その後、長蔵は、善兵衛が自分に敵対的な言動をしていたことを聞いたため、両役願を取り下げ、組頭退役の願書を提出したのである。なお、この長蔵の主張は心得違いとされ、結果的に長蔵家が預かっていた高札は名主善兵衛家に引き渡されることになった。

一、御高札之儀茂先達而御割元中江御下知書ニ而、当名主方江引取候様ニ被　仰付候得共、御下知書之趣不案心ニ長蔵申立候、私方江之御下知書ニ御座候ハヽ、御高札并ニわく迄茂可相渡与長蔵申之候、此度御割元中御出府ニ付、何卒此節御高札并ニわく迄引取之御下知書偏ニ奉願上候(7)

本史料は、高札を長蔵家から善兵衛家に引き渡すよう、領主が下知書を発したことを示すものである。ただし、長蔵は「わく迄茂可相渡」と記されているべきと主張し、引き渡しは円滑に進まなかったことが窺える。(8)

高札は、結果的に長蔵から善兵衛に引き渡されることになったが、このことを示すのが次の史料である。

一、御高札本書弐枚并ニ写シ四枚合而六枚之内、本書弐枚者名主善兵衛江相渡申候、尤請取一札取之置申候、残り

四枚共相渡スべく由達シ私江申聞候所、是迄立置候故此節相渡シ候而ハ世間躰も甚気之毒ニ存候間、差置度段至極尤之筋存候上ハ、残り四枚之分預り一札可差出ス候ハ、伺其意差置候間、右預り一札差出シ候様申聞候

史料からは、長蔵が高札本書二枚を善兵衛に引き渡したことがわかる。ただし、写しの四枚は、「是迄立置候故此節相渡シ候而ハ世間躰も甚気之毒」なため、預り一札を提出すれば長蔵がこれまでどおり預かることを善兵衛が認めている。最終的な判断は、領主の下知を待つことになるが、このことは、村の草分けである長蔵家が代々高札を預かってきたことを、村も無視することはできなかったといえる。合理的に引き渡しを進めながら、これまで高札を預かることでつくられた長蔵家の立場も容認する村の認識があったと考えられるのである。

3　芳賀郡三谷村

文政十年（一八二七）三月、芳賀郡三谷（みや）村（現真岡市）で長百姓と小前百姓の間でおきた争論が内済した。争点は組頭役の選任と文書所持のあり方についてである。

争論の背景の一つとして、三谷村では従来の村役人就任のあり方が変化してきたことがあげられる。以下、争論の内容について史料をもとに見ていくことにする。三谷村の長百姓が東郷（ひがしごう）御役所に提出した願書(9)によると、三谷村では、「名主之儀者往古ゟ長百姓中ニ而相勤メ」ていた。文化四年に、当時の名主が眼病のため休役を申し出た際、村内で後任者が決まらなかったため役所に願い出、谷田貝町多左衛門が兼帯名主として就任することになった。なお、組頭役は長百姓が務めたが、病死や病気による休役が相次いだ。そのような中、小前百姓が兼帯名主多左衛門に「村方之儀者往古ゟ是迄長百姓中ニ而□（破損）組頭供ニ相勤メ罷在候処、此せつゟ村役人之儀者小百姓供之内江壱人、長百姓中之内江壱人相立おき、御年貢取立其外御用向供ニ年番ニ相勤度」願いを出した。このことは多左衛門から長百姓に伝

えられることになったが、長百姓は次のような回答を出した。

御年貢取立其外御用向之儀ハ小百姓供願之通年番役ニ相勤メ可申候得共、御用向入用之帳面等者格別、御水帳、御年貢御割附・皆済御目録等之儀者　　御支配様御印形も有之候大切成御書物ニ有之候得者、勿論其外古キ大切成書物等も有之候へ共、是者往古ゟ長百姓役人之内ニ而所持いたし来り候間、右之通年番ニ相成候共小高成小百姓江相渡シ申事不相成段長百姓中ゟ申之候、右書物之儀御用之せつハ御役所ゟ御尋之儀ハ勿論、村方ニ而入用之せつ者何時成供披見被致可申候、右之通ニ而和合いたし候ハ、御受可申段談合候

長百姓は組頭役を年番で務めることについて異論はないが、文書の所持については従来どおり長百姓による所持を主張したのである。結果、長百姓の主張を小前百姓が受け入れることになった。

その後、長百姓と小前百姓が年番で組頭と百姓代を務め、文政十年は小前百姓の卯八が組頭を務める予定であった。しかし、長百姓は、卯八には上納物の遅滞等があったため、組頭役を務めることは延引すべきであると訴えたのである。

この争論では、内済[10]の結果、次の内容が取り決められた。①組頭役については、長百姓（新三郎）と小前百姓（卯八）両人が務め、御用向、御年貢米金取立・上納については、卯八から隔年で務めること、②御用向引渡しの際の諸帳面については、年々入用の諸帳面・割付・皆済目録の三年分を卯八に渡し、残りの割付・水帳については長百姓である新三郎が預かり、村で入用の際は新三郎が文書を持参して閲覧させること、なお、役替えの際もこの方法を採用することとなった。つまり、自分たちが水帳・割付を所持するという長百姓の主張はほぼ採用されたのである。

当初の長百姓の願書では、小前百姓（卯八）が文書所持を主張したということは記されていないが、内済結果からは、小前百姓も組頭に就任する際に文書を所持すべきであるという主張がなされたことが推測できる。しかし、この

争論では、長百姓が文書の所持を独占してきたという慣習が優先され、彼らの主張がほぼ採用されることになった。この事例からは、村社会の変化の中で、自分たちの格式を維持するためには文書の所持は譲れないことであり、このことが村内秩序の維持につながるという認識が、長百姓の中に存在していたことが窺える。[11]それ故、文書を所持することは長百姓にとって譲れない主張であったと推測できるのである。

二　文書管理をめぐる争論

1　都賀郡下加蘭村

嘉永六年（一八五三）都賀郡下加蘭（しもかぞの）村（現鹿沼市）で騒動が内済された。訴えられたのは名主庄左衛門、訴えたのは年寄・組頭・百姓代である。騒動は嘉永二年から続いていたものであった。騒動の内容は、文書管理に関すること、質地の扱いに関することなど数か条に及ぶ。ここでは、特に文書管理と高札場に関する内容を取り上げて見ていくことにする。

まず、村の文書管理について見ていくことにする。済口証文[12]によると、「名主元諸帳面等」については、十年分を以前から作成してある帳箱に入れ、勘定人が立ち会う席に差し出すこと、その他古帳・書物等に至るまで入用分は帳箱に入れ、錠をかけておくこと、そして鍵は勘定立会人が預かることが定められた。そもそも訴訟方は、催促したのにもかかわらず庄左衛門が帳面を提出しなかったため、欠落した百姓に関する処理について差し支えが出たことを問題にしている。[13]一方、庄左衛門は年貢取立関係等の帳面については、村が必要なものを提出している。必要でない帳面については、両名主（下加蘭村は名主二名）が預かり、休番の際は当番に帳面を渡し、請取書を受領することになっていると主張している(14)。

つまり、この騒動の争点の一つである庄左衛門の文書管理のあり方は、村が必要な際に文書を提出したかどうかが問われていることがわかる。内済により、村方文書の管理方法が定められたが、下加薗村は内済の翌年、分郷となり、新たな管理方法が提案されることになる。

ここで、嘉永七年七月に、村が上組・下組に分郷となった（名主は上組が庄左衛門・悦蔵、下組が貞次・勇右衛門、年寄は伊右衛門が就任）ことについてふれておく(15)。分郷の理由について詳細に知ることはできないが、嘉永二年から続いたこの騒動が内済した後も、訴訟費用等の件で村内が落ち着かなかったことが一因としてあげられる(16)。さらに、その後の文書管理について、庄左衛門は、年寄伊右衛門（騒動で庄左衛門を訴えた一人）たちから次のような申立てを受けることになった(17)。

此節御分村ニ被　仰付候上ハ、是迄及出入済口証文面之通、御年貢御取立帳其外村入用帳面拾ケ年分ニ不及申、御水帳（免状）并内田様御代其後御代官御支配、尚亦当御殿様御代御免状共ニ分村ニ相成候上ハ、下組、上組年番ニ預り
度趣申之

これに対し、庄左衛門は「私之方ニおゐてハ先方江相渡し（古帳年番取引致）候儀迷惑之趣申之、尤当時入用帳面不限双方立会之上写取御用并ニ相成候ハ、可然様申候」と述べている。このことについては、役所から「是迄御年貢御取立帳面其外村入用諸帳面共ニ、私并同役悦蔵両人所持罷在候分、時丑年（去ル巳年ゟ当寅年迄）以前拾ケ年分当　御役所様江差上可申様（奉差上様）」指示があった。ただし、悦蔵は同様の指示を受けていなかったため、庄左衛門は悦蔵と連名で役所に願書を提出することにしたのである。

以上を整理すると、下加薗村では、①名主庄左衛門による文書未提出を契機とした勘定人立会による文書管理と、

②分郷を契機とした上組・下組年番による文書管理が提起されたことになる。①については、十年分の文書とあることから主に現用文書に、②については、水帳、歴代領主の免状とあることから主に村の成立・由緒に関わる文書に重点が置かれていることがわかる。いずれも、村にとっては必要な文書であり、特に①については、村運営の停滞を防ぐ措置であるといえる。

一方、庄左衛門は②の管理方法に対し、文書を渡すことは「迷惑」と主張している。「迷惑」が具体的にどのようなことを指すのかは不明であるが、村が分郷されようとも文書は特定の家（庄左衛門家）に帰属するという認識があったのではないかと推測できる。

次に、この騒動で庄左衛門が訴えられた内容の一つである高札場の扱いについて見ていくことにする。騒動では、村の高札場がありながら、庄左衛門が高札場を自分の屋敷前に建てていることが問題とされた。伊右衛門たちの主張(18)によると、二十四、五年前、庄左衛門の親弥惣右衛門が名主を務めていた時に、村への相談もなく自分の屋敷の門先に高札場を建ててしまったという。このことは、村から役所に訴えられることになった。役所からは、弥惣右衛門の行為は全くの心得違いによるものであるが、高札場を取り払うことを命じることになれば、役義が務まらないため、弥惣右衛門が名主を務める間に限り高札場を建てておくことが許可された。

村方一同は、不承知ながらも弥惣右衛門が名主を務めている間のみとし、元の高札場への建て直しをこれまでに何度か掛け合ってきたが等閑にされてしまった。なお、弥惣右衛門は一度横領の筋により退役したため、村が高札場の建て直しを掛け合ったが再び等閑にされてしまった。その後、弥惣右衛門は帰役したが出奔し、庄左衛門が跡役に就くことになったため再び掛け合ったが、建て直しがなされることはなかった。そこで、今回、村方一同立会の上で元の場所に建て直すことを訴えたのである。一方、庄左衛門は村方からの掛け合いがこれまでになされたことはないと

し、高札場の件は役所に伺うべきと主張している。(19)

結果、高札場については次のように取り決められた。(20)

一、御高札之儀者往古ゟ相定り候場所有之候、殊ニ村絵図等ニも聢与相記有之候間、庄左衛門勤役中者建置、休役致候砌りハ御上様江伺之上元場所江引取建置可申筈ニ相定申候事

つまり、庄左衛門が名主を務めている間は自分の屋敷前に高札場を建てておくことを認めるが、休役した時は領主に伺った上で元の場所に高札場を建て直すこととされたのである。名主役を務めている間、屋敷前に高札場を建てることを認めるということは、親弥惣右衛門の時と同様である。このことは、庄左衛門家の行為が「心得違」であっても、庄左衛門家が村の行政の中心を担っているということを村としても認めざるを得なかったといえる。(21)しかし、庄左衛門休役後、元の場所に戻すとされたことは、あくまで高札場は公に認められた場所（村絵図に記された場所）にあるものであり、村の秩序を私的に乱すことは許されないという村の認識・主張は崩されるものではないことを示しているのである。

2　塩谷郡小佐越村

塩谷（しおや）郡小佐越（こさごえ）村（現日光市）では、安政六年（一八五九）四月におきた年寄役見習をめぐる争論を機に、村方諸入用帳を毎年村役人・小前一同が立ち会って確認することが定められた。

この争論は、年寄所左衛門、同人親類組合惣代百姓伝左衛門が、年寄弥右衛門、百姓太郎右衛門を相手取って訴訟をおこしたことに始まる。(22)訴状によると、訴訟人の所左衛門は、悴伝之丞を年寄役見習として務めさせるために、村内一同及び大桑村年番名主藤右衛門の連印を受けた願書を奉行所に提出し、沙汰を待つことになった。一方、訴えら

れた弥右衛門と兄太郎右衛門は奉行所に申し立てをし、自分たちと親類合わせて四名の印を消し、先の願書を差し戻してしまった。弥右衛門は、悴弥五右衛門（血縁上は弥右衛門弟）を年寄役見習としたかったが、弥右衛門が年番を務めている間におきた訴訟諸入用を不分明にしたままであり、明白にしてから願い出るべきではないかということを所左衛門に指摘されたため、恨みに思っての行動ではないかと所左衛門は述べている。

争論は、扱人が入り内済[23]されることになった。村方諸入用については、調査の結果、訴訟方・相手方双方が納得し疑念が晴れることになった。そして、村方諸入用帳については、毎年、村役人・小前一同が立ち会って確認することが定められたのである。

一度収まったこの争論は、文書引継ぎをめぐって再燃することになった。先の争論で訴えられた弥右衛門は退役することになり、所持していた文書を村に提出することになったがこれを拒んだため、小前惣代兼荷問屋伝左衛門ほか一名が奉行所に訴えたのである[24]。訴状によると、弥右衛門は水帳・明細帳等、所持していた一三通の文書を提出しないため、村運営に支障がおきていると記されている。さらに、弥右衛門が年番中に取り立てた問屋助成積立金が不分明であること、そして大楽院に上納すべき薪料が納められていなかったことが問題とされた。

なお、この二度目の争論の結末は、以下のとおりである[25]。弥右衛門が所持していたと考えられていた文書については、その内の一部を他の村役人が所持していたことがわかり、文書の所在が明らかになった。また、問屋助成積立金は弥右衛門から伝左衛門に渡され、大楽院への薪料も納付することもできた。しかし、この過程で弥右衛門は文書の提出を引き延ばすために工作を図るのである。弥右衛門は、「文政度柄倉村引合済口」及び「絵図面」を太郎右衛門に預け、そのほかの文書を自宅箱戸棚等に隠して欠落してしまうのである。結果、弥右衛門は役人の出役先で捕えられ、入牢を申付けられてしまう。一方、親弥兵衛たちも召し出された上、弥五右衛門は手鎖を申し付けられることになった。しかし、弥五右衛門は吟味中にもかかわらず、内々に帰村し、太郎右衛門宅から弥右衛門宅に「文政度柄倉村引合済口」及び「絵図面」を移してしまう。弥右衛門妻つやが文書を発見したように工作を図るが、つやが訴え出たことで失敗に終わる。

なお、弥右衛門が文書の提出を引き延ばすために工作を図った理由は次のとおりである。(26)

先祖ゟ所持之書類、今更村役人共江相渡候儀残念ニ存、且者忰弥五右衛門義も役儀願中ニ付、願之通被　仰付候ハ、其儘預居候心得ニ而忰弥五右衛門申□　□儀之所、其段村役人并惣百姓共ゟ御訴申上候ニ付、被　召出一ト通御糺之上書類可差上旨被　仰渡、帰村いたし候処、書類差上候ハ、村方江□　□一ト先身を隠し引延し置候ハ、、其内ニ者忰江役儀被　仰付候様ニも可相成、熟ニも書類不渡方宜儀と一途ニ存込

弥右衛門が様々な工作を図ってまで文書の提出を引き延ばしたのは、「先祖ゟ所持之書類」のためという理由であった。村の運営に関わる文書は、「村の文書」であり、それ故に公正に取り扱い、村に公開し、村の運営に関わる者が管理する。文書の提出を求めた村、文書の提出を弥右衛門に命じた奉行所の認識は、「村の文書」を村の運営に関わる者が管理するというものであった。本事例は、弥右衛門がもつ「家の文書」という認識が、村全体の認識になりえない時代になったことを表しているといえよう。

三　事例整理

以上、五事例を見てきたが、特徴的な点について考察していくことにする。

一つ目は、文書を所持する根拠として家の由緒を主張するなど、「家の文書」という認識は江戸時代をとおして強

く残っているということである。上籠谷村の場合、七郎右衛門は文書の所持を「家」と結びつけている。ただし、七郎右衛門の祖父が名主役を退役する時に文書の引継ぎを行っていることから、文書は「家」が所持するのではなく、「村の文書」として引き継ぐものであるという認識が当事者及び村にあったといえる。また、前名主新左衛門勤役中の勘定疑惑後に作成された村議定では、年貢米等の勘定の際には、前々名主七郎右衛門の代のとおり、村役人・年寄が立ち会うことのほかに、年貢・諸永上納時に受取書を名主が発行すること、そして皆済目録を役所から受け取ったら役元で読み聞かせることが取り決められており、文書を公正に扱うことへの小前百姓の意識は高かったと考えられる。(27)したがって、上籠谷村の事例では、村の運営に関する文書は「村の文書」であるという認識が村全体にあったといえる。七郎右衛門の主張は、名主としての文書所持が前提にあったが、「家の文書」という認識ももっており、由緒（祖父の代まで数代名主を務めた家）によって文書所持の正当性を裏付けようとしたと考えられる。

小佐越村の場合は、同一の家が文書を代々所持してきたことが、「家の文書」という認識を作り上げてきたと考えられる。特に、本事例では、争論の過程で、村役人・小前一同の立会いによる村方諸入用帳の確認が定められたことから、これ以前の文書の公開性は高くなかったと推測できる。この状況が、「村の文書」を「家の文書」とみなす弥右衛門の認識を高め、文書隠蔽工作につながっていったと考えられる。しかし、争論を機に村方諸入用帳の村役人・小前一同の立会いによる確認が定められたことは、「村の文書」という認識が村としての認識として形成されてきたことを意味するといえよう。

二つ目は、村における格式維持のために文書の所持を主張するという点である。三谷村では、小前百姓に対して長百姓の主張がほぼ認められ、従来どおり村の主な文書は長百姓が所持することになった。長百姓が文書の所持にこだわったのは、自分たちが村役人や文書の所持を独占し、そのことによって村の秩序を維持してきたからである。そのため、文書の所持は、長百姓にとって譲れないものであったと考える。

村の文書は、名主を退いた後も草分けが所持することが多かったが、近世中期以降、幕府は検地帳等についてその時の名主が所持するよう裁許を下すようになる。(28) しかし、文書を長年所持していた家にとって、「家の文書」という認識を転換することは容易ではなかったと考える。「村の文書」を「家の文書」として家に帰属するものとする認識の形成については、文書を所持・管理してきたという事実だけでなく、個々の村の政治構造や社会状況をふまえて多角的に考察していく必要がある。また、本事例の内済に見られるように、「家（長百姓）の文書」という認識を受容する社会であったことについても検討していく必要がある。

三つ目は、高札を立てる場所は村の慣習や村の政治の中心という点が重視されたことである。中ノ島村及び下加薗村については、村役人（名主・組頭）として自家で高札を預かってきたという事実が結果的に認められたことが共通している。中ノ島村の場合は、長蔵家が草分けであることと、代々名主（組頭）を務めてきたという実績が、村の政治を担ってきた中心として、長蔵家に高札の写しの所持を認める認識を村内に作り上げてきたのではないかと考える。(29) 一方、下加薗村については、名主であることが高札場を建てることを認める根拠となっている。しかし、庄左衛門家は庄左衛門親弥惣右衛門の代に高札場を自家の前に移しており、元の高札場への建て直しを等閑にしてきたことが問題になっている。庄左衛門が訴えられた内容は、文書管理、高札場の扱い以外に質地の取扱いなど多岐に渡るが、一連の庄左衛門の行為は村の秩序を乱す行為であると判断されている。(30)

下加薗村の場合は、村の秩序の維持に重点を置く村の主張と、名主を務めていることの証として家の前に高札場を建てる（必要とする）ことに重点を置く庄左衛門の主張の対立であった。しかし、結果的に一代限りとはいえ屋敷の前に高札場を建てることを認められたのは、高札場を取り払うことを命じることになれは役義が務まらないと領主が判断した先例があったためと考える。高札場を建てる場所については、最終的に領主の判断を仰ぐ必要があるが、庄左衛門が名主として村の運営を担っている事実については、村も否定できなかったといえよう。

四つ目は、分郷（組切）における文書の管理についてである。今回の事例で分郷がかかわるのは上籠谷村・下加薗村である。分郷になった際の村の文書管理のあり方については、本来、村の政治構造を明らかにした上で論じる必要がある。そのため、今回のような事例の概観のみで論じることは表面的な見方にとどまらざるを得ないため、今後の検討課題としてあげるのみにとどめたい。

上籠谷村では、上組・下組に分かれた後、御役所御用向については月番、村方勤方については組切とされたが、上組が百姓数の少なさから組切で負担することに差し支えがあることを訴えるなど、村の運営のあり方を早々に見直す必要が出る状況であった(31)。結果的に、上籠谷村の運営がどのように決着したかを史料から窺うことはできないが、名主二名体制になったあとも、村運営の不安定な状態が続いたと考えられる。

一方、下加薗村についても、史料から村の運営について窺うことはできない。しかし、検地帳や歴代領主の免状といった村の成立・由緒に関わる文書の年番管理が提起されたことから、上組・下組が文書を管理することでそれぞれの自立性を求めようとしていたのではないかと推測できる。それ故、村の成立・由緒に関わる文書を個人が独占することは伊右衛門たちにとって認められなかったと考える。上籠谷村の場合は、名主二名体制になったあと、村運営の不安定さが表面化したが、このことが村の主導権を得るための文書所持主張につながった可能性もある。新左衛門の七郎右衛門への文書引渡し拒否、そして七郎右衛門の文書引渡し要求は、名主として村の主導権を得ることと関係がないとは言い切れないといえよう。分郷における文書の管理については、村の運営状態を明らかにした上で検討していかなければならないといえる。

おわりに

本稿では、五つの事例をとおして村における文書帰属認識を明らかにすることを試みた。争論では、文書が村・家のどちらに帰属するかをめぐって対立がおきており、「家の文書」という認識は、「村の文書」という公共性の高まりの中で幕末まで強く残っていることが明らかになった。このことについて最後に補足しておきたい。

一般的に、「家の文書」から「村の文書」へと文書の公共性が高まっていくとされている。しかし、文書が「村の文書」であるという認識が広がることは、一方で「家」に帰属させようとする意識を強める面があるのではないかと考える。例えば、三谷村の場合である。争論の背景として、三谷村では小前百姓が村役人に就任するようになったという村運営の変化や小前百姓による郷例違反がおきている。そのため小前百姓の上昇志向の視点からも考察する必要があるが、村役人と文書所持を独占してきた長百姓にとって、文書を所持することは、村内の格式及び秩序維持の象徴であるとの認識を強めていったのではないかと考えるのである。したがって、それらが奪われることにつながる小前百姓の主張は認められないものであり、長百姓による文書所持を村内で改めて確認することが必要だったのである。

「家の文書」と「村の文書」の認識は、明確に分離できるものではなく、混在した認識であったといえる。したがって、文書をとりまく村の政治構造・社会状況の影響をうけて変化し、村秩序の維持に向けてバランスをとっていたと考えるのである。文書帰属認識は個々の村の状況によって異なるものであり、政治構造等の分析と合わせて見ていく必要がある。このことについては、今後の検討課題としたい。

註

（1）冨善一敏「近世村落における文書引継争論と文書引継・管理規定について」（『歴史科学と教育』第一二号、一九九三年。のち同『近世村方文書の管理と筆耕—民間文書社会の担い手—』、校倉書房、二〇一七年に収録）七八〜一〇九頁。

（2）高橋実「近世における文書の管理と保存」（安藤正人・青山英幸編『記録史料の管理と文書館』、北海道大学図書刊行会、一九九六年）一〇五〜一六一頁。

（3）二宮町史編さん委員会編『二宮町史　通史編Ⅱ　近世』（二宮町、二〇〇八年）、さくら市市史編さん委員会編『喜連川町史　第六巻　通史編1　原始・古代　中世　近世』（さくら市、二〇〇八年）、芳賀町史編さん委員会編『芳賀町史　通史編　近世』（芳賀町、二〇〇三年）など。

（4）寛政十年九月「乍恐以書付奉願上候」（栃木県立文書館寄託大塚整吾家文書七一）。

（5）寛政十年四月「奉差上済口証文之事」、午四月「乍恐以書附奉願上候」（栃木県史編さん委員会編『栃木県史　史料編　近世三』（栃木県、一九七五年）七四七〜七四八頁。これらの史料によると、前名主新左衛門病死後、悴の新左衛門に名主役が仰せ付けられたが、下組は前名主新左衛門の勤役中に「諸勘定向不埒」（勘定取り調べを行った結果、「少々之算違等」があったが、「私欲之筋等決て」なかったことが明らかになっている）があったことを理由に七郎右衛門を新名主に推したため、名主二名体制で内済された。しかし、その後、組切を望む意見が出て済口証文が取り下げられたことが記されている。これらのことについて、同月、村では、名主二名体制、及び村方勤方の組切及び御役所御用向の月番を藤岡御役所に願い出ている（寛政十年四月「乍恐以書付奉願上候」（栃木県立文書館寄託大塚整吾家文書七〇）。なお、村方勤めを組切にすることについては、上組が、百姓数が少ないため差し支えがあると意見したため、七郎右衛門ほか三名が役所の吟味を受けることになった（〔寛政十年〕「乍恐以書付御返答書を以奉申上候」（栃木県立文書館寄託大塚整吾家文書七六））。

(6)　文化十年二月「乍恐以書奉願上候」（栃木県立文書館寄託大島治家文書三〇九二）。

(7)　文化十年三月「乍恐以書付奉願上候」（栃木県立文書館寄託大島治家文書三一〇一）。

(8)　文化十年三月「預り置一札之事」（栃木県立文書館寄託大島治家文書三一〇三）。

(9)　文政十年三月「乍恐以書附奉申上候」（二宮町史編さん委員会編『二宮町史　史料編Ⅱ　近世』、二宮町、二〇〇五年）四六二～四六四頁。

(10)　文政十年三月「差出申内済口一札之事」（『二宮町史　史料編Ⅱ　近世』）四六四～四六五頁。なお、本史料では卯八は宇八と記されている。

(11)　三谷村では、小百姓が服装に関する郷例を破る事例が続き、文政七年に年寄百姓と長百姓が東郷御役所に訴え出ている（文政七年九月「乍恐以書付奉願上候」（『二宮町史　史料編Ⅱ　近世』）四六〇～四六一頁）。真岡市史編さん委員会編『真岡市史　第七巻　近世通史編』（真岡市、一九八八年）では、十八世紀半ばからの農村荒廃に対する復興の試みは、村の立て直しに一定の効果をもたらしたが、その過程でそれ以前の村の秩序を変化させ、郷例違反が表面化するようになったことが述べられている。本史料の中でも、復興による水呑百姓の小百姓への上昇が見られたことが記されている。なお、本史料によると、郷例違反をしたのは年番組頭を務めた豊吉であり、村内秩序の維持に年寄百姓たちが危機感をもっている様子が窺える。このような村社会の変化が、長百姓の格式維持意識を高め、文書所持の維持を主張することにつながったと考えられる。

(12)　嘉永六年三月「為取替申済口証文事」（栃木県立文書館収集史料金子治作家文書一五七〇―八）。

(13) 嘉永三年八月「村方惣代之者口書控」(栃木県立文書館収集史料金子治作家文書一五七〇―三)。
(14) 嘉永二年九月「乍恐御内意心得書ヲ以奉申上候」(栃木県立文書館収集史料金子治作家文書一五七〇―一〇)。
(15) 天保十年四月「日記万控帳」(鹿沼市史編さん委員会編『鹿沼市史　資料編　近世1』、鹿沼市、二〇〇〇年)五九三～五九九頁。なお、本史料で「分郷」と記されていることから、本文では「分郷」と表記する。
(16) 嘉永六年に訴訟が内済した後、訴訟費用等の件で村内が紛糾したことが、前掲註(15)の史料、及び嘉永七年「下加蘭村一件済口証文写」(栃木県立文書館収集史料池田俊道家文書一五六九―一)から窺える。
(17) 嘉永七年八月「乍恐以書付奉申上候」(栃木県立文書館収集史料金子治作家文書一五七〇―一〇)。
(18) 前掲註(13)。
(19) 前掲註(14)。
(20) 前掲註(12)。
(21) 久留島浩「近世の村の高札」(永原慶二編『大名領国を歩く』、吉川弘文館、一九九三年)三〇〇～三二八頁。氏は、「高札を掲げることによって、誰が、あるいはどの組が村の行政を担い、「御用」や法を請けているか、ということを象徴的に示す」と述べている。
(22) 安政六年四月「乍恐以書付御訴訟奉申上候」(栃木県立文書館収集史料北山明家文書一四九六―一)。
(23) 安政六年五月「差上申済口証文之事」(栃木県立文書館収集史料北山明家文書一四九六―一)。
(24) 安政七年二月「乍恐以書付奉願上候」(栃木県立文書館収集史料北山明家文書一四九六―一)。
(25) 万延元年閏三月「差上申済口証文之事」(栃木県立文書館収集史料北山明家文書一四九六―一)。
(26) 万延元年四月「差上申一札之事」(栃木県立文書館収集史料北山明家文書一四九六―二)。

(27) 寛政十年三月「相定一札」(栃木県立文書館寄託大塚整吾家文書八八)。

(28) 前掲註(2)。また、前掲註(3)の『二宮町史』でも元文二年に物井村でおきた文書所持争論について、現時点での名主が水帳を所持することを命じる裁許を評定所が下したことが紹介されている。

(29) 長蔵は組頭であるが、村内でも有力な名主候補と考えられていたと思われる。長蔵自身、名主二名体制を望む願書を認めた際、「是迄私義茂三拾年以来組頭役相勤罷有候得共、村方江対シ身分難相立仕合に御座候」と述べている(前掲註(6))が、長蔵のおじ権兵衛も、善兵衛が名主に就任することへの請印の日延べを願おうとした時の理由として「私儀者善兵衛組合之義候得共、右長蔵願筋相分り候」と述べている(文化十年二月「差出シ申一札之事」(栃木県立文書館寄託大島治家文書三〇九九))。村内には長蔵の主張を心情的に酌む者もいたことがわかる。

(30) 前掲註(12)によると、庄左衛門が古城主渡邊右衛門尉墓所の前に立てた灯籠等については、片脇に引き払うことが取り決められた。このことを村が訴えた理由は、古城主の子孫であるかのようにふるまう庄左衛門の行動を見た小前百姓が「渡邊様旧臣之由申之、混雑」したためである(前掲註(13))。また、同史料によると、庄左衛門は質地について村法で定められている年数を超えた年季を設定したため、村から郷例違反であると訴えられている。

(31) 前掲註(5)の大塚整吾家文書七六によると、上組からの申し出を受け、役所からは「一村一躰」で勤めるよう指示されたという。吟味を受けた下組名主七郎右衛門、ほか三名は、「御社参、御法会、御検見御用御出役様御泊り、御役所御用向并藤岡、江戸表罷出候雑用等其外潰百姓弁納割高掛、或ハ盗人等ニ抱り又ハ往来之旅人村内ニ而変死人等、他村抱出入等」は両組で勤めるが、「其外御出役様継立人馬、御廻状継送り、ゑさし、御師、座頭、諸奉加等之類、道橋郷普請、定使賄役」については、組切にしないで月番から申し送りをすると、時間がかかり御用差支えが出ることもあるため組切で行いたいと答えている。

宇都宮藩の種痘と明治期における継承

大嶽浩良

はじめに

宇都宮藩政を研究するにあたり留意すべきことは、戊辰戦争とアジア・太平洋戦争の二度にわたる災禍で藩政文書のほとんどが焼失し、藩政の実態解明にあたり大きな障壁があることである。しかし、村方支配については、藩領が第二次戸田氏の時代で河内・都賀・芳賀・塩谷の四郡二二一か村に跨るため、広く地方文書を採訪し丁寧に見ていけばある程度の輪郭を描くことは可能である。

江戸時代末期、塩谷郡一五一か村中、五三か村は宇都宮藩領に属していたので[1]、宇都宮藩での種痘実施の状況を塩谷郡を事例に論述したい。

ところで従来、研究書の代表例である柳田芳男『上都賀郡市医師会史』は以下のように記述する。

下野国幕末・維新期における種痘術の施行は、菊地卓稿『北関東における種痘の普及と医師群―下野国の場合』によると、次の四グループにより推進されたとある。

①前記斎藤元昌らの壬生・梁田のグループ

②足利の早川俊堂を中心とするグループ
③足利の鈴木千里を中心とするグループ
④大田原の北条諒斎より発展したグループ

宇都宮及びその周辺が空白になっていることは、当時の種痘の普及は蘭方医を中心とした一部の先覚的な医師の有無によったのであろう(2)。

同書は優れた内容であるが、宇都宮藩の種痘の研究がなされてなかったために、二〇〇六年に同書が刊行された時点まではこう書かれざるを得なかったのである。

はたして宇都宮藩で種痘が実施されたのか否かは第一の研究テーマであるが、これについては、後述するように、塩谷郡塩谷町道下の青木マサイ家文書との出会いによって、種痘の事実を見いだすことができたが、それだけでは種痘実施の事例紹介で研究がひとまず終わってしまう。近代の地方文書を読むと、必ずしも種痘が順調に引き継がれたわけでないことが判る。それ故に、明治政府と地方政権が種痘を受け継いだ際にどのような障害があり、地域においてその障壁を乗り越えていく場合、どのような方法が採られたか、という第二のテーマが設定される。従来、後者のテーマは前者と切り離されて論じられて来たため、逆に前者の特徴すらも見いだし得なかった嫌いもあり、統一して論じる必要性がある。

一　幕末期の種痘

1　近世における天然痘の認識

喜連川藩医大草家の蔵書には、山脇東洋の『治痘順治方』(写本)が残る。[3] 山脇東洋(一七〇五～六二)は、江戸中期の医者で京都の人であった。おもに後藤艮山(こんざん)に古医方を学び、実験主義を提唱し、宝暦四年(一七五四)に死刑囚の死体を解剖し従来の説の誤りを正した。この時の解剖記録である『臓志』が有名であるが、痘瘡の本も執筆していた。

『治痘順治方』では痘瘡の病因を「凡痘ノ説諸書多出種有云トモ、其要所ハ児ノ胎中テ受ル毒気内ニ伏シタルヲ、一時流行邪ノ為ニ動サレ発ル也」と胎毒説を採っている。

富士川游『日本疾病史』[4]によれば、「痘瘡の初めて支那に現わるるや、医家はこれをもって傷寒の症(外感)となし、これを傷寒豌豆瘡と唱え(中略)、隋、唐の医家は専ぱらこの説に拠り(中略)、宋の代に及びて、(中略)痘瘡は胎毒によりて起るものなりとなしたり。胎毒とは、小児が胎胞に在るときに受くところの穢毒(わいどく)を云うものにして」と、胎毒を母胎にあったころ受けた毒と説明している。

天然痘はウイルスによって引き起こされ、高熱と同時に発疹ができる死亡率の高い急性伝染病である。予防方法である種痘には、人痘接種法と牛痘接種法があり、日本では、初め中国から伝えられた人痘法が行われたが、大きな危険を伴うものであった。牛痘法は一七九六年(寛政八)イギリスのジェンナーが発見、日本では嘉永二年(一八四九)長崎の蘭医モーニッケによって初めて試みられ、以後、蘭方医の努力によって漸次各地へ普及した。

2　塩谷郡における種痘の実施

(1)安政六年(一八五九)、宇都宮藩領での実施

塩谷郡道下村は、幕末には宇都宮藩領であった。同村の青木マサイ家文書「諸向控覚帳」(安政六年二月吉日)には以下の記述がある。[5]

四月朔日
一、長澤仲庵様
植疱瘡御出郷候処、東房村ヨリ当村継立之処、東房村ヨリ田所村へ御継立相成候ニ付、御目見ニ惣代長左衛門罷出申候、

内容は、四月一日、長澤仲庵様が種痘のため村々にお出ましなされた、宇都宮藩領の東房村から我が道下村へ継送りのところ田所村に変更となった、見参に惣代の長左衛門が出かけた、というものである。

徳田浩淳『宇都宮郷土史』[6]の元治元年(一八六四)「宇都宮藩人名帳」には医師が二一名記載されていて、九番目に「御医師十両三人扶持　長澤仲庵」とある。なお後述する前澤大峨は七番目に「御医師六十石」で登場する。

青木家には安政六年の「諸向控覚帳」についで、種痘実施を示す以下の史料が残る。

文久元年(一八六一)四月　植疱瘡植付并相改帳
文久二年(一八六二)四月　植疱瘡姓名帳
元治二年(一八六五)三月　植疱瘡姓名帳
慶応二年(一八六六)五月　種痘姓名控帳
明治三年(一八七〇)四月　種痘植付覚

明治四年（一八七一）二月　種痘植付覚
明治五年（一八七二）二月　種痘姓名覚

安政六年から明治五年まで十三年間の記録であり、明治五年以降は、宇都宮藩から宇都宮県へ種痘が引き継がれたため文書そのものも存在しなくなったと考えたい。

ここでは文久元年の記録を紹介しよう。

（表紙）
「文久元酉年
　植疱瘡植付并相改帳
四月」

覚

四月十四日植付、同廿一日改

一　右十箇　居村①
　　左六箇　幸右衛門孫
一　右壱箇　同
　　左壱箇　仁左衛門娘
一　右五箇　同
　　左六箇　長三郎孫
一　右九箇　荻野目村②
　　左九箇　源兵衛悴

一　右九箇　　　　　　　　　　　　　　　同
　　左八箇　　　　　　　　　　　　　　　仁右衛門娘

〆五人

四月廿一日植、同廿八日改

一　右壱箇　　　　　　　　　　　　　　武助悴
　　左再植不生　　　　　　　　　　　　　当酉壱歳

五月六日

一　再植　右二箇　　　　　　　　　　　青木六右衛門悴
　　　　　左三箇　　　　　　　　　　　　西弐歳

一　右三箇　　　　　　　　　　　　　　森右衛門悴
　　左再植　　　　　　　　　　　　　　　当酉弐歳

一　右三箇　　　　　　　　　　　　　　同人宅居娘四歳
　　左四箇　植　　　　　　　　　　　　　当酉十三歳

一　右四箇　　　　　　　　　　　　　　仙蔵悴
　　左弐箇　　　　　　　　　　　　　　　当八歳

一　右四箇　　　　　　　　　　　　　　綱治郎悴
　　左六箇　　　　　　　　　　　　　　　当酉四歳

一　右壱箇　　　　　　　　　　　　　　吉郎右衛門自分妹

左壱箇　　当酉五歳
玉生村③
一　左壱箇同壱箇　　七市郎娘
右再植四箇　植　　酉ノ三歳
同
一　再植右壱箇　　与平悴
（不生）植左二箇　　酉ノ三歳
荻野目村
一　右弐箇後壱箇　　清右衛門娘
左再植不生　　酉ノ五歳
〆七人[九]
（後略）

①居村—道下村（宇都宮藩領）、但し寛延三年（一七五〇）から明和元年（一七六四）までは下総佐倉藩領。佐倉藩は一〇万石、内三万三〇〇〇石は下野国内に飛地領があり、陣屋は桜野（さくら市）に置かれた。②荻野目村—原荻野目で近世は原荻野目村と称した。宇都宮藩領。③玉生村—宇都宮藩領。

七日おきに種痘を実施していることがわかるから、発痘の具合を診察し再種の要不要を確かめたのであろう。八か村を巡回し、主として一歳から八歳までの幼児三九名に接種している。代金を取った記録はない。青木歳幸の『江戸時代の医学』[7]によれば「佐賀藩では、種痘者からの費用徴収はなく、引痘方からの出張医師の費用と種痘にかかる費用は全額藩費で実施していた」とあるから、宇都宮藩も同様であったのであろう。慈恵的施策といえよう。

(2)それ以前に宇都宮藩江戸屋敷での実施と推定

領内実施の前提として事前に何があったのだろうか。宇都宮藩江戸屋敷では種痘が実施されていた。

(端裏書)「三河町新道　池田多仲様　伊東玄朴」

急用

明廿九日夕七ツ時頃より七軒町①戸田様御屋敷②ニて三人種痘仕候約束ニ御座候、右ニ付御多用中恐入候得共、七ツ時より拙宅え御出可被下候、私事も早ク帰リ御同道ニて罷出度候、何卒御繰合無相違御出被下候様偏ニ御願申上候、此段相願度如此御座候、草々頓首

七月廿八日(8)

①七軒町―現在の台東区元浅草一丁目。②戸田様御屋敷―宇都宮藩主戸田氏の上屋敷。

これは、伊東玄朴が池田多仲に宛てた書簡である。

伊東玄朴は江戸後期の蘭方医で肥前出身。長崎でシーボルト等に蘭学を学び、天保十四年(一八四三)鍋島藩医に抜擢され、牛痘接種方導入を献言した。嘉永二年に成功後、江戸で普及させるのに力を注ぎ、安政五年(一八五八)には八三名の同志らと計らい江戸にお玉ヶ池種痘所を設立、同所取締になる。また同年、幕府に最初の蘭方医として奥医師に取り立てられ、法印長春院と称す。池田多仲も同時期の蘭方医で、玄朴らとともにお玉ヶ池種痘所を設立、同所の実務・経営にあたる。

年欠の書簡であるが、お玉が池種痘所の設立は安政五年五月七日で、宇都宮藩領での種痘の実施が翌年十一月であるので、安政五年の七月二十八日と推定した。この時の藩主は戸田忠恕であり、藩主の家族(藩主の子女と推定)への

種痘を物語る。

ところで、宇都宮藩上屋敷で三人に接種した背景には、如何なる人的関係があったのであろうか。それは江戸屋敷の藩医に、お玉ヶ池種痘所関係者がいたのである。

お玉ヶ池種痘所の建設拠金者名簿に、安藤玄昌（文政十年〔一八二七〕—明治九年〔一八七六〕）の名前がみえる。(9) 東京谷中墓地にある安藤玄昌の墓碑は明治十年（一八七七）十二月、東京大学医学部医員永坂周二の撰文で建碑されたもので、以下の碑文がある。

　伊東玄朴翁ニ亦以医仕テ幕府負海内重名頗有識量、①一見先生蘊籍②重厚風体秀絶属望テ後日俊斎翁借先生居門下学術益進、嘉永三年庚戌四月就聘③於宇都宮藩為其侍医(10)

　①名—名を重ねと読むか。②蘊籍—寛大で穏やか。③就聘—賢者として招かれること。

その内容は、安藤玄昌は伊東玄朴に仕え、日本全国を見渡しても識量共に評判が良い、性格は寛大で穏やか、風体は秀絶、属望され万延元年（一八六〇）、お玉ヶ池種痘所頭取に就任した大槻俊斎門下生として学術を発展させた、嘉永三年四月には宇都宮藩医として招かれた、というものである。

なお同名簿には、宇都宮藩北東の烏山藩医伊東玄民（生没年不詳）の名前もみえる。

また伊東玄朴の門人帳には「戸田大学頭内　安藤玄瑞」「野州宇都宮　前澤龍亭」の名前がみえ、玄朴による安藤玄瑞の身元引受状が見いだせる。(11)

　嘉永三年四月七日

　戸田大学頭内　　　安藤玄瑞

　　請人　井上筑後守内　管谷又兵衛

（中略）

慶応二丙三月十五日入塾
野州宇都宮　後改仲　前澤龍亭
請人　前澤大峨

（中略）

身元引受状

一、私門人安藤玄瑞義、此度　御家え被召出於私難有仕合に奉存候、玄瑞身分之趣に付故障之儀御座候はゞ私引請
御家之御苦労相掛申間敷候、為後証仍て如件

嘉永三戌年四月　　　松平肥前守内
伊東玄朴

戸田大学様
御役人衆中

安藤玄瑞は、前記安藤玄昌の間違いかとも考えられるが、「戸田大学頭」内という肩書きから考えると別人とみたほうがいいだろう。戸田大学頭は「戸田家当用留」(12)に三回出てくる（嘉永四年七月二十六日条、九月十三日条、同七年五月二十五日条）から、城主の一族か最上級藩士と考えられる。興味深いのは安藤玄瑞と並んで前澤龍亭の名が登場することだ。請人（身元保証人）は前澤大峨となっていて、父と考えられる。前述したように大峨は宇都宮藩医である。

こうして宇都宮藩関係者が何人も、お玉ヶ池種痘所の設立に貢献した伊東玄朴と関わりを持っていたのである。

3　医師青木家の系統は―古方派

ところで、青木マサイ家文書を残す青木家も、幕末に種痘を実施している。では蘭方医であったのかというと、残された書籍からは古方派と考えられる。青木家には、華岡青洲口授『金瘡治要』（天保五年）や本間棗軒『医方纂要便覧』（発行年不詳）が残る。

古方派とは古医方ともいわれ、江戸時代前期以降に起こった漢方医学の一流派である。中国漢代の張仲景の『傷寒論』を尊び、理論より実践を重んじた。名古屋玄医に始まり、後藤艮山・山脇東洋・吉益東洞らが発展させた。一派には漢蘭折衷派も生まれ、吉益派から麻酔外科の開拓者華岡青洲が生まれた。青洲門人に本間玄調（一八〇四～七二、号は棗軒（そうけん））がいる。常陸医家出身で、初め江戸で漢方を学んだ後、二十四歳の文政十年（一八二七）年に華岡青洲に入門した。青洲を生涯の師と仰ぎ、創意工夫して華岡流外科手術の大成と発展を図った。江戸で開業し、積極的な外科手術治療により水戸藩医に抜擢され、藩校弘道館医学館の医学教授になり、徳川斉昭の侍医を務めた。天保八年に『瘍（よう）科（か）秘録』一〇巻を刊行し、秘伝的であった華岡流外科を初めて公開した。また弘化三年（一八四六）には『種痘活人十全弁』を著し、種痘の普及にも努めたのである。

この時期の青木家は青木治郎左衛門尚之（明治二十一年没）が担っており、種痘も彼が担当している。尚之が慶応二年（一八六六）に記した「秘方録」は、痘瘡患者に対する施薬帳であり、以下の記録（抄）がある。

　　痘瘡
　初ねつ脈ふえした白く
三日之内ハ①
升②　葛根湯出ても干シテ用る也

升　葛　芎[3]各一銭[4]　甘少
生[6]五分　水三合入　二合煎し用

①升―升麻のこと。サラシナショウマの根茎で、解熱・解毒剤。②葛根湯―葛の根が主材料。発汗剤で風邪薬。現在でも引きかけの風邪に重用。③芎―芎薬で漢方薬。④一銭―一貫の千分の一匁。⑤甘―甘草で漢方薬。⑥生―生姜で漢方薬。

二　塩谷郡における明治前期の種痘

1　日光県から栃木県の施策

明治二年(一八六九)、日光県が成立すると、同県は医師手塚良安を廻村させ種痘を実施した。ただし「壱人前金弐朱ヲ上シテ可差出事」[13]とあるから、接種料はかなりの高額である。手塚については『上都賀郡市医師会史』[14]に「日光山神人(じにん)の出である手塚信斎・良安」と出てくるから、日光町在住の医者と考えられる。

明治四年、廃藩置県で宇都宮県・栃木県が誕生、両県は明治六年に統一し、栃木県が成立した。同年十一月、栃木県種痘所規程が定められ大区ごとに種痘所が設置され、栃木病院の所属下に置かれた。塩谷郡と那須郡は第三大区に置かれるなど広大なものであったから、種痘所は大田原と氏家に造られた。「明治六年十一月、栃木県種痘所規程」には以下のようにある。

第一款　管下毎大区各種種痘所ハ統テ栃木病院ノ所属タルヘシ

(中略)

第三款　各大区内種痘所ノ位置ヲ定ルコト左ノ如シ
（中略）
○第三大区
　一ノ小区　野州塩谷郡　枝　氏家駅
　七ノ小区　同　那須郡　本　大田原
（中略）
第十七款　謝礼トシテ痘児一人ニ付キ拾二銭半ヲ納メルコト(15)
（後略）

また、次のような種痘謝金受取状や、

明治七年六月　種痘謝金受取

記

（割印）一、金壱円弐拾五銭　大槻村
　　　　　　七月廿五日種児拾人分

右種痘謝金正ニ請取候也

　　　　　　大田原種痘所

明七年　　　　　　　　会計方　［印］
七月三十一日
右村　用掛御中(16)

次のような種痘鑑定証も残る。

明治七年九月　種痘鑑定証

第千百廿九号

紀元二千五百三十四年九月廿九日

種痘 右四 左三 鑑定

第三大区一小区　冨岡新田村

見目金三郎

男(ママ)　いね

七才(17)

特徴は日光県同様に接種料を取ったことで、謝礼として痘児一人につき一二銭半を納めたことであった。米一石が六円の時代であったから、現在に当てはめると二〇〇〇円位となり、やはり高額であろう。

2　種痘実施においての障害―聞き入れぬ民衆約半分

高額だけではない、種痘実施に当たって民衆の多くが種痘をためらった。明治五年一月、大田原の種痘医北城一行(諒斎)は政府に「種痘につき建言書」(18)を提出した。

(表紙)「建言書控

大田原居住

北城一行　」

種痘ハ済生ノ良法タルコト論ヲ待タス、故ニ　天朝ニ於テモ深ク御配慮被為在、東京府ニ種痘館ヲ被　為建各県医士種痘有志ノ徒工業術御検査ノ上種痘官許被成下、遍ク嬰児ヲ被為済度御仁志ニテ既ニ去歳海外ヨリ新痘苗ヲ御取寄被為遊、各地種痘官許医生迄右痘苗御分配被成下勉励種痘可致旨御教令有之候ニ付、短才方未熟ナカラ種痘官許ヲ蒙リ居候条、御国恩万分ノ一ニダモ奉報度至願ニテ尽力仕、旧県管内及ヒ処々エ出張幼児大凡一万百余人種痘仕候得共、未タ愚民不学ノ者ニ至リ候テハ種痘ノ良法タルコトヲ不弁、或ハ巫祝①ノ妄言ヲ信シ猥リニ種痘ヲ誹謗候者十ニ五六モ有之候処ヨリ　天朝御配慮ノ厚モ衆庶エ貫徹不仕、私輩尽力仕候テモ遍ク種痘為致候事不行届、故ニ歳々天然痘流行仕既ニ昨未歳ハ大ニ流行シ幼児ノ死忘（ママ）不少、今歳再ヒ流行候ハヽ、損亡亦多カル可ク実ニ憫然ノ至リト奉存候、伏テ考ルニ御管轄内愚民種痘ノ良法タルコトヲ不弁者ハ説諭シ巫祝猥リニ下民ヲ蠱惑②スル者ヲ禁制イタシ候様御管轄内戸長村長エ厳重被成付候ハヽ、種痘医一際憤発勉励遍ク種痘仕遂ニハ自然痘ノ流行無之様相成可申然ラハ　天朝御配慮ノ厚キモ始テ衆庶エ貫徹シ且人口ノ繁茂スルコト言ヲ待タス、私苟モ種痘官許ヲ蒙り罷在前条黙止スルコト能ハス、何卒私ノ寸衷御賢察被成下幾重ニモ戸長村長エノ命令厳重被仰下候様此段伏テ奉願上候謹言

壬申正月　　　　　　　　　　　　北城一行

北城一行

建白之趣神妙被聞食候、追而一般之御布令候間、夫ニテ承知可致、猶此上尽力有之度事、

正月十四日出ス

同十五日被申渡

①巫祝（ふしゅく）—神に仕えて祭事や神事を司る者。②蠱惑（こわく）—人の心を惑わすこと。

傍線部分の翻訳をすれば、自分は管下の幼児一万人余に種痘をしたが、不学の愚民がいて種痘の有効性をわきまえず神主などの言葉を信じて人々を蠱惑している状況にあり、種痘を誹謗する者が一〇人中五、六人はいる始末であると述べ、政府に取締りを申し出たのである。民衆の中には種痘を受ければ「牛になる」などの妄言を信じる者もいたことは、事実であった。

政府はこれに対して、建白はもっとものことで追って布令として出すから、さらに尽力するようにと応えたが、明治の初年期には啓蒙をさらに進める政策が必要であった。

3　種痘の完全実施を求めて—種痘投会社の設立

民衆の不理解と並んで種痘実施の障壁となったのは有料であったということで、明治十年代に入り減額したとはいえ貧窮民に取っては負担は大であった。伝染病の予防にあたり、希望者だけや負担可能者だけを対象にしていては効果がない。種痘の効果に理解を深めた地域の有力者にとって最大の問題は、どうしたら対象者全員の完全実施を遂行できるかということであった。貧困者への本格的な幼児対策である。

考え出された方法が「種痘投会社」の設立である。一口掛け銭二二銭で籤を一五〇〇本作り、当たり籤で融資を授ける一方、残りの金で未種痘者への接種費用を工面しようとすることであった。

種痘投会社約

方今種痘ノ良方タルヲ以テ　天朝ニテ厚ク御世話アリ、難痘ノ患ナク生育ノ恩愛深キハ人々皆知ル所ナリ、然ルニ或ハ窮民ニ至テハ時ニ臨ミ閊（つか）ヘ遷延ニ至ルモ毎期少カラス、如此ニテ天然痘ノ感アルニ当テ妨害ナキ能ハス、後悔ストモ救フニ術(すべ)ナシ、他人ニアリテモ悼ミ愁ヘサランヤ　加之(しかのみならず)上　天朝ノ厚キ恩恤ヲ感佩(かんぱい)シ悲歎ヲカネテ想フヘシ、此故ヲ以テ左ノ方法ヲ設ケテ投会銭ヲ積置キ利子ヲ以テ春秋両度ノ種痘毎ニ出謝ノ労ナカラシメハ毎期脱漏ナク前件恐怖苦難ヲ遁レ、上ハ　天恩ニ対ヘ下ハ子孫ノ永休ヲ受ケ相與(とも)ニ安キニ住スヘシ、人々此旨ヲ会得シ此設置ヲ遂ンコトヲ祈望ス

社式

鬮数千五百本　　但壱口掛金弐拾弐銭

此集金三百三拾円也

内訳

（中略）

第二条、会場ハ塩谷郡喜連川宿本町百三十一番地龍光院トス

（中略）

第八条、明治十四年三月初会、満十ケ年ニテ満会トス

（中略）

喜連川種痘所会計方

発起人　斎藤治郎平　印

同鑑定方

後見人　宮脇　拾　印

喜連川宿

世話人　大宮村　笹沼仲四郎　印
同　漆原清六郎　印
（以下一七人中略）
大槻村
同　斎藤挂一郎　印[19]

投会銭を積み置き、利子をもって春秋二回の種痘に補填すれば、脱漏なく行うことができるということで、明治十四年三月から十か年の計画で実施された。籤の会場となったのは、塩谷郡喜連川宿本町一三一番地の龍光院であった。

発起人には喜連川種痘所会計方の斎藤治郎平、後見人には同鑑定方の宮脇拾、世話人には喜連川宿の豪商笹沼仲四郎以下、一九人の各村有力者が連名した。このような努力が効を奏したのか、翌十五年頃には「今ヤ我郷青年小児ノ輩（ともがら）ヲ見ルニ、痘痕（あばた—筆者）ヲ存スル者殆ント希ナルニ到リシハ、豈歓喜ノ極ニ非スヤ」[20]と、痘痕が残る小児をほとんど見かけなくなったと記す状況にまでなった。

急速な種痘の普及のなかで天然痘を未然に防ぐ状況が大きく前進した。地域の有力者のなかにはジェンナーの碑を建設しようとする有志が集まった。同志文には「嗚呼此大功徳ヲ我国ニ付与セシ者ハ其誰ゾヤ、英国哥羅斯徳社（グロストンヤー）ノ大医日納爾（ジェンナー）氏ナリ、先生一タビ種痘ノ法ヲ発明セラレ其術洽ク諸洲ニ伝播セリ、其功偉ナリト云ベシ、其徳大ナリト云ベシ、誰カ其恩ヲ戴カザラン、誰カ其恵ヲ蒙ラザラン」[21]と記され、発起人には大田原宿の北城諒斎がなり、同宿の菊池済安など一三名が賛同者となった。菊池以外の賛同者の名を記しておきたい、いずれも各地で種痘普及に尽力した者たちだ。

那須郡成田村　大貫玄亭、同佐久山宿　荒井貞庵、同黒羽町　磯良三、同烏山町　川俣誠、塩谷郡矢板町　柴田玄仲、芳賀郡祖母ヶ井村　平石謙三、下高根沢村　酒井昌菴、河内郡宇都宮町　伊東祐一、都賀郡鹿沼宿　鵜飼三省、同壬生町　斎藤元昌、同栃木町　粟田口三貞、同町　石塚玄昌

この建碑運動は実らなかったが、平成九年（一九九七）に二宮陸雄氏は、大田原保健センターに「日納爾先生碑同志文」の碑を建てた[22]。その前面には明治十五年三月の「日納爾先生碑同志文」がそのまま刻まれ、諒斎をはじめ磯良三ら当時の発起人・賛同者ら計一五名の名が刻まれている。

4　『種痘活人十全弁』の再刊

明治二十四年一月、北城諒斎により、本間棗軒著『種痘活人十全弁』が大田原種痘所から出版され、塩谷・那須郡一帯の医師たちに配布された[23]。同書は弘化三年（一八四六）に刊行されたものであったから五十年後の再版であった。

「（表紙）
種痘活人十全弁　　非売品
」

種痘活人十全弁序

むかしの人ハ天然痘の人命に大厄なる事を知れども　種痘の性命を安全ならしむる事を知らずして之れを忌み嫌らひ、今の人ハ種痘の性命を安全ならしむることハ知れども天然痘の人命に大厄なることを知らずして之れを忽（ゆるがせ）にする者少なしとせす、故に此度故棗軒本間玄調氏の著す所の種痘活人十全弁を活字に付し天然痘の大厄

なる事を知りて種痘の安全なることを覚り、且つ忽にすべからざることを知らしめんとす

明治廿三年十二月　大田原　種痘所　識

種痘活人十全弁序

水戸　棗軒　本間玄調　著

痘瘡ハ至極の大厄にして小児の死すること此病より甚しきハなし、古より医俗共に恐るゝものこれに過たるなし、往事は姑(しばら)くたひて論ぜづ、弘化三年丙午の春より痘瘡大に流行し悪症殊に多く死亡する者亦夥し、予も日夜之れが為に奔走して聞見する処亦頗る多し、先つ序熱強く人の見別もなく譫語(むだごと)のみにて狂ひ躁ぎ或は血をはき血を下し或は紫斑を発し、痘瘡は皮膚の中にありて見はれさる者は二三日にして死し或は六七日に至りて死す、又た痘瘡出斉(でそろい)たれども細にして漆(うるし)液に感触(かぶるる)が如く貫膿の頃に至りて少しも起脹(やまあが)らず反て痒(かゆ)み出てゝ顔を搔き剝り、手を押(おさゆ)れは脚を合せて摩(すり)むき脚を防けば顔を枕にすりつけ背を床にすりつけて迚も防きゝれず荊芥①蒼述続随子及ひ茄茎(なすのからなぞ)等を蚊薫(かえぶし)の如く焚(たけ)共少しも験なく遂に惣身をすりむき赤肌になり獣の皮を剝(は)ぐが如く、後には真黒に乾き其毒内攻して心下へ鞠の如くさしこみ歯も欠る程に歯軋(はぎしり)をかみ叫びて父母を呼び苦しきまゝに常に嫌いの薬を飲んことを乞ひ灸を炷(すへ)んことを願ふ

（中略）

近世種痘の術出てゝ此厄を免かれしむるは実に人事に非ず、天の人を教へて造物の化育を賛(たすく)るなりと蘭台□範に見ゆ、余も徐大椿②の言に本つき天意を奉行(うけおこない)種痘の法を弘め庶幾くは嬰孩(えいがい)の夭折を免れしめ寿域(ながいき)に躋(のぼ)らしめ国家人民蕃殖の一助とならんことを欲するに因て此呶々(やかましき)③の多言を布て利棗(りそう)④に上せ普く世人に瀆告(とうこく)⑤すと

云

弘化三年歳次丙午冬十二月

（奥付）

「明治廿四年一月二十日印刷
明治廿四年一月廿一日出版
栃木県那須郡大田原町大字大田原二百十七番地
編輯人　士族
兼発行者　北城諒斎
仝県仝郡仝町仝字三百七十七番地
平民
印刷人　小口融四郎」

①荊（けい）―いばら、芥（あくた）―からしな、蒼（そう）―あおい。②蕃殖―繁殖のこと。③呶々―くどくど言う様。④利棗―不詳。⑤濆告―くどくど繰り返して言う。

序文で北城諒斎は、昔の人は天然痘が大厄であることを知っていたが種痘を忌み嫌った、ところが現今は、種痘の安全性は理解されたが、逆に天然痘の怖さを忘れ恐れなくなってしまったことを痛感したとし、再版の意義を説いたのであった。

『種痘活人十全弁』の序の中で本間棗軒は、たとえ亡くならぬとも、痘瘡に罹れば漆にかぶれた如くなり、膿が出るようになると痒くなって顔を掻きむしり、その手を押さえれば足を使って擦りむき、足を防げば顔を枕に擦りつけ、背も床に擦りつけとても防ぎきれない、燻すなどの対策を講じても効果なく、ついに総身獣の皮を剝ぐごとく赤肌になってしまう、それがやがて真っ黒と化し、歯軋りで歯も欠けてしまう、と悲惨な病状を書き連ね警鐘を鳴らしたのであった。

明治二十四年に再版されたということは、依然として天然痘の流行の虞があったことを物語る。事実、栃木県では翌二十五年に流行した。最後のパンデミー（大流行）は明治三十年であった。

昭和五十五年（一九八〇）、ＷＨＯ（世界保健機構）は地球上から天然痘が根絶したと宣言したが、七十歳以上の方の上腕には痘痕が残っていて、国民皆接種の名残を見いだすことができよう。ジェンナーの種痘法が開始されて以来一八二年目のことであった。

おわりに

下野の種痘は、嘉永三年（一八五〇）四月、壬生藩領で斎藤玄昌が実施したものを嚆矢とする。(24)それから八年後の安政五年（一八五八）七月、江戸の宇都宮藩上屋敷でも行われ、領内では翌六年四月に同藩領塩谷郡東房村での接種の事実が確認され、文久・元治・慶応と行われた。特徴は実施費用は藩費で賄ったという慈恵的施策にあった。

それを引き継いだ明治前期の種痘は、接種料を有料化したが高額であったことや、種痘をすれば牛になるなどの浮説も横行したため実施に困難を来したが、種痘医らを中心とした啓蒙活動と上層の地域住民を中心した種痘投会社などの対策により、完全実施に向け知恵ある取り組みがなされ、明治十年代後半には種痘が必要だとの認識が地域住民の間には広く認知されていった。

註

（1）『旧高旧領取調帳』関東編（東京堂出版、一九九五年）。
（2）柳田芳男『上都賀郡市医師会史』（上都賀郡市医師会、二〇〇六年）。
（3）さくら市氏家町　大草尚家文書（個人蔵）。
（4）富士川游『日本疾病史』（平凡社、一九六九年）。
（5）塩谷郡塩谷町道下　青木マサイ家文書（個人蔵）。
（6）徳田浩淳『宇都宮郷土史』（文化新報社、一九五九年）。
（7）青木歳幸『江戸時代の医学』（吉川弘文館、二〇一二年）。
（8）池田文書研究会『東大医学部初代綜理池田謙斎　池田文書の研究（上）』（思文閣出版、二〇〇六年）。
（9）深瀬泰旦『伊東玄朴とお玉ヶ池種痘所』（出門堂、二〇一二年）。
（10）史料中の「俊斎」とは、大槻俊斎（一八〇六〜六二）、蘭方医。陸奥国出身、文政四年（一八二一）、江戸に出て医学を学び、蘭学・オランダ医学に出会う。天保八年（一八三七）、長崎に遊学し蘭医の研鑽に勉め、同十二年再び長崎に遊んで牛痘接種法を学び、牛痘法を得て江戸伊勢屋の子幾次郎に接種して成功した。これが江戸における種痘の最初で、俊斎の名は一時に高まったという。安政五年（一八五八）俊斎は伊東玄朴らと、神田お玉ヶ池に種痘所を設けるなど、蘭法医学の発展を図った。
（11）伊東榮『伊東玄朴伝』（玄文社、一九一六年）。
（12）松井恒太郎編著、下野歴史学会編『宇都宮城主戸田御家記』（随想舎、一九八九年）。

（13）「栃木県史料」三十九、日光県材料・政治部二（内閣文庫蔵）。
（14）前掲註（2）『上都賀郡市医師会史』。
（15）『県達』（芳賀郡芳賀町下延生　豊田一郎家文書）。
（16）さくら市押上　長嶋厚樹家文書（個人蔵）。
（17）さくら市富野岡　秋元喜平家文書（個人蔵）。
（18）「種痘につき建言書」（さくら市押上　長嶋厚樹家文書）。
（19）塩谷郡塩谷町道下　青木マサイ家文書（個人蔵）。
（20）「募建日納爾（ジェンナー）先生碑同志文」（さくら市氏家町　大草尚家文書、個人蔵）。
（21）前掲註（20）。
（22）二宮陸雄『種痘医北城諒斎　天然痘に挑む』（平河出版社、一九九七年）。
（23）さくら市氏家町　大草尚家文書（個人蔵）。
（24）中野正人「壬生藩蘭方医斎藤玄昌について」（『壬生史考』一三・一四合併号、一九九四年）。

第三部　領主支配の諸相

所領から見た成立期の喜連川藩

富田　壽

はじめに

喜連川藩は、最後の古河公方足利義氏（一五四一〜八二）の娘である氏姫（氏女）（一五七六〜一六二〇）と、小弓御所足利義明の次男頼純（頼淳）の嫡子国朝（一五七二〜九四）との婚姻により成立するものである。小弓御所足利氏による吸収という見方もできるが、元来は古河公方足利氏の流れを汲んでいる。図1に略系図を示した。

本稿では所領のあり方に着目して、喜連川藩の成立過程について、当時喜連川を領していた喜連川塩谷氏の滅亡期、言い換えれば小弓御所足利氏が秀吉より所領を喜連川に賜った天正十八年（一五九〇）から、古河公方足利氏の氏姫が住していた鴻巣御所（茨城県古河市）が消滅し、後述する伏久（ふすく）村（栃木県塩谷郡高根沢町）が成立したとされる寛永十三年（一六三六）までを中心に考察する。具体的には、秀吉の島姫への対応、秀吉より所領を授与された人物、所領の石高、村々の地理的位置を検討する。とりわけ喜連川藩にとって経済上非常に重要な存在であったと考える文挾（ふばさみ）村を取り上げ、そこに隣接して成立した伏久村と鴻巣御所との関係を明らかにしたい(1)。

これまで喜連川藩に関して取り上げた研究は、秋本典夫氏と佐藤博信氏、そして、阿部能久氏の成果に代表されよ

図1　喜連川(足利)氏略系図

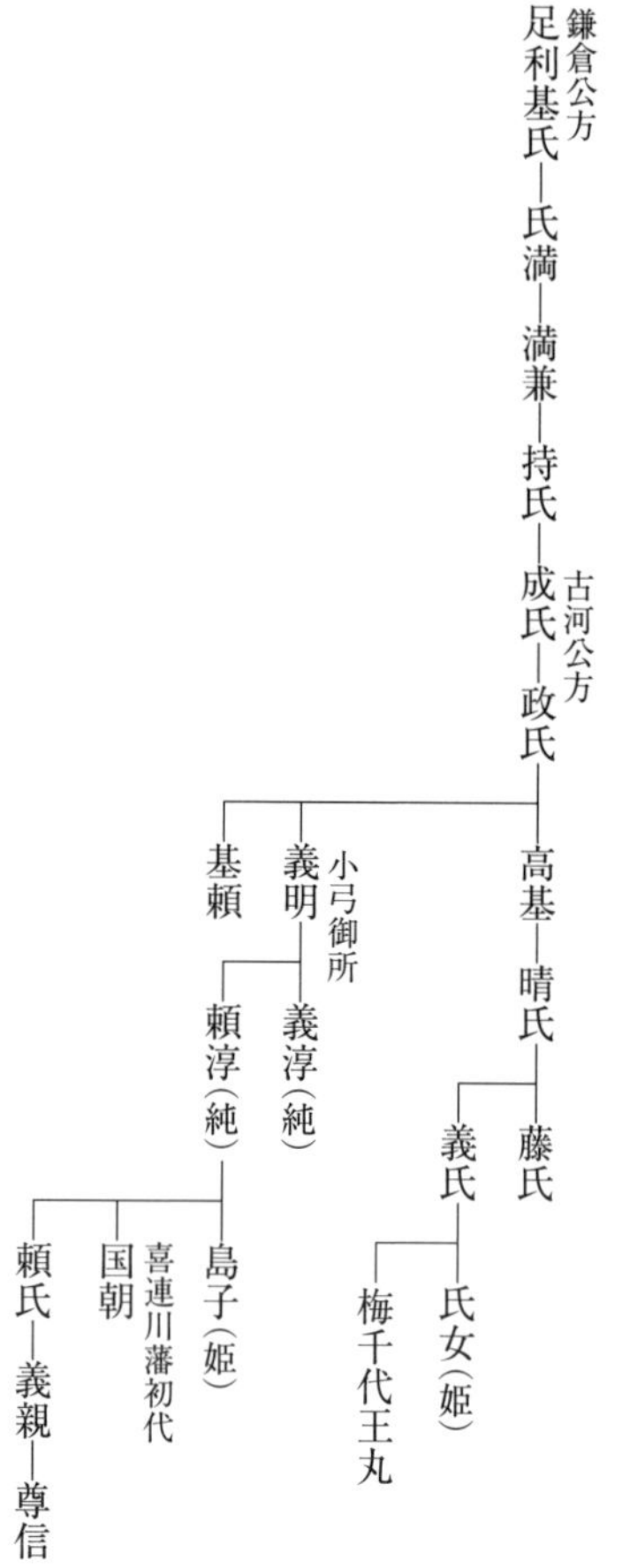

佐藤博信「戦国期の関東足利氏に関する考察—特に小弓・喜連川氏を中心として—」（荒川善夫・佐藤博信・松本一夫編『中世下野の権力と社会』、岩田書院、二〇〇九年、一五六～一五七頁）収録の系図を参考として、本稿に関係する人物を中心に作成した。

高基と義明について、『寛永諸家系図伝』（二〇一四年、第二、四頁）は親子としているが、『寛政重修諸家譜』（一九六四年、第二、一一九頁、共に続群書類従完成会。なお、『寛政重修諸家譜』は、以後、本文を含めて『寛政譜』と略記する）によれば「高基と義明は親子」としながらも、「今の系譜に、政氏が長男を高基とし、二男を左兵衛督義明、三男を基頼」と記している。同様に、さくら市史編さん委員会編『喜連川町史』（第三巻資料編3近世、二〇〇八年）の「足利家御系譜」にも兄弟とあり（二一五頁）、佐藤氏もこの論文で兄弟としており、本稿も兄弟とした。

う。秋本氏は地方文書を丹念に調査、主に農政について究明し、その著書の一章には喜連川藩が収められている。(2) 佐藤氏の古河公方、及び小弓御所足利両氏に関する多くの論文とその著書は、関東足利氏の研究における先駆といえよう。(3) 阿部氏はその著書の一節「喜連川家の誕生」において、多くの史料を紹介し、詳細に論じている。(4)

近年ではさくら市史編さん委員会より『喜連川町史』が刊行された。(5) そして、村高に関して和泉清司氏は『近世前期郷村高と領主の基礎研究』を著すと共に、膨大な量の郷村高と領主の国別データをまとめた。(6) また、小原秀夫氏は喜連川氏が誕生するまでの苦衷を、(7) 斉藤司氏は豊臣期における古河公方足利氏・小弓御所足利氏の動向をそれぞれ論じている。(8) 佐藤氏は、近年、小弓・喜連川氏の系譜を整理、発表した。(9) そして、泉正人氏の「近世後期喜連川家の所領支配と権威」が挙げられる。(10) これらの研究のなかで、領知（領知高）のあり方や、喜連川氏が古河公方・小弓御所の合一により成立し特殊な家格を有したことなど、本稿に関係する点については、以下の本論で取り上げる。

一　古河公方と小弓御所

1　古河公方・小弓御所への対応

古河公方足利氏は、天正十年（一五八二）十二月二十六日に義氏が死亡すると、義氏の娘である氏姫（氏女）がひとり残された状態になってしまった。そのため北条氏による管理が強化され、佐藤博信氏のいう「義氏段階より一層北条氏の影響下に入っていかざるをえなかった」ようである。しかし、この段階ではまだ領地の削減まで行われた様子はないが、天正十八年の北条氏の滅亡と豊臣秀吉による全国統一は、氏姫にも大きな影響を与えることになった。佐藤氏は、①古河城の帰属問題、②氏姫の知行地問題、③家臣団の知行地確保問題を挙げている。(11) そして、知行地に関しては、後に示す「山中長俊書状」を踏まえて、次の「豊臣秀吉朱印状」を示した。[12]

古河姫君へ被遣之知行方目録事
一　七拾参石九斗　　むかいこか村
一　四拾四石三斗　こがの内いがふくろ
一　弐百拾四石三斗　　原下すわの下迄
　　合参百卅弐石
右之外、奉公衆并両寺庵屋敷分、全可令知行給候、然者、国なミの諸役令免除候也、
　天正十八年九月二十日　　朱印
　　　こが
　　　　　つぼね

この朱印状によれば、三三二石が秀吉から氏姫に与えられている。秀吉による仕置きが行われる以前の古河公方足利氏の領地高は、「古河志」によれば「十二万石」と記されており、[13]事実とすれば氏姫が賜った所領はあまりにも少ないのではないだろうか。

そして、これ以前にこの措置を窺わせる書状があるので紹介する。

　尚以、古河之儀、委細石見・天徳寺可被相達候、以上、
従古河為御礼御局御越条、幸便ノ故令啓候、
一　今度、以田石被仰出候古河姫君様へ被進之候御知行事、可然様ニ以御分別被相渡候者、可忝よし候、彼地祇候衆居屋敷等、是又何とそ其儘被居候様ニとの事候、何分にも御入魂被頼入由候事、

一　喜連川之儀、大弓（小弓）御所様御引渡候哉、国朝様ハ古河にて御礼申させ候、直ニ其地へ可有御出由候つる、其分候哉、

（中略）

駿府ゟ
山橋内
長俊（花押）

八月二十二日
増田右衛（門尉脱カ）様
人々衆中

これは「山中長俊書状」の一つである。(14) 最初の部分を示した。年次を欠いているが最後の「其分候哉」は秀吉と行動をともにしていた山中長俊(15)（一五四七〜一六〇七）が宇都宮で仕置執行にあたっていた増田長盛に現地の状況を問い合わせたものと思われることから、(16) この書状は天正十八年のものと比定される。

書状ではまず古河公方足利氏、次に小弓御所足利氏への対応を指示し現状を確認している。このように秀吉は天正十八年七月十一日の北条氏滅亡直後の八月二十二日という早い時期からこの両者を切り離すことなく同等に考えていたことが分かる。そして、古河公方氏姫に授与された三三二石は天正十八年と考えられる「八月二十二日付 芳春院宛 山中長俊書状」の「姫君様御堪忍分」(17) や、同年と思われる九月九日付「浅野長政書状」にある「姫君様江三百貫之所為御堪忍分被進之由尤可然候」(18) から、氏姫の生活費と考えられる「堪忍分」であった。要するに、氏姫の賜った三三二石は所領ではなく、あくまでも氏姫の堪忍料として与えている。これに対して、小弓御所足利氏には前掲の八

月二十二日付「増田右衛(門尉)宛 山中長俊書状」にある「喜連川之儀」を所領として与えたと考えたい。それは①女性氏姫に与えるものに対して、②小弓御所に与えること、③どこにも「堪忍料」とは書かれていないこと、そして、④石高が氏姫と比べはるかに多いことからである。特に同じ書状に順序良く記載されていることに、秀吉の両家に対する考え方が窺える。それは関東公方足利氏に対する配慮であり、氏姫には堪忍料として[19]、小弓御所足利氏には所領として与えたことである。

2　川崎塩谷氏と喜連川塩谷氏

小弓御所足利頼純の娘島姫が嫁いだ天正十六年当時の塩谷氏には川崎(矢板市)塩谷氏と、喜連川塩谷氏の二家が存在していた。『塩谷朝業』には、「下野国塩谷荘川崎郷塩谷系譜」として「秋田系譜」(川崎塩谷氏)と、「喜連川系譜」(喜連川塩谷氏)の二つが収められている[20]。これによれば、塩谷氏の初代は頼純(源義家の孫)とされ、摂津国出身、頼純の時から塩谷郡に住していたとしている。

川崎塩谷氏は代々宇都宮氏に仕えている。『栃木県史』によれば、宇都宮広綱(一五四九〜八〇)時代には「宇都宮広綱傘下の支城十二手」の一つとして一万石を領し一門の城主に数えられていたとされる[21]。その後宇都宮氏は、慶長二年(一五九七)十月十三日突然改易となってしまう。そして、川崎塩谷氏も「秋田系譜」によれば「文禄四乙未年二月八日太閤殿下塩谷家改易被仰付依而川崎城立退」と秀吉より改易を命じられている[22]。

一方、島姫の嫁ぎ先である喜連川塩谷氏は、初代頼純の孫である惟広が平家追討時の功績により所領を賜り、喜連川大倉(蔵)城に居住したのが始まりとされる。こうして二家存在した塩谷氏だが、義孝(由綱)(一四八八〜一五六四)・孝信(朝吉・義上(よしひさ)。一五八六没)以降、対立することとなる[23]。

3 「塩谷日記」にみる島姫

秀吉は、天正十八年七月十一日北条氏を滅ぼした直後から戦後処理を行っている。この間、同月二十六日から八月四日まで宇都宮に滞在、その後会津まで出向き、帰路八月十四日には宇都宮で一泊し、同月二十日に駿府に帰着している(24)。とすれば、前に示した天正十八年八月二十二日付「山中長俊書状」はその二日後に発給されたもので、後の喜連川藩成立につながる小弓御所足利氏の扱いが確認できる重要な書状である。そこでこの書状に至るまでの経緯について、島姫の行動を中心に考えていくことにする。

島姫については「塩谷日記」にその行状や生涯が詳しく(25)、「天正十六年戊子四月二十七日、塩谷安房守惟久之室上総国新荘之御所源左兵衛督頼純公之御息女御島姫、塩谷江関和泉御仲立仕ル為御迎、関和泉参上ス、喜連河へ御供申ス」とあり、天正十六年に島姫が塩谷惟久に嫁いだことを伝えている。小弓御所足利氏と喜連川塩谷氏との関係は以前からのようで、同じ「塩谷日記」に「天文七年戊戌十月七日、下総国小弓之御所義明、高(鴻)野台ニテ北条氏綱ト合戦之時、為加勢塩谷五郎左衛門光朝ヲ大将ニテ」とあり、すでに国府台合戦当時塩谷氏は小弓御所足利氏に加勢していたようである(26)。

「塩谷日記」は天正十八年嫁ぎ先の塩谷氏滅亡の折り、秀吉に対して実家である小弓御所足利氏の再興を願い出る島姫の姿を、次のように伝えている(27)。

太閤秀吉公之御陣古河之城江召参上申、御島御前秀吉公江御見参ニ入ル。然ル処ニ、御島御前先立テ塩谷安房守牢人之由被二仰上一、（中略）御開陣之節ニ御島御前大名衆江御仕附可レ被レ下旨被レ仰、其時ニ御前我身義ハ女之事ニ御座候間、弟ニ国朝ト申者御座候、上総国御弓之郷八正院義明之孫ニテ、左兵衛督頼純カ子ニテ御座候ト被二申

上ニ依テ、太閤聞食（召）テ（後略）（句点は原本、読点は筆者）

「塩谷日記」の信憑性も問題になるが、これによれば、①豊臣秀吉の本陣である古河城に陣中の者共が召し集められた時、島姫も秀吉にお目見えしたこと、②島姫はこれに先立って塩谷安房守惟久が牢人になっていることを秀吉に告げていること、③島姫の弟に国朝なるものが存在すること、④弟の国朝は義明の孫にあたり、左兵衛督頼純の子であること、⑤秀吉が国朝による実家再興を聞き入れたこと、などが記されている。このように「塩谷日記」によれば、小弓御所足利氏の再興は、島姫の秀吉拝謁嘆願が大きく影響していると考えられるのである。

そして、喜連川は、①島姫の嫁ぎ先であること、②塩谷安房守（唯久）はすでに浪人となっていることから、喜連川の地を島姫の実家である小弓御所足利氏に与えたものと思われる。敢えて言えば、秀吉の持ち得なかった家格への憧れから「名家の廃せられることを憐れんだ」(28)秀吉の配慮ではないだろうか。家格は信長・秀吉以降武家社会において重要視されることになるが、『徳川実紀』には「慶長二十年閏六月。喜連川左兵衛督（左馬頭）頼氏上京して謁し奉りまかでんとする時。御座を起せられて御送礼あり。これは室町将軍家の支族にて。鎌倉幕府の後裔なれば。その筋目を重ぜられての御事なり」(29)とあり、家格を重視した家康の喜連川藩に対する厚遇を確認することができる。経済的には一万石にも満たないという微禄に抑えながらも、源氏の流れを汲む喜連川氏を厚遇している。

喜連川藩は、石高から言えば一般に大名を一万石以上とすることから大名にはならない。しかし、松平太郎氏は「徳川幕府に於て大名たるの資格は、第一秩禄一万石以上たるの公認を経ざるべからず、されど必ずしも然らざるあり、下野の喜連川家は秩禄僅かに五千石たるに過ぎず、而も尚足利氏の庶流として幕府の殊遇を受け、俗に無高と称して大名に列せり」(30)と述べ、進士慶幹氏も「幕府が一万石以上と認めれば一万石以上の格で通用するといえよう。それがこの喜連川家の場合にあてはまる」(31)と、松平氏と同様の見解を示し、中村孝也氏も江戸城中の詰所による分類において無席の大名としている。[32]これに対して、佐藤博信氏は「喜連川家は四品、十万石の格式の高家であった」と述べ、[33]新川武紀氏も「喜連川藩はいわゆる大名ではないが、高家として四品、十万石の格式を与えられ」と高家の扱いをしている。[34]

しかし、『徳川実紀』をみると、吉良・大澤・京極などの高家にはきちんと姓の上に「高家」と記されているが、喜連川氏にはない。これに関して阿部能久氏は著書のなかで「喜連川家が高家でないことは明らかであるといえよう」としている。そして、頁を移し「幕藩体制下の喜連川家は、正確には大名・高家・交代寄合のいずれにもあてはまらない唯一無二の存在であったことがわかる」と述べている。[35]

筆者は、松平氏や進士氏そして中村氏のいう通り、大名と考えたい。明治の書物であるが、『諸侯年表』『徳川盛世録』には喜連川氏が諸侯（大名）として記載されている。特に『徳川盛世録』は「諸侯以下格式・供連および途上の礼式」の章、「菊之間席」の次、「三家の家老」の前に、「喜連川」一家を取り上げ「足利氏は下野国を領し、喜連川に居城し、無城無高なり。喜連川をもって称し、姓氏を用いず。営中詰席なし。代々四位以上に叙任し、諸祝節等の節は表大名侍従以上の次に着座す」と、大名の詰所である「菊之間」の次に「無高の諸侯」として紹介している。諸侯とは大名のことであり、両書が共に明治初期に成立（『諸侯年表』一八八三年、『徳川盛世録』一八八九年）していることからも、喜連川藩が江戸時代大名として位置付けられていた事実を踏襲していると考えられる。[36]

江戸時代の書物としては新井白石の『藩翰譜』が挙げられる。[37]その凡例に「凡そ此譜、上は慶長五年よりはじまりて、下は延宝八年に至る迄、凡そ八十年の間、禄万石より上つかたの家、悉に伝つくりぬ」としながらも、喜連川藩を「五千石」として他の大名と同様に紹介している。白石は同書において家康の次男秀康を祖とする越前松平家をいわゆる御三家の前に記載している。このことからも家格に対する白石の考えが窺われ、喜連川藩を大名として認識し紹介したと思われる。

　明治政府が明治十七年（一八八四）足利於菟丸氏に他の大名と同様、子爵を授与したことも、諸侯（大名）と位置付けた結果であろう。喜連川藩は幕府が決めた大名の規定や基準に該当しないからこそ「幕府の殊遇を受けた大名」と考えたい。その喜連川藩成立に島姫の行動が多大の影響を与えたと考えるのである。

二　秀吉時代の所領

1　石高の再考

　天正十八年（一五九〇）秀吉より授与された石高について、これまでは三五〇〇石とされてきた。それは『寛政譜』の島姫の項にある「下野国塩谷郡喜連川にをいて三千五百石を賜ふ」という記述に代表されよう。(38) これに対して『喜連川町史』は「大久保忠隣・本多正信連署状写」を紹介している。(39)

一、三千石ハ本地　喜連川殿
一、千石ハ此度加増
　　合四千石
右御朱印之儀者、御知行分之以後可被下間、其御心得可被成候、以上、
　慶長七年十二月廿八日　大久保忠隣
　　　　　　　　　　　　本多正信

この書状から『喜連川町史』は、秀吉から賜った所領は三五〇〇石ではなく、三〇〇〇石であった可能性を示して

いる。[40]確かにこの書状によれば「三千石」が「本地」であり、「千石」が今回（慶長七年）頼氏に加増された所領で、合計四〇〇〇石と記されている。ここで注目されるのは「慶長七年」という年号である。この書状は慶長七年（一六〇二）十二月二十八日であるから、秀吉ではなく家康より三〇〇〇石が授与されたことを示している。秀吉の朱印状が確認できない現在、[41]秀吉は喜連川宿と一一か村の村々を与え、それが『寛政譜』を編纂する当時、三五〇〇石と記されたのではないだろうか。家康は喜連川藩に対して秀吉の所領授与以後減封した形跡はない。

一つ注目される石高として後掲の表2をご覧いただきたい。ここにある「正保郷帳」の石高によれば喜連川藩の石高は三二五七石であり、三五〇〇石には満たない。領知高は内高が表高を上回ることが多いことからしても、江戸幕府から与えられた石高は三〇〇〇石とも考えられる。

2　授与された人物

次に秀吉から所領を授与された人物について考えたい。『喜連川町史』は、天正十八年と比定される十一月一日付、頼純・国朝の家臣「南美作守宛増田長盛書状」にある「今度塩谷内被仰付候御知行方、御朱印相調、進之候」に注目している。[42]そして、「五月三日（年次不詳）付増田長盛書状」にある「ふはさミ村四拾石餘之事、岡本讃岐と出入御座候條、遂糺明候処ニ、国朝御領分ニ候間、無異儀可被成御知行旨、可有御披露候」から、所領は国朝に授与されたと推定している。[43]

これに関して佐藤博信氏は、前に示した八月二十二日付「山中長俊書状」の「喜連川之儀、大弓（ママ）御所様へ御引渡候哉」という文章を引用し、所領授与の人物について「すでにこの段階下野喜連川を「大弓（小）御所様」＝頼淳に与えること」として「小弓御所様」を国朝ではなく頼淳（頼純）とし、所領を与えるとしている。[44]

確かに「増田長盛書状」の「国朝御領分」から国朝への授与も首肯できるが、この書状は年次を欠いている。そこでこの年次を推定すると、五月三日は天正十八年八月二十二日付「山中長俊書状」以降であり、国朝が死亡する文禄二年（一五九三）二月朔日以前ということになる。従って天正十九年（一五九一）、もしくは文禄元年である。頼純は七十歳で死亡していることから、(45)天正十八年当時は五十九歳ということになり、当時としてはかなりの高齢であったにしても、まずは「小弓御所様」である頼純に授与されたのではないだろうか。確かに五月三日付「増田長盛書状」は注目に値するが、年次不詳のため最初から国朝へ授与されたとすることには疑問が残る。やはり「小弓御所」である頼純に授与された直後、国朝に譲られたものと考えたい。

3　所領の村々

ここでは村々の位置を確認し、石高の実態をみていくこととする。図2は天正十八年秀吉から授与されたと思われる村々を示した。喜連川藩の所領に関する主な考察点として、①秀吉により授与された村々、②他村と離れた位置にある文挟村を取り上げたい。氏姫の三三二石は、前述したように、あくまでも氏姫が堪忍料として秀吉から賜ったものであるため含めない。

表1は天正十八年に、①喜連川氏が秀吉より賜った村々と、②秀吉により取り潰された喜連川塩谷氏が領していたと思われる村々、及びその石高を示した。喜連川氏はその後江戸時代を通して、分村や石高の増減及び、新田開発による村はあるものの、秀吉より賜った村の異動はなかったと思われるため、村と石高は『喜連川町史』にある「元禄十一年六月喜連川家支配村高覚」を参考にした。(46)一方、喜連川を領していた喜連川塩谷氏の所領は「塩谷日記」に記されている「塩谷氏分限之事」(47)と題されたなかにある村と、「元禄郷帳」の石高を表示した。(48)

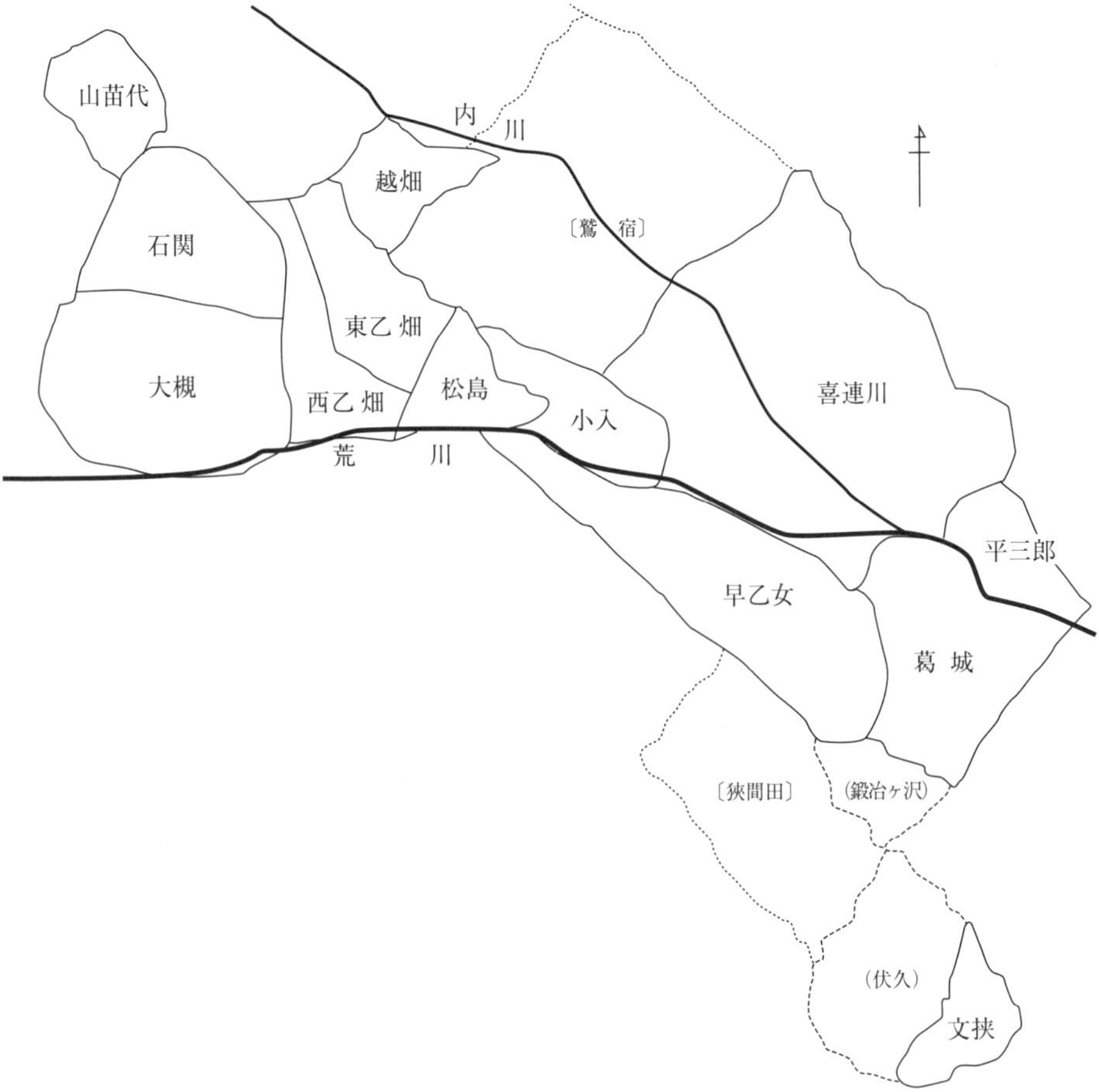

図２　喜連川藩の所領図

註１　東乙畑と西乙畑は現在合併（明治8（1875）年）されており、領知高を参考に、地図（「クイックマップル栃木」2008年）にある荒川の支流を境界として示した。

註２　（　）内村名は新田開発による村、〔　〕内の村名は他領。

註３　山苗代の一部に平成7（1995）年3月「こぶし台」という新住所が設けられた。

表１　喜連川塩谷氏・喜連川(足利)氏の村名と石高

氏	①喜連川(足利)氏			②喜連川塩谷氏		
村名・石高		村名	石高		村名	石高
	1	喜連川	1031.4390	1	葛　城	561.0856
	2	平三郎	200.1074	2	早乙女	590.6192
	3	葛　城	561.0856	3	小　入	209.324
	4	早乙女	590.6192	4	松　島	153.561
	5	小　入	209.3240	5	乙　畑	518.919
	6	松　島	153.5610	6	大　槻	391.292
	7	東乙畑	302.9910	7	石　関	205.2858
	8	西乙畑	215.9280	8	山苗代	44.564
	9	大　槻	391.2920	9	越　畑	53.246
	10	石　関	205.2858	10	文　挟	41.157
	11	山苗代	44.5640	11	松　山	177.748
	12	越　畑	53.2460	12	狭間田	314.232
	13	文　挟	41.1570	13	大久保	593.6522
				14	風　見	388.621
				15	上　平	216.048
				16	肘　内	274.11
				17	小　林	1476.198
				18	徳次郎	1868.446
				19	石名田	898.266
				20	滋野井	661.929
	合計		4000.6000	合計		9638.3038

出典　①「元禄11年６月　喜連川家支配村高覚」(『喜連川町史』)、②「塩谷日記」(『塩谷朝業』)。

註１　喜連川塩谷氏の村名に喜連川の記載がない。

註２　乙畑村は「塩谷日記」では東・西に分けられていない。

註３　葛城村は荒川を境に東葛城村と西葛城村に分かれ、後年東葛城村が平三郎村に、西葛城村が葛城村となったようである(『喜連川町史』第六巻　通史編1、P412)。『日本地名大辞典９　栃木県』(角川書店)によれば「平三郎村は寛永10年(1633)、葛城村より独立したと伝えられる」とある(P237)。

註４　小林村・徳次(治)郎村・石名田村・滋野井村は河内郡で、その他はすべて塩谷郡である。

表２　喜連川藩 の村名と石高

	村名	③正保郷帳	②元禄郷帳	①連川町史	石高差異
		正保元年(1644)	元禄９年(1696)	元禄11年(1698)	②－①
1	喜連川	1300.0000	1031.4390	1031.4390	――
2	小　入	180.0000	209.3240	209.3240	――
3	早乙女	360.0000	590.6192	590.6192	――
4	葛　城 (うち平三郎村)	530.0000 (うち100.0000)	761.1930 (うち200.1074)	761.1930 (うち200.1074)	――
5	山苗代	40.0000	44.5640	44.5640	――
6	石　関	92.0000	205.2858	205.2858	――
7	大　槻	285.0000	391.2920	391.2920	――
8	越　畑	40.0000	53.2460	53.2460	――
9	東乙畑	230.0000	302.9910	302.3910	郷帳６斗増
10	西乙畑	200.0000	215.9280	215.9280	――
11	松　島	60.0000	153.5610	153.5610	――
12	文　挟	40.0000	41.1570	41.1570	――
合計		3257.0000	4000.6000	4000.0000	――

出典　①「喜連川家支配村高覚」(『喜連川町史』第三巻　資料編P115)
註　寛文５年(1665)大槻村のうち100石を月桂寺領としている。

表２は江戸時代喜連川藩が領していた村々について、表１と同じ①「元禄十一年六月喜連川家支配村高覚」と、これが②「元禄郷帳」の石高と多少差異が生じているため示した。そして天正期により近い③「正保郷帳」の石高を併記した。(49)

表１を見ると、喜連川藩が秀吉より賜ったと考えられる所領は喜連川塩谷氏の遺領に含まれている。喜連川塩谷氏の表に喜連川宿が見当たらないが、その名の通り喜連川藩の居所地で、塩谷氏当時も大蔵ヶ崎城(館)が存在していた場所であり、所領として含まれる。江戸時代当時はこれらを上郷の村々(越畑・山苗代・石関・大槻・西乙畑・東乙畑・小入)と、下郷の村々(喜連川・葛城・早乙女・松島・文挟)に分けていたようであるが、(50)本稿では図２に示したように、荒川・内川に沿って、①内川と荒川の間に広がる地域と、②荒

川の南、荒川を下って広がる地域と、③一村のみ離れた文挟村の三つに分けることとする。

まず①の内川と荒川に挟まれた村々は両川に沿って、下流域から北西方向に喜連川宿・小入村・松島村・東乙畑村・西乙畑村・石関村・山苗代村と続いている。西乙畑村の西に大槻村が、そして、東乙畑村の北に越畑村が隣接している。②の荒川以南の地域は東から西へ葛城村・早乙女村・と並んでいる。そして、これらの村々は隣接しているわけだが、③の文挟村だけは極端に南に離れて存在している。この間には、後述する伏久村や嘉永四年（一八五一）新田開発により成立した鍛冶沢村が存在している。

これらを見て行くと、文挟村は重要な位置にあり、文挟村が所領ゆえにこの間に広がる地域の新田開発が可能となり、年貢増収という経済的に大きな影響をもたらしたと考えられ、後に述べる鴻巣御所氏姫の堪忍料三三二石との関係を大いに想像させるのである。なお、表1にある喜連川塩谷氏が領有していた大久保村・風見村・上平村・肘内村は喜連川藩の村と同じ塩谷郡であるが、一～二村を隔てた位置（現塩谷町）にあり、その上、荒川と鬼怒川に挟まれた地域に存在している。また、小林村・徳次郎（とくじら）村・石名田村・滋野井村は河内郡になってしまう。地理的位置を考えても、秀吉はこれらの村々までは与えなかったものと思われる。

三　寛永期の所領

1　鴻巣御所の消滅

最後の古河公方義氏の娘氏姫は、元和六年（一六二〇）五月六日、下総古河の鴻巣御所で他界した。四十六歳であった。ここでは死去に伴う鴻巣御所の所領（堪忍料）と、住居（館）のその後についてみていくこととする。

所領は古河を領していた永井尚政の『寛政譜』寛永三年（一六二六）正月の項に「父が遺領のうち六万二千石、をよびさきに尚政にたまふところの領地二万四千石余に新墾田千四百石余、かつ下総国古河をよび鴻巣御殿の地をたまひ」と記されており、[51] 鴻巣御所の地が永井直勝より尚政に相続された寛永三年正月の時点で、永井氏に与えられている。「鴻巣御殿の地」という語句に、永井氏の古河公方足利氏に対する配慮が窺われる。

「古河志」の鴻巣村の項には「按するに天寿院殿卒去は卯年、大樹院殿卒去午年六月とあれば、此代迄領せられ、卒去にて没収せられ、尊信より喜連川一方に成たりと見ゆ」とある。[52] 天寿院とは義親（頼氏嫡子）のことで、卯年は寛永四年、大樹院とは頼氏のことで、午年は寛永七年である。やや時代は下るが寛文四年（一六六四）の「土井利重宛領知判物・目録」によれば、先に示した天正十八年（一五九〇）九月二十日付「豊臣秀吉朱印状」にある「むかいこか村」（武蔵国埼玉郡之内）、「いがふくろ」「原」（下総葛餝郡之内）の村々を古河領として確認することができる。[53]

一方、住居（館）は「喜連川公方実記」によれば[54]「寛永七年甫十二、古河鴻巣より移る。之より古河、鴻巣の館荒廃す」とある。寛永七年といえば頼氏が死亡した年で、その日は六月三日である。「寛永七年甫十二」は寛永七年一月十二日と考えられ、半年の違いを生じているが、寛永七年一月から何らかの喜連川移住も窺わせている。また、「古河旧記」によれば同じく「寛永七年庚午六月三日野州喜連川に御引越、永井信濃守様、御代也」とある。同書は中世初代古河公方の頃から、近世の天明八年（一七八八）頃までの諸記録を編纂したもので、年次が前後し、内容に重複や精粗があるようだが、[55]「信濃守」は永井尚政のことで、日付の「三日」を「十三日」とすれば頼氏の死亡日ということになる。また「足利（喜連川）家（喜連川藩）系図」の国朝・頼氏の項に、「古河・喜連川両館住」とあるが、尊信（頼氏の嫡子義親は寛永四年七月三日三十三歳で死亡、嫡孫尊信が徳川秀忠の命により寛永七年に就封）の項には[56]「寛永七年庚午、為嫡孫承祖遺領相続、古河鴻巣ヨリ喜連川に移ル」と、いずれも寛永七年の喜連川移住を伝えている。

以上のことから、天正十八年秀吉より氏姫に与えられた所領（堪忍料）は、元和六年氏姫死去後の寛永三年正月、永井尚政に与えられたことにより消滅した。そして、鴻巣御所（館）の廃止は「喜連川公方実記」や「古河旧記」をはじめ、他の史料が伝える頼氏が死亡した寛永七年と考えられる。こうして室町時代の鎌倉公方につながる古河公方足利氏は完全に古河の地から消滅した。氏姫と頼氏が死去したことにより、古河公方足利氏の喜連川藩は終焉を迎え、一代超えた頼氏の嫡孫尊信により、新しい喜連川藩の時代を迎えることになるのである。

2　文挟村の重要性

前節で喜連川藩領の村々と石高を示したが、その中に伏久村は存在せず「元禄郷帳」「天保郷帳」いずれにも記載されていない。『旧高旧領取調帳』には「足利従五位知行」として二四二石五斗三升八合五勺と記載されている。[57]当時の伏久村について秋本典夫氏の著書によれば「伏久村は文挟新田」とだけあり、[58]徳田浩淳氏の著書には、より詳しく「天正十八年より喜連川左馬頭領分、元禄年中までは文挟新田と称した」とあり、[59]両者とも「文挟新田」としている。これに関して「正徳二年十一月関街道脇街道荷物争論につき関俣村他口上書」によれば、「七十七年以前、喜連川御領従文挟村、伏久村と申新地を立申ニ付」とあり、[60]正徳二年（一七一二）の七十七年前に伏久村が誕生したことを伝えている。正徳二年より七十七年前といえば、寛永十三年（一六三六）ということになる。[61]また、「寛文六年三月関街道脇道との荷物争論につき関俣村返答書」によれば「かつらぎ村源右衛門申様ハ、伏久村ハ喜連川領一所ニて御座候間」と、伏久村が喜連川藩単独の所領として寛文六年（一六六六）三月当時すでに存在していたことを源右衛門なる者が語っている。[62]

そこで前の「正徳二年十一月関街道脇街道荷物争論につき関俣村他口上書」文書によれば、伏久村が寛永十三年に誕生していることから、寛永三年正月永井氏の古河藩領となった鴻巣御所の地三三二石の代替地とは考えられないだろうか。とすれば、天正十八年当時秀吉は氏姫に堪忍料として与えた鴻巣御所の代替地をすでに考慮しての文挟村授与であったと考えるのである。文挟村は秀吉から与えられた村の中で、唯一、一村離れて最も南に位置している。それも隣村である早乙女村・葛城村とはかなり距離を隔てている。このことが新田開発を可能とし、その結果、伏久村を誕生させることになった。

現在、文挟・伏久は塩谷郡高根沢町の北に隣接して存在する字名で、文挟に町の最高地点がある。文挟の東部及び伏久の北東部は喜連川丘陵に立地、他は平坦地であることから新田開発による耕地拡大には適していたのではないだろうか。そして、河川にも恵まれ井沼川・冷子川・大沼川が南東流し、正保三年（一六四六）から明暦二年（一六五六）に開かれた市の堀用水も文挟村を南流している。(63) 文挟村は四一石一斗五升七合と少ないが、伏久村を開発させたことはそれ以上にとても大きな存在であった。

3　頼氏以前と尊信以降

喜連川藩誕生の基礎は、これまでみた天正十八年八月二十二日付「山中長俊書状」及び、同年九月二十日付「古河姫君へ被遣之知行方目録事」からすれば、天正十八年八月下旬から九月中旬までと考えられる。また、「喜連川」を姓とした時期は前に紹介した『喜連川町史』の慶長七年（一六〇二）十二月二十八日付「大久保忠隣・本多正信連署状写」にある「喜連川殿」からこの時期とも思われる。一方、『寛政譜』の頼純や国朝の項には「喜連川を称し」たことが記されている。また、「喜連川公方実記」の国朝が他界して間もない時期と考えられる箇所に「此処に於て始めて喜連川を以て氏となす、然れども本志にあらず、故に姓名を署するときは通称の肩に細く喜連川と書す」という文章がある。ここでの通称とは「足利」を想像させ、その近くに「喜連川」と記していたと思われる。

一方、『栃木県史』にある「喜連川文書」を見ると、年次不詳ではあるが五月三日付及び、八月朔日付「豊臣秀吉朱印状」では「鎌倉左馬頭殿」とあり(64)、慶長四年十月十八日付「喜連川頼氏安堵状」には「左馬頭」の官職名のみが記されている。これに対して、尊信の慶安元年(一六四八)とされる九月七日付「江戸幕府老中連署奉書状」などには「喜連川右兵衛」とあり、姓として「喜連川」が定着する時期も尊信以降と考えられる。

おわりに

以上、所領に視点を置いて喜連川藩の成立期について述べて来た。「塩谷日記」によれば島姫は喜連川藩成立に大きな影響を与えた。秀吉は小田原の北条氏滅亡後、早い時期から古河公方足利氏・小弓御所足利氏を区別することなく、並立してその処遇を検討しており(八月二十二日付「増田右衛(門尉)宛山中長俊書状」)、両家に対する秀吉の姿勢が窺われる。その結果、秀吉は古河公方氏姫には堪忍料として三三二石を、小弓御所足利氏には所領として喜連川宿と一一か村を与えている。それらの村々は荒川と内川に挟まれた地域と、荒川以南に集まっている。そして、それらとは別に一村距離を隔てて南に存在する文挟村に注目した。また、喜連川藩成立の基礎となったこれら所領授与者は五月三日付「増田長盛書状」が年次不詳のため、時間的経過を考慮に入れ、最初は「小弓御所様」の頼純であり、その直後国朝に譲られたものと考えたい。

そして、江戸時代の石高であるが、家康より与えられたのは、従来三五〇〇石とされて来たが、「大久保忠隣・本多正信連署状写」から三〇〇〇石とも思われる。今後、後世いわれる五〇〇〇石(国主)の根拠と合わせ考えてみたい。

所領と藩主について見るならば、元和六年（一六二〇）氏姫が死去すると、寛永三年鴻巣御所の三三二石消滅、そして、寛永七年（一六三〇）鴻巣御所（館）が廃止され喜連川へ移住となった一方、寛永十三年には伏久村が成立する。また、藩主は氏姫死後の寛永四年に頼氏嫡子義親が父に先立ち死去、その頼氏も寛永七年死去している。そして、古河公方・小弓御所、言い換えれば中世足利氏に直接関係のない頼氏の嫡孫尊信が就封している。このように、元和六年から寛永十三年にかけて喜連川藩は所領だけでなく、中世関東公方から近世藩主へと交代する大きな変革期であった。

最後に文挟村の重要性について述べたい。それは文挟村が南に一村のみ離れて存在したからこそ、その間に広がる地域の新田開発が可能となり、寛永十三年伏久村を成立させることができたと考えるのである。一方、鴻巣御所の所領は寛永三年消滅してしまう。伏久村の開発開始時期（寛永三年を想定）と成立時期（寛永十三年）を考慮すれば、文挟村授与は、いずれ消滅するであろう鴻巣御所の代替地確保を考えての秀吉の配慮（この配慮は家康にも引き継がれ）であったのではないだろうか。このようにみて行くならば、①島姫の足利氏再興の嘆願受理、②古河公方・小弓御所の対等審議と各処遇、そして、③鴻巣御所代替地確保を考慮しての文挟村授与と、秀吉の足利氏に対する大いなる配慮があったと考えるのである。

註

（1）文挟・伏久とも高根沢町北部に位置し、隣接している。なお、喜連川氏の初代を国朝とすれば、二代となる頼氏が徳川家康（江戸幕府）より加増された一〇〇〇石についての分析検討は、紙面の都合上、別稿に譲る。

(2) 秋本典夫『北関東下野における封建権力と民衆』(山川出版社、一九八一年)。
(3) 佐藤博信『古河公方足利氏の研究』(校倉書房、一九八九年)。
(4) 阿部能久『戦国期関東公方の研究』(思文閣出版、二〇〇六年)一九九頁。
(5) さくら市史編さん委員会編『喜連川町史』第一～七巻(喜連川町・さくら市、二〇〇一～二〇〇八年)。
(6) 和泉清司『近世前期郷村高と領主の基礎的研究』(岩田書院、二〇〇八年)。同書にはCD化されたデータが付録として収録されている。
(7) 小原秀夫「喜連川氏誕生の苦衷」(『下野の姓氏7』、下野姓氏家系研究会、一九七六年)一八～二二頁。
(8) 斉藤司「豊臣期における喜連川氏の動向」(『史報』七、日本史学大学院合同発表会、一九八五年)。なお、滝川恒昭編著『房総里見氏』(戎光祥出版、二〇一四年、一九三～二〇九頁)に収録。
(9) 佐藤博信「戦国期の関東足利氏に関する考察―特に小弓・喜連川氏を中心として―」(荒川善夫・佐藤博信・松本一夫編『中世下野の権力と社会』、岩田書院、二〇〇九年)一三九～一六六頁。
(10) 泉正人「近世後期喜連川家の所領支配と権威」(『関東近世史研究論集』3幕政・藩政、岩田書院、二〇一二年)二六九～二九四頁。その前提と思われる論文に、泉正人「領主的「権威」と地域―近世喜連川家を素材に―」(『国士舘大学教養論集』六五、二〇〇九年)がある。
(11) 佐藤前掲註(3)一八〇頁。
(12) 栃木県史編さん委員会編『栃木県史』史料編・中世二(一九七五年)二四七頁に拠ったが、本書掲載の朱印状には宛所がないため、佐藤博信「古河氏姫に関する一考察」(『古河市史研究』六、古河市史編さん委員会、一九八一年、一～一一頁)によって補った。

(13) 「古河志」は小出重固(嘉永五年〈一八五二〉没)によって書かれたものである。小出重固は下総古河藩士で、禄高一九〇石、江戸詰で、藩主土井利厚の老中時に活躍したが、事情があって古河に退隠を命じられている。古河市史編さん委員会編『古河市史』資料編別巻(一九七三年)二九三頁。

(14) さくら市ミュージアム荒井寛方記念館編『喜連川文書の世界』(第九二回企画展図録、二〇一五年、六四頁)。書状中にある「田石」は『喜連川町史』によれば「石田の誤写と思われ、石田三成」とある(第三巻資料編3、二二一頁)。

(15) 山中長俊は『寛政譜』(第十、八五頁)によれば近江国に生まれ、幼少時より佐々木義賢(よしかた)に仕えていた。家康からも重用されたようであるが、関ヶ原の戦い時、大坂にあったため所領没収、六十一歳で没している。なお、佐々木義賢は入道承禎とも号し、永禄八年(一五六五)足利義輝を急襲した一人という。慶長三年(一五九八)没(『寛政譜』第七、五九頁)。

(16) 『喜連川町史』第六巻通史編1、三七六頁。

(17) 『栃木県史』史料編・中世二、二五二頁。

(18) 『栃木県史』史料編・中世二、二五三頁。

(19) 『喜連川町史』第六巻通史編1も「堪忍料」としている(三八二頁)。

(20) 矢板市塩谷朝業顕彰会編『塩谷朝業』(矢板市塩谷朝業顕彰会、一九七五年)一八七～二〇三頁。後述する「塩谷日記」は同書に収録。

(21) 『栃木県史』通史編4近世一、一〇四～一〇五頁。

(22) 前掲註(20)一九四頁。

(23) 義孝・孝信は塩谷孝綱(一四七〇～一五四六)を父とする兄弟である。兄弟不仲の原因について、『喜連川町史』第六巻通史編1によれば義孝が弟の孝信に相談することなく宇都宮から養子をもらったためという(三〇九・三一二・三二九頁)。大金重貞(一六二九～一七一三)の「那須記」巻十一も参照した(『栃木県史』史料編・中世五、三三六頁に収録)。

(24)『喜連川町史』第六巻通史編1、三七五～三七六頁。

(25)「塩谷日記」は天正十六年(一五八八)島姫と結婚した塩谷唯久の家老関仲頼ら関氏数代が書き残したもので、「関日記」とも呼ばれている。後年故土屋喜四郎氏(明治十三年〔一八八〇〕～昭和四十年〔一九六五〕)がこれを筆写、関氏も紛失してしまったため土屋氏の写本が唯一のものとなり、これが前述した『塩谷朝業』に収められ、本稿でも使用した(前掲註(20)二六六～二八五頁)。秋本氏もその著書の中でこれを引用している(前掲註(2)九一頁)。

(26)前掲註(20)二七九頁。

(27)前掲註(20)二八〇頁。

(28)「喜連川判鑑」(『続群書類従』第五輯上、系図部、八木書店、二〇一三年)三一九～三四七頁。

(29)『新訂増補国史大系　徳川実紀』第一篇、(吉川弘文館、一九七六年)二九八頁。同様の記事が第二篇、五二頁にもある。

(30)松平太郎『校訂江戸時代制度の研究』(柏書房、一九七一年)一七三頁。

(31)進士慶幹「喜連川家は大名の列にはいっていたか」(『日本史の研究』第8輯、山川出版社、一九五四年)一一～一二頁。

(32)中村孝也「大名の研究」(『三宅博士古希祝賀記念論文集』岡書院、一九二九年)三二九～三八五頁。『喜連川町誌』(喜連川町誌編さん委員会、一九七七年)は「幕賓大名」という言い方をしている(九〇頁)。松尾美恵子氏も「大名の殿席と家格」(『徳川林政史研究所紀要』徳川黎明会編、一九八〇年度、三〇一～三二八頁)において喜連川氏を取り上げており、大名と考えていたようである。

(33) 佐藤博信「喜連川家伝来史料考証」(『史学雑誌』八八―七、一九七九年)四四～五八頁。

(34) 新川武紀「喜連川文書について」(栃木県教育委員会事務局『栃木県史だより』第三六号、昭和五十二年)。

(35) 阿部前掲註(4)二四七・二四九頁。

(36) 児玉幸多監修・新田完三編『内閣文庫蔵諸侯年表』(東京堂出版、一九八四年)二七七～二七九頁、及び市岡正一『徳川盛世録』(東洋文庫、一九八九年)八三頁。

(37) 新井白石『新編藩翰譜』(新人物往来社、一九七七年)第一巻、正篇凡例、冒頭、第五巻、五六七～五七三頁、及び第一巻、八～六三頁。

(38) 『寛政譜』第二、一二〇頁。

(39) 『喜連川町史』第二巻資料編2古代・中世、二五一頁。

(40) 『喜連川町史』第六巻通史編1、三八〇・三九〇頁。なお、斉藤司氏は前掲註(8)論文で既述している。

(41) 『喜連川町史』第六巻通史編1、三七九頁。

(42) 『喜連川町史』第五巻資料編5、喜連川文書下、五三三頁。

(43) 『喜連川町史』第六巻通史編1、三七九～三八〇頁。『栃木県史』史料編・中世二、二五五頁。

(44) 佐藤前掲註(3)一八三頁。

(45) 『喜連川町史』第二巻資料編2古代・中世、二四八頁。

(46) 『喜連川町史』第三巻資料編3近世、一一五頁。

(47)　前掲註(20)二八〇頁。
(48)　「元禄郷帳」(国立公文書館所蔵、作成開始年元禄九年〔一六九六〕)。
(49)　「正保郷帳」和泉前掲註(6)付録CD。
(50)　『喜連川町史』第六巻通史編1、四九四・四九六頁。
(51)　『寛政譜』第十、二七一頁。
(52)　『古河市史』資料編別巻、二九五頁。
(53)　国立史料館編『寛文朱印留　上』(東京大学出版会、一九八〇年)一〇一～一〇三頁。同書には原村が原町村とあるが、木村礎校訂『旧高旧領取調帳　関東編』(近藤出版社、一九八〇年、二八七頁)には原村とあり、これとした。
(54)　「喜連川公方実記」は前述した関仲頼が塩谷氏滅亡後、帰農して書き記したものが「当代記」と呼ばれ、これを参考として故秋元重光氏(一八五四～一九四三)により書かれたものである。『下野史談』十四巻(一九三七年)・十五巻(一九三八年)に収められている。誤謬も認められ、佐藤博信氏もその著書の中で「史料的には問題もあろうが」としながらも引用されている(前掲註(3)一九一頁)。また、佐藤氏は前掲論文(33)の中で「「足利公方実記」は別に「喜連川公方実記」とも呼ばれているが、表紙に「足利公方実記　完」とあり、それが正式な名称であろう」として、前掲註(3)においてこの名前を採用している。本稿では『下野史談』に「喜連川公方実記」と題されていたためこれに拠った。
(55)　『古河市史』資料近世編(藩政)、八七六頁。
(56)　『栃木県史』史料編・近世四、二〇～二一頁。
(57)　木村前掲註(53)『旧高旧領取調帳　関東編』五六一頁。
(58)　秋本前掲註(2)一一二頁。

(59)　徳田浩淳『近世下野宿町村支配者要覧』（下野史料保存会、一九七一年）一六六頁。
(60)　『栃木県史』史料編・近世二、六一三頁。
(61)　『栃木県の地名』（日本歴史地名大系第9巻、平凡社、一九八八年、二四八頁）には「寛永十二年（一六三五）頃に北部の新地を取立て伏久村ができた」とある。
(62)　『栃木県史』史料編・近世二、六一二頁。
(63)　『角川日本地名大辞典』9栃木県（角川書店、一九八四年）一二〇〇～一二〇四頁。
(64)　『栃木県史』史料編・中世二、二五九～二六二頁

（付記）　本稿作成は、当時國學院大學教授鈴木敬三博士の「喜連川氏を調べてみては」という御言葉に因ります。今回、富田健司様・田中潤様に多大のご助言・ご指導を頂きました。成稿にあたり厚くお礼を申し上げます。

利根川左岸の御捉飼場
―下野国南部地域における戸田五介組の村々を中心に―

海老原　脩治

はじめに

近世の鷹に関する研究は、さまざまな問題関心から比較的多くの蓄積を有している。かつては、江戸周辺鷹場の広域支配にかかる研究が中心であったが、近年では、江戸周辺鷹場を通した地域編成の問題、鷹や鷹狩の獲物の贈答儀礼を通した家格や身分制の問題などとの関連で取り上げられるようになってきた(1)。

しかし、これらの研究成果は、江戸周辺の地域に偏りすぎていた傾向があり、鷹場の一種である御捉飼場(おとらえかいば)の検討は自治体史編纂の一環として取り組まれたため、個別地域の枠組みをこえて、全体像を描いた研究はない。関東の幕府鷹場のうち、御拳場・御三家拝領鷹場に比して、御捉飼場の研究は立ち後れており、分布や規模・管理形態など事実関係が不分明な点も多い(2)。

そこで本稿では、江戸幕府の鷹場である御捉飼場について、利根川左岸の下野国を中心として、御捉飼場が設定された位置、鷹匠や野廻役等の活動状況、鷹場法度による農民等の日常生活に対する規制内容などについて明らかにしたいと考えている。

一　鷹場の種類と範囲

正徳六年(一七一六)五月に江戸城に迎えられた紀州藩主徳川吉宗は、享保と改元された七月二十二日、若年寄大久保常春(享保十年から下野烏山藩主)に、「鷹のこと奉はり、かつ鷹坊の吏を選挙すべし」と命じ、鷹場復活の準備を進めさせた。そして八月、吉宗の将軍宣下とともに放鷹制度を発した。その後、享保二年(一七一七)五月十一日には、吉宗によるはじめての鷭(ばん)御成が亀戸・隅田川周辺で挙行され、将軍の鷹狩りが復活したのである。

鷹場とは一般的に「鷹狩りをする場所」と理解されており、事実、我が国の鷹場はそのようなものとして発展継承されてきた側面がある。しかし、江戸幕府にかかわる鷹場とは、次に述べる御拳場(おこぶしば)・御借場(おかりば)・御捉飼場(おとらえかいば)を称している。なお、これらを総称して御留場(おとめば)とも呼んでいる(3)。

なお、鷹場が古代国家以来連綿と存在してきた大きな理由は、鷹儀礼を支えるためであった。江戸幕府も鷹や鷹狩り、あるいはその獲物、さらに鷹場を通した幕藩関係・朝幕関係・対外関係が存在したのであり、この関係を維持するために鷹場は必要不可欠のものであったのである。

1　御拳場

享保元年八月九日、将軍吉宗自らが四代将軍家綱の代の放鷹にかかわる故事を元鷹師頭戸田五助勝房に尋問するなど、歴代将軍についての鷹野故事を基礎としつつ、紀伊藩のそれも取り入れて放鷹制度を復活させていき、これにあわせて鷹場も復活させていった。

まず幕府は鷹場の復活に先立ち、享保元年八月十日に「江戸より十里四方」の地域を、「古来之通御留場ニ相成候間、万事如先規相心得、私領共ニ右之場所江戸より拾里之里、鳥をどし不申様可被申付候、尤私領方江も右向寄之面々者、右之旨相達置可被申候」（『御鷹野旧記』）として、従来通り御留場に再指定し、ここでの鳥類の威嚇や殺生を禁じた。

その後、享保二年二月になると、江戸からおよそ五里以内にある九領内の鷹場は、葛西・岩淵・戸田・中野・品川・六郷の六筋に分化され、御拳場と称されるようになった。御拳場という名称が、いつ頃使われ始めたかは明らかでないが、将軍の拳から直接に鷹が放たれる場所、つまり将軍が鷹狩りをする場所という意味で付けられたものであろう。そして享保十年には六郷筋が品川筋、品川筋が目黒筋と改称されて六筋体制が整備された。

2　御借場

御借場とは、御三家・御三卿・家門・連枝・藩主などが、幕府から拝借した鷹場である。幕府は寛永十年（一六三三）二月、御三家に鷹場を貸与したが、これらの鷹場は御拳場の外側で、江戸よりおよそ五〜一〇里の間に位置した。その後、御三家の御借場は元禄期の幕府放鷹禁止方針にしたがって、元禄六年（一六九三）十月に返上されたが、享保二年五月再び鷹場が与えられた。

紀伊家鷹場は寛永期に設定された武蔵国足立郡指扇領や大宮領、それに将軍鷹場のうち浦和領など一三領のほか、新たに足立郡鴻巣領・大谷領・赤山領など三五か所、添場として埼玉郡越ケ谷領内で六か所、合計一万石の地がこれに組み入れられた。

水戸家鷹場は、寛永十年には下総国葛飾郡小金領（千葉県柏市・松戸市）や武蔵国葛飾郡二郷半領（三郷市・吉川町）を中心に、二〇〇余か村が与えられていたが、享保二年五月にはそれよりやや縮小された一八六か村が改めて水戸家鷹場に組み入れられた。

尾張家鷹場は、北は掘兼（狭山市）・福原（川越市）・大井（大井町）の辺りまで、南は小金井・国分寺・三鷹辺りまで、東は志木・宗岡（志木市）・内間木（朝霞市・戸田市）の辺りまで、西は福生・拝島の辺りまでで、天保十三年（一八四二）にはおよそ二〇キロメートル四方にわたる一八五か村となった。

なお、幕府の鷹場と同様、尾張家の鷹場にも境杭が建てられた。尾張家の鷹場杭はのちに石製となったため、八三本建っていたとされる境杭のうち、半数近くの現存が確認されている。(4)

3　御捉飼場

さて、本稿の主題である御捉飼場であるが、この御捉飼場は、享保二年御拳場の外側に設定され、しかもその区域は江戸十里四方の地に設定された御借場の外側であった。この御捉飼場は、取飼場（とりかいば）とも記され、若年寄支配の鷹匠頭によって管轄された。ここは、鷹匠が鷹の訓練をしたり、上げ鳥（あげどり）と呼ばれる幕府が飼養した鷹の餌を供給したりする場所で、それらの人足提供や諸費用の負担をしなければならなかった。

この御捉飼場が設定された地域は、従来から関東地方の平野部全域に及んでいるといわれてきた。しかし、御捉飼場ひいては幕府の鷹場は関東全域を覆うものではなく、鷹狩りに適応していない山間部はともかく、たとえば、水戸・小田原藩など諸藩の領地に重なる地域は少なく、幕府牧場にも重ならない。また、鳥猟が盛んだった利根川流域の沼沢地も鷹場領域から除外されていた、(5)との説もある。いずれにしても、御捉飼場はどれほどの規模をもち、いかなる地域に分布していたのか、その全体像は解明されていない。

本稿では、利根川左岸に設定された戸田五介組の御捉飼場の地域について考えたい。この地域について筆者が村方文書などを手がかりとして確認したところでは、西は、上野国佐井郡中島（現伊勢崎市中島・旧境町）から新田郡・山田郡・邑楽郡、下野国の梁田郡・足利郡・安蘇郡・寒川郡・都賀郡、武蔵国埼玉郡の麦倉村など、現在の北川辺町までに及んでいる。

東は、享保四年、幕府代官森山勘四郎より「御用鷹」の触が芳賀郡根本・小林両村に下されているとの『真岡市史』の記述から、真岡市域も捉飼場に含まれていたことは間違いなかろう。しかし、同市域のどの辺りが指定されたかは不明である。また、鷹の生餌を集める餌差も毎年村々を巡回してくるが、横暴な餌差も多く、農民は応対に苦慮した(6)、とあるので、芳賀郡小林村辺りを境と考えたい。北は、足利郡松田村、安蘇郡栃本村、都賀郡小野寺村や上高嶋村辺りになるであろう。

また、『岩舟町の歴史』によれば、小野寺村・三谷村・下岡村辺りは、享保期は捉飼場であったという。しかし、この三村は、「山郷故猟師鉄炮御許し下し置かれ候、此度猪・鹿・猿・兎・狼等殺生御停止も御座候ては、何とも迷惑仕り候」なので、鷹場に指定されても猟師鉄炮の使用を要望している(7)。

全体では、筆者が確認したところ、下野国一八一村、上野国一七九村、武蔵国一〇村、合計で三七〇村となった。ただし、御捉飼場の指定は固定したものでなく、時期的に異動があるため、なかなかその実数をつかめないのが実情である。延べでこの数字であり、筆者が確認できなかった村々もあると思われるので、もっと多いのかもしれない。

このように捉飼場は鷹の訓練等をする場所であったから、魚や鳥の豊富な川筋や低湿地が捉飼場として選定されることが多かった。利根川左岸でも渡良瀬川・秋山川・思川・巴波川などの沿岸の村々が指定されていることがわかる。

なお、『佐野市史』によれば、安蘇郡を中心に御鷹捉飼場に指定された村々は、次のようである。(8)

天明六年十二月　並木　免鳥　羽田　高橋　君田　富岡　田島　赤坂　飯田　越名　浅沼　西浦　黒袴　富士　韮川　大栗　栃本　吉水　新吉水　小見　石塚　小中　二二か村

文化九年正月　植野　飯田　馬門　高山　舟津川　田島　君田　赤坂　浅沼　西場　石塚　吉水　新吉水　小見　奈良渕　一五か村

弘化二年十二月　越名　村上　朝倉　浜戸　幡張　高萩　寺岡　和泉　海老瀬　沼尻　天明　稲岡　中居　小屋町　迫間　大田和　堀米　大久保　中里　下宮　太田　小中　奥戸　梁田　高砂　西浦　並木　川崎　加子　南高砂　黒袴　免鳥　小中川　野田　篠山　犬伏　高橋　南橋田　日向　藤岡　富岡　神明　当太　西岡　鐙塚　内蔵新田　大谷田　四七か村

『佐野市史』によると、天明六年(一七八六)と文化九年(一八一二)の史料は御鷹捉飼場の村々全体を示すものではなく、弘化二年(一八四五)の史料は鷹匠頭戸田久助・戸田五介組の御捉飼場野廻役大森銀右衛門が四七か所の名主に対し、鷹場御法度の請書を差し出させたもので、鷹場村の改正が行われた際のものである。したがって天明・文化期の鷹場村と弘化期の鷹場村とでは多少異動がみられる。天明・文化期の鷹場村は越名沼の周辺、現在の田沼町南部と佐野市の一部、旗川と秋山川が渡良瀬川へ合流する周辺と三つの地区に分けられるが、いずれも、幕領・旗本領・藩領にかかわりなく地続きの村が指定されている特徴が認められる。一方、弘化期の鷹場村は、越名沼周辺、旗川流域、板倉町周辺と、かなり広域にわたっていた。現佐野市域では秋山川流域が除かれ、天明・小屋・堀米・犬伏などの宿駅が新たに組みこまれている、とある。弘化二年の村々は、同市域を越える広範な地域であったことに注目したい。

二　鷹場職制と鷹場役職

まずは、江戸幕府後期の鷹狩の職制図を示したい。(9)

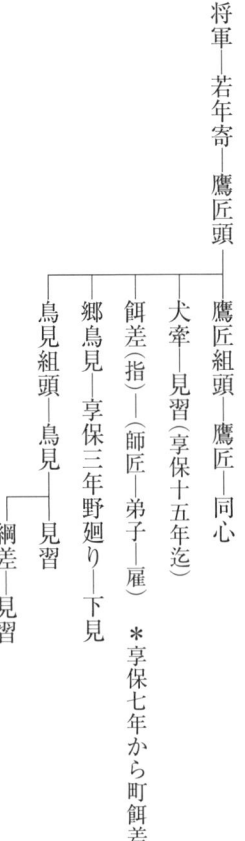

将軍―若年寄―鷹匠頭
- ―鷹匠組頭―鷹匠―同心
- ―犬牽―見習（享保十五年迄）
- ―餌差（指）―（師匠―弟子―雇）　＊享保七年から町餌差
- ―郷鳥見―享保三年野廻り―下見
- ―鳥見組頭―鳥見―見習
  - 鳥見―綱差―見習

1　鷹匠

享保元年（一七一六）八月、鷹場の復活にともない当時高二〇〇〇石の新番士戸田五助勝房と、高一〇〇〇石の小普請組の旗本間宮左衛門敦信が、若年寄の直接支配のもとに鷹匠頭に任じられ、鷹方組織の編成にあたった。ただし、間宮は同年十二月、諸家より献上の鷹に関し不正があったとして職を奪われ、代わって高一五〇〇石の旗本小栗長右衛門正等が鷹匠頭に任ぜられた。

これら鷹匠が、本郷御弓町に設けられた鷹部屋で鷹の飼育や訓練にあたっていたが、翌二年一月の江戸大火で焼失したため、一時、本郷追分に設けられた仮の鷹部屋へ移った。同年八月、千駄木と雑司が谷の二か所に鷹部屋が新設され、以後、鷹匠も二組に分けられ勤務している。このうち、千駄木鷹部屋の鷹匠頭は戸田家が世襲した。雑司が谷鷹部屋は、当初小栗正等であったが、その後変遷があり、最後に高二〇〇石の旗本内山七兵衛永清が勤めた後、内山家が世襲で雑司が谷の鷹場の支配にあたった。

鷹匠は鷹部屋で鷹の飼育や訓練にあたるほか、両組がそれぞれ定めていた捉飼場領域の村々を泊り歩き、鷹の実地訓練や必要な鳥類の調達にあたっていた。また、鷹の補給のため諸国の巣鷹を探しに出向することもあった。

千駄木の鷹部屋には、享保四年当時、大鷹三五羽、鶴一三羽、隼六羽の計五四羽の鷹が飼育されていた。この千駄木の鷹匠同心屋敷は、現在の駒込病院の位置にあった。ここは、昭和四十九年(一九七四)に発掘調査され、縄文の遺物とともに鷹匠屋敷の遺物が発掘された。当時の生活実体の一端が解明され、現在「動坂遺跡」として保存されている。(10)

八代将軍吉宗による鷹狩復活により、関所における鷹匠の立場も向上した。そこで中山道鴻ノ巣宿から分かれて行田、さらに利根川を渡り、館林の忍街道を通過して例幣使道の佐野に通じる新郷・川俣関所での事例を見てみたい。

幕府から享保五年七月二十七日付の二通の証文が届いたが、その一通は、「御鷹御用ニ付而関所罷通候者、菅笠を着可申候」とある。これに関しては、この関所を担当した忍藩の検閲基準に次のような記述がある。(11)

一　公儀御鷹匠衆被通候節、笠・頭巾かむり候而もとがめ不申候様ニ、享保五子年七月被仰出候

もう一通は、判鑑に関することで、

関東筋江御鷹捉飼罷越候節、差添参候鉄炮之儀、関所江田付四郎兵衛・黒沢杢之助判鑑差出置、其度々鉄炮ニ右両人之内判鑑札相添持参可仕候間、右之判鑑ニ引合出入無滞可被相通候

とある。鷹匠用の鉄砲運搬に際し、そのつど、正規の鉄砲手形を提出するのではなく、予め川俣関所へ提出した判鑑

と同じ合札の印を持っていれば、その通行を許可するようにしたのである。
なお、下野・上野それに武州北部の文書に見える鷹匠頭は戸田氏である。その祖は下野宇都宮藩戸田氏の始祖忠政の第三子勝則で、その第二子貞吉が将軍秀忠に仕えて御鷹匠頭となり、以後代々その職を継承した。
時代が下って幕末期になると、鷹匠頭戸田五助等の名が散見されるようになる。すなわち、宇都宮藩主戸田忠恕(ただゆき)時代の元治元年（一八六四）の文書に、水戸天狗党事件に関する「藤田左京手記」があり、その中に鷹匠頭戸田五介の名がある(12)。

十七日ニ至リ敵多数襲来ストノ報アリ。（中略）我ガ方ニモ傷者ヲ生ジタルヲ以ツテ追撃ヲ中止シ東中根村ニ引揚ゲタリ。同夜監察戸田五介ヨリ明十八日諸手攻メニ付キ当藩ニテモ一本松ヨリ前浜辺ニ出陣スベキノ命アリ。

また、栃木町年寄小林源太郎が、西上途中の水戸天狗党の動向、風聞を探索した元治二年二月の報告書の下書がある。このうち、下野における天狗党騒動のうち追討軍や田中愿蔵の処刑を伝える「最早浮浪探索向御用済」の文書にも、鷹匠頭戸田五助の名がある(13)。

右は去子十月中、御目附戸田五助様、浮浪徒為御追討御出陣中、御同人様御計策を以、松平大炊頭殿同勢上下百拾八人、常州湊浜御殿より九月廿七日人数引分ケ出立、（中略）猶戸田五助様御自身御説諭被遊候儀も有之哉、（中略）全戸田五助様御智計より、松平大炊頭殿は降参ニ、（後略）

さらに、相模国柳島村（現茅ヶ崎市）の名主藤間善五郎が明治初期に編集した「太平年表録」には、やはり幕末の鷹匠頭戸田勝強(かつきよ)（鍋次郎・久次郎）が、天狗党の騒乱の鎮圧に大いに実績を上げたと書かれている(14)。「太平年表録」によると、戸田勝強は次のような経緯を辿っている。
元治元年、勝強は肥後守に任ぜられ、目付から陸軍歩兵頭に転じ、慶応三年（一八六七）五月に「歩兵奉行並」に昇任し京都へ出立し、同年十一月には正式の歩兵奉行に就任した。さらに十二月には陸軍奉行並に昇任という異常な出世をしている。しかし、慶応四年一月十日、朝廷から徳川慶喜追討令が発せられ、戸田勝強は、徳川慶喜とともに朝廷に反逆したとして官位を剝奪されている。戸田肥後守にとって不運というほかはない。

2　野廻役

野廻役は、享保三年（一七一八）七月まで郷鳥見と呼ばれていたが、老中支配の鳥見役と混同されるため、野廻役と名称変更がなされた。すなわち、御場御用掛の若年寄大久保常春は、「郷鳥見之儀、向後野廻与申筈ニ候間、可被其得意候」という内容を勘定奉行から鷹師頭へ伝えさせた。

野廻役は、鷹場法度に違反した者の摘発・探索を主な任務とし、捉飼場内を廻村して取り締りに当った。場合によってはこれを捕縛する権限をもち、十手・取縄を携帯していた。下野の野廻役は、千駄木の戸田系の配下になり、地域の有力な農民が抜擢され、苗字帯刀御免、そして二人扶持が支給された。

野廻役は前述の摘発・探索ばかりでなく、鳥の所在を巡検し、追跡して鷹匠に報告し、また鷹狩りには鷹匠に従って案内したり、人夫に指図をしたりもした。次の寛政五年（一七九三）三月の野廻り御役勤方書上帳は、捉飼場の管理を任された野廻役が、その勤めの内容を年間にわたって書き上げ提出したものであり、野廻役の氏名も確認できる。(15)

一　私共先年ゟ御役勤方之儀就御尋に左に逸々奉申上候

一　小野郷右衛門・秋葉丈助・上岡要左衛門・大森又八奉申上候、私共儀、先年ゟ正月上旬御場締書付請取并に其節御鑑札も同日に改来り申上儀に御座候

一　新井十兵衛、家泉清左衛門奉申上候、私共儀は先年ゟ八月御場〆書付請取、御鑑札之儀は毎年正月相改、其節

御鑑札御別条無之趣請印受取来申候、勿論去冬中新規被　仰付候、須田半左衛門御預場村々、私共両人にて割附仕、先達而奉差上候帳面の通、村分ケ仕、当正月村々不残御場〆請印受取申候、且又御鑑札の儀も其節相改候

一　毎年正月上旬ゟ出役仕、鳥代見分ニ相廻候、御鷹匠様并に御同心衆中共ニ付添日々同様ニ御案内仕候、尤右御案内中ニも鶴代見分被　仰付、手分ケ相廻り時の御作略に日々御注進申上候、且又鴨の御用相済候へば、例年御作略より被仰渡候村々田場掛ケ水の儀勝手次第懸ケ候様申渡候

一　二月下旬頃御上ケ鷹御廻村被成候へば、早速罷出相勤申候、勿論右御鷹之儀は年に寄御廻村無御座候、乍併冬鳥茂引残罷有候故四月上旬迄折々廻村仕候

一　鶴御捉飼御鷹の儀者、当国へは只今迄御廻村無御座候

一　四月中頃ヨリ子雲雀御鷹御廻村被成候得者、御場内は勿論御場外十里余迄も罷越御鷹ニ付添相勤申候

一　六七月之内稽古御鷹御廻村被成候節も、右同様罷出相勤申候

一　四月ゟ七月迄内も鳥殺生人無之様廻村仕候

一　七月下旬に至候へば、兼而被　仰渡候通り、漁猟御停止触の廻状差出し、例年八月朔日　翌三月晦日迄、御禁制の立札例之場所へ為立置、右立札改見分ニ八月上旬ニ罷出申候、且其節鴨堀通り落木伐透、下草刈取之儀迄申渡罷通り申候、勿論段々冬鳥相渡候ニ付、日々出精相廻り、殺生人無之様精々申被渡候事ニ御座候

一　御鷹仮橋之儀立札改之節、是又申渡候儀御座候

一　十月ニ至り候得者鳥代居着、不限多少ニ御注進申上候

一　九・十月之内、御鷹御廻村被成候得者、早々罷出御案内仕候、尤十二月迄御入替りニ御廻村御座候、其度々ニ罷出相勤申候、勿論秋春迄は繁々相廻り村々猥り無之様申候儀ニ御座候

一　御場締書付之儀者別帳に相認め奉差上候、右奉書上候通り少も相違無御座候、以上

ところで、下野国南部と上野国東部における戸田五助組の野廻役は何人いたのであろうか。どうやら野廻役の人数は一定していなかったようだ。事実、天保三年（一八三二）の戸田系野廻役は五名となっている。このため、野廻役の管轄村は一定したものではなかったと考えられるが、一人の野廻役が管轄する村は二〇数か村から四〇数か村であった。しかも、地域割によって管轄されたものではなく、モザイク的に錯綜した管轄状況を示していた。例えば、邑楽郡篠塚村（邑楽町）在住の新井十兵衛は、山田郡九か村、邑楽郡一四か村、都賀郡二〇か村、寒川郡三か村の計四六か村を管轄し、都賀郡唯木村（現栃木市藤岡町）在住の上岡威之助は、邑楽郡二五か村、梁田郡四か村、都賀郡九か村の計三八か村を管轄するといった状況で、しかも野廻役である梁田郡県村在住の家泉氏、安蘇郡越名村在住の大森氏、邑楽郡鶉新田在住の小倉氏などの存在を考えると、支配地域の錯綜性は明らかである(16)。

それでは、筆者が史料で確認できた野廻役について、叙述したい。

まず新井十兵衛であるが、邑楽郡篠塚村新井家所伝の史料によると、宝暦十一年以降、慶応二年にいたる代々の野廻役は次のとおりである(17)。

鷹匠頭
戸田五助組野廻役　新井庄右衛門
内山七兵衛
戸田五介　組野廻役　同　十兵衛
戸田五助組野廻役　同　源　吉
戸田五介組野廻役　同　竹次郎

以上のうち、最後の竹次郎は、文化末年以降、慶応年間まで、野廻役としてその名が見え、さらに明治初年の他の文書中にも「元野廻役」として同人の名があり、実に五十年以上にわたっている。従って、これが同一人か、それとも襲名によってその子、あるいは孫などがその職を継承したものなのか明らかでない。いずれにしても同家は宝暦年間以降当地方における野廻役を世襲していた。

次に小野郷右衛門であるが、天明三年（一七八三）の安蘇郡舟津川村の御鷹場御法度御請証文等により安蘇郡植野村在住であることは確認できる。さらに寛政十一年（一七九九）の「植野村指出明細帳」にも、「御野廻り壱人御座候」とある[18]。

次に梁田郡県村在住の家泉清左衛門であるが、この家泉家の墓地が現在の足利市県町内・浄徳寺共同墓地にあり、その墓地内の一角に次のような「家泉柳八郎墓碑銘」がある。

野廻役・家泉柳八郎墓碑銘
（著者撮影）

家泉柳八郎、諱直義、姓源氏、考曰、清左衛門妣栗東氏、高祖彌太夫有徳公時属鷹匠、戸田五助部下、為捉飼場七拾五箇村野廻役、特充苗字帯刀　経彌藤太、彌太夫、至清左衛門、柳八郎、夙入秋山氏之門、学剣数年、窮神道無念流之蘊奥、出仕本庄侯、為其師範、名声藉藉遠近来、学者数百人、明治十年三月十八日以病没忌、年六十有九年、室牧嶋氏名秀、以明治二十六年八月八日没、享年八十有一

明治三十二年三月十八日　家泉源吾義尊　建立

この墓碑銘によれば、八代将軍徳川吉宗の時、御先祖の弥太夫が、鷹匠（頭）の戸田五助組に属しその部下となり、（御鷹）捉飼場七

五か村を管轄する野廻役となった。そして、特に苗字帯刀を許され、弥藤太、弥太夫から清左衛門に至っているとある。

筆者が興味を抱いたことに、家泉柳八郎が早くから秋山（要助）氏に剣を学び、神道無念流を窮め、県村を支配していた丹後国宮津藩本庄氏の師範となったことがある。秋山要助は、幕末期の十剣士の一人に挙げられており、その墓は、現在佐野市立図書館北の興福寺にある。秋山要助は、剣のみに長じたわけでなく水戸藩史館総裁立原杏所に学び、歴史・書画にも優れていた。墓石は、要助の薫陶を受けた四六名の門人によって建てられており、そのうちの一人に家泉柳八（郎）の名がある。

また、家泉清左衛門は、持高五〇石を有する地域の有力農民であり、その息子柳八郎は農間に門弟七〇名ほどを集め、屋敷内に一五坪程度の道場を作って神道無念流の剣術指南をしていた。清左衛門が野廻役をしていて権威があったため、柳八郎は剣術指南によって生活資金の半ばを得ていたようである[19]。さらに幕末期になると、対外的危機意識の高揚と治安の悪化によって民間武術は全盛期を迎えた。都賀郡下国府塚村での剣術稽古の指南の名に家泉柳八郎の名がある[20]。

次に秋葉丈助は、寒川郡迫間田村の文化四年（一八〇七）「餌差方悪殺生など禁止につき請書」などの古文書により、小山市生良の秋葉家が代々丈助を名乗り、野廻役を勤めていたことが確認できる[21]。

次に上岡要左衛門である。その祖野廻役上岡威之助の住居は、都賀郡唯（只）木村にあった。また、同村の天明三年（一七八三）四月における野廻役上岡藤左衛門の倅の身上調べの文書がある[22]。

一　当村野廻り役上岡藤左衛門倅要左衛門、人柄身元年頃并持高之儀御尋ニ付奉申上候、右要左衛門儀、年当卯三拾歳人柄宜敷、身元実躰成ル者ニ御座候、并持高四拾五石余り所持仕候者ニ御座候、此度御尋ニ付乍恐書付ヲ以

奉申上候、已上

次に大森又八であるが、その祖大森銀右衛門については、『佐野市史』に御鷹捉飼場設置の際、幕府から派遣され、安蘇郡越名村に住み着いたと思われるとの記述がある。また、大森又八については、都賀郡上国府塚村の文化五年十月野廻り出入りにつき願書にその名がみられる。(23)

前述の野廻り御役勤方書上帳に記されている野廻役以外にも、次の人物が確認される。天保期（一八三〇～四四）の文書に、鷭新田小倉三郎助が野廻役として登場し、さらに弘化三年（一八四六）「館林藩引渡帳（部分演説帳）」に、

一　御鷹捉飼場野廻り役

上州邑楽郡鷭新田　　小倉雄助

右雄助儀、父新蔵代り天保十一年亥ヨリ御扶持方被下、帯刀御免野廻り役相勤候様御代官羽倉外記殿御役所被仰付、尤御支配之儀ハ御鷹匠頭戸田五助殿御支配ニ御座候

とある。鷭新田野廻役小倉雄助は父新蔵の後を襲って野廻役となったものであるが、その祖父が三郎助と考えられ、小倉家も前述の新井家同様世襲であったのであろう。(24)

次に北村直兵衛は、『佐野市史』に記されている文化九年（一八一二）一月「拾五か村鷹場議定証文」の第六条に、「今般下羽田村北村直兵衛殿方江野廻り役被　仰付御場懸りニ相成候ニ付」とあり、その名を確認できる。(25)北村は足利郡下羽田村在住であったのであろう。

次に青柳此右衛門であるが、『小山市史』によれば、明和九年（一七七二）に都賀郡栃木在鷹場村々が惣百姓の名で、鷹場を巡視して、野鳥の繁殖状況をみる野廻り役青柳此右衛門の横暴を幕府に箱訴した事件がおき、青柳は村々より禁止されていた年始の礼物をとったとして押込を命じられたとあり、存在したのであろう。(26)

前述の野廻り御役勤方書上帳には、須田半左衛門の名があるが、他の史料で確認できていない。

3　餌指

餌指(えさし)(差)は、鳩や雀など鷹の生き餌を調達する役で、その頭分を師匠と呼び、その下の弟子・雇いという職階が設けられていた。このうち弟子は「弟子餌指」と称され、師匠の師弟などその一門で脇差が許されたが、雇いは脇差は許されなかった。餌指の再置は享保二年(一七一七)二月のことで、小普請組から配属された。この餌指は、屋敷地内に入ることができるなどの特権が付されていたため、一般の人々にとってはことに恐れられ、これをよいことに定数以上の無賃人馬を強要したり、長逗留して無銭飲食を重ねたりする者もいた。後には、これを見まねた悪党が餌指を装い村々を徘徊するようになった。

このような状況下、公儀餌指はおそらく職域の行き過ぎや不評が高じたためか、享保七年には再び小普請組に配置替えとなり、新たに餌鳥の調達は町人の請負制に改められた。そして同年十月の餌鳥請負値段の入札で、糀町平川町五郎左衛門ほか七名が餌鳥の調達を請負うことになった。このときの請負証文には、野先御用のときは餌指一人につき網持一人のほか召し連れない、五日以上の逗留はしない、米銭木銭の受取書をその都度手渡す、すべて権威がましいふるまいやねたりがましいことはしない、などとある。しかし、餌指は現実には、ねたりがましい振舞いなどをして、村々に迷惑を及ぼすようになった(27)。

三　鷹場法度

鷹場村落が一村単位で毎年提出するものに、鷹場法度手形あるいは鷹場法度証文と呼ばれるものがある。ここに記載される鷹場法度は、鷹場村々が守らねばならない基本法令であり、一方で、鷹場役人はこの法度を基礎として鷹場村々を取り締まった。

鷹場法度は、時期・地域によって二、三か条から一〇数か条のものまであり、一律ではない。さらに鷹場法度手形とは別に、河川手形や別紙証文などと呼ばれる請書も提出されることがあった。享保期以降、鷹場村々に触れ出された鷹場法度手形はほぼ同文で、定形化されている。その内容は、安蘇郡舟津川村の天明三年（一七八三）「御鷹場御法度御請証文」(28)によると、鷹場内での鳥追い・殺生人の監視、無許可の鷹遣いの監視、鷹場内の道路や橋の普請、寺社・屋敷の新築の禁止、余所者（よそもの）の排除、鉄砲使用の禁止、水田の管理、瓦焼きや水車業の届け出などであった。いずれも鷹場の維持のために取り締まりを農民に義務づけたものであり、異変が生じた場合には野廻役などに注進することが命じられていた。鷹場内の取り締まりを徹底させているわけであるが、鷹場の維持を越える治安維持機能が求められているわけではない。しかし、鷹場の指定に伴う諸規制は村落生活や農耕・商売などに多大な影響を及ぼした。

ここで、鷹場法度の一事例として文政十二年（一八二九）一月に安蘇郡田嶋村村方三役から野廻役小倉三郎助に提出された「御鷹御場締御請証文」(29)をみてみたい。

一　従御公儀様前々被　仰出候通り御鷹場御法度之趣、猶又文化年中差上申候御請書之通、急度為相守可申事

一　於当村鉄炮打候は勿論、所持之もの壱人茂無御座候、其外鳥殺生人壱人茂無御座候、若他所ゟ入込候はゞ捕置

即刻御注進可仕候事
一　魚猟之儀、八月朔日より来ル三月晦日迄御停止之旨被仰渡奉畏、例年札立来リ候場所江立置、堅為相守可申候事
一　鴨掘通段木伐リ透シ下草刈取渡、仮橋之儀御差図次第、早速出来可申候、且又田場水落之儀稲苅揚候はゞ切干可申候、若雨天ニ而溜水有之候場所者、御捉飼弁候様稲早々切干、霜御用不相済内は掛ケ水仕間舗候事
一　御鑑札壱枚御改メ請奉預り大切ニ所持仕候事
一　御鷹匠様方御先触着次第、不限昼夜即刻御注進可仕候、并犬猫入念繋置可申候事
一　村方ニおゐて惣而人寄仕候はゞ、為神事共御届ケ申御差図請可仕候事
右御ケ条之趣、村中大小之百姓等ニ至迄申渡シ、急度為相守可申候、為御請差上申一札仍而如件

前述の天明三年の鷹場法度の一部が触れられているが、水田について稲を刈った所は干したままとしておき、雨天で水が溜まった所は捉飼に差し障りがないように直ちに干した状態にしていくこと。すべての御用が終わるまでは掛け水をしないことなどは、農民の苦労が察せられる条目である。

さらに農民への個々の規制も命じられたが、安蘇郡で特徴的な瓦焼きと水車の例を挙げてみた。まずは、安政二年(一八五五)十二月に野廻役小倉雄助へ提出した安蘇郡吉水村瓦焼許可願の例である。(30)

一　野州安蘇郡吉水村百姓惣右衛門奉申上候、私儀近年身弱に罷成、耕作出精出来兼、難渋至極仕候に付、居屋敷内へ少々成瓦焼取建渡世仕、相続助合に仕度奉願上候、何卒場所御見分之上、　御頭様迄被為仰達、格別之以御憐愍願之通被　仰付被成下置候ハヾ、難有仕合に奉存候、以上

次の史料は、安蘇郡田嶋村島田嘉内家の弘化二年(一八四五)御用留のうち、鷹匠通行の際水車を休むについての、

野廻役小倉雄助宛御請書の下書きである[31]。

私持水車之儀、前々ゟ御願済ヲ以渡世相続仕難有之仕合奉存候、猶此上　御鷹匠様方御廻村之砌は、堰場引払相慎ミ罷有、立御捉飼御締不相成候様可仕候、右水車付御差図通り相守可申候、依之御請証文差上申所仍而如件

鷹場法度の本文にも瓦焼きや水車業の届け出の条項はあるが、個別にも担当の野廻役に提出したのであろう。

ところで、野廻役の権限は形式的には鷹場の維持管理に限られていたわけであるが、実際には幕府権力を背景に、個々の領主では実施できない政策の領域を越えて行うことができたようである。天保十三年（一八四二）一月の「安蘇郡浅沼村四給為取替議定書[32]」によれば、次のように村政に介入した事実がうかがえる。

一　村方御四給有之中孝不和ニ付、弐給ツ、ニ相分れ諸事御用向相勤来り候処、双方自己之儀ニ付村方不益ニ相成不宜儀ニ付、当五ケ年巳前戌三月中御野廻役　　小倉三郎助殿気之毒ニ被思召取扱ニ御立入被下、双方江御理解之御掛合被成下候処、先例之通諸寄合事月番振出シニ而其月番江寄合相談可致様御理解被申聞候ニ付、双方熟談(ママ)納得之上村方内済和合仕候上は左之ケ条給々堅相守可申事

一方、文化・文政期になると村々と鷹場役人との対立は一層強まったようで、都賀郡上国府塚村ほか四〇か村の文化五年（一八〇八）十月の野廻役出入りについての願書[33]によれば、野廻役家泉弥太夫（梁田郡県村）、新井源吉（邑楽郡篠塚村）、大森又八（安蘇郡越名村）の罷免を訴えている。

その訴状によると、従来、野廻役は足場のよい高地の乾田でのみ見分などを行ってきたが、近年になって田の刈り入れ後、用水を完全に止め、湿田を干して見分し、その後も春まで水を入れることを禁止するので田が固まって荒地となってしまう、また、巡回の際も禁止されている太刀を小者に持たせ、贅沢な弁当箱へ村々で食事を詰めさせ、多くの人足を使ったうえ、その費用も出さない、さらに、年頭の礼物などを強要し、借用した金銭も返還しない、など

というものであった。

本稿では、紙幅の都合上、餌指については詳しく叙述できないが、化政期になると餌指の不正がみられるようになる。餌指が、近来著しく無秩序な行動をしていることに対して鷹場の村々が、それを見逃すことのないように触を廻した法度の請書で、文化四年二月、寒川郡迫間田村の村方三役が、野廻役三人（秋葉丈助・大森又八・上岡勇雄）に提出したもの(34)を提示したい。

近頃餌差方村々へ入込致悪殺生、又は村方名主宅へ参り、ゆすり或はねたりケ間敷儀共いたし候者有之候由、此度御鷹匠御組頭、原田甚六様被為及御聞各々様へ御指図ニ付、村々へ被　仰聞候は、以来若右体之者有之候ハ、見逃不仕、捕置不限昼夜早々御注進可仕候旨被　仰渡承知奉畏候、御請給々物代名主・組頭・百姓代印形差上申処仍て如件

おわりに

捉飼場に指定された農民は、鷹場法度等により日常生活が制限されていたが、鷹場役人と農民との関係は、一方的なものではなかったようだ。例えば、鷹場村々には、村ごとに鷹番小屋を設置し、十五歳以上六十歳以下の者が八月から三月まで、二名で昼夜鷹番を勤めていた。しかし、村々が難儀するということで享保六年（一七二一）には停止されている。

筆者は、このようなダイナミックな人間関係に、興味を感じるところである。ただ、筆者の力不足もあり、村方の経済的な負担とその回避策など記述できなかったところもあり、後日を期したい。

註

(1) 根﨑光男『江戸幕府放鷹制度の研究』(吉川弘文館、二〇〇八年)二頁。
(2) 榎本博「捉飼場と餌差・鳥猟の展開―関東の鳥をめぐる広域支配と生活をめぐって―」(『関東近世史研究』七八、二〇一六年)五五頁。
(3) 根﨑光男『将軍の鷹狩り』(同成社、一九九九年)一四一頁。
(4) 朝霞市博物館図録『鷹狩りと朝霞』(二〇一一年)九頁。
(5) 榎本前掲註(2)論文、五八頁。
(6) 真岡市史編さん委員会『真岡市史　第七巻　近世通史編』(一九八八年)一三八頁。
(7) 岩舟町教育委員会『岩舟町の歴史』(一九七四年)二二五頁。
(8) 佐野市史編さん委員会『佐野市史　通史編上』(一九七八年)一二七頁。
(9) 草加市史編さん委員会『草加市史　通史編上』(一九九七年)五一〇頁。
(10) 文京ふるさと歴史館図録『発掘された武家屋敷』(文京区教育委員会、一九九三年)四頁。
(11) 渡辺和敏「関東における関所の位置と役割―新郷・川俣関所を中心に―」(村上直編『幕藩制社会の展開と関東』吉川弘文館、一九八六年)四九頁。
(12) 徳田浩淳『史料宇都宮藩史』(柏書房、一九七一年)三三二頁。
(13) 栃木県史編さん委員会『栃木県史　史料編　近世七』(一九七八年)一七五頁。
(14) 大口勇次郎「最後の歩兵奉行―太平年表録を読む―」(『中央史学』三三、二〇一二年)一〇頁、菊地卓「御鷹匠戸田五助組捉飼場野廻役下野国梁田郡縣村家泉氏について」（栃木県立足利南高校研究紀要『恵風』九、一九九五年）九頁。

(15)　藤岡町史編さん委員会『藤岡町史　資料編　近世』（二〇〇〇年）九一頁。

(16)　太田市史編さん委員会『太田市史　通史編　近世』（一九九二年）一七一頁。

(17)　邑楽町誌編纂室『邑楽町誌』（一九八三年）七二四頁、春日部市史編さん委員会『春日部市史　第三巻　近世史料編Ⅴ』（一九九〇年）一五七頁。

(18)　拙稿「安蘇郡の鷹場―天明三夘年安蘇郡舟津川村御鷹場御法度御請證文等から農民の負担を考える―」（安蘇史談会会報『史談』三〇、二〇一四年）一五頁、佐野市史編さん委員会『佐野市史　資料編2　近世』（一九七五年）三二〇頁。

(19)　前掲註(16)『太田市史』一七二頁、前掲註(17)『春日部市史』一五六頁、菊地前掲註(14)論文五頁。

(20)　小山市史編さん委員会『小山市史　通史編Ⅱ　近世』（一九八六年）六〇一頁、「文久元年正月神道無念流剣道稽古諸札帳」（同委員会『小山市史　史料編　近世Ⅱ付録』一九八三年）一九六頁。

(21)　野木町史編さん委員会『野木町史　歴史編』（一九八九年）五〇三頁、小山市史編さん委員会『小山市史　史料編　近世Ⅱ』（一九八三年）四五六頁、前掲註(17)『春日部市史』一六四頁。

(22)　前掲註(17)『春日部市史』一六〇頁。上岡一郎著「鷹匠の配下「野廻り」について」（藤岡町古文書研究会編『藤岡史談』第八号、二〇〇一年）一二頁、及び野廻役上岡藤左衛門倅要左衛門の身元調べ（筆者収集、上岡民一家文書）。

(23)　前掲註(8)『佐野市史』一一二九頁、前掲註(21)『小山市史』四六〇頁、前掲註(17)『春日部市史』一五九頁。

(24)　前掲註(17)『邑楽町誌』七三三頁。小倉三郎助については、文政十一年（一八二八）「田嶋村御鷹御場締御請証文」等の多くにみられる（拙稿前掲註(18)）。

(25)　前掲註(18)『佐野市史』五二一頁、前掲註(17)『春日部市史』一六二頁。

(26) 前掲註(20)『小山市史』五四九頁、前掲註(21)『小山市史』四六四頁。
(27) 埼玉県史編さん委員会『新編埼玉県史　通史編四　近世二』(二〇〇六年)一四二頁。
(28) 「御鷹場御法度御請証文(船津川村)」(佐野市郷土博物館寄託福地茂穂家文書五四)。拙稿前掲註(18)一九頁。
(29) 「御鷹御場締御請證文」(栃木県立文書館寄託島田嘉内家文書三三一)。
(30) 田沼町史編さん委員会『田沼町史　第四巻　資料編3近世』(一九八三年)五七二頁、拙稿前掲註(18)二八頁。
(31) 「御用留(御鷹場御法度之趣御請書之通急度為相守可申候事)」(栃木県立文書館寄託島田嘉内家文書五五三)。
(32) 前掲註(18)『佐野市史』五四九頁。
(33) 前掲註(21)『小山市史』四六〇頁。
(34) 前掲註(21)『小山市史』四五六頁。

旗本本多帯刀家と加賀藩年寄本多安房守家の交際
―安永期「本多政房養子一件」の分析を中心に―

中谷正克

はじめに

近世社会において「家」を無事相続し続けていくことは、身分階層問わず重大な関心事であった。とりわけ、武家社会において「家」の相続は最優先事項で、仮に当主に子がいない場合、血縁者や同姓・同族関係を頼りに養子縁組をして家を継がせることは一般的に行われた。大名家や大名家一門の養子相続に関する研究は、これまでに多くの蓄積がある(1)。そこでは大名の養子相続をめぐっておこる家臣団同士の対立や(2)、幕府や関係する大名との折衝過程などが明らかにされ(3)、藩研究や幕藩政治史研究に多くの示唆を与えてきた。翻って旗本家の養子相続をめぐる研究をみると、存外蓄積は少ない(4)。旗本が自家の存続危機に際して、いかに他家から養子を迎え、乗り切ったかを個別具体的に明らかにすることは、一定の意味があると考える。加えて本稿では、旗本家の養子相続事例を明らかにするだけでなく、旗本家と陪臣ながら万石以上を領した本家筋にあたる家との通常の交際や、旗本知行所村々との関係についても言及したい。こうした分析を経ることで旗本「家」としての運営と、知行所運営との相関関係について論じていきたい。

本稿で事例として扱うのは、寛永二十年（一六四三）より幕末まで下野国都賀郡内七か村で計四五〇〇石を知行した旗本本多帯刀家（以下、帯刀家と略す）と、加賀藩年寄で家中一の五万石を領した本多安房守家（以下、安房守家と略す）との交際事例である。両家が領有する土地は、地理的に下野国と加賀国で互いが遠国に位置しながら、後述するように両家は「格別之御間柄」にあったことで、近世期を通じて交際を保ち続けていたのである。

(5) (6) (7) (8) (9)

一　安房守家と帯刀家

はじめに、両家の由緒と関係性についてふれておく。まず、帯刀家の本家筋にあたる安房守家初代は、家康の重臣本多佐渡守正信の次男政重である。政重については、諸大名の間を渡り歩き、上杉家重臣直江山城守兼続の養子となって、最終的には加賀藩主前田利長並びに利常に仕え、幕府への取次役の役目を果たしながら、近世初期加賀藩政を支えたことでよく知られる人物である。安房守家は以後、第十二代当主政以まで加賀藩の年寄として藩政に深く関与する家柄を維持し続けた。なお、政重の弟に忠純がいるが、忠純家は、後述する帯刀家の成立に深く関係することになる。

(10) (11)

忠純は慶長十年（一六〇五）正月に下野国榎本において家康より一万石を与えられ、その後、元和元年（一六一五）大坂夏の陣における戦功で下野国皆川の地一万八〇〇〇石を加増され、計二万八〇〇〇石を領する大名であった。しかし、忠純が寛永八年（一六三一）十二月に死亡した後は、後継者問題に苦心することになる。まず、兄である政重の次男政遂を忠純の婿とし、寛永七年に大御所秀忠と将軍家光に拝謁させ、同十三年に従五位下・大隅守に叙されるが、わずか八年後の同十五年七月に二十六歳の若さで亡くなる。政遂死去後は、再び父の政重が幕府と交渉を進め、寛永

(12) (13)

表　本多帯刀家歴代当主と幕府御用勤めの変遷

歴代当主	活動期間	幕府御用並びに役職就任・格式付与の履歴	備考
①本多帯刀（政朝）	寛永20年12月18日～寛文元年７月亡	甲府城守衛（慶安4.5）…	42歳、5000石、本多安房守政重三男
②本多弥八郎（政方）	寛文元年12月～延宝元年７月亡		32歳、4500石（500石、弟政法に分知→幕府に収公）
③本多弥兵衛（政法）	延宝元年12月～享保元年11月致仕	城引渡役（貞享２）→使番・布衣（元禄２）→火消役（元禄８）→御役御免（宝永元年）…	68歳、4500石、政方弟
④本多弥兵衛（政淳）	享保元年11月～同20年閏３月亡	小普請（享保元.11）→使番（享保12.8）→城引渡役（享保14）→火事場見廻・使番兼帯（享保15.7）、布衣	51歳、4500石、本多安房守政敏次男、政淳次男が曽根五郎兵衛次移
⑤本多帯刀（政参）	享保20年６月～宝暦10年５月致仕		55歳、4500石
⑥本多弥五郎（政寛）	宝暦10年５月～安永９年10月亡	浅草口御門番（安永６）	45歳、4500石
⑦本多帯刀→大隅守（政房）	安永９年12月～文化９年11月亡	駿府加番（天明2.9）→火事場見廻→寄合組頭→小姓組番頭（寛政11年）→大坂城代為引渡罷越→書院組番頭→大番頭（文化３）→伏見奉行（文化7.10～同9.11）	51歳、4500石、本多安房守政行七男
⑧本多大隅守（政升）	文化９年11月～天保４年８月致仕	中奥小姓→日光山御宮御参詣之節御供→西丸小姓組番頭→本丸小姓組番頭	4500石
⑨本多帯刀（政利）	天保４年９月～（嘉永６年11月）	赤坂御番（天保10.1～同13.1）	4500石
⑩本多弥五郎（政顕）	嘉永６年11月～慶応４年４月	上野法事中勤番→浅草口御門番→寄合武芸取締→火事場見廻→火消役→御役御免（慶応2.2、思召有之）→勤仕（慶応4.4）	4500石

本表は、『寛永諸家系図伝』第八、『柳営補任』、『寛政重修諸家譜』第十一、『江戸幕府旗本人名事典』、『寛政譜以降旗本事典』及び「御知行石高帳」（『出井家文書』246）より作成。

十五年当時三歳ながら、政遂長子の犬千代に遺領を継がせることに成功する[14]。だが、その犬千代も寛永十七年五月に五歳で夭折し、ついに忠純家は絶家となり榎本藩は収公されることになった。だが、幕府は「曽祖正信が勤労を思召[15]」、正信次男政重の子である政朝に知行五〇〇〇石を与え、旗本家として新たに成立させた。

こうした経緯を経て成立した帯刀家は、祖である政重三男の政朝が、寛永十九年四月に家光に拝謁し、同二十年十二月から知行高五〇〇〇石取りの旗本として寄合に列し、以後幕府御用を勤めるようになった。二代当主政方の代に、五〇〇石を弟の政法に分知して[16]、四五〇〇石取りとなって以降は、第十代政顕まで知行高の変動なく明治を迎えた。表には、帯刀家歴代当主と活動期間、幕府番方・役方両勤めの推移を示した。帯刀家は、代々城引渡役や火事場見廻、浅草口門番などの御用を勤めていたことがわかるが、なかでも七代当主政房は伏見奉行を務めるなど、幕府要職に就く人物も輩出した。安房守家との関係でいえば、前述したように初代政朝は政重の三男で親子関係を有し、また、四代当主政淳は安房守家三代政敏の次男で、七代政房は安房守家六代政行の七男であった。安房守家から二度にわたって養子を迎え入れる間柄にあったことがわかる。では、帯刀家として二度目の安房守家からの聟養子入りとなった、安永期の政房養子一件をめぐる交渉過程についてみていこう。

二　安永期「本多政房養子一件」

1　一件の経過

本多帯刀家七代当主となる政房の養子一件は、安永六年（一七七七）五月から交渉が始まった[18]。本一件は、安永六年五月四日付の本多弥五郎（帯刀家六代当主）と曽根五郎兵衛[19]（弥五郎叔父）から、本多安房守（安房守家六代当主）に宛てて出された書状に端を発する。(20) はじめに、養子交渉にあたって最初の書状となった史料1を確認しておこう。

〔史料1〕「五月四日付書状」（史料中の傍線は筆者加筆。以下、同じ）

一筆致啓上候（中略）然者弥五郎義多年病身ニ罷有家督以来相応之御奉公も不仕、此躰ニ御座候得者、隠居も仕寛々保養仕度候得共、男子も無御座養子奉願候筈ニ御座候處、先年女子壱人出生ニ而其砌者虚弱ニ付御届茂不仕候処、段々丈夫ニも相成致成人候付、乍女子実子之儀ニも御座候間、聟養子奉願無程隠居家督も奉願度存意ニ罷有候之間、五郎兵衛始家頼共申談候而相応之取組も仕度候所、宜敷心当も有之内々ハ両家之召仕共出会談シ合候処、弥取組候様ニも可相成哉と存候得共、貴家之義者各別之儀、殊ニ御賢息方多ク御座候由、若御存念も可有御座哉其義も難計奉存候付、一応御聞置被下候様ニと奉存候、弥五郎儀当時勝手向不如意ニ相成、其上居屋敷破損而已ニ而惣躰普請も不仕候而者不相成候、依而聟養子之儀筋目正敷義者勿論ニ而前文ニ申上候趣ニ候得者、相続之勝手ニも宜敷御座候ニ付、万一御存意御座候とも右之処御賢察被下無何事御聞置被下候者、本多弥八郎本多伯耆守其外一類共江も尚又掛合之上此方及熟談候ハヽ、追而為御知可得貴意候、五郎兵衛義も当時隠居仕候得共弥五郎伯父之儀御間柄も近ク御座候付連名ニ而申上候、尤モ御地同姓方江者御手前様御承知之上被仰達置可被下候、遠境之儀故乍自由指急候条六ヶ敷御返書無遅滞奉希候猶追便ニ萬喜可申上候、恐惶謹言

五月四日

曽根五郎兵衛
次移判

本多弥五郎
政寛判

本多安房守様参人々御中

（後略）

本書状には、弥五郎が長年にわたり病気がちで幕府への奉公もままならず隠居を考えている。だが、後を継ぐ男子がいないので養子願いをしようとしたところ、女子が誕生し無事成人したので、この娘に聟養子を取って隠居したい胸の内であったことがわかる。安房守家へ養子の打診をした理由については、「貴家之義者各別之儀」(21)として帯刀家成立時の由緒を重要視したと考えられる。加えて、安房守家が当時子息に恵まれていたことも養子を打診した理由にしている。また帯刀家は、当時財政が逼迫しており屋敷の破損に伴う出費が嵩むこともあって、両家が格別の間柄であることと、聟養子相続に伴う諸経費の負担軽減が実現できるという両面から聟養子を安房守家に打診した。弥五郎は交渉を進めるにあたって、本多弥八郎(22)や本多伯耆守(23)ほか一類衆(24)へも相談するとした。書状に連名した五郎兵衛については、隠居した身ではあるが弥五郎の叔父であり間柄も深いため連名した(25)と説明した。この書状が安房守家に出された後は、足かけ四年以上にわたって養子交渉を中心とした書状のやり取りが続くこととなる。

交渉の大まかな流れとしては、養子を出すに際して安房守の承諾取り付け（安永六年七月十六日、後掲史料8参照）→養子候補人の選定（同年八月四日、十七日）→安房守の主家である加賀藩主への届け出と承諾取り付け（同年九月二十一日、三十日、十一月二日）→弥五郎家臣を派遣しての養子候補者の決定（安永七年一月六日、四月七日、五月二十八日）→幕府への聟養子願いの提出（安永八年二月十四日、八月十四日、十月九日）→幕府による承諾取り付け（同年十二月二十八日）→加賀藩主による承諾取り付け（同年十一月七日）→弥五郎の体調急変（安永九年八月二十四日、後掲史料9参照）→政房の江戸出府（同年九月二十八日、十月十三日）となる（日付は当該内容書状の日付）。

政房が正式に聟養子候補者となり、改名を経た上で(26)弥五郎の体調急変に伴って江戸に出府するまでには、両家の間に関係の深い人物が書状を通して取り持つことで交渉が進められていくことになるのである。

2　様々な交渉ルート

⑴当主間交渉（弥五郎⇔安房守）

養子交渉に際して一番頻繁に書状を取り交わしたのは、帯刀家、安房守家両家の当主であった。帯刀家六代当主の弥五郎政寛が初めて単独で安房守家六代当主安房守政行に書状を出した八月四日付書状と、安房守から弥五郎への八月十七日付返書をみていこう。

〔史料2〕「八月四日付書状」

拙者儀、当酉四拾壱歳罷成候得共、未男子無御座其上多年病身ニ罷成色々保養仕候得共、今以同篇ニ罷在末々御奉公出精可相勤躰無御座候、依之先例茂有之候事故貴家之儀ハ各別之儀御座候間、御賢息方之内御壱人愚女年齢相応之方を申受、聟養子奉願度存念ニ御座候、尤娘義者未若年之儀ニ茂候間、織部殿・典膳殿・大勝殿之内ニ而申受、追而婚儀相整度奉存候、（後略）

本多弥五郎

政寛判

八月四日

本多安房守殿

〔史料3〕「八月十七日付書状」

当四日之御札致拝見候、（中略）逐一致承知候、先以愚息織部・典膳・大勝内御息女年齢相応之者御貰請、婚儀御整被成度旨思召寄之程忝致大慶候、此表親類中等江茂委細申聞遂熟談追而彼是可得御意候、暫及延引可申候間左様御心得候様致度候、先為御報如斯御座候、恐惶謹言

本多安房守
政行

八月十七日

本多弥五郎様御報

史料2は、弥五郎が四十一歳ながら病身続きであるため幕府奉公がままならないことと、娘がまだ若年のため、安房守の子息の内、織部・典膳・大勝いずれかを申し受け、婚儀については追って整えたいことを安房守へ伝えている。また、安房守家を「先例茂有之候事故貴家之儀ハ各別之儀」と称して、帯刀家にとって安房守家は養子の先例もあり且つ各別の間柄にあることを強調していたことがわかる。養子候補者については、娘の年齢を考慮して、相応の候補者として安房守の子息三人の名を挙げるなど、安房守家側の子息の状況を把握していたことがわかる。[27]

これに対し、史料3の安房守の返書では、弥五郎の隠居と聟養子の所望については「逐一致承知」とし、三人の子息の内から一人を養子に貰い受け婚儀を整えたいという弥五郎側の意向については、「忝致大慶候」と謝意を示している。しかしその一方で、聟養子を自家から出すことについては、親類中との協議を経た後に返答するので「暫及延引可申候」と回答している。[28]当主同士の聟養子交渉をめぐる書状のやり取りでは、帯刀家側としては両家が格別の間柄にあることを再三強調することで養子交渉を円滑に進ませたい意向がみえる。また、養子候補者についても帯刀家側から具体的に三人の子息の名を挙げるなど、帯刀家としては安房守家からなんとしても養子を迎え入れたい意欲が窺える。

なお、候補者が一人に絞られる時期については、次の史料からわかる。

〔史料4〕「五月二十八日付書状」

一筆致啓上候、然者兼而之御内談之儀ニ家来大津金右衛門江得与申含其御地江差遣、拙者内存之趣具ニ得御意候処段々被成御聞請、一御承知之旨御答之趣右金右衛門当廿六日夕致帰府委細被申聞致承知、先以一々御許容之段忝致大慶候、夫ニ付先達而御賢息方之内織部殿・典膳殿・右近殿右御三人之内御無心申度段得御意置候処、此度金右衛門帰府ニ付、其御地御様子得被致承知候上者、何卒右近殿申請度存候、（後略）

本多弥五郎

五月廿八日　　　　政寛判

本多安房守様　人々御中

史料4は、安永七年五月二十八日付の弥五郎から安房守に宛てた書状である。この中で弥五郎は、家臣の大津金右衛門を金沢に派遣して[29]同地の状況と、安房守子息の様子を見極めた上で、養子となる人物を決定したことがわかる。結果として帯刀家は、安房守七男の大勝（後の右近→帯刀）を次の当主として聟養子の形で迎え入れたいことを正式に安房守へ伝えたのである。安房守と弥五郎との書状を通じた交渉は他にも多く残るが、ここでは養子一件が一段落した安永九年三月九日付の書状をみてみよう。

〔史料5〕「三月九日付書状」

一筆致啓上候、（中略）然者兼而御約束之当方家作修復料之内其御家来中ゟ此方召仕共迄御差越被下、別為致落手於拙者忝次第存候、（中略）

本多弥五郎

三月九日　　　　政寛判

本多安房守様　人々御中

本書状は、弥五郎から安房守へ「兼而御約束之当方家作修復料」を家臣を通して受け取ったことに対する礼状として出されたものである。史料1でみたように、帯刀家は当時財政が窮乏し居屋敷の破損修復にも苦心する状況であったのに対し、安房守家は養子の件が無事片付いたこのタイミングで帯刀家の家作修復料を拠出していたのである。

政房養子一件において、当主間で取り交わされた書状の一部を紹介した。帯刀家は、一貫して安房守家を格別の家と捉え、安房守から聟養子の許諾を得るために書状を送った。また、帯刀家は養子交渉をする中で、自家の財政が逼迫する状況に対して安房守家からの資金援助を引き出すことにも成功した。帯刀家は、自家の存続危機に対して格別の間柄である安房守家から人的・物的に援助を受けることで乗り切ろうとした(30)。しかし、当然ながら養子交渉は当主間交渉だけで進んだわけではなかった。安房守家が養子に出すことを決定し、主家である加賀藩前田家や幕府から承諾を取り付けるまでには、両家の交渉を橋渡しした人物の存在があった。安房守家が養子を帯刀家に送り出すことを許可するまで、交渉上鍵を握ることとなった本多図書(31)の役割について次項で詳しくみていこう。

(2)「取次役」本多図書

史料1でみたように、安永六年の五月四日に初めて弥五郎と五郎兵衛が連名で安房守に対し、聟養子願いを行ったわけだが、安房守からは同月二十四日付で早速返書が出されている(32)。そこには、帯刀家側の申し分に対して「委細致承知」としながらも、「此儀者品重キ事ニ御座候間、同姓共江も為申聞得と致思慮追而可得御意候」として、聟養子を安房守家から出すかどうかの返答を先延ばししている。交渉当初から両家の間では温度差が見受けられるが、本多図書が取り次ぎの務めを果たす中で、以後の養子交渉が進むこととなる。以下、図書と帯刀家とのやり取りをみていこう。

〔史料6〕「六月四日付書状」

一筆致啓上候、（中略）依之同姓安房守迄御書中之趣且品重キ儀故得与致思慮、追而可得御意旨及御報候段も申聞

逐一致承知候、（中略）就夫右御養子之儀其筋目等御糺之段御尤ニ御座候、御一類之内御養子ニ可被成筋目之方御指省若他姓抔ゟ御相談被成、以後彼是与申儀有之候而者第一弥五郎殿御家之御為不宜大切成儀与存候、指当り御相続御勝手之御運ひ宜敷儀と者難換事歟と被存候、安房守家とハ各別之御間柄、殊ニ先年御養子ニ被成候例も在之候故、何とそ御為不悪様致度存念も可有御座候哉、いまた何之儀も不申聞候付、尤存寄之程ハ難計候得共得与思慮可仕与申所ニハ、万一様子も有之候哉と致推察候処、心付候趣御内々卒与得貴意申候間、御内慮之程承度奉存候、左候得者若追而安房守ゟ及内談候節及返答候為ニも宜敷ニ付旁如斯御座候、恐惶謹言

本多圖書

六月四日

本多弥五郎様

曽根五郎兵衛様　人々御中

史料6では、初めに安房守が五月二十四日付で帯刀側に伝えた「品重キ儀故得与致思慮、追而可得御意」との返答の内容について図書も既に承知していることが語られる。続けて図書は、養子を迎え入れる件を他姓の者に相談せず、筋目の正しい御一類に話をもってきた弥五郎の判断に理解を示している。そして書状の最後には、安房守が今回の件に対する判断をどう下すかはわからないが、万一のこともあるので注意し、内々に安房守の心根を摑んでおくので、そのためにも予め弥五郎の存念も聞いておきたい。そうしておくと、若し安房守から養子の件で相談があった時によい返答ができる、と伝えている。この書状からは、帯刀家側から取次の役割を図書に頼んだわけではなく、安房守家との交渉の過程で図書の知るところになり、以後の交渉が円滑に進むよう図書から帯刀家側へ取り次ぐことを働きかけたことが窺える。(33) 両家にとって同姓であり安房守の実家という間柄でもあった図書家は養子交渉の取次役とし

ては適任であり、図書自身そのように認識していたと考えられる。続けて弥五郎より図書へ宛てた返書をみてみよう。

〔史料7〕「六月二十四日付書状」

以別紙致啓上候、（中略）此度従貴所被仰聞候御心添之段々至極御尤ニ奉存候、如仰私祖父弥兵衛儀養子ニ罷越候上之儀ニ茂御座候得者、同姓ゟ養子与申候而者安房守家ニ相限候義、（中略）依之左様相成候儀者猶以不軽儀故家来共之内拙者内存之為使金沢江指遣可申哉与存候、尤五郎兵衛初当所一類共江茂申談追而弥家来指遣候義ニ相決候者、其御許様迄御内意可申進奉存候、指遣候家来も其御許様迄参着仕、夫ゟ安房守方江御指図を以御指出被下候様ニ兼而思召被成被下候様仕度候、（中略）

六月廿四日　　　　本多弥五郎

政寛判

本多圖書様

弥五郎は、図書に対してこれまで同姓の家から養子を迎え入れたことがあるのは安房守家だけであると伝え、また今回の件は重大なことであるので直接家臣を金沢へ派遣して自分の考えを伝えたいと述べた。家臣が金沢へ着いた際は、図書を通じて安房守の屋敷まで参上するようにしたいとした。図書が安房守への取次を行うことに対して弥五郎は了解し、その上で図書を頼ろうとしたことがわかる。これに対して図書より弥五郎へ宛てた返書を確認しよう。

〔史料8〕「七月十六日付書状」

前月廿四日之御別紙致拝見候、（中略）先以愚意心付候趣御内々申遣候処、思召ニ相叶候様子被仰越珍重奉存候、然者房州江之御書中之趣とハ致相違候様子ニ相聞候付、則御返書を以房州江内々相達候処、右御返書之趣ニ候得者最初御書中之訳とハ違ひ候躰ニ相聞申候、先以多子之内御養子ニ被成度御内存之趣攸幸之至ニ候得共、若又於其表血縁筋目等正敷御相応之儀有之候処、拙者ゟ御内々得御意候趣ニ付被変候様成儀有之候而者是又心外成儀ニ御座候、先達而願御紙面候節致思慮追而可得御意旨、一通り先及御報置候間、重而御返事指遣候筈ニ候得共、右之趣ニ候得者最早夫ニ者及申間敷候哉、其程宜敷取計候様致度旨申聞候、因茲致思慮候之處、弥房州多子之内御養子ニ被成候思召御決定之儀ニ御座候而者最前之御紙面ハ御取戻シ被成候歟、又者被仰越様之趣も可有御座哉と奉存候、（中略）左候者先為御内談以御紙面御申越御相談荒増相極候上ニ而猶更御治定之御相談旁御使者被遣可然哉と奉存候、房州ゟ前廉加賀守殿江得内意不申候半而者相成申間敷と存候、然時者以御紙面相達可申哉と存候間、其御紙面御文段御調被成様も可有御座候哉、乍推参心付候故為御心意得此義も御内々申進候、（中略）

本多図書

七月十六日

本多弥五郎様

（後略）

図書からの返書には、安房守の意向が「最初御書中之訳とハ違ひ候躰」とある。続けて安房守の懸念として、今後江戸表で弥五郎の血を引く筋目正しい跡継ぎが出来た場合に聟養子の話が立ち消えになっては困る、と伝えられた。こうした懸念はあったものの、結果として当初の返書では安房守側から追って帯刀家側に聟養子可否の返答をするとの約束であったが、最早それには及ばず「宜敷取計候様」となり、最終的には「房州多子之内御養子ニ被成候思召御決定之儀」となった。これ以降は、安房守から主家である加賀藩へ内意を得る段階に移るが[34]、その際に作成する紙面の文章については、図書が受け持つとある。

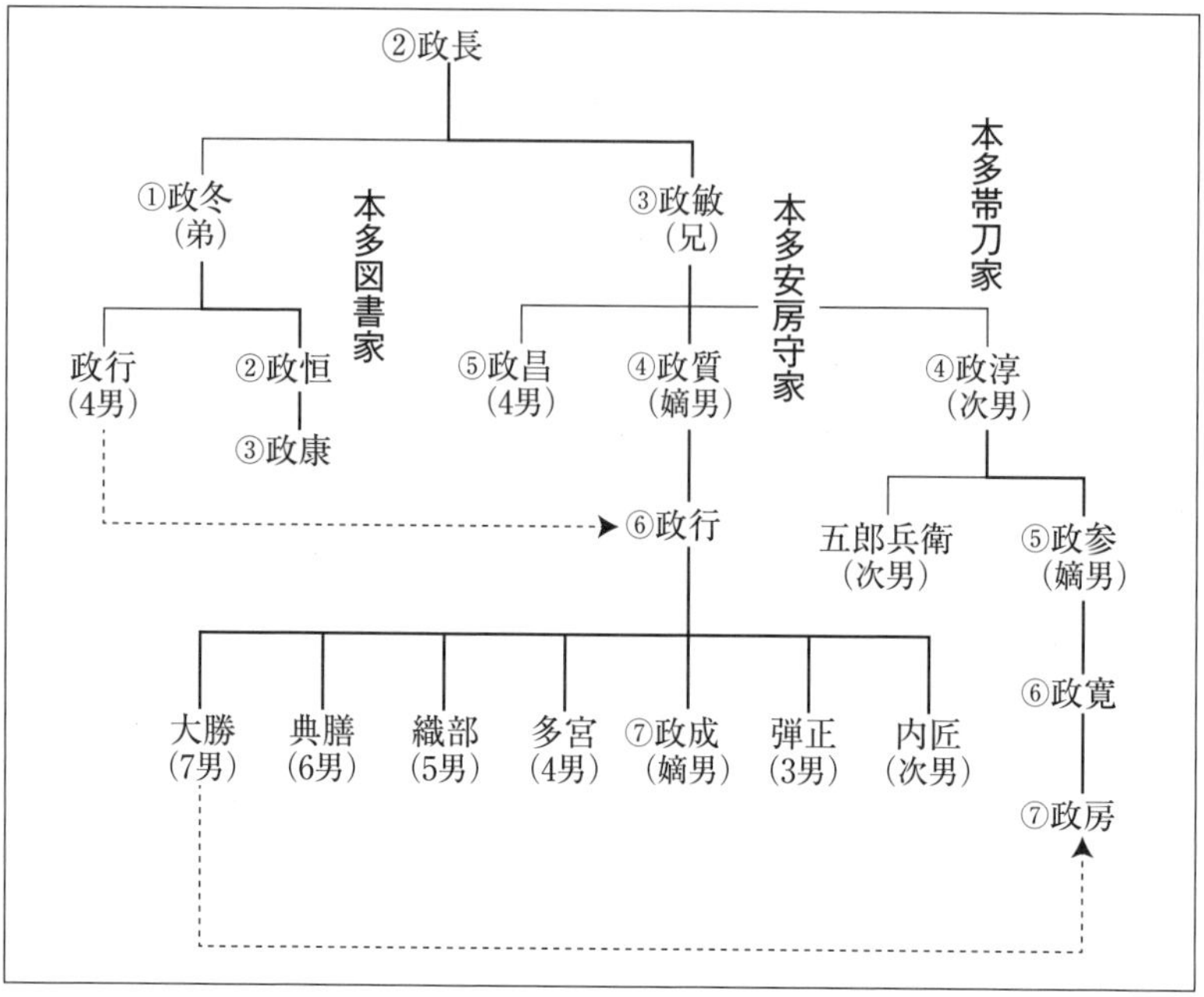

政房一件関係者相関図

帯刀家と安房守家の養子交渉をめぐる取次役として図書が重要な役割を果たしたことで、安房守家子息の内から帯刀家へ聟養子を送ることが決まった。(35)この間、図書が果たした役割は大きいものであったが、そもそも何故図書が両家の取次を行ったのであろうか。安房守の実家が図書家であるという縁があるが、帯刀家とはどんな関係にあったのであろうか。図は、安房守家と帯刀家・図書家の当該期における関係を示したものである。

図にあるように、政行と政康は叔父と甥の間柄であるが、政寛の曾祖父政敏と政康の祖父政冬が兄弟の関係であり、遠縁に連なる関係であったことがわかる。(36)先に史料6で紹介した書状の中に、図書の言葉で「養子之儀其筋目等御糺之段御尤ニ御座候、御一類之内御養子ニ可被成筋目之方御指省若他姓抔ゟ御相談被成、以後彼是与申儀有之候而者第一弥五郎殿御家之御為不宜」とある。図書は、他姓から帯刀家に養子を迎え入れることは「御家之御為不宜」と考え、御一類の内から養子を迎え入れることが正しい道であることを強く意識していたものと思われる。図書が取次役となった背景には、本多家の御一類を構成する家としての立場と、その役割を強く意識する自身の立ち位置にあったと考えられる。

3　政房の江戸出府と公儀役就任

前節まで、安永六年から始まった養子一件における交渉全般の流れと、帯刀家・安房守家双方で取り交わした書状の内容について一部紹介してきた。本節では、聟養子となった政房が実際に江戸出府した時期と、政房が帯刀家の当主として果たした公儀勤めを確認しよう。

〔史料9〕「八月二十四日付書状」

以別紙申進候、然者私儀当七月下旬ゟ持病之痰気不相勝其上左之方手足痺□中ニ茂可相成哉と、早速医師様子見セ候処、（中略）八月始ニハ為保養月額等も仕候程ニ而、食事も相応気色共惣躰宜方ニ御座候而無程快復も可仕様子之處、当八月十四日朝迄も何之相障無御座食事等相応気力も同篇之内快方ニ候処、昼時頃与風持病之積気差発（中略）日々気力衰食事も減り無心許存候ニ付、伯父曽根無求相招諸事及相談候所、同姓帯刀聟養子被仰付置、未御許ニ御預り被下候儀兼而ハ来三月ニ茂引取可申旨得御意置候得共、病体不存寄及大切ニ候之上者一日も早ク引取置、此上万一療養不相叶差重候得者早く跡目願も差出、右願書御支配方御請取候上、致病死候得者帯刀方ゟ出府不被致候而ハ不相済儀、依之大津金右衛門此度為迎申付遣候条於演説可仕候、（中略）弥五郎病気大切之節候得者其御地帯刀殿発出も不取敢只々一日も早ク参着之儀専要之儀、弥五郎一家中之者共知行所末々迄も安堵仕候儀此事ニ御座候、弥五郎病中ニ付書判不用之印形仕曽根無求代筆相認候、（中略）

曽根無求次移判
本多弥五郎印

八月廿四日

本多安房守様　参人々御中

史料9は、安永九年八月二十四日付、弥五郎と五郎兵衛の連名で安房守に宛てて出した書状である。書状には、七月下旬より持病の痰気が再発したこと、八月初めにはいったん回復の兆しがみえたものの、同月十四日の昼過ぎから持病が再発し、「日々気力衰」となったことが語られる。弥五郎は叔父である五郎兵衛を招いて相談したところ、当初は来年三月に政房を江戸へ引き取る予定であったが、弥五郎の病状が思わしくないので、一日も早く引き取った方がいい、との話になった。ついては、政房を迎えるために家臣の大津金右衛門を金沢へ遣わすこととし、安房守へは、「一日も早ク参着之儀専要」と書き送った。弥五郎の容体が急変したことによって「一家中之者共知行所末々迄も安堵」出来ない緊迫した状況を迎えたのである。

弥五郎の病状を知った政房は、金沢を翌月九月二十八日に出発し、[37]十月十日には江戸に到着し弥五郎と対面をすませ、[38]十二月二十七日に弥五郎の跡を継いで、正式に七代目帯刀家当主となった。[39]翌天明元年（一七八一）八月六日に御目見えを果たした後は、駿府加番役を勤めたのを皮切りに、火事場見廻や大坂城代引渡の任などの勤めを果たし、番方としても寄合組頭→小姓組番頭→書院組番頭→大番頭を経て、最終的には伏見奉行の要職にも就くなど、[40]前当主の弥五郎が「家督以来相応之御奉公も不仕」と語った事情とは異なり、帯刀家の当主として「相応之御奉公」を果たしたといえる。[41]

安永六年五月に養子交渉をスタートさせ、安永九年十二月に正式に弥五郎の聟養子となった政房が七代目当主に就くまでの四年間を帯刀家・安房守家双方で作成された書状から具体的にみてきた。そこには両家の当主を交渉の軸としつつ、同姓で安房守の実家という縁で結ばれた取次役である図書の働きがあって交渉が無事成功したといえる。帯刀家は、今回の一件で家の存続が叶い、更に屋敷の修復普請についても安房守家からの支援を得ることが出来た。

一方、安房守家は帯刀家の「本家筋」(42)としての面目を保ち、且つ子息の内一人を幕府大身旗本の当主にすることが実現し、また江戸とのパイプを持つことが出来た。両家にとっては得たものの意味合いは異なるものの、養子一件を無事に成し遂げた意義は大きかったといえる。両家は江戸と金沢の地にありながらその関係性は一層強固なものになっていったといえよう。

三　帯刀家及び知行所村々と安房守家

1　日常的な交際

ここまで、帯刀家と安房守家の由緒と養子一件を通じた両家の深い関係性についてみてきた。最後に、帯刀家と安房守家の日常における交際の様子と、帯刀家の知行所村々に対して安房守家がもたらした影響について確認しよう。

帯刀家の知行所七か村において地役人を勤めた出井家(43)に残る文書の中には、文政五年（一八二二）の帯刀家一年分の支出を試算した「壱ヶ年御暮方惣御入用帳」なる帳面がある。(44)この帳面は、月ごとの入用費目が書き上げられており、総計六八七両余が計上されている。個々の支出費目に関しての詳細は省くが、安房守家との関連では毎月定額の支出として「月並定式」一九両の内に「加州御状賃銭」として三〇〇文が計上され、また一月分の支出の中には「加州御年玉御状賃銭共」として金一分が、六月分の支出の中には「金沢表暑中御進物御入用」として金一分二朱、「同賃銭」として一〇〇〇文が計上されている。文政五年に至っても安房守家とは、毎月の書状のやり取りや年始と六月には見舞いの進物を送っていたことがわかる。帯刀家と安房守家は恒常的に交際を続けていたのである。

また、同じく出井家文書に残る地役人同士で交わされた嘉永五年（一八五二）二月付の書状の中には、「然者加州様御同姓周防守様此度御出府ニ付、御屋敷江御立寄被遊候ニ付、御座敷向并御道具御修復其外諸入用相掛り申候」とある。安房守家十代当主の周防守政通が江戸出府の際に帯刀家の屋敷に立ち寄った事実を伝えている。安房守家当主が江戸に出府するたびに帯刀家の屋敷を訪問していたかは定かでないものの、江戸で両家が屋敷訪問を通じて交際を続けていたことは特別な出来事ではなかったものと思われる。続いて、安房守家が帯刀家の金主的存在であったことがわかる事例を、出井家文書の中から確認できるのでみていこう。[45]

2　金主としての安房守家

⑴知行所村々の借用金返済

前節では、安房守家が帯刀家の家作修復料を援助していたことを確認したが、安房守家からの金銭面での支援は、帯刀家が知行する在地の村々にまで影響が及んでいる。

〔史料10〕弘化五年正月「借用申金子証文之事」[46]

借用申金子証文之事

一金三拾五両也

右者加州　播磨守様ゟ御借用金御返済金、此度村々江才覚被仰付候處、調達行届兼候ニ付、貴殿方江達而御頼申上、書面之金子借用申所相違無御座候、然上者来ル八月迄ニ壱ヶ月金弐拾五両壱分之利足差加へ元利共急度御返済可仕候、為後日借用申金子証文仍而如件

深沢村
年寄　政右衛門（印）（ほか一名印略）
梓村
名主　清弥（印）（ほか組頭・百姓代印略）
中方村
（後欠）

弘化五申年
正月日

史料10は、後欠史料ながら、知行所七か村の内、深沢村と梓村、中方村の村役人が安房守家からの借用金の返済金を村々の才覚で支払うところ、調達が行き届かず「貴殿」[47]へ返済金三五両を借用した際の証文である。知行所村々は、他の各種借用金の返納と同様に、知行主の本家筋にあたる安房守家からの借用金についても返済を請け負っていたのである。金主先の一つとして安房守家は、帯刀家知行所村々の百姓達に認識されていたといえよう。

(2)帯刀家家臣による金子調達

帯刀家は、知行所村々へ安房守家からの借用金の返済を要求するだけでなく、金子工面の必要にせまられた場合、実際に家臣を金沢に派遣して援助を乞うことがあった。一例を紹介しよう。帯刀家は、天保十二年（一八四一）九月二十七日に家臣の工藤茂三郎を「御勝手御用向」のため金沢へ派遣した[48]。江戸屋敷に残る家臣らと在地陣屋に詰める地役人は、日頃書状を取り交わす中で、工藤のこうした金沢での金策工面の状況を「加州表之義者去ル廿七日便り之書状到来、先書中之趣ニ而者三包位者調可申哉ニ御座候」と語り、成果が出そうであったことを伝えている[49]。また、地役人同士で交わされた書状中にも「加州表ゟ御用状到来、内々拝見仕候処、三包位ハ出来不申（ママ）様子御案内有之候間一寸奉申上候、乍併未夕御帰り之御沙汰も無之候間、聢与相分り不申候得共、先々吉事ニ而」とあり、安房守家から

「三包」[50]の援助の用意があったことがわかる。こうした中、帯刀家家臣二名より地役人の出井家へ次の書状が出された。

〔史料11〕天保十二年十一月二十日「宮本兎毛・青木陸郎から出井右八郎宛書状」[51]

以別紙啓達候、然ハ工藤茂三郎儀昨十九日帰府、御無心金之儀三百両外道中諸入用為御手当金五拾両都合三百五拾両御調達ニ相成申候、（中略）

十一月廿日

宮本兎毛
青木陸郎

出井右八郎殿

書状には、工藤が十一月十九日に金沢から帰府したこと、安房守家からの「御無心金」については、三〇〇両と道中の手当金五〇両を加え、計三五〇両の調達に成功したことが書かれている。[52]そして帰府した工藤は、十一月二十五日付で出井家に書状を送った。工藤はその中で、[53]「加州表役中ゟ折入而相頼候得共、何分行届兼」と述べ、「矢張当暮之御仕廻六ヶ敷心配仕」と、金沢への金策が成功したにも拘わらず、それでも帯刀家の家計が厳しい状況にあることを心配する内容となっている。

帯刀家と安房守家は、安永期の養子一件以後も毎月連絡を取り合い、また年始や暑中見舞いの進物を届けるなど日常的に交際を保ち続けていた。時には帯刀家の屋敷へ安房守家当主の訪問が実現するなど、交際が親密であったことが窺える。こうした当主同士の交際に止まらず、安房守家は帯刀家知行所村々とも借用金の返済を通じて金主として関係を持つこととなる。また家臣らは、主家の財政状況を補塡するため、実際に金沢へ出向き安房守家に対して金銭を無心するなど、成立以来有した格別の間柄を梃子に依存することもあった。両家の交際が意味するものは、単なる家の存続上必要な「御一類」としての間柄に止まらない、広く双方の家臣や知行所村々をも巻き込んだ重層的な交際の一つの形として捉える必要があろう。

おわりに

三節にわたり、下野国に一円知行地を有した旗本の本多帯刀家と加賀国に五万石もの知行を有する本多安房守家の交際についてみてきた。両家は遠隔の地にありながら、帯刀家成立以来の由緒に基づき、近世を通じて交際し続けた。とりわけ、養子交渉のケースでは、養子を欲する帯刀家は安房守家を格別の儀と位置付け、両家の間柄が特別なものであることを改めて安房守家へ確認させ、安房守へ人的・物的両面からの援助を求めた。養子一件後は、引き続き帯刀家は安房守家を頼り、必要があれば金沢へ家臣を派遣するなど、交際が自家にとって有利に働くべく積極的に利用する旗本家としての姿が垣間見られた。

安房守家は、帯刀家に対して同姓且つ本家筋としての意識を根底に抱きながら、子息を帯刀家の当主に就かせて独立させることに成功し、合わせて江戸の武家社会との交際を得ることが出来た。その意味において両家の交際は、両家だけに留まらず江戸や在地社会においても意味のある交際として機能していたといえる。

最後に、小稿を終えるにあたって残した課題を述べておきたい。まず、安房守家及びその家臣らが帯刀家に対して如何なる意識で対応していたのか、個別具体的な案件に即した更なる対応実態の解明が必要と考える。小稿では史料的制約もあり帯刀家側からの分析に重点をおいた関係上、安房守家側からみた交際意識については展望的な見解となった。両家の交際の中身については、安房守家側からの検討が不可欠である。もう一つは、在地社会が武家同士の交際に強い影響力を及ぼしうるのか、更なる検討を加えていくことも必要であろう。今回は、わずかな事例から在地社会と武家の交際との接点の一つを切り取ったに過ぎない。在地社会の動きをも通してみえてくる武家同志の交際実態を見極める視点も重要と考える。課題としたい。

註

（1）大名家の養子相続や仮養子に関する研究には、大森映子による岡山藩や鴨方藩・宇和島藩・柳河藩など諸藩における相続の問題を研究した一連のもの（大森「備中鴨方藩の相続問題」〔西村圭子編『日本近世国家の諸相』東京堂出版、一九九九年〕、「大名家による養子決定過程―宇和島藩伊達家史料の分析から―」〔西村圭子先生追悼論集編集委員会『日本近世国家の諸相』Ⅱ、東京堂出版、二〇〇二年〕、「近世中期における大名家の仮養子」〔村井早苗・大森映子編『日本近世国家の諸相』Ⅲ、東京堂出版、二〇〇八年〕など）や、松代藩の養子相続について言及した佐藤孝之「大名家を継ぐ―松代藩の家中騒動と養子相続―」（渡辺尚志編『藩地域の構造と変容』岩田書院、二〇〇五年）、加賀藩の養子相続の選定について言及した千葉拓真「近世大名家の養子相続に関する一考察―加賀前田家の養子選定問題と勝興寺―」（東京大学日本史学研究室紀要別冊『近世社会史論叢』二〇一三年）などがあげられる。法制史の分野からの研究では、鎌田浩『幕藩体制における武士家族法』（成文堂、一九七〇年）や、服藤弘司『相続法の特質』（創文社、一九八二年）などがある。

（2）千葉註（1）など。

（3）佐藤註（1）など。

（4）旗本家の養子相続に関する研究としては、新見吉治「旗本池田家の親族関係について」（『史学雑誌』七三―八、一九六四年）や、姜鶯燕「徳川幕府の旗本の持参金養子に関する一考察─江戸時代前中期を中心に─」（『日本研究』四〇、二〇〇九年）などがある。

（5）筆者は、以前旗本本多氏の知行所運営について地役人の分析を通じて考察した（「大身旗本本多氏の知行所運営」〔『歴史と文化』二五、二〇一六年〕）。他に本多氏の知行所七か村や知行所運営を支えた地役人の活動については、『西方町史』（西方町〔現在は栃木市〕、二〇一一年）の第三編第6章3節部分（筆者執筆）や、拙稿「書状からみる地役人の活動とその交流関係」（栃木県立文書館『文書館だより』五〇、二〇一一年）を参照いただきたい。

（6）旗本の本多氏は、本文中の表にあるように代々「弥八郎」「弥兵衛」「弥五郎」などと称していたが、ここでは比較的称することの多かった「帯刀」を用いて帯刀家と呼ぶこととする。

（7）加賀藩に関する研究はこれまで多くの蓄積があるが、近年に限っていうと、二〇一五年に相次いで刊行された『首都江戸と加賀藩─江戸から地域へ・地域から江戸へ─』（大石学監修東京学芸大学近世史研究会編、名著出版、二〇一五年）や、『加賀藩武家社会と学問・情報』（加賀藩研究ネットワーク編、岩田書院、二〇一五年）に所収されている諸論文が参考となる。

加賀藩の年寄に関しては、『金沢市史』通史編（金沢市、二〇〇五年）の第3章第1節で解説されており、公儀御用や勝手方御用・人持組頭として人持六組を束ね、金沢城代や小松城代を務めるなど、家臣団中最高位のグループで形成された集団であった。元禄三年以降は、年寄衆が八家に固定されたため、「年寄衆八家」や「八家」と称されることも多かったが、小稿では便宜上年寄呼称を用いる。

（8）本多安房守政重は、慶長十六年に藤堂高虎の推挙で前田家に再仕官した際は三万石の領知高であったが、同十九年に二万石の加増を経て、都合五万石を領有することとなる。

(9)　安房守家と帯刀家が格別の間柄であったことは、本文一節と二節で用いる書状からわかる。

(10)　本多安房守政重については、これまで幕府出頭人・取次役としての側面から幕藩秩序を見通そうとする研究(清水聡「慶長期加賀藩の政治体制と幕藩体制への編成」〈立正大学大学院文学研究科『大学院年報』二〇、二〇〇三年〉、「慶長期加賀藩における幕藩制的秩序への編成過程」〈『立正史学』九五、二〇〇四年〉、「元和期加賀藩における幕藩制的秩序への編成と藩政の成立」〈『加能史料研究』九五、二〇〇五年〉)や、初期年寄政治の実態解明とその変遷過程を究明した研究(岡嶋大峰「元和・寛永期における加賀藩年寄政治の展開と特質」〈『加賀藩武家社会と学問・情報』岩田書院、二〇一五年〉、小酒井達也「近世前期前田家の江戸詰重臣の変遷」〈『加賀藩武家社会と学問・情報』岩田書院、二〇一五年〉)、政重家臣団構成を分析する研究(本多俊彦「本多政重家臣団の基礎的考察」〈『高岡法科大学紀要』二〇、二〇〇九年〉)など多くの蓄積がある。

(11)　安房守家は、二代政長の四男政冬が分家(一万石、人持組)している。本多「図書」家と称された家である。本文二節で紹介する安房守家六代当主の政行は、政冬の五男になる。

(12)　「大猷院殿御実紀　巻一八」寛永八年十二月十三日条(『国史大系』第三九巻、一九三〇年)。

(13)　「大猷院殿御実紀　巻三九」寛永十五年十二月一日条(『国史大系』第四〇巻、一九三〇年)。なお、帯刀家七代政房と八代政升も大隅守を賜っているが、絶家となった同族の忠純家が名乗っていた官途名に由来するものと思われる。

(14)　「大猷院殿御実紀　巻三九」寛永十五年十二月一日条(『国史大系』第四〇巻、一九三〇年)。なお岡嶋註(10)論文八六頁において、史料4として寛永九年付の本多安房守政重から横山大膳・奥村河内・奥村因幡宛の書状が紹介されている。同氏は、この書状を「本多政重が自身の弟(本多大隅守忠純、下野榎本藩主)の跡目問題の解決を報告するもの」と解釈している。この書状には、「幼少候へ共大隅守せがれニ跡目無相違被下置旨御諚之由」とある。同氏が解釈するように忠純の後を継いだ政遂だとすると、寛永九年当時は二〇歳になっており、幼少ではない。また、幕府側で名前が出ている松平伊豆・阿部豊後・阿部対馬も寛永九年時点は幕閣の中心には位置していない。したがってこの書状は、寛永九年に作成されたものではなく、寛永十五年に作成された史料で、内容についても寛永十五年七月に亡くなった忠純養子の政遂の子犬千代(当時三歳)が跡目を継いだことに対して三年寄を通じて前田利常に報告した史料と考える。政遂は政重の次男であったので犬千代は実の孫にあたる。史料4は寛永九年でなく、寛永十五年と年代比定するとつじつまが合う。

(15)「大猷院殿御実紀　巻四四」寛永十七年五月二十八日条(『国史大系』第四〇巻、一九三〇年)。

(16)政重の子には、長子政次(父に先立ち死す)がおり、次男に政遂(忠純養子)、三男に政朝、四男に安房守家二代当主の政長がいる。

(17)政法はその後延宝元年に兄政方の養子となり帯刀家三代当主となったため、政法が分知として知行を得た五〇〇石は、幕府に接収された。

(18)本節で使用する史料は、全て「本多政房養子一件　単」(金沢市立玉川図書館近世史料館蔵『加越能文庫』一六・三八・〇三)と呼ばれる手写史料(全九三丁)を用いた。同史料冒頭の表紙には「弥五郎様江帯刀様御養子ニ就被為入候前段ゟ之御書通之控　追加一冊添」とあり、おおよそ時系列で養子一件に関する関係書状がまとめて手写された史料である。加えて本史料は、天保七年十月の校合時に養子関係資史料として追加された書状や、寛政元年「本多帯刀様御実母様江戸表江御引越之節御関所過書等留帳」なども収録されており、一件に関する史料を収録した貴重な史料である。

(19)曽根家は一六〇〇石取りの旗本で、元禄十二年から同十四年にかけて目付に就任していたことが確認できる家柄である。本節で登場する五郎兵衛は、帯刀家四代当主の政淳(元は安房守家三代当主政敏次男)次男で弥五郎の叔父にあたる人物である。

(20) 註(18)史料に同じ(以下、本節で使用する史料の資料番号は全て同じ)。

(21) そのほか収録されている書状中の表現としては、「各別之御間柄」「御同姓各別之御間柄」などがある。

(22) 本多弥八郎家は、三〇〇〇石を知行する旗本で文政四年から同六年にかけて幕府目付に就任する家柄であった。なお、弥八郎家初代正之は、本多正純の子の本多出羽守正勝次男にあたる。よって、帯刀家と弥八郎家は、本多佐渡守正信の一門に属する家にあたる。加えて、弥八郎家は二代当主正芳の時代に本多安房守政敏の三男政尹を正芳の養子としたり(後に、病のため政敏の元に帰る)、三代正庸の子の正貞(当主にはならず)の妻は、帯刀家四代当主政淳の娘であったりと、安房守家・帯刀家と縁戚関係にあったことが確認できる。小稿では帯刀家と安房守家の交際に分析の主眼があるので今後の課題とせざるをえないが、武家同士、とりわけ「御一類」間の交際実態についても検討する必要があると考える。

(23) 駿河田中藩四万石の第四代藩主。

(24) 一類衆の全容は残念ながら不明である。帯刀家の知行所地役人を務めた出井家の文書中の書状には、「御勝手之儀ニ付、御親類織田大膳様・弥八郎様御屋形江被召出」とあり、弥八郎家や伯耆守家に加え大膳家(表高家二〇〇〇石)も一類衆であったことが確認できる。

(25) 註(20)参照。なお、五郎兵衛は本文中で後述する「政房一件関係者相関図」にあるように安房守とは従兄弟、図書とも五郎兵衛曾祖父と図書の祖父が兄弟関係にあり遠縁にあたる。加賀の本多両家とも縁のある人物であった。

(26) 政房は、大勝から右近を経て帯刀に改名している。なお右近から帯刀への改名は、当時幕府老中であった松平右近将監の名を憚ってのことであった。

(27)「本多氏心覚」（金沢市立玉川図書館近世史料館蔵『加越能文庫』一六・三六・一九）によると、政行の子息は、長男に玄蕃助（後に主殿）、次男に内匠、三男に弾正、四男に多宮、五男に織部、六男に典膳、七男に大勝、八・九男が夭死、十男に喜久丸、十一男に和一郎、十二男に玄之助がいる。長男から三男は明和六年と同九年に元服を済ませており、その意味で当該期に弥五郎息女と年齢的に釣り合うのは、五男・六男・七男の三人に絞られる。

(28) 安房守が返答を先延ばしにした事情については、本文中の史料8を参照のこと。

(29) 大津金右衛門の金沢派遣は、若党三人と小者五人で行われ、金沢到着は、安永七年の四月六日で翌日に加賀藩家臣からの口上書を受け取っている。大津金右衛門一行の滞在時の料理振る舞いは、滞在三日目より「賄」を止めさせ、以降の料理は金右衛門の「自分賄」としていたことがわかる。

(30) 安房守家から金銭面で援助があったことについては、三節で詳述する。

(31) 本多図書家は、安房守家二代当主政長の四男政冬が祖となった家で加賀藩より一万石を拝領し、身分階層上は、年寄の下の人持組に属する家柄であった。

(32) 返書としては出されていないが、五月十六日付で安房守より弥五郎・五郎兵衛に宛てた書状の下書がある。内容は、六月四日付の本多図書から弥五郎・五郎兵衛に宛てた書状とほぼ同内容であるが、聟養子の件については「御勝手次第御相続御遊被成候様ニと存候」とある。差し出されることはなかったが、安房守家側も当初から養子相続に対して理解を示すむきもあったことが確認できる。

(33) 本文中の史料7と同日付で、弥五郎・五郎兵衛連名で図書に差し出された書状には、「貴家之儀者房州御実家之事御間柄与申迚之儀御心添被下度」とある。

(34) 加賀藩主よりの内意は、十一月二日付加賀守の名で「表之趣承申候、別紙両通披見いたし候、同姓之儀事に先例も有之事、旁弥五郎方望ニまかされ許諾之趣被申遣一段可然存候、織部等三人の内何レなりとも御手前了簡次第被遣候様ニと存立候」と下されている。

(35)　最終的に七男の右近に決まるのは、弥五郎の家臣大津金右衛門の金沢派遣を経た後、安永七年五月二十八日である。

(36)　五郎兵衛も帯刀家の血筋を引く人物であるため、安房守家や図書家とも縁続きである。

(37)　政房の江戸出府を追う形で、政房に幼少期より付け置かれた女房一人と又下女一人の計二人が十月二十三日に金沢を出発し、江戸に向かっている。

(38)　弥五郎は政房と対面後、十月十四日に死去した。

(39)　『寛政重修諸家譜』第一一、巻第六九三。

(40)　表参照。政房は、伏見奉行在任中に死去したものと思われる。

(41)　政房と安房守家や加賀藩とは、その後も交流は続き、父である安房守とは天明二年五月、来る秋に政房が駿府加番を拝命することに対し「目出度御事」と祝詞を伝えたり、政房が同年九月二十六日に駿府に到着し、翌日より加番勤めを行っていることに対して「珍重之御事存候」と祝意を伝えるなど、引き続き緊密な交流を続けていることがわかる。加賀藩からは、天明三年の二月に「御中附一通」が下されるなど、旧主家との関係も維持していた。

(42)　史料上、帯刀家は安房守家を本家と呼んでおらず、あくまで「格別之間柄」としての位置付けである。完全な分家ではないが、本文でみてきたように帯刀家成立の由緒、またその後の人的・物的に密接な関係を保持し続けた両家の関係性を考えると、安房守家が帯刀家にとって「本家筋」と位置付く存在であったといえるのではないだろうか。

(43)　帯刀家の知行所運営を担った地役人出井家の役割とその活動については、拙稿註(5)を参照のこと。

(44)　文政五年三月「壱ヶ年御暮方惣御入用帳」(『出井家文書』一九〇九)。

(45)（嘉永五年）二月「書簡　加州様同姓周防様此度御屋敷へ御立寄ニ付御座敷御道具御修復」（『出井家文書』一二一六七）。
(46)弘化五年正月「借用申金子証文之事」（『出井家文書』五三八）。
(47)貴殿がどの人物を指すのかは不明である。ここではひとまず、知行所村々に金子を貸していた栃木町商人もしくは、知行所と出入りのある江戸商人のどちらかを指すものとしておく。
(48)（天保十二年）十月「工藤茂三郎外二名から出井右八郎・柏倉七左衛門宛書状」（『出井家文書』一二三〇〇）。
(49)（天保十二年）十一月「青木陸郎から出井右八郎宛書状」（『出井家文書』一二三一〇）。
(50)一包みが一〇〇両であったことは、史料11の書状からわかる。
(51)（天保十二年）十一月「宮本兎毛・青木陸郎から出井右八郎宛書状」（『出井家文書』一二三〇六）。
(52)書状には続けて、「兼而御調御承知之通多分之御不足ニ御座候」とあり、三五〇両の調達金では、帯刀家の入用金決算がおぼつかない状況に至っていることがわかる。
(53)（天保十二年）十一月「工藤茂三郎から出井右八郎宛書状」（『出井家文書』一二三二五）。
（付記）小稿を作成するにあたっては、金沢市立玉川図書館近世史料館ならびに、史料所蔵者である出井弥子氏や中村良一氏には、史料の撮影・閲覧等で大変お世話になった。末筆ながら御礼申し上げる次第である。

日光社参と壬生藩・壬生藩領の村々

泉　正人

はじめに

日光社参の研究は交通史・政治史や役負担の観点等々、多様な視点からアプローチされてきた(1)。筆者の関心は、近世における権威・威光のあり方の追究にある。その一つのアプローチとして、これまで、近世の政治の頂点に位置する将軍権威を取り上げ、その考察の具体的素材として日光社参を取り扱ってきている(2)。社参と将軍権威との関係は、直接的には将軍の軍事指揮権の発動にあると考えられるが、社参行列の通行を始め、特に十八世紀以降に敷かれる全国的な警固体制など、間接的な効果を考えれば、将軍権威の高揚・構築は、全国を覆う規模で、武士階級から庶民に至る広がりをもって図られていったと考えられる。

将軍権威の高揚を目的とすると言っても、巻き込まれる人々の立場や巻き込まれ方によって、将軍権威の感じ方は異なってこよう。したがって、将軍権威を考えるにあたっては、幕府、藩、旗本、宿駅や村々に住む人々など、種々のレヴェルでの考察が必要となろう。しかしながら、社参の「実態」については、近世を通じてなお不明瞭な点が多い。将軍権威を論ずる前に、これらの社参の実態について明らかにしていく必要がある。

ところで、日光社参に関する史料は、関東地域、ことにその経路となった日光御成道・日光道中沿いの地域に数多く残されていることが、市町村史の史・資料編や通史編の叙述から窺い知ることができる。通史編の叙述では、概ね「交通」の項の中で扱われ、人馬役負担がどのようなものであったのかに終始している傾向にある。それは市町村史という、住まう地域の歴史を、その地域に残る史料から考えていくという性格によるものと思われるが、それだけ、近世の村々にとって人馬役負担が大きな意味を持っていたことを示しているといえる。

しかし、日光社参の「負担」は人馬役だけではなかった。特に街道沿いの村々やその領主達には、準備段階から様々な「負担」があったのである。では、それらの「負担」にはどのようなものがあり、どのように担われていたのであろうか。そして、将軍権威の問題とどのように関わるのであろうか。このことについては、従来殆ど顧みられなかったと思われる。街道沿いの村々にとって、またその領主にとって、日光社参はどのようなものであったのかを、特に「負担」を軸に考えていく必要があろう。

筆者はかつて、天保十四年（一八四三）の日光社参を取り上げ、社参時の宿城地である宇都宮藩および藩領町村の負担を明らかにするとともに、社参の藩政への影響について論じたことがある(3)。しかし、経路となる日光御成道・日光道中沿いの村々やその領主の「負担」については、課題として残されていた。

このような研究状況を踏まえ、本稿では日光道中沿いに領知がある壬生藩と藩領村々を素材に、天保十四年の日光社参の「負担」のありようを実態に即して明らかにすることを課題とする。

街道沿いの地域の「負担」と言っても、自ずと領主によってその内容は異なってこよう。下野国における日光道中の宿駅は一二、街道沿いの村は三〇を数えるが、特徴的なのは、宿城地である古河藩・宇都宮藩以外の藩領があることである。下総関宿藩（三ヶ村）・同結城藩（二ヶ村）・同佐倉藩（一宿・一ヶ村。この一ヶ村は壬生藩との相給）・下野壬生藩（二ヶ村。内一ヶ村は佐倉藩との相給）の四藩八ヶ村である。[4] 宿城地以外の藩がどのような「負担」を負うのか、壬生藩とその藩領村々を素材に検討していくこととする。

なお考察は、壬生藩領村々のうち、川中子村（現下野市）の永井康之家文書[5]（本文書群の主な史料は、『国分寺町史史料叢書　日光社参関係史料１・２』（国分寺町、二〇〇一・二〇〇二年）に収録されている。本史料集を典拠とする記述は、本文中に「（1（または2）―〇〇頁）」と表記する）を主として用いていく。川中子村は、東端を七町一四間にわたって日光道中が南北に走り、道筋には「家居無之、不残並木」[6]という状態であった。このため、道筋の見分、街道整備や警固等々、社参について種々の役を負担しており、その文書が数多く作成され現在まで伝来している。これが川中子村の文書を主として用いる理由である。以下、特に断らない限り、提示する史料は同文書である。この永井康之家文書を用いて、日光社参について詳述したものに『国分寺町史』[7]がある。筆者もその編さんに加わった。本稿は、その成果によるところが多い。

一　日光への道と壬生藩領

まず最初に、壬生藩および壬生藩領域と日光への道（日光道中・壬生通り・例幣使道）との関係を見ておきたい。

壬生藩は慶長七年（一六〇二）に日根野吉明が入封して成立し、寛永十二年（一六三五）には阿部忠秋が二万五〇〇〇石で、同十六年には三浦正次が二万五〇〇〇石で、元禄五年（一六九二）には松平（大河内）輝貞が三万二〇〇〇石で、同八年には加藤英明が二万五〇〇〇石で、正徳二年（一七一二）には鳥居忠英が三万石で封じられ、以後幕末まで鳥居氏が続いた。いずれも一万石から三万石の大名で、阿部忠秋入封以降、いわゆる譜代大名の居城となっている。

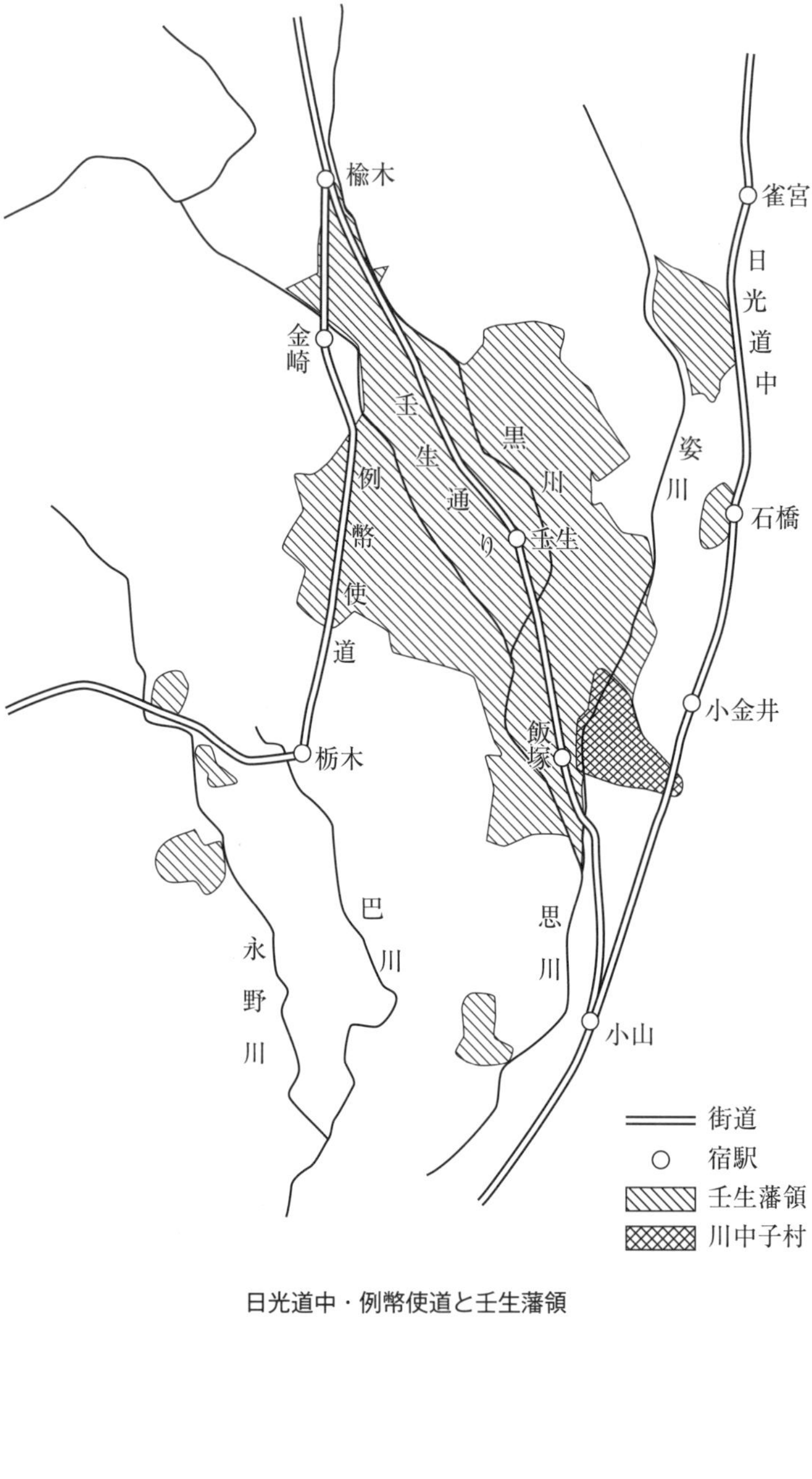

日光道中・例幣使道と壬生藩領

藩領は城付領（下野領）だけではなく、下総国や大和・播磨国に飛地が存することもあった。元文二年（一七三七）には上方領が減らされ、下野領・下総領が増加している。藩領全体に占める城付領の割合は、三浦氏で約六五％、加藤氏で四六、七％、鳥居氏は当初三九％であったが、元文二年に加増され五八％となっている。鳥居氏時代、下野領の村数は入封時には二八ヶ村であったが、元文二年の下野領の増加で三八ヶ村となり、さらに寛延四年（一七五一）にも下野領が微増して村数は三九ヶ村となり、以後幕末まで変わらない。その下野領は上郷と下郷に分けられ、それぞれに代官が置かれた。代官の上に郡奉行が置かれ、壬生の城下町（通町・表町）および飯塚町は町奉行の支配であった。

藩領域の大まかな位置を、図に示した。藩領域には日光道中・壬生通り・例幣使道の三本の日光への道が通る。藩領村々の多くはそれら街道の宿駅の助郷村に編成されていた。主に壬生通りの宿駅の助郷村とされた。飯塚宿では助郷村々二二ヶ村中五ヶ村（相給村を含む。以下同じ）が、壬生宿では二四ヶ村中一二ヶ村が、楡木宿では一七ヶ村中六ヶ村が壬生藩領の村であった[8]。助郷村に編成された壬生藩領の村は二三ヶ村で、天保期（一八三〇〜四四）には約六〇％の村が助郷役を負担していたことになる。

文政七年（一八二四）七月、日光道中小金井宿の助郷村々が困窮のため休役が認められ、その代助郷三ヶ村の内二ヶ村が壬生藩領の家中村・大塚村で、両村は壬生宿の定助郷村であった。また増助郷四ヶ村が命じられ、その内二ヶ村が壬生藩領の川中子村・惣社村で、川中子村は飯塚宿の、惣社村は壬生宿の定助郷村であった。

代助郷は天保十年（一八三九）七月まで十五年間、増助郷は天保十五年までの二十年間で、この期間は本来の壬生宿や飯塚宿の助郷は免除され、助郷勤高も本来の勤高の約七割から八割に設定された。これら代助郷・増助郷を命じられた村々の勤高計約五〇〇〇石は残りの助郷村々が負担することになった[9]。この休役が認められ、増助郷が設定された背景には、文政八年に実施予定の将軍家斉の日光社参に伴う幕府役人らの通行量増加があったと考えられる。

壬生藩領域を三本の街道が通っているため、藩領村々は街道の道橋普請や掃除を義務づけられていた。その掃除担当範囲（丁場）をみると、壬生藩領の村は二四ヶ村を数える。当時の壬生藩下野領の村の約六〇％が街道の掃除役を担っていたことになる。

以上のように、壬生藩下野領の多くの村は、同領を日光道中・壬生通り・例幣使道という三本の日光への街道が通るため・助郷役・街道普請役、同掃除役を担うことになっていたのである。

二　村の社参の始まり

天保十四年（一八四三）の日光社参に関してとられた川中子村の対応は、前年の天保十三年三月の準備段階から社参を実施した天保十四年の四月まで、①「天保十三年日光社参御触書留」、②「天保十三年日光社参御触書綴」、③「天保十三年日光社参御触書綴」④「天保十四年四月日光社参御用留帳」[10]によって、ほぼ把握することができる。さらに、乱丁ではあるが⑤「御成還御勤方留帳」[11]によって、部分的に補うことができる。もっとも、①は表紙はあるものの文書名部分は破損し、さらに後欠であり、②③は前・後欠となっているので、[12]天保十三年六月から八月初め、九月九日から十八日、同十四年三月十一日から四月三日の期間については川中子村の対応はよく分からない。

①の最初の記事は、同年三月十一日付で、森親之助ら幕府代官一〇人の連名で「西ヶ原村より鉢石宿迄宿村役人」へ出された触、および森親之助ら代官の手附・手代四人から日光御成道・日光道中の岩槻宿から鉢石宿まで一七ヶ宿に出された触を、同月十七日付で川中子村名主格伝右衛門から壬生藩下郷代官石崎純四郎に届け出たものである。三月十一日付の代官からの触は、「御道筋為取調、近々手附・手代共差遣候条、都て享保・安永度　御社参之節并文

政度調請候通り、左ニ相心得可申事」として、往還の樋や橋の字・間数、村高・領主名、往来から見える寺社、大破した往還百姓家の名前・持ち高、高札場、道筋に交わる横道で以前の社参で締切になった箇所、以前の社参時の「御供方呑水場」や「御馬口洗場」、また「御休泊」あるいは「御小休」になった宿・村で「御賄仕立場」や「寄人馬小屋」を取り立てた場所、以前に老中らの下宿となった家の者の名前・住居向絵図等々を取り調べて、手代共が廻村する時に差し出すことという内容である（2―六五～六七頁）。

幕府が日光社参を発令したのが天保十三年二月十七日、(13)壬生藩から領内村々へは二月二十七日に触れられている。その際に、それまでの社参の記録を吟味し、「先格御尋之節者無差支御答相成候様」にするよう命じられている。(14)

同年二月十九日には、「寺社奉行松平伊賀守。大目付初鹿野河内守。勘定奉行梶野土佐守。跡部能登守。作事奉行堀伊賀守。普請奉行池田筑後守。目付佐々木三蔵。榊原主計頭。勘定吟味役村田幾三郎日光御詣の事奉はるべく命ぜら」れ、三月八日には勘定方の役人に日光社参の御用が命じられ、十八日には日光社参に向けての道橋検視のため勘定方の役人に御暇が下されている。(15)前記の三月十一日付の幕府代官一〇人連名の触は、このような動きの中で出されたのである。

川中子村へ壬生藩からの通達は二月二十七日にあったが、同村の社参の記録は三月十一日付の代官触からである。御成道沿いの新染谷村（現さいたま市）の守富家文書「天保十三寅年三月　日光御参詣御用留」も、この三月十一日付の幕府代官触から書き始められている。(16)このことから、日光御成道・日光道中筋の村々にとって、日光社参の始まりは、この触の到達からと認識されていたと考えられる。

三月十一日付の幕府代官触の追って書きに「日光　御神領・万石以上領分ハ、其領主〱ニて委細取調有之事ニ候得共、為心得、一ト通り見置候筈ニ候間、此段申達候」（2―六六頁）とあり、日光神領・大名領の村々へは領主から取り調べがあることを述べている。村々へは社参御用の幕府役人からと、領主（藩）からとの二ルートで指示が伝わることになっていたのである。それは、街道の見分、道普請、掃除に領主が深く関わることの反映とみることができる。

三　幕府役人の見分・通行

幕府役人の川中子村の見分および通行は三月十九日から確認できる。幕府勘定方役人に対し道橋検視のため御暇が与えられたのが三月十八日であるから、直ぐさま見分に取りかかったことが窺える。

これらの見分・通行のうち、中心となるのは幕府勘定奉行の見分であろう。勘定奉行は天保十三年（一八四二）二月十九日に「日光御詣の事奉はるべく命ぜら」れており[17]、以後勘定方の役人を動員して、街道筋の見分を行っている。勘定奉行の川中子村見分は、天保十三年四月二十六日、同年八月十九日、天保十四年三月十日の三回確認できる（2―一〇四～一〇六頁、一四六頁、一四一～一四二頁・一七七頁）。これらの見分が、社参準備の画期となっている。以下、第Ⅰ期（天保十三年三月十九日～四月二十六日）、第Ⅱ期（四月二十七日～八月十九日）、第Ⅲ期（八月二十日～天保十四年三月）に分けて、みていくことにする。

第Ⅰ期には、代官手附・手代による見分が四回行われ（2―六九頁、七九頁、八三～八四頁、九六頁）、四月に御勘定方役人の見分が二回行われている（2―八五頁、九九～一〇一頁）。代官手附・手代の見分は「道筋」の見分とか、「往還御普請」の見分とか、「小休所の外、御野立になるべき所」の見分などと表記されているのに対し、勘定方役人の見分は「日光道中筋・御成道通り宿々村々」の見分と記されており、社参経路を江戸から日光まで通しての、総合的な見分であったように思われる。代官手附・手代の見分は勘定方役人や勘定奉行の見分に向けての小見分であったと思われる。その上で、勘定奉行によるこの期の最終的な見分が実施されたと考えられる。

小見分の実施に伴い、具体的な街道整備が実施されている。三月二十六日の「往還御普請」見分を受け(2—七九頁)、川中子村では二十九日に往還御普請を始めている(2—八一頁)。普請内容については不明だが、村内から人足二〇人・馬五疋・茶番一人を出している(2—八一頁)。さらに、国分村から一〇人(2—八一頁)、助谷村から一〇人の人足を出させている。[18] これは壬生藩代官からの指示に基づくものであろう。藩をあげて日光道中の往還普請に対応していると考えられる。

小見分に際し、あるいは並行して、種々の絵図面や書類が提出されている。それらは、基本的に享保・安永の社参時や文政の社参準備のありさまを確認するものであった。そしてそれらを受けて、時期的には第Ⅱ期の五月二十三日に幕府代官の手附・手代が「古河宿・小金井宿・宇都宮宿御休泊諸御取建物并御小休所・御供呑水場・御馬口洗場等之御取建物仕様取極目論見帳」(2—一一〇頁)を三ヶ宿に渡し、それを受けて二十五日付で壬生藩の代官から藩領村々へ、建造物の工事の請負いを希望する者は三ヶ宿の宿役人と相談の上、申し出ることと触れられている。

以上のことから考えると、四月末迄の幕府の見分は、⑴享保・安永の社参や文政期の社参準備の実態を把握すること、⑵それを踏まえて社参経路沿いの建造物をどのような物にするのかを決定すること、⑶あわせて往還の普請に着手すること、を目的としていたと考えられる。

第Ⅱ期には、大きな動きは見えないが、助郷役の編成に向けての動きが僅かながら見られる。御成道沿いの新染谷村でも、この期に助郷役についての触が散見される。[19] 八月十日には老中水野忠邦が川中子村を江戸に向かって通行している(2—一四九～一五二頁)。社参御用として日光に赴いた帰りであった。老中の通行に伴って、その準備が行われている。勘定奉行の見分は八月十九日であるが、それに先立ち同月十四日・十五日・十八日に幕府代官や手代による小見分が行われている。「往還御休所」や雪隠の見分などが知られ、街道沿いの建造物の見分に重点が置かれていた観がある。

第Ⅲ期では、天保十三年中には大きな動きはみえない。しかし、同十四年二月に入ってから幕府役人の動きが慌ただしくなっている。小見分が四度行われ、日光道中を上り下りする幕府役人の頻度も激しくなっている。社参の実施が目前に迫っている様子が感じられる。その中で、二月二十四日の御小納戸頭取竹本主水正ら一一人の見分は大きな意味を持っていたと考えられる。「天保十三年日光社参御触書綴」には、次のように記されている。

御訴書差上申候ニ付、郡方西沢多(太)休太様御出被成候、御小納戸衆様御見分前、不残往還通掃除并御取建、西原迄仕上置、御見分詰可申候様被仰付候、右は御成之節仕立置、御見分置可申候（2―一二八頁）

記事は、見分が行われる十日ほど前に記されたと考えられる。冒頭の「御訴書」とは川中子村から藩代官に、幕府役人の見分や通行の先触れ、幕府の廻状を知らせる通知のことである。「被仰付候」とあるその内容は、「御小納戸衆の見分が行われる前迄に、往還筋の掃除、および取り建てる設備を西原迄完成させ、見分の最終確認（「御見分詰」）を済ませるようにせよ」ということである。この「西原迄」の「西原」は日光御成道沿いの西ヶ原村のことであり、通常このような形式の触（廻状）を出すのは幕府勘定奉行もしくは代官であるから、右のことを命じたのは両者のうちいずれかであろう。つまり、幕府から壬生藩へ触があり、その内容を実践すべく太休太が川中子村に指示しに来たと考えられる。太休太は幕府から命じられたことを川中子村へ伝え、さらに「将軍の御成の時と同じように仕立てて見分を受けるようにせよ」と命じたのである。以上のことから、二月下旬の御小納戸頭取らの見分は、街道筋の見分が最終的な段階に入ったことを示していると考えられる。

「二」で示した①〜④の文書からは、既述したように三月十一日から四月三日までの記事が欠落しており、この間の幕府役人による見分の有無が確認できない。しかし、「天保十四年二月　往還御用賄覚帳」（1―二一五〜二二一頁）には、三月十五日から十六日に福長多久間・小島伝八郎、二十一日から二十二日に三村新左衛門・清水岩次郎、二十七日朝から二十八日に福島伝左衛門・同源左衛門と、藩役人が川中子村に出役していることが記されている。福長多久間は大目付、小島伝八郎は御使者、三村新左衛門は郡奉行であるので、後述するように、三月十六日・二十二日・二十八日に「御目付以上」の幕府役人が見分したと考えられる。[20]

また、天保十四年三月十七日付の幕府代官森親之助手代樋口直蔵らの廻状によれば（1―二二二〜二二三頁）、十九日に勘定奉行梶野土佐守良材・作事奉行堀伊賀守利堅らが「御取建物出来形」見分のため江戸を出発するので、二十日までにそれらを完成させるようにすること、それに先立って直蔵らが内見分すると記されている。したがって、三月二十八日に勘定奉行梶野土佐守の見分があった可能性が強い。

このように、二月末から三月末にかけて最終的な見分が実施されたのである。なお、天保十三年十月には、「日光御用掛り・御供之面々領分・知行」の村は「宿々助郷」を免除すること、その代わりに「宿々助郷」役を負担する差村を決めて三十日までに届け出ることを内容とする日光御用所の触が廻されており（2―一一八頁）、助郷役の編成が六月から継続して行われていたことを窺わせる。

四月に入ってからは、十一日に御勘定・代官による並木見分が行われただけである（2―二一六頁、二一八頁、二二一頁）。その際に、往還砂敷を中止すること、盛砂のこと、土俵拵えのことが触れられているが、この時期は社参直前であり、街道筋の社参準備は既に終わっていたため勘定奉行などの見分はなかったのであろう。

四　藩と藩領村々の対応

この間の壬生藩や藩領村の川中子村の対応を見ておきたい。

まず全期を通して、幕府役人の見分や通行に際して、小金井宿や新田宿などから川中子村へ連絡が入ると、川中子村の名主伝右衛門は代官石崎純四郎に、その旨を連絡している。この報告に基づき、藩役人の見分案内や立合い、「見舞い」などが準備された。「見舞い」は、藩役人が見分の前日に幕府役人の宿所を訪ねることをいう。

見分の案内・立合いは、幕府役人の格式に応じて、それ相応の藩役人が街道筋に出張した。幕府の「御目付以上」には藩の使者・奉行・代官がともに案内し、幕府の「御代官・御勘定・其下奉行・御作事・御普請方」には藩の代官が案内した。「見舞い」は藩代官が行った。(21) 見分の際には、村々からも村役人や人足が案内のために出ている。「見舞い」の際も、村名主が同行することもあった。

第Ⅰ期

天保十三年(一八四二)四月六日の幕府御勘定組頭増田金五郎ら一一人の見分では、壬生藩から郡奉行が部下一二人を引き連れて馬にて川中子村へ出張し、また下郷代官石崎純四郎が配下三人を連れ、さらに物書として壬生藩郡方の役人一人が出張しており、計一八人が川中子村に詰めている(2―八五頁)。村々からも人数が出ている。見分の行列は、左右にそれぞれ杖払い人足一人、村役人一人、先払い人足二人、箇所札読み役人一人の順で隊列を組み、続いて壬生藩の出張役人、幕府の役人等が続くという構成であった(1―二九三頁)。

箇所札は見分箇所に建てられた札のことで、小金井宿の慈眼寺から一町ごとの距離に立てられた立杭や、雪隠取建場・御馬口洗場・伏樋・脇道の箇所に立てられた札のことである。御馬口洗場・伏樋の札には、寸法および社参時には領主入用で作られることが記してある。日光道中に交わる脇道の所に立てられる札には、社参時には青竹にて締め切ることが記されている（2―八七〜八九頁）。これらのことを帳面に仕立てたものが「往還箇所附帳」で、見分の時には村役人が見分役人を案内し、立札の所で「往還箇所附帳」を読み上げるのである。

四月二十六日の勘定奉行跡部能登守および勘定方役人の見分の際には、壬生藩から藩主鳥居忠挙の「御使者」として福島源左衛門が出張し、壬生藩代官守田左右馬が一行を案内している。その際、先払い人足八人、村役人二人、つゆ払い二人が村から出ている（2―一〇六頁）。

上述したように、この時期に川中子村で道普請が始まっている。そのための人足は、川中子村から二〇人のほか、国分村から一〇人、（2―八一頁）、助谷村から一〇人[22]が出ている。藩をあげて日光道中の往還普請に対応している。

また、壬生藩は小頭を街道筋に巡回させ、並木の調査を行っている。その結果、日光道中の並木三九八本のうち九本が老木であることが分かった（2―七九頁）。また例幣使道の並木の木が枯れていたのであろう、杉苗二〇数本の植え付けが藩から川中子村へ命じられている（2―八〇〜八一頁）。

四月三日頃、藩は福西市左衛門を川中子村へ出張させ、御林の刈り払いを行っている（2―八四頁）。これは街道沿いの領主林・百姓林は、街道から二、三町の所までは「目通より上三、四尺程」枝葉を伐採し、見透しをよくするためで、以前の社参でも行われたことの踏襲であった（2―八七頁）。この御林刈り払いは、おそらく四月六日の御勘定組頭の見分を意識してのものであろう。

また、日光道中に土を入れるなど道普請を行っていたが、道がぬかるむため四月二十四日から壬生藩領村々に命じて、石を入れたり、土を入れて突き固めたりと補修を行っている。この補修は、二十六日の見分を強く意識してのものであろう。

第Ⅱ期

この時期は、幕府の見分には大きな動きはないが、壬生藩および藩領村々の社参準備が進んだ時期である。

まず、川中子村へ出役する藩役人の止宿施設である御用宿の建設が行われている。五月十六日付で川中子村名主格年寄伝右衛門から壬生藩代官石崎純四郎に、「御出役様御宿ニ差支、無拠私宅え普請仕度」く、その材木を頂戴したいとの願書が出され、認められている(2―一七九頁)。伝右衛門宅に御用宿が建てられたのである。文政八年(一八二五)の社参の準備段階では、御用宿は年寄市郎左衛門・成就院・組頭丈助・同惣十郎の四軒であった(1―六九頁)。村役人宅が御用宿になっている。天保期の社参では、新たに伝右衛門が村役人(年寄)となったので、伝右衛門宅に御用宿が建てられたのである。天保社参時の時の御用宿としては、伝右衛門宅のほか、市郎左衛門宅が用いられている(2―二二五頁)。

七月二十七日頃と思われるが、川中子村から藩代官石崎純四郎に宛てて「往還筋御出役御道筋普請人足」の見積もりが出されている(2―一七六頁)。年寄伝右衛門宅から日光道中までの五五二間、同人宅から橋場まで五五三間、組頭市郎左衛門宅から日光道中まで六〇六間、国分村境から橋場まで三三三間の普請である。

伝右衛門・市郎左衛門宅は壬生藩の役人が泊まる御用宿がある所で、この道普請は、社参時に壬生藩の役人が御用宿から日光道中へ速やかに出られるようにする道を造るものであろう。道幅は六尺で、部分的(延べ六〇間)に砂利が敷かれることになっていた。この普請の見積もりでは、人足一五二人・馬一二疋としている。見積もりを藩に提出しているところから考えると、この費用は藩から支出するものであったと思われる。伝右衛門宅から日光道中までの工事は八月五日から始まっている(2―一七三頁)。

八月五日には、渡し場に橋を懸ける普請が始まっている(2―一七三頁)。右の「橋場」の橋とも思われる。その費用は壬生藩が出すことになっていたが、藩の支出は完成後であったため、川中子村は当面の支払いのため藩から金二両二分を拝借している(2―一七三頁)。工事が手間取ったためか、八月十四日には、出役からの要請で村役人が軒別で人足を出している。八月十五日には川中子村内を流れる姿川に橋を懸けている。

また八月五日には、日光道中沿いの百姓持ちの林の刈り取り、往還並木一五本の枝打ちも行われている。しかし川中子村だけでは人足が足りず、七ツ石村に人足を出してくれるように頼んでいる。また六日には、街道からの見通しをよくするため川中子村の御林の枝葉の伐採が行われたが、壬生藩は福和田村他七ヶ村へ人足二〇人を割り付けている。

八月九日には、提灯一八張、提灯台一八が壬生藩の役所から川中子村へ運び込まれている。それは十日の老中水野忠邦一行の村内「御通行之義ハ夜八ツ時位より御通」りとなったためで、「当村地内ハ御挑(提)灯ニテ不残御通」(2―一五三頁)りになっている。ここに見られるように、幕府役人の通行に関して必要なものは、川中子村でなく、壬生藩が用意することになっていたと考えられる。なお、老中通行に際し、川中子村では藩境に建てる壬生藩領であることを示す「村境御分杭」を建て替えている(2―一五四頁)。その用材は藩から支給されたほか、社参終了後、川中子村は関連費用として、「御分杭」の周りに設けられる竹矢来(2―一六八頁)の材料の唐竹三束六〇〇文、縄二四文、計六二四文、大五寸釘五〇本一六〇文を書き上げ藩へ提出している(2―二四九～二五〇頁)。これらの費用も藩から支給されたのである。

八月十四日付で幕府代官森親之助・大熊善太郎の手附・手代から、跡部能登守の再見分が近々行われるが、その際「箇所〳〵巨細見分」し、「御小休所其外御馬口洗場・拾壺(坪)立雪隠ハ勿論、橋々并石仏・墓所・雪隠・野道〆切、其外共建札・縄張等都て念入」(2―一五七頁)れて行うとの触が通達されている。それを受けて、壬生藩では八月十六・十七両日西沢太休太を川中子村に出役させ、「往還手直シ」、「御馬口洗場・雪隠取建場、村方ニて持切之処は不残手入」れさせている。

八月十九日の勘定奉行等の見分の際には、壬生藩から「御使者」として郡奉行代大目付福永録磨(上下九人・馬一疋)が川中子村へ出張し、そのほか舟木平十郎(上下七人・馬一疋)、代官石崎純四郎(上下四人)・戸田弥次平(上下三人)、計二三人が詰めている。この時、村から村役人四人、先払い人足一〇人、箇所読役人二人が出ている(2―一四七頁)。

第Ⅲ期

既述したように、天保十三年中の幕府役人の見分や通行はほとんど見られず、社参直前の翌年二月になってから増えている。この動きを反映して、壬生藩や川中子村の動きも天保十三年中は記録の上では少ない。

天保十三年十月二日、壬生藩主鳥居忠挙が川中子村を見分している。家老鳥居帯刀のほか、郡奉行・御用人・御支配・小頭などが付き従い、小休として伝右衛門宅に立ち寄って小金井宿から簑輪村まで通行している(2―一一八頁)。壬生藩鳥居氏は、毎年八月御暇、十二月参府というサイクルで参勤交代を行っている。[23]その帰国時の見分である。これは、日光道中が通る藩領川中子村の街道整備が、壬生藩の役として位置づけられていたことを示していよう。

十一月二十九日付で、藩役人の出役の際の賄い額が決まっている（1―一七一頁、2―一一九頁）。出役の際の賄は一賄米三合・銭一九文ずつで、日光門主の通行についての出役は一賄米三合・銭一七文ずつ、郡方衆の出役の際、弁当を持参した場合は一賄米二合ずつと決められた。この決定を受け、川中子村では「御賄帳」を十二月四日に提出している。「春之内より心掛相認置可申事、此度日数多分ニ相掛り申候間、留置申候」とあり（1―一七一頁、2―一一九頁）、春以来の出役賄を申請している。その帳簿が「天保十三壬寅年十二月　御参詣ニ付御出役御賄帳[24]」である。

既述したように、二月下旬から三月下旬にかけて、幕府役人の最終的な見分があり、壬生藩ではそれに合わせて対応をとっている。社参時と同じに仕上げておくように命じられたからである。

一月末から二月頭にかけて、川中子村を通る日光道中沿いの藩の御林の伐採が行われている。この時、壬生藩は藩領村々に人足を賦課して行っている（2―一二〇頁）。藩をあげての対応ということができる。

二月一日、川中子村の村役人が新田宿まで呼び出され、幕府代官野村彦右衛門の手代多久官蔵から「土橋・御馬口洗場・雪隠取建之義は来六日頃迄出来候様」に命じられている（2―一二三頁）。これを受けてであろう、二日に山方小頭福西市左衛門から川中子村名主引受伝右衛門に、日光道中の土橋修繕を「明三日是悲（ママ）〱出来候処致度」いとして人足一〇人ほどを鍬・鋸などの道具を持たせて出すように命じている。また、前年の八月の見分の際に手代から命じられた雪隠の普請にも取りかかっている。雪隠は一〇町に二ヶ所、往還から一五間隔てて建てるもので、一〇坪の規模のものであった（2―一五九頁）。二月一日に雪隠の見積書を藩に提出、四日には藩による建設場所の見分が行われ、七日に幕府役人の見分を経て普請に着手、十七日に壬生藩の普請方から山萱一八駄、中唐竹一五本などの資材が運ばれている（2―一二八頁）。

二月七日、御馬口洗場の井戸の水浚いが命じられ（2―一二五頁）、十五日頃には作業に着手されたようである（2―

一二九頁）。十八日には井戸桁が藩から川中子村へ運ばれている（2―一三〇頁）。二月三十日には終わったようで、深さ四尺ほど掘ったとある。この井戸浚いの費用金一分は壬生藩が負担し（2―一四〇頁）、資材なども藩が用意した。

また、川中子村の日光道中の「往還直し普請等」のため、二月十五日に藩は藤井・細谷・橋本・簑輪・国谷・川中子村に、鍬・鎌・もっこ・縄持参で人足を二、三人から五、六人、「丁場之長短」に応じて出すように命じている。「直し普請」とあるので二月七日の幕府の普請奉行池田筑後守らの見分の際に、補修を命じられたのかもしれない。「丁場之長短」とは、街道筋の村々に義務づけられている道橋普請の担当部分の長さのことである。したがって、この人足は、通常の街道の道橋普請役による動員ということになる。

このように、二月になると、社参通行に向けて慌ただしく街道の整備が進められていっており、壬生藩は藩をあげて対応していることが見て取れる。

また、二月には助郷人馬の臨時体制が敷かれている。二月三十日付で小金井宿問屋弥五郎から薬師寺村等二〇ヶ村の名主に宛て、「供奉・御用掛り之領分・知行高相除キ、三月朔日より四月廿九日、当分助郷被仰付」（2―一四〇頁）る廻状が触れられている。この宛所の村々の中に、壬生藩領の川中子村・惣社村が含まれており、両村は二ヶ月間小金井宿の当分助郷を勤めることになった。壬生藩領の家中・羽生田・亀和田・大塚・惣社・藤井・国谷の七ヶ村も三月朔日から上徳次郎宿の当分助郷を勤めている。(25) いずれにしろ、壬生藩領村々が臨時に日光道中の宿の増助郷村として編成されているのである。しかし、四月二日になって、壬生藩領村々の助郷役が免除となっている。(26) それは、壬生藩鳥居氏が「来卯年日光御用掛り・御供之面々」と認められたからであろう。

五　将軍通行と壬生藩・藩領村々

天保十四年（一八四三）四月十三日、将軍徳川家慶は江戸を出発し、日光に向かった。十六日に日光に到着、十七日に神事を行い、十八日に日光を出立、二十一日に江戸に戻っている。享保・安永の社参と同じく、往路・復路とも、岩槻・古河・宇都宮に泊まっている。壬生藩領である川中子村を通ったのは、十五日と十九日であった。

将軍の通行について、「当村十五日午ノ中刻　御歩行ニて　通御無御滞相済、御馬口洗場其外首尾宜敷趣ニ御座候」（2―二二六頁）と記されており、川中子村辺りを将軍が徒歩で通行している。そして、「小金井宿御休所未之中刻御発駕被遊」（2―二二六頁）、宇都宮に向かっている。十九日の将軍通行について川中子村名主引受伝右衛門は、「当村十九日午之下刻　還御無滞相済、御馬口洗場其外首尾宜敷趣ニ御座候」（2―二三三頁）と壬生藩代官石崎純四郎に報告している。

四月に入ってからも幕府役人の通行は多い。しかし、十四日以降二十日まで通行の記事がない。将軍通御の前日から還御までの間である。壬生藩では領内村々に十四日から二十日まで御用のほか日光道中への立ち入りを禁じているが（2―二〇四頁）、それは将軍の通行に備えて街道筋を清掃するなどしたためであろう。幕府役人の通行がないのも、同じ理由であろう。

四月十三日に幕府代官森親之助・御勘定岡本覚左衛門らによる「御並木内外巨細」の見分があり、「御成道都て仕立候様」にと命じられている（2―二二六頁）。この見分では、日光道中に交わる多功道・柴村道は社参前に締め切ることになっているが、川中子村内ではなく「先々村方」で締め切ること、同じく交わる道に設ける喰違の柵はそのままでよいこと、往還建札は横幅を削ること、往還普請のために土を取った所は木葉などで埋めて目障りにならないようにすることが命じられている（2―二一九頁）。また、往還への敷砂は中止になったこと、盛砂は五間に一ヶ所ずつ設けること、一五間に一ヶ所ずつ六斗入り土俵三俵を小口を往還に向けて置くことが指示されている（2―二三一頁）。

なお喰違の柵三ヶ所の費用は、葭八束一貫六〇〇文、唐竹四束八〇〇文、縄七二文、計二貫四七二文、また野道締切二ヶ所の費用は、唐竹三束三〇〇文、縄四〇文、計三四〇文で、総計「弐貫八百弐拾四文」（2―二五〇頁）であった。これらの費用は書き上げられ、社参終了後に藩へ提出されており、藩が支弁したと思われる。

壬生藩では、藩主鳥居忠挙が四月七日に川中子村の日光道中を見分している。鳥居忠挙は三月十四日に江戸から帰国している（2―一四二頁）。毎年八月御暇、十二月参府という忠挙の参勤交代のサイクルからすると、この帰国は将軍の日光社参に合わせてのもので、日光道中の壬生藩領分の警備と、壬生城を拠点とする地域的な警固のためと考えられる。

この見分では「御成御同様、御馬口洗場其外飾付」（2―二〇七頁）けされ、往還下知役人一六人、ちり取人二〇人、締切番人足一〇人、御馬口洗場への人足三人、御棒杭番人足三人、火の番人足一五人、御案内二人が出て、玄蕃桶一〇を二つずつ、手桶を一五を置いている。玄蕃桶や手桶は藩の作事方から受け取っており、必要な道具は藩が用意することになっていた。

四月に入ってから、触や指示が多く記されている。十八日までに幕府側からのものが五点（四月朔日付、四月付、十六日付、十七日付、十八日付。2―一九九〜二〇〇頁、二〇四〜二〇五頁、二二七〜二二八頁、二二八頁、二三七頁）、壬生藩側からものが六点（四月四日付、七日付、十日触れ出し、十三日付、十六日付二点。二〇五〜二〇六頁、二〇〇〜二〇一頁、二二二頁、二二三頁、二三〇〜二三一頁）記されている。

四月朔日付のものは幕府側からの触で、将軍の御成時に道中宿々や宿間村々で百姓等がどのように将軍の行列を迎えるのかなどを指示したもの、四月付のものは勘定奉行名で出された触で、社参時に手明人馬に相対賃銭での稼ぎを認めるもの、十六日付のものは幕府代官森親之助の手代清水啓兵衛から、還御の際、街道筋で湯茶や喰物商いをするよう促す指示を書き留めた覚、十七日付のものは行列拝見の人々に行儀よくするように触れた森親之助名の廻状、十八日付のものは関東取締出役からの触で、将軍の行列を拝見に行く者達から金銭を取っている者がいるが、そのような者が出ないように取り締まるよう求めるものであった。

壬生藩からのものは、四日付のものは郡奉行三村新左衛門からの触で、十四日から二十日まで日光道中の通行を禁ずるもの（村々からこの請証文が提出されている）、四月七日付も新左衛門からの触で、火の元の用心を命じるもの、十日に触れ出されたものは壬生藩代官守田左右馬から簑輪村はじめ藩領一四ヶ村に出した廻状で、将軍還御の通行の際に川中子村に詰めて往還筋掃除等の世話をするようにと命じるものであった。十三日付のものは郡奉行三村新左衛門からの廻状で、御成・還御とも道筋に犬を出さぬように繋ぐことを命じたものである。十六日付の二点も新三右衛門からの廻状で、一点は御成・還御の際に将軍の行列拝見に出てもよいことを触れるもので、もう一点は十六日付で幕府代官森親之助の手代清水啓兵衛からの指示を受けて、還御の際に川中子村で喰物商いをしたい者を募るものである。なお、この触を受け、十七日には川中子村から壬生藩代官石崎純四郎に、川中子村で八人、壬生町の中通町で四人、同下通町で四人、上通町で三人、横手町で二人、表町で三人の者が喰物商いをしたい旨申し出ていると報告されている。

幕府側や壬生藩からの触や指示は、将軍行列の拝見に関することや還御の際の街道筋の喰物商いの許可など、御成・還御を直後に控えた細々とした内容となっている。

さて、将軍の御成・還御の際、日光道中の通る川中子村ではどのような警固体制が取られていたのであろうか。まず、村内に四ヶ所辻改所番小屋が設けられた。川東下山・弁天之西・忠治前・川西宮前橋西の四ヶ所である。そこに詰める辻番は村から出している。将軍通行時には、川中子村に藩の役人が詰めた。十五日の御成時には、藩の年寄鳥居志摩・郡奉行三村新左衛門・火番高須司・医師向坂梅俊（十五日昼から斎藤玄正と交替）・代官ら、総勢六九人が十四日から十六日にかけて警固のために詰めた（2―二〇七～二一〇頁、二二五頁）。還御の際には十八日から二十日の間、川中子村に詰めた。その陣容は詳しくは分からないが、年寄小笠原治部輔・郡奉行三村新左衛門・医師向坂梅俊・同斎藤玄正・代官石崎純四郎の名が知られ（2―二三一頁、二三三頁）、御成時とほぼ同じぐらいの人数が詰めたと思われる。

この他、十四日から二十日まで壬生藩領の簑輪・橋本・細谷・長田新田・上古山の五ヶ村に「火之廻り」すなわち火の番の人数が配置された。一ヶ村につき、若党・足軽・水籠持ち・梯子持ち・高提灯持ちなど、足軽四人・中間七人の一一人で、皆「郷人」であった（2―二〇八～二〇九頁）。これらの村々は姿川沿いに南北に位置している。村内を日光道中が通っているわけではないが、日光道中の西方に、日光道中に並行する形で位置している。防火を中心とする警固のために配されたのである。

また、例幣使道沿いの下皆川・家中・亀和田・磯の四ヶ村にも、十二日から十四日にかけて人数が配置されている。下皆川村には「御使者」・代官および、足軽七人・中間六人、計一五人が置かれた。この内、足軽六人・中間五人は「郷人」であった。家中・亀和田・磯にはそれぞれ足軽五人・中間一人が配されたが（2―二〇八～二一〇頁）、足軽は残らず「郷人」であった。この四ヶ村に配された人数には水籠持ち、梯子持ちなどの火の番役の者はおらず、「御使者」を配しているところから、例幣使道を通る大名・旗本を迎えることを中心とした警固が敷かれていたと考えられる。

総計、足軽一三五人・中間一九九人を配置したようで、そのうち足軽七六人・中間一七一人が「郷人」であった（2―二一〇頁）。「郷人」は「村人」の意で、領内村々から臨時に徴発された百姓であろう。

川中子村では「村方役人ニて不行届」（2―二二四頁）、「往還筋惣治等セ話可致」（2―二二二頁）ため、下知役人を領内村々から日光道中へ、御成・還御の時それぞれ一六人詰めさせた。御成時は、家中村・磯村・亀和田村・下皆川村・惣社村・大光寺村・簑輪村・橋本村・上稲葉村・七ツ石村・長田新田・福和田村・癸生村・柳原新田・下稲葉村・国分村の一六ヶ村から、還御時は、赤塚村・上稲葉村・七ツ石村・国谷村・助谷村・上古山村・細谷村・藤井村・萩島村・下石塚村・大塚村・小宅村・藺部村・惣社村・家中村・大皆川村の一六ヶ村から一人ずつである（2―二一六～二一七頁）。一部重複はあるものの、御成と還御で重複する村がないように配慮されていたようである。

壬生藩の役人や村役人等は、将軍の通行の日には、日光道中脇に詰めた。日光道中を江戸の方から宇都宮方面に進んできて、川中子村地内に入って少し行った所に、村の道が左手から日光道中に交わっている。その交わる箇所、街道から西へ一五、六間ほど引っ込んだ所で、「御重役様方并郡御奉行様・御支配様御固」めを勤めた（2―二三二頁）。七つ時から、将軍の御通り後、「扇子ひろげ参候御先払之御方様より御引取被成候様御声掛迄」御固めのため詰めていた。藩役人等が引き取った後も村役人らは残り、「拝見ニ罷出候者共」（2―二三七頁）を整理した。

四月二十五日、社参が全て済んだとのことで、壬生藩代官から川中子村の惣役人・百姓代が呼び出され、「是迄之所骨折ニ付、右之段御上え申立」てたことが伝えられた（2―二四三頁）。そして二十九日には「御苦労之御礼」として川中子村の名主・役人が壬生に出かけている。代官三人、郡奉行、郷村御掛、御出役された重役の所を残らず廻っている（2―二四四頁）。四月末で、川中子村における日光社参は終わったのである。あとは、種々の「精算」が残されているだけであった。

おわりに

以上、天保十四年(一八四三)の日光社参にむけて、同十三年三月から翌年四月までの幕府の道中見分および壬生藩と川中子村を中心とする同藩領村々の対応を詳細にみてきた。

街道の並木伐採・掃除・道橋普請、村道・野道の規制柵の構築、御馬口洗馬の整備、助郷役、藩役人の出役の賄い、見分役人への人足提供等々、多くの「負担」が、幕府の道中整備や人馬役編成の進展に伴って川中子村にかけられてきたことを明らかにした。また、将軍通行時の壬生藩領の警固のありさまと百姓の動員についても明らかにした。

それらを「負担」を軸にまとめると、以下のようになろう。

①街道の並木伐採・掃除・道橋普請、村道・野道の規制柵の構築、御馬口洗馬の整備等々、様々な「負担」を実際に負うのは川中子村や他の壬生藩領村々であった。壬生藩は、藩領をあげて日光社参に対応したのである。

②右の諸「負担」は、壬生藩が作業人足の動員を領内村々に命じたり、人足賃銭を支給したり、必要な資材や備品を提供するなど、最終的には藩の「負担」であった。

③藩がこれらの「負担」を負うのは、第一義的に藩主が日常的に街道整備の役を負っていたからに他ならない。「御休所并御道筋普請・御取立物等之義ハ、万石以上ハ領主手切」(2―二五八頁)といわれるのも、そのためである。

④右の③の話は、突き詰めると将軍と大名の主従関係の話となる。将軍の社参通行時に、藩の役人や村々の人足を動

員して警固体制を敷くのも、もちろん、この主従関係に基づくものである。主従関係の中に藩領村々の「負担」の多くが位置づくといえよう。

⑤助郷役は公儀役であるから、右の主従関係の枠外にある。助郷役の「負担」については、三月・四月の二ヶ月間にわたる当分助郷役の臨時賦課と、四月に急に免除されたことについて指摘したにとどまった。平常時と天保十三年からの社参準備期間段階の助郷役の質・量の違いについて検討する必要があるが、今後の課題としたい。

川中子村における社参に関わる「負担」の多くが、最終的には壬生藩の「負担」であると述べたが、それは当然、藩財政に大きな影響をもたらす。天保十四年五月末、壬生藩領の萩島村大森彦兵衛・家中村刑部善十郎から壬生藩下郷村々名主へ、藩に冥加金を上納すべき旨の廻状が出されている（2―二五四頁）。壬生藩山川領でも冥加金上納の動きもみえる（2―二五四）。この動きが萩島村大森彦兵衛・家中村刑部善十郎らの自発的な動きかどうかは分からない。壬生藩では、日光社参に際して天保十四年二月に同藩大和領分に一〇〇〇両、播磨領分に五〇〇〇両の御用金を賦課している(27)。下野領・山川領についても、御用金・冥加金などの新たな「負担」を強いていく藩の動きと推測される。このような藩の姿勢は、藩と領民との新たな矛盾を引き起こしていくと思われるが、その様相については現時点では明らかにしえない。これも今後の課題としたい。

日光社参に関して、街道筋の村々は多くの「負担」を強いられたと論じられてきたが、右に述べたように、今までのような「負担」一元論的な理解は再検討が必要と思われる。「負担」の内実を明らかにするなど、「負担」のありさまを多面的構造的に見ていく必要があろう。本稿では史料的な問題もあり、「負担」の全体像については必ずしも十分でない点もある。右に指摘した点と合わせて今後の課題とし、これらの「負担」が将軍権威の高揚（あるいは再構築）にどのように関係していくかを考えていきたい。

註

（1）代表的なものとして、交通史の観点からのものに、河内八郎「日光社参と下野農村―寛政十二年日光法会通行関係助郷村史料による―」（『栃木県史研究』九、一九七五年）、同「安永五年日光社参と下野農村」（『栃木県史研究』一六・一七合併号、一九七九年）などがあり、人馬約負担の観点からのものに、大友一雄「日光社参と国役―享保十三年社参を中心に―」（『関東近世史研究』一八、一九八五年）、山口啓二「日光社参寄人馬についての一考察」（永原慶二ほか編『中世・近世の国家と社会』東京大学出版会、一九八六年）などが、また政治史的観点からのものに、岡本良一「天保改革」（『岩波講座日本歴史13　近世4』一九六四年）、藤井譲治「家綱政権論」（『講座日本近世史』四、有斐閣、一九八〇年）、藤田覚『天保の改革』（吉川弘文館、一九八九年）、高埜利彦『日本の歴史13　元禄・享保の時代』（集英社、一九九二年）、根岸茂夫「寛文三年徳川家綱日光社参の行列と政治的意義」（『国史学』一九五、二〇〇八年）などがある。儀礼面から考察したものには、種村威史「天保期日光社参における宿城儀礼と奏者番」（『国史学』一九〇、二〇〇六年）が、また権威支配からの研究には、山澤学「日光社参における将軍権威の表象―天保一四年「日光御参詣警固絵図」を中心に―」（『歴史人類』三八、二〇一〇年）、椿田有希子「日光社参を見る眼―天保期における将軍権威の変質と民衆―」（『日本歴史』七七一、二〇一二年）などがある。

（2）泉正人「日光社参と江戸の警固―日光社参体制の一班―」（『早実研究紀要』四六、二〇一二年）、同「安永五年日光社参記録―秋月郷土館蔵「日光山御参詣」の紹介―」（『早実研究紀要』四九、二〇一五年）。

（3）泉正人「天保期日光社参と宇都宮藩―宿城地の負担と藩政への影響―」（『栃木県史研究』二三、一九八二年）。

（4）「日光御成道宿村大概帳」「日光道中宿村大概帳」（『近世交通史料集』六、吉川弘文館、一九七二年）による。

（5）　栃木県立文書館寄託、永井康之（峯三）家文書。

（6）　「日光道中宿村大概帳三」（『近世交通史料集』六、吉川弘文館、一九七二年、一五二頁）。

（7）　『国分寺町史　通史編』（国分寺町、二〇〇三年）。

（8）　a元禄九年五月「壬生通飯塚宿助郷帳」（『小山市史　史料編・近世Ⅰ』小山市、一九八四年、八六四頁）、b享保四年十一月「日光道壬生町助郷帳」（『栃木県史　史料編・近世一』栃木県、一九七四年、六九五頁）、c享保十七年二月「例幣使街道楡木宿助郷高書上」（『栃木県史　史料編・近世二』栃木県、一九七六年、五〇四頁）、d享保十七年二月「例幣使街道楡木宿助郷高書上」（『栃木県史　史料編・近世二』栃木県、一九七六年、五〇四頁）。なお、大光寺村・田村・国府村はaとbの両方に記載されているが、元禄九年（一六九六）から享保四年（一七一九）までの間に助郷村の編成替えがあったからであろう。

（9）　前掲註（7）、四三一～四三四頁。

（10）　①の文書番号は二―一二三八、②は二―一二二二、③は二―一二三七、④は二―三三六。以下、「文書番号」は№と略記する。

（11）　⑤は№二―四三四。

（12）　①から③の文書名は整理の過程で付されたものである。

（13）　「慎徳院殿御実紀巻六」（『続徳川実紀』第二篇、吉川弘文館、一九七六年、四五三頁）。

（14）　「天保十三年正月　御用向留帳」（№二―八七八）。

（15）　前掲註（13）（『続徳川実紀』第二篇、四五三・四五五・四五六頁）。

（16）　守富家文書「天保十三寅年三月　日光御参詣御用留」（『浦和市史　第三巻・近世史料編Ⅰ』浦和市総務部市史編さん

室編、一九八一年、六〇三〜六〇四頁）。

(17) 前掲註(15)に同じ。

(18) 栃木県立文書館寄託、粂川芳雄家文書「天保十三年　日光御参詣有増聞書帳」（№一八三）。

(19) 前掲註(16)（『浦和市史　第三巻・近世史料編Ⅰ』、六〇八〜六四九頁）。

(20) 「年不詳　鳥居家入国以来郡奉行姓名控」（『壬生町史　資料編・近世』壬生町、一九八六年、八八〜九六頁）。

(21) 前掲註(7)、四九五〜四九六頁。

(22) 前掲註(18)。

(23) 須原屋板「袖珍武鑑」天保七年（渡辺一郎編『徳川幕府大名旗本役職武鑑　三』柏書房、一九六七年、四〇頁）。

(24) №二一―六六三。

(25) 前掲註(18)。

(26) 前掲註(18)の文書には「四月二日、御領分楡木詰役人馬一統御免除之様子（御領分中不残御免除之様子）」とある。

(27) 「壬生藩藩史略年表」（『藩史大事典』第二巻・関東、雄山閣出版、一九八九年、二一五〜二一九頁）。

宇都宮藩戸田家と江戸の金主
―豪商川村伝左衛門と名主の馬込勘解由―

高山慶子

はじめに

近世後期の日本国内には二六〇～二七〇ほどの大名家が存在したが、その多くが財政の窮乏化に苦しんでいたことはよく知られている。太宰春台は、享保十四年（一七二九）の序を有する『経済録』(1)の中で、「今ノ世ノ諸侯ハ、大モ小モ、皆首ヲタレテ町人ニ無心ヲイヒ、江戸、京都、大坂、其外処々ノ富商ヲ憑デ、其続ケ計ニテ世ヲ渡ル、（中略）常ニ債ヲ責ラレテ、其罪ヲ謝スルニ安キ心モナク、子銭家（金銀ヲ借ス者）ヲ見テハ、鬼神ヲ畏ル、如ク、士ヲ忘レテ町人ニ俯伏シ」と、大名たちが債務に追われる苦しい状況を述べている。

このような大名窮乏化の要因について、海保青陵は文化十年（一八一三）成立の『稽古談』(2)において、「武家ト云モノハ、権現様・台徳院様ノトキニ取リタル知行（ちぎょう）ノマヽニテ、世ノ流行ニツレテ、取ルコトノマスト云コトナキモノ也。（中略）武家ハ、取リ物ハ昔シノ通リニテ、出金ハ世ノ流行ニツレテ多クナルユヘニ、ツヂツマ合ハヌ也。是大名ハ借金多クナル理也」と指摘した。

武家の収入は家康や秀忠の頃から固定されているが、時代が進むにつれて支出が増えるため、採算が合わなくなるとして、大名は必然的に借金が多くなると論じられている。大名の窮乏化は同時代の学者が認める当時の一般的な状況として、従来の大名財政の研究もこの状況を前提に進められてきた(3)。

これに対して、大坂の豪商鴻池一門の草間伊助(直方)は、文化十一年に熊本藩の役人に宛てた書状(草稿)の中で、藩が富裕・豊饒であるとの評判が立ち、それが幕府に知られると、多大な負担を賦課されるため、「御借財も一ト際表江発顕仕、決而御豊饒之唱も薄ク大造成ル上ケ金等之御用ハ有之間敷哉とも乍恐奉存候」、「何分ニも乍恐万端御不自由被遊候程御長久と奉存候、兎角豊満之唱無之様仕度」などとして、借金をして難渋しているようにふるまった方がよいと述べている(4)。

これに着目した伊藤昭弘氏は、財政窮乏の言説や藩債の存在のみをもって、実際に藩財政が窮乏化していたとはいえず、藩の財務状況を検討する際には、通常の会計だけではなく特別会計や藩主家の資産などを含めた藩財政全体の構造を分析する必要があると論じている(5)。そして同氏は、松代藩・佐賀藩・松江藩・萩藩の事例を分析し、いずれの藩も一定の資産の蓄積がみられたとして、大名家は必ずしも窮乏にあえいでいたわけではないとの結論を導き出している。

以上のように近年の大名財政の研究では、窮乏化という従来の通説に対して、窮乏化は表向きで内実は資産を蓄積した大名家も存在したとする説が提起されている。しかし、草間伊助が仕えた大名貸の鴻池善右衛門は、享保期(一七一六～三六)の米価下落以降、大坂への廻米を安定して行える優良領主を選別して貸付を行うようになったことが知られている(6)。優良領主の一方には、債務が不良債権と化して鴻池に貸付を断られた大名家も存在したのであり、大名家によって経済力は一様ではなかったと考えられる。

先にみた同時代の学者の意見も考え合わせると、経済的に余力のある大名と窮乏にあえぐ大名がどれほどの割合で存在したのか、それぞれの経済力を左右する事情はどのようなものであったのかなど、大名財政の全体像を明らかにするためには、現状ではさらなる事例の検討を要すると考える。[7] また、「士ヲ忘レテ町人ニ俯伏シ」とされる大名と町人との関係が、実際にどのようなものであったのかについても、金銭貸借以外の側面も含めて分析することで、両者の関係性をより深く理解できるであろう。

そこで、本稿では譜代大名の宇都宮藩戸田家を取り上げ、同家に金銭を融通した金主との関係を検討する。宇都宮藩戸田家の金主については、明治五年（一八七二）の「藩債調」の内容をまとめた左の表が知られており、戸田家の債務には二万三〇〇〇両の馬喰町御用屋敷貸付金（「馬喰町御貸附」）をはじめとする幕府の公金あるいは準公金的な借財が多いことが指摘されている。[8] しかしこの馬喰町御用屋敷貸付金は、天保期（一八三〇～四四）には大名全体の八六％

明治５年　宇都宮藩債調

	金主	金高（両）
宇都宮	馬込勘解由	85,642
	川村伝衛	66,287
	於東京御拝借金	23,000
	在方先納御預分	10,786
	民政取扱御借金銭契捨り	9,004
	通商社御貸附方ヨリ	6,000
	日光	4,000
	その他	
	計	238,244
大阪		54,740
東京	茶屋四郎次郎	55,860
	馬喰町御貸附	23,000
	芝山内拾五か所	22,845
	金山引当拝借金	14,163
	飯嶋喜左衛門	11,709
	政田屋源兵衛	10,000
	上野御府庫外弐か所	7,900
	佐野屋長四郎	5,756
	米屋千助	3,740
	水戸様御貸附所	2,310
	旧幕御金蔵ヨリ	2,000
	その他	
	計	187,605
惣計		480,589

出典：「雑記」（戸田家文書）
（『栃木県史』史料編・近世2、1976年より）

が利用しており、(9) 戸田家もその例外ではないと論じられている。つまりここでは、戸田家の事例を通して大名一般の債務の特徴に言及されるにとどまり、戸田家固有の事情については十分に検討されていないと考える。

そこで本稿では、大名一般ではなく、戸田家特有の借財の特徴を検討する。分析に際しては、表の中で最大の金主である馬込勘解由と第二の金主である川村伝衛（つたえ）に注目する。江戸時代の馬込勘解由は江戸大伝馬町の名主であり、名主として支配する町々の豪商から調達した金銭を戸田家に融通するなど、戸田家と深い関係を有した。(10) 一方の川村伝衛は、寛政元年（一七八九）以降、幕府の勘定所御用達をつとめた江戸新右衛門町の豪商川村伝左衛門の子孫である。(11) 両者と戸田家との関係を検討することで、宇都宮藩の債務をめぐる状況の一端を明らかにしたい。(12)

一　大坂の大名貸

戸田家が宇都宮城主となったのは、宝永七年（一七一〇）の忠真の時代である。(13) 寛延二年（一七四九）に忠盈が肥前国島原に転封となるが、安永三年（一七七四）の忠寛のときに再び宇都宮に戻り、それ以降は宇都宮城主として代を重ね、明治に至る。

戸田家の債務に関しては、島原から宇都宮に戻った忠寛の事例が知られている。(14) 戸田因幡守（忠寛）は、宝暦九年（一七五九）六月に、銀五六貫九五二匁二分五厘をはじめとする四口で計一一九貫七〇六匁二分五厘を河内屋勘四郎から借用したのを皮切りに、明和九年（一七七二）六月までに計四五三貫六八一匁七分七厘を借用した。最初の五六貫余の借用証文には「右は戸田因幡守就要用借用申処実正也、依之為引当蔵米千八百五拾石分切手百八拾九枚相渡置候、返済之義は当十一月限壱ヶ月壱分壱朱之利足を加へ、元利無相違致返弁、其砌切手取戻可申候」(15) とあり、大坂蔵屋敷の米切手を担保にして銀の融通を受けたことが知られる。
しかしその後、明和八年六月に一五貫目を借用した際には「為引当生蠟百丸共、先納切手拾枚相渡置候」とある通り、島原藩の特産品である生蠟と蔵米の先納切手が担保とされ、天保七年（一八三六）十二月の勘定では、元銀四五三貫余に対して利銀はその一〇倍近い四三七五貫六五三匁一分六厘に達していた。借銀の担保が正規の米切手から藩の特産品と先物取引である先納切手となり、利子も累積していることから、河内屋に対する返済は滞っていたことが知られる。

借銀の利子が嵩んでゆくなかで、忠寛は安永三年に島原から宇都宮へ移封となった。その移動時の様子について、戸田家の家中では以下の話が伝説として知られていた(16)。

伝説アリ。（中略）兼テ御役筋御希望ノ処島原ノ所領ニテハ事困難ナルヲ以テ各種各方面ヘノ手段ヲ講ゼラレ漸クニ宇都宮移封ニ運ヒタリト。是等ノ為メ、逌ガ忠余、忠辰二公ノ豊富ナリシ府庫モ空ヲ告ゲ、殊ニ宇都宮エ復帰ニ付テハ巨資ヲ要スルヲ以テ家中ノ輩ガ大坂マデ出デ来リタル時ハ資財枯渇一歩モ進ム能ハズ進退窮マレリ。茲ニ江戸ノ富豪河村伝右衛門アリ、性任侠ニシテ義気ニ富ミ、依テ資ヲ貸シ且諸般ノ便宜ヲ謀リ僅カニ家中ヲ宇都宮ニ収容スルコトヲ得タリ。伝右衛門ハ又御当家財政ノ整理ニ付種々画策シ御一任アラバ五ヶ年ヲ以テ完了シ以後ノ財政ハ極メテ綽々タルベシト進言シ既ニ人ヲ宇都宮ニ派シタルニ、頑冥ナル藩ノ当路者ハ是ヲ快シトセズ拒斥ノ態度ヲ採リシカバ、河村トノ誼ハ破レ此負債ハ永ク後世ノ苦トナレリ。

忠寛は幕府の役職に就任するために島原から宇都宮への移封を実現させたが、そのために多額の資金を要したため、先々代の忠余と先代の忠辰（忠盈）の頃までは余裕のあった財政も忠寛のときには底をつき、家中の者たちが島原から宇都宮に移る際には、路銀が尽きて大坂から先に進めなくなったという。この立ち往生の一件は、天明二年（一七八二）五月に記された大名水野家の家臣による上書の中で「外御大名様の御所替、多ハ甚見苦敷、戸田因幡守様御家中なとハ無拠途中ニ滞候類も御座候様ニ及承候」[17]と取り上げられており、実際にあった話と確認できる。

大坂で大名貸を行う商人は、借金を返済しない大名に対して、「大坂の町人、諸侯の用達（シオクリ）をして其仲間相談し締貸（シメガシ）をすること一也、そは用達町人に一人借金を返さゞる諸侯あれば、例の仲間相談して外人は絶て用達せざれば[18]」とされるように、仲間同士で相談してその大名には金銭を融通しないようにした。河内屋勘四郎に対する債務の返済が滞っていた戸田忠寛は、この事例に相当すると考えられ、立ち往生する戸田家に金銭を用立ててくれる大坂の両替商はなかったと理解できる。

その後の戸田家と大坂の大名貸との関係について、明治五年（一八七二）の「藩債調」では、先に示した表の通り、藩全体の債務金高四八万五八九両のうち、大坂での借金は五万四七四〇両（銀四三七九貫二九七匁一分八厘）であり[19]、全体に占める割合は一一・四%と少ない。この大坂での借金のうち、三〇六貫目は「卯六月、御陵御営造御入用、月八朱ノ利足」、九六〇貫目は「卯九月御貸附銀拝借」である。大坂での債務の約三割に相当する計一二六六貫目のこれらの債務は、慶応三年（一八六七）（「卯」年）六月および九月に山中善右衛門をはじめとする八名および九名の豪商からの債務である[20]。この債務について、宇都宮藩家老の戸田忠至（間瀬和三郎）が慶応元年（一八六五）正月に豪商の三井家に宛てた書状には、以下の通り記されている[21]。

> 山陵御普請御入用金旧冬差支候ニ付、三井より御口入被下候処、御用柄相弁、無利足三千両致調達候段、三井之心底深ク致感心候、大坂銀主共鴻池始夫々大家ニ而（平出）山陵御普請金立替調達致し候得共、矢張勝手向入用ニ致借用候節同様月々八朱之利銀相払候義、（平出）山陵御用之重キト私用打混し候義、甚不本意ニ存候得共、無拠銀主之申条ニ従ひ、御用向勤候事ニ御座候

先の山中善右衛門らは、この書状の「大坂銀主共鴻池始夫々大家」に相当し、彼らからの月八朱の利息付きの債務は、宇都宮藩が幕末に実施した山陵修補（天皇陵の修復）にかかる経費の不足分を立て替えたものであり、九六〇貫目の拝借銀もこの事業に関連した債務であったと考えられる。これらの債務は、山陵修補という重大な御用にかかる経費とされており、戸田家の「私用」の借金とは異なると理解できる。(22)

これに対して、残りの約七割が戸田家の私的な債務とみられるが、それは平野屋直次郎からの借金である。平野屋直次郎から銀一九貫四四九匁七分弐厘、平野屋直次郎・伊賀屋徳右衛門から銀二六貫三〇目一分六厘、合わせて四五貫四七九匁八分八厘が「文化八未年十二月中、古借之分」とされ、そのうち六貫三九五匁四分が明治五年までに返済され、残る三九貫八四匁四分八厘は未返済である。そして、この元銀に対する未払いの利銀（年賦）は三〇二〇貫二一二匁七分に達しており、以上の未払い分の元銀と利銀を合わせると三〇五九貫二九七匁一分八厘（金三万八二四一両余）となる。

この借銀（元銀）には、「口々返済方頻ニ催促有之候得共、元利共目今返済ノ道不相立分」であることを示す「〇」印が付されており、戸田家は平野屋から返済の督促を受けながら、その返済は滞っていたと指摘できる。文化八年（一八一一）時点で平野屋からの債務が存在した事情は不明であるが、明治五年の段階でも返済を迫られており、平野屋は戸田家にとって継続的に資金融通を受けられる相手ではなかったと考えられる。

以上の通り、十八世紀後半になると戸田家の大坂での金融の道は閉ざされていったと考えられる。債務の返済が滞ったことに加えて、島原から宇都宮、つまり西国から北関東へ転封となったことが、その要因として挙げられるであろう。こうした状況下で戸田家が関係を深めていったのが江戸の町人である。先にみた伝説の中で、大坂で苦境に陥った戸田家を助けたのは、江戸の富豪である川村伝左衛門（「河村伝右衛門」の「右」は「左」の誤記）であったが、先に示した表の川村伝衛は同人の子孫であり、明治五年には戸田家にとって第二位の金主となっていた。そこで次節では、この川村家について検討を行う。[23]

二　江戸の豪商―川村伝左衛門

前節でみた伝説によると、川村伝左衛門は、大坂で立ち往生している戸田家の家中に金銭を貸し諸般の便宜を図ったとされる。戸田家はこの川村の援助によって、なんとか島原から宇都宮にたどり着いたが、川村はこれにとどまらず、戸田家の財務を一任されたならば五年で財政を立て直すと進言し、担当者を宇都宮に派遣した。しかし戸田家の藩政担当者はこの申し出を断ったため、川村との交誼は破れたという。

川村伝左衛門は、寛政元年（一七八九）以降、幕府の勘定所御用達をつとめた江戸新右衛門町の豪商である。川村家の幕末維新期の当主である川村迂叟（うそう）について、明治四十三年（一九一〇）に作成された、同人の事績をまとめた書類（以下「事歴概要」）には、「祖先以来ノ業務タル幕府及諸侯ノ用度用達ヲ勤ム」、「祖先ハ近江国坂田郡藤川村ノ者ニシテ、慶長年間（一五九六～一六一五）江戸ニ出テ」とあり、川村家は近江国出身で、早くから江戸に出て、大名貸を行っていたとみられる。[24]

川村家と戸田家との関係について、「事歴概要」には「迂叟ノ家ハ戸田家祖先肥前島原領主タリシ時以来百五十有余年、藩用ノ補給ヲ受ケ、積借已ニ数十万両ニ上ル、然ルモ藩庫ノ空乏ヲ察シ、一回ノ督促ヲモ為セシコトナシ」と記されている。川村家は戸田家が島原藩主の頃から金銭を融通し、その額は数十万両に達したが、宇都宮藩の財政状況を察して一度も返済の督促をしなかったとある。[25]戸田家にとって川村家は願ってもない金主ということになるが、先にみた伝説では戸田家はその川村家による財政再建を断ったとされていた。この点に関して、川村伝左衛門の日記には、寛政三年（一七九一）六月九日条に以下の通り記されている。(26)

戸田因幡守様・同能登守様御出座ニ而、此度御勝手向御仕法相立候ニ付、御頼之一件則御手自御書附弐封御渡被遊、内壱封ハ御直書被成下、此上思召ヲ以済方御附可被下段被仰渡、御羽織被下置、御料理頂戴仕候、冥加至極難有仕合奉存候、追々御下ケ金被成下候ハ、出金も仕、御仕法通り可相成候

戸田忠寛（因幡守）と息子の忠翰（能登守）は川村伝左衛門と対面し、このたびの宇都宮藩の財政改革に際して、戸田家の依頼内容を記した二通の書付（うち一通は忠寛の直筆）を伝左衛門に直接渡し、合わせて羽織を下賜し料理をふるまったという。それを受けた伝左衛門は、追って戸田家からの「御下ケ金」が下されたならば仕法への出資を約束したとある。この内容をふまえて先の「事歴概要」と伝説の内容を考え合わせると、安永三年（一七七四）の宇都宮移封の頃には、戸田家は川村主導による財政再建を断ったものの、それによって両家の関係が途絶えたわけではなく、寛政三年には藩主導の財政改革に川村の経済的な協力をとりつけたと理解できる。

その後の両家の関係について、「事歴概要」には以下の通り記されている。

①文久二年間迂叟藩侯ノ懇請ニ因リ財政ノ整理ヲ掌ルニ当リ、百五十有余年来藩用ノ為メ用立タル数十万両ノ元利ヲ支払ハサル廉ヲ以テ禄高五百石ヲ贈ラル、挙アリ、此際迂叟自ラ藩領ノ巡歴シタルニ、不毛ノ地多ク、産業ノ振ハサルヲ慨シ、先ツ塩谷郡舟生村地方ニ②移民ヲ奨励シ、墾拓ニ従事ス、俗ニ之ヲ川村新田ト云フ、又河内郡石井村、芳賀郡桑島村、汗村、塩谷郡塩谷村一円ヲ迂叟ノ所管ニ帰シ、③各村ノ貢納ヲ以テ年来ノ用立金弁償ノ資ニ充シム、迂叟亦資金ヲ注入シテ開墾其他ノ事業ヲ経営シ、又河内郡瀧ノ原村ニ④茶園百数十丁ヲ開植シ、一ノ銘産地タラシム、然ルニ明治四年ニ至リ廃藩置県ノ令一度下リシヨリ、何ノ条件モナク官有トナリシ為メ、其損害莫

大ナリシモ、時勢ノ然ラシムルトコロナリトシテ迂叟ハ何ノ申立ヲモ為サヽリシナリ又同年間、河内郡石井村大嶹川原ニ於テ村民ト協議ノ上、其筋へ出願シ、自費ヲ投シテ数十丁ノ堤防ヲ築キ、其堤内ヲ開墾シ、陸奥・信濃・上野地方ヨリ桑苗ヲ購ヒテ之ヲ栽培シ、漸次同三地方ノ飼育法ニ則リテ蚕室ヲ建設シ、宇都宮・水戸其他ノ地方ヨリ婦女子ヲ募集シ、同村家宅ニ於テ⑤養蚕製糸ノ業ヲ練習セシメタリ

文久二年（一八六二）は戸田家が天皇陵の修復（山陵修補）という一大事業に着手した年で、迂叟は一万五〇〇〇両を出資したことが知られている。(27) 同年に戸田家の財務整理を引き受けたとする傍線①の記述に従うならば、戸田家と川村家はこのときに関係を一層深めたと考えられる。

この傍線①でさらに注目される点は、累積した債務に対して、戸田家は川村家に五〇〇石の禄を下賜したことである。迂叟はこれを契機に自ら宇都宮藩領に赴き、迂叟の所管となった土地から上納される年貢収納分を債務の返済に充てるだけではなく（傍線③）、新田開発②や茶の栽培④を行い、藩領における産業の振興に努めた。

そして明治四年（「同年」）には、迂叟は私費を投じて河内郡石井村（現在の宇都宮市石井町辺り）の鬼怒川縁の大嶹川原に堤防を築き、その堤内を開墾して桑を栽培し、蚕室を建設し、女性の工員を集めて、養蚕製糸業を始めた。これは、「横浜開港の後、金銀貨の濫出太甚しきを憂ひ、本邦産物の一たる生糸の業を盛むにして之を海外に輸出せるに若かずと思考し」(28) とある通り、迂叟が開国後の輸出品の生産を企図して興した事業であり、このときに開設された製糸工場は「大嶹商舎」として知られている。(29)

明治十八年に開催された「繭生糸織物漆器陶器共進会」の審査結果には、生糸について「栃木県ハ其数十四品アリト雖トモ大嶹商舎ヲ除クノ外絶テ見ルニ足ルモノナシ」、「宜ク大嶹商舎ヲ模範トナシ改良ヲ加フベシ」(30) とあり、大嶹商舎では上質の生糸が生産された。「事歴概要」には「氏ノ工場ハ漸次改良ヲ加へ写真ノ如ク広大ナルモノニシテ、

多クノ工男女ヲ雇ヒ、嫡子伝衛氏ノ監督ノ下ニアリ、同氏亦其名財界及商業界ニ嘖々トシテ知ラレ、且第三十三国立銀行ノ頭取ナリ」とあり、迂叟はこの事業で成功を収めたことが知られる。

以上の川村家との関係について、戸田家の側では川村家から多額の金銭を借用できただけではなく、以下のような利点もあった。

（前略）就てはこれは少々なれども宇都宮に五百石の地を進上するといふ墨附を（間瀬和三郎が川村に）差出した、川村は大きに驚きました、其後私か間瀬の宅へ参りましたら岡谷、どうだ、オレは軍用金を拵へ宇都宮に金が七八十万両出来たと申します故「どういふ訳で」と申しましたら、「松平和泉守（老中）から江戸中に達があつた変があつたら半鐘を打つから其時に退散しろ、江戸中に戦争が始まるかも、知れぬといふ達であるから其とざ間瀬には宇都宮へ本家を置いて、戦があつても差支ない様にしたら、宜からうと申したら、成程と言て財産をこちらへ運んだ、殆ど百万両近く運んだ、そこで百万両の軍用金が出来た」と言て笑つて話を致したことがあります。(31)

これは、宇都宮藩の家老であった間瀬和三郎（戸田忠至）から聞いた話として、元館林藩士の岡谷繁実が語った証言である。江戸で戦争が起こるかもしれないという緊迫した状況下において、戸田家は迂叟に領内の土地を下賜した上で、一〇〇万両近い迂叟の財産を江戸から領内に避難させたことで、多額の現金を確保できたのだという。

さらに戸田家は、元治元年（一八六四）の天狗党の乱の鎮圧時における不始末を幕府から責められ、陸奥国棚倉へ転封されそうになるが、「事歴概要」には「迂叟一藩ノ困状ヲ察シ、（中略）時ノ大老酒井忠績（雅楽頭、播磨姫路）、老中本多忠民（美濃守、三河岡崎）ハ祖先以来用度用達ノ縁故アリ、戸田家ノ為メ歎訴シ、山陵修理ノ功ニ代ヘ恩免ヲ請フコト切ナリ」とある。迂叟は大名貸を行っている縁故をもって、大老の酒井忠績と老中の本多忠民に戸田家の転封回避を働きかけ、それを実現させた。

以上の通り、川村家は戸田家にとっては多大な恩恵をもたらす存在であり、また川村家にとっても明治以降の成功は、宇都宮藩の領内でさまざまな産業の展開を許されるという戸田家との関係があってのものであったといえる。しかし両家の関係は必ずしも密接であったわけではない。安永三年の宇都宮移封の折に、戸田家が川村家による債務整理を断ったことは先に述べた通りであるが、明治四年八月四日に旧宇都宮藩士の岡田真吾(「裕」)は、「養蚕製茶等ニ力ヲ入レ候得ハ、自然飯料不足ノ憂ヲ生、且田畑荒蕪ノ害有之候ニ付、敢而桑茶等商法ノ品ハ勧メ不申」[32]と述べている。養蚕と製茶は迂叟がいち早く着手した事業であったが、岡田はこれを食用米の不足と田畑の荒蕪をもたらすものとして、桑や茶のような商品作物の栽培は勧めないと主張している。

これらの点を考え合わせると、迂叟の事業は宇都宮藩の思惑とは別に展開されたと理解できる。川村家は戸田家の家中に入り込むのではなく、戸田家とは独立した関係を築くことで、宇都宮藩のためということではなく、独自の目的と才覚で、領内の土地を元手に事業を展開したと考えられる。

三　江戸の名主―馬込勘解由

先にみた表で、川村家以上の八万五〇〇〇両余を戸田家に融通した最大の金主が、馬込勘解由である。馬込家(勘解由は当主の通称)は江戸の大伝馬町二丁目に住む名主で、幕府の道中伝馬役を兼務する江戸筆頭の草分名主である。戸田家が馬込家と関係をもつようになったのは、「此方勝手向之儀、去ル寛政八辰年より其御元皆式御引請、御世話ニ預り候」[33]とある通り、寛政八年(一七九六)頃と考えられる。「勝手向」を「御引請」とあるが、元治元年(一八六四)七月に戸田忠恕(「越前」)が馬込勘解由に宛てた約定書にも、「勝手向之儀ニ付而は懇切世話被致、満足之至候」[34]とあるように、「勝手向」を「懇切」に「世話」したとあり、馬込家は戸田家の財務を担当したことが知られる。

戸田家が川村伝左衛門からの債務整理の進言を断ったのが安永三年（一七七四）、藩の財政改革に伝左衛門の協力をとりつけたのが寛政三年であったが、それから五年後の寛政八年に戸田家は馬込勘解由に財務を任せている。戸田家と馬込家がいかなる経緯で知己の間柄となったのかは不詳であるが、川村伝左衛門が戸田家の財務を担当するのが前節でみた通り文久二年（一八六二）であったとすると、当初の戸田家は財務担当者として川村伝左衛門ではなく馬込勘解由を選んだといえる。江戸の名主は専業で、他の生業を営むことはできなかったため、馬込家には川村家ほどの経済力はなかったが、馬込勘解由は名主として治める町々の豪商から金銭を調達し、それを戸田家に融通した。(35)

慶応二年（一八六六）九月に戸田家の家中が馬込勘解由に宛てた書付には、「領内開発出情被致候付、新田収納米を以、安政五午年より来ル卯年迄、年々米代金弐百五拾両宛、去丑年迄御約定之通相送候」(36)とあり、馬込勘解由も川村迂叟と同じように宇都宮藩の領内で新田開発を行ったことが知られる。また、馬込家は川村家と同様に明治初期に下野国で養蚕製糸業に着手したが、(37)これに関して、明治六年（一八七三）七月、馬込惟長（勘解由）は戸田忠至（間瀬和三郎）と忠綱（忠至息子）から「下野国芳賀郡中村地内桑畑五町、右之通永世致贈進候」とあるように桑畑を贈られた。(38)同年九月十七日には、「蚕室其外御普請仕様惣金高千四百弐十三両三朱ト四百弐十六文之内」の「金六百両」を馬込惟長が宇都宮の商人である北村半次（由川屋）に支払ったが、その領収書には「立会証人」として「入江金平」が署名をして花押を記している。(39)馬込惟長は桑畑と蚕室の用地として下野国芳賀郡粕田村と寺分村の鬼怒川縁の土地の払い下げを受けたが、明治七年一月に地代金の納付を願い出たのは「馬込惟長代　入江金平」であり、(40)同九年三月二十三日付の栃木県令鍋島幹宛の土地台帳には、二一筆の「地請人」として馬込惟長の名前が確認され、それぞれの箇所には「入江金平代印」とあり、入江の印が押されている。(41)この入江金平は、文久三年十二月当時は「林奉行国産方」(42)、元治・慶応期（一八六四〜六八）には禄高一四〇石で「元〆奉行」[43]を勤めた、旧宇都宮藩士である。馬込家の養蚕製糸業には、戸田家およびその家中が深く関与していたと指摘できる。

これに関して、戸田忠至が岡谷繁実に宛てた書状には、以下の通り記されている[44]。

（前略）扨又僕願書扣入貴覧候願意何卒御賢察可被下候、僕　山陵御用相勤候以来、為借財日夜苦慮仕、当節大ニ困却之場ニ迫り、仍而不得止大隈参議公へ及相談候上、内務省へ嘆願書差出し申候、兼而御存之通、僕之義ニ付自己之無益費用より借財仕候義ニ無之、　山陵用上京中本家よりハ一金之回金無之、多人数召連、諸国御営繕中不得止より追々積借ニ相成、右為返弁東京ニ而借財仕候、口々当節僅四千円丸印付之分ニ御座候、外ニ当夏養蚕手入并諸器械繕ひ原紙御払下ケ代共千円都合五千円拝借被仰付候様ニ奉歎願候、此拝借被仰付候ヘハ二百人口奉還仕候而も右ニ換自力ヲ以開墾仕候桑畑永世所持可仕事ニ至り難有奉存候（後略）

この書状は、戸田忠至が五〇〇〇円の拝借金を明治政府の内務省に願い出た際に、知己の岡谷繁実に内務省への口添えを依頼したものである。岡谷繁実は明治七年に内務省七等出仕、同九年に内務少丞となり、同十一年に修史官御用掛に転出したので、この書状は岡谷が内務省に属した明治七〜十一年頃のものと考えられる。戸田忠至は拝借金五〇〇〇円の内容として、宇都宮藩が実施した山陵修補で嵩んだ負債の返済費用が四〇〇〇円、養蚕の世話、器械の修繕費、原紙（蚕卵紙か）の払い下げ代金など、養蚕製糸に要する経費が一〇〇〇円と説明している。そして後者の養蚕製糸について、内務省からの拝借金の下賜が実現したならば、二〇〇人分の旧藩士の禄を返上しても、それに換えて自力で開墾した桑畑を所持できると述べている。このことから、戸田家の家中が関与した馬込惟長の養蚕製糸は、士族授産（旧藩士の生計維持）を目的としたものであったと考えられる。

以上のほか、戸田家と馬込家との関係については、明治四〜五年頃の戸田家の「御日記」[45]からも読みとることができる。この日記には戸田家の贈答の授受が記録されているが、その中に馬込惟長の娘である「馬込見知」「馬込美知」の名前が散見される(46)。明治四年十一月十四日には「御機嫌伺として上り候ニ付、御弐所様へ御交肴差上候　馬込見知」、「御奥様へ御重之内御しるこ仕立、差上候　同人」、「御姫様へ御手遊ひ御品々差上候　同人」、翌十五日には「今日下り候　馬込見知」とある。この時期は同年七月十四日の廃藩置県後であり、戸田家は東京（旧江戸藩邸）在住であったと考えられるが、みちは東京の戸田邸を御機嫌伺いとして訪ね、交肴を献上するだけではなく、当主夫人にお手製の汁粉、その娘には玩具を差し上げている。翌日に下がったとあることから、みちは戸田邸で一泊したとみられる。同五年三月二十三日の御機嫌伺いの折には「けぬきすし」（毛抜き鮨。握り鮨を熊笹で巻いて押したもの）、「御姫様」には「御せんべい折」を差し上げたところ、「御逢給、御菓子・御蕎麦被下候」とあり、みちは戸田家の当主家族と対面したことも確認できる。戸田家と馬込家は当主同士だけではなく、家族ぐるみで深い関係を形成していたと指摘できる。

おわりに

譜代大名の戸田家は、島原から宇都宮に転封となった安永三年（一七七四）頃を境に、窮乏化が進んだと考えられる。戸田家の財務状況の実態を具体的な帳簿などから分析することはできなかったが、大坂の両替商から金融の道を閉ざされた様子をみる限り、少なくとも経済的な余力があったとは考え難い。通常の大名貸では、一つの藩に占める貸付高の割合を小さくして複数の藩に貸し付ける（つまり大名の側では複数の金主から金銭を調達する）など、金主は貸し倒れの危機を回避する方策をとったが(47)、経済的に追い込まれていた戸田家は特定の江戸町人への依存を深めていった。名主の馬込家の場合は、戸田家と同じように金銭を融通した大名家はほかになく、[48]明治五年(一八七二)の馬込家の貸付額は宇都宮藩の債務全体の一七・七%に達していた(表)。川村家は戸田家以外にも手広く大名貸を行っていたが、[49]山陵修補に協力したり自身の財産を江戸から宇都宮藩の領内に移すなど、戸田家とは特に深い関係を形成した。[50]

宇都宮藩をはじめとする大名家の債務は明治政府に引き継がれたが、明治政府が償還した債務は一部にとどまり、金主たちにとっては事実上の貸し倒れとなった。[51]宇都宮藩と川村家・馬込家との金銭貸借関係は解消されたことになるが、戸田家との関係自体は維新期以降も途切れることはなかった。馬込家は寛政八年(一七九六)に宇都宮藩の財務を任され、戸田家とは家族ぐるみのつきあいを行うに至るが、明治以降も戸田家の家計の運用を担い、[52]旧藩士の生計手段を得るために戸田家の関係者とともに養蚕製糸業を行うなど、維新前も維新後も金融の側面にとどまらない深い関係を形成した。一方の川村家は、当初は財務担当を断られ戸田家の金主として金銭を融通したが、幕末期に関係を深め、領内の土地を下賜されたことを足がかりに新田開発や茶の栽培を行い、養蚕製糸では大嶹商舎を設立して成功を収めた。

財政窮乏の度合いを深めた戸田家が特定の町人との関係を深めた結果、両者は金銭貸借にとどまらない深い関係を形成するに至った。馬込家と川村家は、ともに江戸町人であり、戸田家の大金主であり、下野国内で新田開発や養蚕製糸を行うなど、多くの共通点があるが、戸田家との関係のあり方は異なっていた。それでも両家は明治以降もそれぞれの立ち位置で戸田家との関係を維持し、その関係をもとに明治の世を生きた。貸し倒れにあって没落する大名貸や、明治新政府と結びついて浮上する政商などという、よく知られた事例とは異なる、旧大名と町人との共存関係を、戸田家の事例に見出すことができる。

註

（1）「経済録」巻五（『日本経済大典』第九巻、史誌出版社、一九二八年、五一二頁）。史料引用中の（　）は引用者による注記である（以下同）。
（2）「稽古談」巻之三（『日本思想大系』四四、岩波書店、一九七〇年、二八五頁）。
（3）土屋喬雄『封建社会崩壊過程の研究―江戸時代における諸侯の財政―』（弘文堂、一九二七年）など。
（4）「御備金一件考書」（安岡重明「寛政・文化期における藩債処理にかんする草間直方の意見」『同志社商学』一四―二、一九六九年）。
（5）伊藤昭弘『藩財政再考―藩財政・領外銀主・地域経済―』（清文堂出版、二〇一四年）。
（6）森泰博『大名金融史論』（大原新生社、一九七〇年）。
（7）貸し手の側では、鴻池から借り入れをできなくなった熊本藩が新興両替商の銭屋佐兵衛から金銭の融通を受けるなど、有力な大名貸による貸付先選別という状況を受けて、中小・新興の商人が大名貸に参入し、銀主の多様化が進んだことが指摘されている（小林延人『明治維新期の貨幣経済』東京大学出版会、二〇一五年）。
（8）『栃木県史』史料編・近世二（栃木県、一九七六年）、「解説」（八～九頁）。
（9）竹内誠「幕府経済の変貌と金融政策の展開」（『日本経済史大系』四・近世下、東京大学出版会、一九六五年、後に改題の上、竹内著『寛政改革の研究』吉川弘文館、二〇〇九年に収録）。
（10）高山慶子「江戸町名主の金融―大伝馬町名主馬込勘解由を事例として―」（『史学』七七―二・三、二〇〇八年）。上記のほか、馬込家の研究には、幸田成友「馬込勘解由」（『経済学研究』四、一九三五年、後に『幸田成友著作集』第二巻、中央公論社、一九七二年に収録）、高山慶子「大伝馬町の馬込勘解由」（『大伝馬町名主の馬込勘解由』東京都江戸東京博物館調査報告書第二一集、二〇〇九年)、同「江戸町名主の社会的位置—大伝馬町名主馬込家を事例として—」(志村洋・吉田伸之編『近世の地域と中間権力』山川出版社、二〇一一年)、同「名主の経済事情と金融」(『江戸の町名主』東京都江戸東京博物館調査報告書第二五集、二〇一二年)、同「江戸町名主馬込勘解由の明治維新」(『日本歴史』八〇二、二〇一五年)、同「栃木県官吏仲田信亮の旧江戸町名主馬込惟長宛書簡—大谷石などの栃木県産石材をめぐって—」(『宇都宮大学教育学部研究紀要』第六六号第一部、二〇一六年)がある。

(11) 江戸時代の川村伝左衛門については、竹内誠「寛政改革と「勘定所御用達」の成立」上・下(『日本歴史』一二八・一二九、一九五九年)、同「「寛政改革と勘定所御用達」再論」(『徳川林政史研究所研究紀要』昭和四十六年度、一九七二年)。これらの論文は改題の上、竹内前掲註(9)著書に収録されている。近年は川村家の御子孫によって、川村朝夫・川村敏夫編『川村家の記録』I~V(私家版、二〇一四~一五年)がまとめられている。

(12) なお、本稿では江戸の金主に着目するが、地元の商人については、戸田家が宇都宮城下およびその周辺の有力商人を御用聞として編成し、種々の御用金を課すなど、領内の商人から金銭を調達したことが知られている(『栃木県史』通史編五・近世二、栃木県、一九八四年)。表の宇都宮での借金の「その他」には、崎尾新五郎(六口、計一四〇〇両)をはじめとして、上野・池沢・篠原など、領内の商人とみられる名前が確認されるが、「その他」の合計は三万三五二五両である。戸田家と地元の商人との関係については今後の課題としたい。

(13) 宇都宮藩および戸田家については、徳田浩淳『宇都宮の歴史』(下野史料保存会、一九六九年)、秋本典夫「宇都宮藩」(児玉幸多・北島正元監修『新編物語藩史』第二巻、新人物往来社、一九七六年、後に秋本著『北関東下野における封建権力と民衆』山川出版社、一九八一年に収録)、『宇都宮市史』第六巻・近世通史編(宇都宮市、一九八二年)、前掲註(12)『栃木県史』通史編五・近世二、『藩史大辞典』第二巻・関東編(雄山閣出版、一九八九年)「宇都宮藩」(阿部昭執

筆）、『宇都宮藩主戸田氏―その歴史と文芸―』（栃木県立博物館、二〇一六年）など。

(14) 以下の戸田因幡守の債務については、松好貞夫『日本両替金融史論』（文藝春秋社、一九三二年、一九六五年に柏書房より復刻）による。

(15) 「（戸田因幡守御証文）」。本史料の原本の所蔵先を確認できず、ここでは松好前掲註(14)著書より引用した。

(16) 徳田浩淳編著『史料　宇都宮藩史』（柏書房、一九七一年、六四頁）。本書は、戸田氏の起こりから廃藩までの歴代戸田氏の事蹟と藩政の概要を述べた「御家記」に、若干の改訂補足がなされたものである。「御家記」全五巻は戸田家の依頼を受けた宇都宮藩士松井一郎の嗣子松井恒太郎が編纂し、一九三四～三七年に完成した。「御家記」は、当時の史料を引用した箇所と松井氏による記述部分からなるが、引用箇所は後者に相当する。

(17) 「（水野元褒上書）」（首都大学東京図書館所蔵、水野家文書、B五―七七）。松好貞夫『金貸と大名』（弘文堂、一九五七年）参照。

(18) 市島謙吉編『松屋筆記』第一（国書刊行会、一九〇八年、三一四頁）。読点は引用者による。本史料は国学者の小山田与清（一七八三～一八四七）による随筆である。

(19) 「藩債調」は「雑記」（栃木県立文書館所蔵戸田忠和家文書二一六）に収録されている。「藩債調」では「合銀四千三百七拾九貫弐百九拾七匁壱分八厘、此金五万四千七百四拾両程」とあり、大坂での債務高はすべて銀高で表示され、金高は金一両を銀八〇匁で換算したものである。費目の内訳を合計すると銀四三二五貫二九七匁一分八厘、金にして五万四〇六六両余であり、史料上の合計とは誤差があるが、誤差の要因は不詳。

(20) このときの八名は、山中善右衛門・広岡久右衛門・和田久左衛門・長岡作兵衛・向山安兵衛・鴻池善五郎・樋口十郎兵衛・炭屋吉五郎、後者の九名は山中善右衛門・広岡久右衛門・和田久右衛門・長田作兵衛・向山安兵衛・鴻池新十

郎・鴻池善五郎・樋口重兵衛・炭屋善五郎である。前者と後者での名前の違いなどは原本のままである。筆頭の山中善右衛門は鴻池家の当主（山中は鴻池家の始祖山中新六の家名、善右衛門は当主の通称）、広岡久右衛門は加島屋で、いずれも大坂屈指の豪商である。宮本又次『鴻池善右衛門』（吉川弘文館、一九五八年）などを参照。

(21)「（戸田大和守様より平塚利助殿砂川健次郎殿江被遣候御書抜）」三井文庫所蔵、続二一二八―四。年代は「三井家記録文書目録」による。

(22) 宇都宮藩の山陵修補については、外池昇『天皇陵の近代史』（吉川弘文館、二〇〇〇年）、上田長生『幕末維新期の陵墓と社会』（思文閣出版、二〇一二年）、阿部邦男『蒲生君平の「山陵志」撰述の意義―「前方後円」墳の名付け親の山陵研究の実態―』（皇學館大学出版部、二〇一三年）参照。

(23) なお、戸田家のような譜代大名は、大坂城代や京都所司代という上方赴任の役職に就任してその周辺に領知を得たときに、鴻池や三井など上方の豪商から金銭の融通を受けたことが知られている（森前掲註（6）著書、村和明「三井の武家貸と幕府権力―享保期の上方高官貸の成立を中心に―」牧原成征編『近世の権力と商人』山川出版社、二〇一五年）。しかし離職して上方の領知を失うと借銀を継続することはできなくなり、戸田忠寛も京都所司代を辞めて河内国の領知を失った後は、天明六年（一七八六）に三井から借用し、寛政五年（一七九三）正月時点で証文の書替えが確認される四〇〇両の債務について、その後も返済が滞っている状況がみられるのみである（「借用申金子之事（戸田因幡守様金ツ舟〔四百〕両之証文）」三井文庫所蔵、続二九三一―二、「酒井修理太夫様戸田因幡守様御用留」三井文庫所蔵、一九八）。幕府の役職就任に伴う借銀が当該大名にとってどれほどの比重を占めるのかは重要な研究課題であるが、ここでは戸田家が役職に就任するかしないかにかかわらず、継続して金銭の融通を受けられる事例とは異なると指摘するにとどめる。

(24) 以下の引用は特に断らない限り、「川村迂叟事歴概要」（『贈位内申書』国立公文書館所蔵、二A―四〇―六、贈位一九四、国立公文書館デジタルアーカイブに掲載）による。なお、竹内誠編『徳川幕府事典』（東京堂出版、二〇〇三年）「勘定所御用達」（竹内誠執筆）では、川村伝左衛門は材木商とされている。

(25) 戸田家の島原藩主時代は寛延二年（一七四九）から安永三年（一七七四）までである。引用箇所の「百五十有余年」について、後掲の文久二年（一八六二）の記事にも「百五十有余年来」とあることから、当該箇所も文久二年に至る百五十年余と解釈できる。文久二年の百五十年前は正徳三年（一七一三）であるが（当年を一年と換算）、その頃の戸田氏は宇都宮藩主であり、年代と内容が一致しない。また、旧館林藩士の岡谷繁実は「川村伝左衛門といふ者があつて、これが元禄年間から、宇都宮の用達をして居りました」と回想している（後掲註（31））。さらに先の伝説に従えば、両家の関係は安永三年の宇都宮移封のときからとなる。戸田家と川村家との関係がいつ頃から始まったのかについては記述が一定せず、正確な年代や事情は不詳である。

(26) 「寛政三亥年日記」（三井文庫所蔵、C二二一―新―九一）。竹内前掲註（11）論文参照。

(27) 宇都宮藩の山陵修補については、前掲註（22）参照。

(28) 「○川村迂叟氏の偉績（承前）」（『下野新聞』二二一〇、明治十八年五月十六日、国立国会図書館所蔵、YB―三二七）。

(29) 大嶹商舎については、五味仙衛武「栃木県における明治初期の蚕業奨励」（『栃木県史研究』五、一九七三年）、篠崎学美「栃木県における器械製糸業の嚆矢―大嶹商舎の成立および発展過程―」（『教育とちぎ』二七九、一九七三年）、『宇都宮市史』近・現代編Ⅱ（宇都宮市、一九八一年）、『栃木県史』通史編七・近現代二（栃木県、一九八二年）、伊藤重男「川村迂叟と大嶹商舎―宇都宮最初の近代工業の創始者―」（『うつのみや重宝記』二七、一九八八年）、『「もの」づくりにかけた先人の想い―栃木の近代産業と交通の発展―』（栃木県立文書館、二〇〇七年）、藤本實也『原三溪翁伝』（三溪

園保勝会・横浜市芸術文化振興財団編、思文閣出版、二〇〇九年）など。
(30) 佐野瑛『大日本蚕史』（大日本蚕史編纂事務所、一八九八年）。
(31) 岡谷繁実談「史伝逸話数件」（史談会編『史談会速記録』二六八、一九一五年、原書房復刻版合本三七、一九七四年、三七〜三九頁）。
(32) 前掲註(19)「雑記」。引用に際しては、衍字（「有之候ニ付」）省略。
(33) 「契約申一札之事」（東京都江戸東京博物館所蔵、大伝馬町名主馬込家文書、九九二〇〇六四八）。以下で馬込家文書を用いる際は、史料名と八桁の資料番号のみを示す。馬込家文書については、前掲註(10)の調査報告書第二一・二三集に詳しい。
(34) 「（借用金返済約定につき戸田越前守証文）」〇九〇〇〇六八七。
(35) なぜ戸田家が川村家ではなく馬込家に財務を託したのかは不詳であるが、馬込家の初代は家康と近しい間柄で、幕府の道中伝馬役を勤める際には苗字を名乗る特権的な町人であったのに対して、川村家は寛政元年に幕府の勘定所御用達になるまでは特段の特権をもたない商人であったという、身分的な側面が関係した可能性も想定される。
(36) 「一札之事（米四五〇俵御渡につき）」〇九〇〇〇六八八。
(37) 高山前掲註(10)「江戸町名主馬込勘解由の明治維新」。
(38) 「証書（下野国芳賀郡中村地内桑畑五町永世贈進につき）」〇九〇〇〇七三〇。
(39) 「（蚕室普請金・桑苗代金など請取証文綴）」〇九〇〇〇七六〇。
(40) 「懲役開墾地仮御引渡ニ付地代金内納願」〇九〇〇〇七五四。
(41) 「鬼怒川縁懲役開墾御払下地壱筆限帳」〇九〇〇〇七五五。

(42)「一札之事（西舟生村永続難儀にて仕法金五〇〇両借用につき）」九九二〇〇六一〇。

(43)「藩士分限帳」（徳田前掲註(13)著書）。

(44)「（三月二六日岡谷繁實宛戸田忠至書翰）」（原島陽一・松尾正人「岡谷文書―幕末・明治書簡類―（一）」一一八『史料館研究紀要』二四、一九九三年）。

(45)「御日記」（栃木県立文書館所蔵戸田忠和家文書イ八五・イ八八）。

(46)明治九年（一八七六）の馬込家の家族構成は、当主惟長と妻かめ、長男（養子）の為助と妻（惟長長女）みち（「ミち」「美千」）、為助の長男為一と長女みを（惟長孫）、惟長の二女すずである（「（第一大区十四小区大伝馬町弐丁目馬込家ほか家族書上写綴）」〇九〇〇〇六六五）。

(47)大坂の銅商住友家による大名貸では、銅の取引関係がある盛岡藩南部家に明治五年時点で藩債全体の一〇％を貸し付けたのが最高で、ほかの二五家の割合はすべてそれ以下である（朝尾直弘監修、住友史料館編『住友の歴史』下巻、思文閣出版、二〇一三年）。

(48)戸田家以外では、文化十四年（一八一七）に三河国奥殿藩主松平縫殿頭（乗羨）に二〇〇両を貸した事例が確認されるが（「借用申金子之事（旦那無拠要用にて金二〇〇両）」九九二〇〇五七二）、これは松平家と馬込家に縁戚関係があったことに由来する、例外的な事例と考える。

(49)竹内前掲註(11)論文。

(50)川村家が戸田家との関係を深めた要因は不詳であるが、「事歴概要」には「平生迂叟ノ所論往々（平出）朝廷尊奉ノ意思ヲ聞クコトアリ」、「迂叟曰ク我輩ニシテ天下ノ事ヲ論議スルハ其分ニアラサルモ、方今天下ノ形勢ニ鑑ミ公武ノ合併ハ即今ノ急務ナルヲ信ス」とある。尊皇や公武合体という政治的な信条が宇都宮藩のそれと一致したことも、両家の関係の深化に関係した可能性も想定される。

(51)　中村哲『明治維新』(日本の歴史一六、集英社、一九九二年)、落合弘樹『秩禄処分—明治維新と武士のリストラ—』(中央公論社、一九九九年)など。

(52)　髙山前掲註(10)「江戸町名主馬込勘解由の明治維新」。

あとがき

本書発刊の母体となった下野近世史研究会の成立と運営について振り返っておきたい。

下野近世史研究会を構想し立ち上げに尽力したのは、阿部昭氏である。その想いは、阿部氏の巻頭論文に端的に示されている。冒頭の「下野近世史研究の現在」にあるように、平成の大合併以前に存在した県内すべての市町村が自前の自治体史を持ち、関東近世史研究会の企画例会「関東近世史研究と自治体史編纂—第四回栃木県—」(二〇一二年三月、栃木県歴史文化研究会が共催)が開催されたことは、下野近世史研究の一つの折り目となった。それは下野近世史研究の新たな出発点を意味する。近世の下野をフィールドに研究を進める者たちが集い、これまでの研究成果を土台として、さらなる高みを目指し、自由闊達に議論する場を改めて確立したいとの思いで、阿部氏は、研究会の構想を温め、川田純之氏・鈴木挙氏、および仲沢隼・平野哲也・船木明夫に参加を呼びかけた。二〇一三年四月と六月の二回、阿部氏の自宅に上記の五人が招かれ、下野近世史研究のこれまでとこれからを語り合い、研究会の狙いと運営方法について協議した。参集者は想いを共有し、研究会の世話人となることが決まった。こうして、近世下野の歴史を考究する研究者と市民がともに参加し議論する下野近世史研究会が発足した。その後、髙山慶子と西村陽子が世話人に加わった。

二〇一三年九月二十八日、栃木県歴史文化研究会(歴文研)の分科会として、第一回目の研究会を開催した。以後、歴文研の支援のもとに足かけ六年にわたって活動を続け、一七回の研究会を重ねてきている。しばらくの間は、阿部氏自身が先頭に立って会務を取り仕切った。やがてそれは髙山・仲沢・西村・平野・船木の五人が引き継ぎ、現在に至っている。本論集の編集も、髙山・仲沢・西村・平野が担当した。

以下、下野近世史研究会の軌跡を紹介する。

第一回(二〇一三年九月二八日、宇都宮市　パルティーとちぎ・男女共同参画センター)
阿部邦男「蒲生君平の西遊における同志の協力」

第二回(二〇一三年一二月七日、宇都宮市　パルティーとちぎ・男女共同参画センター)
竹末広美「新発見の下野狂歌本と磯山諏訪神社奉納額」
中野正人「壬生藩蘭学考—解剖と種痘の視点から—」

第三回(二〇一四年二月二二日、宇都宮市　パルティーとちぎ・男女共同参画センター)
阿部　昭「桜町仕法における報徳思想成立の経緯について—仕法着手関連資料をめぐる史料論—」
大嶽浩良「幕末から明治前期における塩谷郡の種痘について」
久野俊彦「書物の表象と機能—民俗学・歴史学と書誌学・史料学—」

第四回(二〇一四年五月三一日、宇都宮市　パルティーとちぎ・男女共同参画センター)
前川辰徳「下野福原氏の成立と展開—戦国領主から交代寄合へ—」
船木明夫「江戸時代前期における宇都宮城および宇都宮城下成立に関する基礎的研究」

第五回(二〇一四年九月一三日、宇都宮大学峰町八号館)
海老原脩治「近世後期の鷹場制度—下野・上野両国の野廻り役を中心に—」

平野哲也「江戸時代下野における人と野生鳥獣の関係史」
第六回（二〇一四年一二月六日、宇都宮大学峰町八号館）
中田太郎「黒羽藩鈴木武助の思想―『人面獣心の壁書』の根本にある思想―」
髙山慶子「宇都宮藩戸田家と江戸町名主馬込家との関係をめぐって―幕末維新期を中心に―」
第七回（二〇一五年三月七日、宇都宮大学峰町八号館）
須藤千裕「資料レスキューと研究活動―茂木町の事例から―」
寺内由佳「一九世紀宇都宮の商家同族団―古着商人の家史・家法から―」
第八回（二〇一五年七月一一日、宇都宮大学峰町八号館）
中谷正克「近世中後期における旗本本多氏の知行所運営―地役人出井「家」と石川家の分析を通じて―」
新井敦史「下野国黒羽藩主大関家における最重要史料の保存措置」
第九回（二〇一五年九月二六日、宇都宮大学峰町八号館）
坂本達彦「天保期における幕府関東支配政策の展開―野州合戦場宿一件を事例に―」
栗原祐斗「明治前期連合村の形成―都賀郡鹿沼宿周辺を事例に―」
第一〇回（二〇一五年一二月五日、宇都宮大学峰町八号館）
西村陽子「江戸時代から明治中期における村方文書の管理・保存について―下野国内の事例から―」
富田健司「地域史料保存問題の中の学校資料―その現状と課題―」
第一一回（二〇一六年三月二六日、宇都宮大学峰町八号館）
富田　壽「所領から見た成立期の喜連川藩」

高橋　実「幕藩政アーカイブズ研究の現在」
第一二回（二〇一六年七月九日、宇都宮大学峰町八号館）
堀野周平「鈴木石橋の来歴の再検討」
仲沢　隼「下野における朝鮮種人参栽培の諸相」
第一三回（二〇一六年九月二四日、宇都宮大学峰町四号館）
海老原脩治「安蘇郡の鷹場―安蘇郡赤坂村の御鷹部屋を中心に―」
阿部邦男「蒲生君平とその生涯の師鈴木石橋との交流」
第一四回（二〇一六年一二月二四日、宇都宮大学峰町八号館、近世史フォーラムとの共同開催）
椿田有希子「「徳川将軍のページェント」と民衆―天保一四年日光社参を中心に―」
第一五回（二〇一七年三月一一日、宇都宮大学峰町八号館）
堀野周平「日光県における民政の展開―荒地起返難村復興仕法を事例に―」
久野俊彦「天正十五年書写『神皇正統記』只見本成立の周辺―下野国金剛定寺祐俊の聖教典籍書写活動―」
第一六回（二〇一七年九月二四日、宇都宮大学峰町八号館）
泉　正人「日光社参と壬生藩―天保十四年日光社参を例として―」
第一七回（二〇一七年一一月二五日、宇都宮大学峰町八号館）
小林聖夫「小泉檀山門人録考―常念寺天井画調査のことなど―」
岩下祥子「篤農と私設農園―幕末から明治前期を中心に―」

毎回の報告テーマ・内容は、政治・経済・社会・文化のあらゆる分野にわたり、歴史学と民俗学の接点を探る試み、アーカイブズ論や資料レスキューの活動報告まで多彩であった。対象の時代も、戦国時代から明治時代初年にまで及び、アーカイブズ論では現代の問題を取り扱っている。

こうした研究会の成果を論集として刊行することは、会発足当初の目標であった。それを果たせたのは感慨深い。本書は、地域や史料群を特定した共同研究ではなく、あらかじめ定めた共通テーマ・枠組みのもとで編集された研究書でもない。各執筆者の現在の問題関心に即して自由に書かれた論考の集合体である。ただし、いずれも、従来見落とされてきた、十分意識されてこなかった近世下野の諸側面に光を当て、今後の歴史研究にとって重要な課題に挑んでいる。論題の多彩さは、下野近世史研究の裾野の広がりを反映しているといえるかもしれない。本書の刊行が、下野を中心とする歴史研究の発展と地域文化の醸成にいささかでも寄与することがあれば、望外の幸せである。

末筆ながら、出版情勢の厳しい折、本書の刊行を快くお引き受けくださり、さまざまなご配慮・ご助言をいただいた岩田書院の岩田博氏に厚くお礼申し上げたい。

二〇一八年四月

下野近世史研究会
世話人一同
（文責　平野哲也）

泉　正人（いずみ　まさと）
1952年生まれ。国士舘大学文学部講師。
主要著作　「領主的「権威」と地域―近世喜連川家を素材に―」（『國士舘大學教養論集』第65号、2009年）、「近世後期、喜連川家の所領支配と権威」（関東近世史研究会編『関東近世史研究論集③幕政・藩政』岩田書院、2012年）

髙山　慶子（たかやま　けいこ）
1975年生まれ。宇都宮大学教育学部准教授。
主要著作　『江戸深川猟師町の成立と展開』（名著刊行会、2007年）、「江戸町名主馬込勘解由の明治維新」（『日本歴史』第802号、2015年）

阿部　邦男（あべ　くにお）
1957年生まれ。蒲生君平研究家。
主要著作　「山陵修補事業にみる維新と伝統―蒲生君平の谷森善臣に対する影響を含めて―」（『明治聖徳記念学会紀要』復刊45号、2008年）、『蒲生君平の『山陵志』撰述の意義―「前方後円」墳の名付け親の山陵研究の実態―』（皇學館大学出版部、2013年）。

竹末　広美（たけすえ　ひろみ）
1953年生まれ。栃木県歴史文化研究会会員。
主要著作　『日光学　大王とみやまの植物』（随想舎、2012年）、『下野狂歌の歌びと匕(さじ)盛が戯れ鳳鳴が詠う』（随想舎、2014年）。

西村　陽子（にしむら　ようこ）
1975年生まれ。栃木県立文書館指導主事。
主要著作　「近世後期下野旗本知行所の農村荒廃下における動向―芳賀郡下高間木村を中心に―」（『栃木県立文書館研究紀要』第18号、2014年）、「明治初期の地方制度変遷に伴う村方文書の引継ぎについて―栃木県内の事例から―」（『栃木県立文書館研究紀要』第22号、2018年）。

大嶽　浩良（おおたけ　ひろよし）
1945年生まれ。元栃木県歴史文化研究会常任委員長。
主要著作　『下野の戊辰戦争』（下野新聞社、2004年）、『下野の明治維新』（下野新聞社、2014年）。

富田　壽（とみた　ひさし）
1954年生まれ。小松原学園 叡明高等学校非常勤講師。

海老原　脩治（えびはら　しゅうじ）
1945年生まれ。安蘇史談会会長。
主要著作　「梁田戦争と旧幕府歩兵隊敗走の道」（『史談』第29号、安蘇史談会、2013年）、「江戸期前期における安蘇郡赤坂村の御鷹部屋―本光寺文書等から考察する―」（『史談』第32号、2016年）。

中谷　正克（なかたに　まさかつ）
1972年生まれ。日本銀行金融研究所アーカイブ　アーキビスト。
主要著作　「近世後期下野国幕領における陣屋下役と郡中惣代―真岡・東郷出張陣屋支配下村々から―」（『関東近世史研究』第52号、2003年）、「大身旗本本多氏の知行所運営―地役人「集団」と地役人「家」の分析を通じて―」（『歴史と文化』第25号、栃木県歴史文化研究会、2016年）。

【執筆者紹介】掲載順

阿部　昭（あべ　あきら）
1943年生まれ。国士舘大学名誉教授。
主要著作　『近世村落の構造と農家経営』（文献出版、1988年）、『二宮尊徳と桜町仕法―報徳仕法の源流を探る―』（随想舎、2017年）。

平野　哲也（ひらの　てつや）
1968年生まれ。常磐大学人間科学部准教授。
主要著作　『江戸時代村社会の存立構造』（御茶の水書房、2004年）、「関東主穀生産地帯における米の生産・流通と消費の諸相」（渡辺尚志編『生産・流通・消費の近世史』勉誠出版、2016年）。

仲沢　隼（なかざわ　じゅん）
1978年生まれ。宇都宮市役所市民まちづくり部姿川地区市民センター主任。
主要著作　「近世下野における朝鮮種人参生産の展開とその特質―日光神領地域を中心に―」（『宇大史学』2002/2003年号、宇都宮大学史学研究室、2003年）。

堀野　周平（ほりの　しゅうへい）
1988年生まれ。鹿沼市教育委員会事務局文化課文化財係主事。
主要著作　「家禄奉還制度の展開」（近代租税史研究会編『近代日本の租税と行財政』有志舎、2014年）、「府藩県三治制期における藩庁所在地の開発と展開―上総国松尾藩を中心に―」（『立正史学』第121号、立正大学史学会、2017年）。

岩下　祥子（いわした　さちこ）
1968年生まれ。国士舘大学文学部講師。
主要著作　「陶磁器業の展開と輸送網の整備―明治期を中心に―」（老川慶喜・大豆生田稔編著『商品流通と東京市場』日本経済評論社、2000年）、「近江商人竹村家の経営―近世後期から明治期を中心に―」（佐々木寛司編『近代日本の地域史的展開』岩田書院、2014年）。

久野　俊彦（ひさの　としひこ）
1959年生まれ。東洋大学文学部・実践女子大学文学部非常勤講師。
主要著作　『偽文書学入門』（時枝務と共編著、柏書房、2004年）、『縁起と絵解きのフォークロア』（森話社、2009年）。

小林　聖夫（こばやし　たかお）
1954年生まれ。大田原市教育委員会文化振興課。
主要著作　「小学校における博物館―郷土資料館の利用―」（『地方史研究』第228号、1990年）、「島﨑雲圃・小泉斐―二人の画業―」（栃木県立美術館・滋賀県立近代美術館編『小泉斐と高田敬輔』2005年）。

近世下野の生業・文化と領主支配

2018年(平成30年) 7月　第1刷　300部発行　　定価［本体9000円＋税］

編　者　下野近世史研究会

発行所　有限会社岩田書院　代表：岩田　博　　http://www.iwata-shoin.co.jp

〒157-0062 東京都世田谷区南烏山4-25-6-103 電話03-3326-3757 FAX03-3326-6788

組版・印刷・製本：ぷりんてぃあ第二

ISBN978-4-86602-040-2　C3021　¥9000E

岩田書院 刊行案内（26）

			本体価	刊行年月
006	中野　達哉	鎌倉寺社の近世	2800	2017.09
007	飯澤　文夫	地方史文献年鑑2016＜郷土史総覧19＞	25800	2017.09
008	関口　　健	法印様の民俗誌	8900	2017.10
009	由谷　裕哉	郷土の記憶・モニュメント＜ブックレットH22＞	1800	2017.10
010	茨城地域史	近世近代移行期の歴史意識・思想・由緒	5600	2017.10
011	斉藤　　司	煙管亭喜荘と「神奈川砂子」＜近世史46＞	6400	2017.10
012	四国地域史	四国の近世城郭＜ブックレットH23＞	1700	2017.10
014	時代考証学会	時代劇メディアが語る歴史	3200	2017.11
015	川村由紀子	江戸・日光の建築職人集団＜近世史47＞	9900	2017.11
016	岸川　雅範	江戸天下祭の研究	8900	2017.11
017	福江　　充	立山信仰と三禅定	8800	2017.11
018	鳥越　皓之	自然の神と環境民俗学	2200	2017.11
019	遠藤ゆり子	中近世の家と村落	8800	2017.12
020	戦国史研究会	戦国期政治史論集　東国編	7400	2017.12
021	戦国史研究会	戦国期政治史論集　西国編	7400	2017.12
022	同文書研究会	誓願寺文書の研究（全２冊）	揃8400	2017.12
024	上野川　勝	古代中世 山寺の考古学	8600	2018.01
025	曽根原　理	徳川時代の異端的宗教	2600	2018.01
026	北村　行遠	近世の宗教と地域社会	8900	2018.02
027	森屋　雅幸	地域文化財の保存・活用とコミュニティ	7200	2018.02
028	松崎・山田	霊山信仰の地域的展開	7000	2018.02
029	谷戸　佑紀	近世前期神宮御師の基礎的研究＜近世史48＞	7400	2018.02
030	秋野　淳一	神田祭の都市祝祭論	13800	2018.02
031	松野　聡子	近世在地修験と地域社会＜近世史48＞	7900	2018.02
032	伊能　秀明	近世法制実務史料 官中秘策＜史料叢刊11＞	8800	2018.03
033	須藤　茂樹	武田親類衆と武田氏権力＜戦国史叢書16＞	8600	2018.03
179	福原　敏男	江戸山王祭礼絵巻	9000	2018.03
034	馬場　憲一	武州御嶽山の史的研究	5400	2018.03
035	松尾　正人	近代日本成立期の研究　政治・外交編	7800	2018.03
036	松尾　正人	近代日本成立期の研究　地域編	6000	2018.03
037	小畑　紘一	祭礼行事「柱松」の民俗学的研究	12800	2018.04
038	由谷　裕哉	近世修験の宗教民俗学的研究	7000	2018.04
039	佐藤　久光	四国猿と蟹蜘蛛の明治大正四国霊場巡拝記	5400	2018.04
040	川勝　守生	近世日本石灰史料研究11	8200	2018.06
041	小林　清治	戦国期奥羽の地域と大名・郡主＜著作集２＞	8800	2018.06
042	福井郷土誌	越前・若狭の戦国＜ブックレットH24＞	1500	2018.06
043	青木・ﾐﾋｪﾙ他	天然痘との闘い　九州の種痘	7200	2018.06
044	丹治　健蔵	近世東国の人馬継立と休泊負担＜近世史50＞	7000	2018.06